强制阐释争鸣集

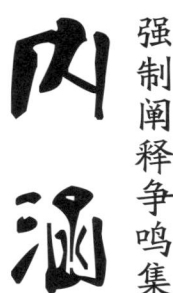

中国社会科学出版社重大项目出版中心 编

中国社会科学出版社

目　录

第一部分　关于理论内涵的对话

强制阐释的独断论特征 …………………………………… 张　江（3）
关于"强制阐释"的概念解说
　　——致朱立元、王宁、周宪先生 ………………… 张　江（18）
关于"强制阐释"概念的几点补充意见
　　——答张江先生 ……………………………………… 朱立元（25）
关于"强制阐释"与"过度阐释"
　　——答张江先生 ……………………………………… 王　宁（32）
也说"强制阐释"
　　——一个延伸性的回应，并答张江先生 …………… 周　宪（39）
确定的文本与确定的主题
　　——致希利斯·米勒 ………………………………… 张　江（46）
"解构性阅读"与"修辞性阅读"
　　——致张江 …………………………………… 希利斯·米勒（51）
普遍意义的批评方法
　　——致希利斯·米勒先生 …………………………… 张　江（59）
致张江的第二封信 …………………………………… 希利斯·米勒（66）
关于"强制阐释论"的对话 ……………………………… 张　江等（75）

目录

第二部分　理论内涵研究

源出"法国理论"文学批评的"强制阐释" …… 科莱特·卡墨兰（93）
强制阐释：西方文论的一个理论母题 …………… 高　楠（104）
强制阐释的多重层面及其涵义 …………………… 赵炎秋（115）
以"文化政治"作为批判性反思的切入口 ………… 贺绍俊（128）
反向性强制阐释与"文学性"的消解
　　——兼对某些文学阐释之例的评析 ………… 赖大仁（134）
解释即生成
　　——强制阐释论的生存论指向 ……………… 何光顺（149）
"强制阐释"的学理性思考 ………………… 韩　伟　李　楠（162）
阐释的意义与价值
　　——强制阐释论中的文学经验问题 ………… 曹成竹（177）
文学本质的情境主义阐释 ………………………… 董志刚（190）
语义悬置：强制阐释的符号学理据
　　——兼谈当代中国文论研究的问题与方法 … 付　骁（203）
关于"强制阐释论"的思考 ………………………… 张　琦（216）
论阐释的客观性 …………………………………… 吴晓明（228）

第三部分　意义生成研究

略论文学作品的意义生成
　　——一个诠释学视角的考察 ………………… 朱立元（247）
文学文本的意义之源：作者创作、读者阅读与评者
　　评论 …………………………………………… 张政文（262）
文学作品意义之源
　　——20世纪西方文论史视角 ………… 托马斯·帕威尔（274）
文学研究与研究文学的不同范式 ………………… 周　宪（284）

第四部分 "强制阐释"与"过度阐释"

强制阐释与过度诠释 ·················· 毕素珍（307）
强制阐释论与西方文论话语
　　——与"强制阐释"相关的三组概念辨析······ 刘　剑　赵　勇（317）
从文本中心到理论中心
　　——反对阐释、过度阐释与强制阐释的意义危机和
　　　范式转换 ······················ 韩模永（328）
"过度阐释"与"强制阐释"的机理辨析 ············· 李啸闻（339）
论"阐释""过度阐释"与"强制阐释"
　　——与张江先生商榷 ···················· 马　草（351）

第一部分

关于理论内涵的对话

强制阐释的独断论特征*

张 江**

强制阐释论提出以后①,引起学界的关注和讨论,一些专家学者,包括多位国外学者,对强制阐释的定义及其所指提出了诸多不同意见。② 其中一个主要问题是,如何认识和对待文本。依据20世纪西方文论一些流派的基本倾向,许多学者主张,不存在文本自身的意义和写作者意图,即使有,也无阐释的可能和必要。一切文本都是历史的;时代及其接受者的当下理解,决定文本的存在和意义。经过长达两年的讨论和思考,笔者目前的结论是,从阐释的结果辨别和定义强制阐释是困难的。强制阐释的要害不在文本阐释的结果,而在阐释的路线。所谓"阐释",作为理解和解释的手段及实现方式,可以从阐释者的哲学偏好和认识路线上找到其动力和倾向。经过深入考察和辨识,笔者认为,强制阐释的哲学发生根据,是从古希腊缘起,被莱布尼兹—沃尔夫推向极端,再由康德及后来者给予颠覆性批判的独断论哲学。就强制阐释的原点定义看,"背离文本话语,消解文学指征,以前在的立场和模式,对文本和文学作符合论者主观意图和结论的阐释"③,从哲学和认知方式的视角评判,其独断论的特征明显。特别是因为场外理论的征用,阐释者从既定理论目的出发,利用文本证明理论,强制或暴力阐释成为必然,否则,难以

---

* 本文原刊于《文艺研究》2016年第8期。
** 作者单位:中国社会科学院。
① 张江:《强制阐释论》,《文学评论》2014年第6期。
② 同上。
③ 同上。

实现阐释的目的。由此切入，可以从一个新的角度辨识和认知强制阐释，回答各方的质疑。

一 独断论的线索性回顾

所谓独断论，作为一种思维方式，自有哲学以来，就始终伴随其发育和生长，深深植根于人类认知理性之中。从古代希腊的赫拉克利特把"逻各斯"引入认识论，强调理性的绝对作用，到近代莱布尼兹—沃尔夫哲学，力图以抽象、片面、孤立的思维规定认知客观对象，尽管期间几经反复，独断论始终占据主导地位，从根本上决定了西方哲学发展的基本走向。直至18世纪末叶，康德由休谟的怀疑论而警醒，对独断论哲学给予有力批判，逐步引导西方哲学实现了由独断哲学向批判哲学的转向。进入20世纪，西方当代哲学以其"最为神秘、最为强大的基础，就是它对一切独断论，包括科学的独断论所持的怀疑主义"[①]，彻底冲击和瓦解了近代哲学的思想路线和思维方式，使独断论完全失去存在的根基和可能，怀疑主义、相对主义最终占据主导地位。对此，国内有学者判断："一旦康德的批判哲学被确立起来，独断论哲学就从根本上被抛弃了，虽然在康德之后，独断论哲学还有局部的复辟，虽然在康德以后不读康德的人仍然会停留在独断论的哲学思考中，独断论哲学已经一蹶不振了。"[②] 但是，问题并不这样简单。作为唯理论的遗产，独断论虽然不再为当代哲学所关注，也很少有人愿意以独断论的方式表现立场，不可否认的事实是，因为人类对自身理性的无限信任，因为人类执着顽强地对宇宙包括人类自身普遍性、必然性的认知追求，独断论的误入很难克服。

20世纪的西方当代文论，从脱离文艺本体开始，先是作为一种"批判的理论"，进而衍升为"理论"，尤其是那种号称没有文学的文学理论，再回到文学场内，以阐释的强制性和暴力性再现独断论幽灵，让

[①] [德] 伽达默尔：《哲学解释学》，夏镇平、宋建平译，上海译文出版社1994年版，第128页。

[②] 俞吾金：《西方哲学中的三大转向》，《河北学刊》2004年第5期。

人们对独断论的历史和当下生出诸多新的认识和思考。需要强调的是，独断论不仅是一种哲学思想的概括，而且是一种思维方式的总结。这种带有素朴信仰印迹的认知方式，至今依然深刻影响甚至统治着我们。强制阐释，作为一种理解和解释手段，虽然可以无关任何一种具体的哲学思想，却能无限制地运用于任意理论和意志的阐述与发挥，而阐释者却可以未有察觉。从历史谱系说，强制阐释古已有之且延绵至今，既无哲学渊源上的指认，也无阐释学理论的最后确证，因此，我们必须努力揭示它的哲学与认识论根源，确立消解并阻断强制阐释的哲学根据。这对于构建一种既防止独断论，也克服怀疑论，并与当下盛行的相对主义、虚无主义的阐释理论相区别的批判阐释理论，具有基础性意义。

二　理论的能力及可能的边界

强制阐释的根本方式，是从理论出发，以理论为目的，用理论裁剪对象，用对象证明理论。如此阐释路径，必然产生一个根本性问题，即理论本身的能力，或者说某种理论阐释对象的能力，是否经过检验和证明，理论阐释对象的可能范围和限度是否有边界。在康德看来，沃尔夫独断论的核心问题是，对人的认识能力的可能限度未经考察，就截然断定理性认识的确定性和唯一性，仅靠知性去理解和阐释一切。对理性的盲目信任，以知性的空洞思维为基准，让理论阐释的可能与限度无限扩张，用理论强制对象，显示了知性与理论的极端霸权。同时，独断论以为，理性可以无障碍地认知对象，无须经验和实践，仅以理论就可以揭示一切，包括上帝和灵魂。强制阐释以同样的方式展开、呈现自己，以为仅仅依靠理论就可以无限地认知世界，包括认知纯粹的精神现象，找到和揭示对象的本质，进而达到真理性认识。所谓"只靠反思的作用即可认识真理，即可使客体的真实性质呈现在意识前面"[①]，精准确当地描述了强制阐释的独断论特征，显示了两者之间几无区别的相似性和一致性。

当代西方文论的诸多重要学派和代表人物，经常是自觉地操用强

---

① ［德］黑格尔：《小逻辑》，贺麟译，商务印书馆1980年版，第94页。

制阐释展开理论,使独断论获得新的存在形式。海德格尔在《艺术作品的本源》中,深入讨论了凡高的著名油画《鞋》。按照杰姆逊的说法,"在凡高那里,这最初的内容,我想就是农业生活中的苦难,完全的贫瘠,和农民们最原始的体力劳动的痛苦"①。但是,在海德格尔的哲学中,这幅经典的写实作品,却被衍化为一个抽象的哲学转喻。他那段著名的评论美丽而煽情,努力注释着"海德格尔总带有点神秘主义"的存在论观点。② 面对这一经典画作,海德格尔给予了新的理论"重构",他断然决定,凡高笔下的鞋子是一双农妇的鞋;这双鞋注满了农妇生活与劳作的艰辛,甚至她分娩时的痛苦;这双鞋子把土地与世界,或者说是物质与历史联系起来,表达了存在主义哲学的深刻意义。海德格尔的如此"决定",是不是可以看到独断论的思维和阐释的强制?我们说海德格尔"决定"这是一双农妇的鞋,不是误用。从思维方式上看,他的"决定"是思想家个体的决定,而无任何对话和商榷。而且仅仅因为是这样一个强制性决定,才使下面的玄妙结论成为可能。杰姆逊对此很是疑惑:"海德格尔确认——谁也不知道为什么——这是一双农妇穿的鞋。"③ 且不论以后有人确证这双鞋不是农妇的鞋而是城里人的鞋,又有人确证这双鞋只是艺术家凡高本人的鞋,且不是同一双鞋,但阐释者依然这样"决定"。仅就海德格尔的阐释方式说,他表现出对自己既定理论的信任:这个理论具有解释这件艺术作品的可能,进而可以无限扩张地阐释任何对象。从抽象的理论出发,根据理论的需要,主观地生硬裁剪或重构对象,使客观对象服从理论,成为理论的证明,这种路径本身就是独断的、强制的。我们有理由质疑,如同他毫无根据地认定凡高笔下的鞋子是农妇的鞋子一样,海德格尔如何认定他的理论就一定是适合于阐释这幅画的理论,进而也是能够阐释一切物质和精神对象的理论?近代哲学高扬理性的旗帜取得了辉煌成就,但却因为把它推向极端,最终蜕

---

① [美]杰姆逊:《后现代主义与文化理论》,唐小兵译,北京大学出版社1997年版,第182页。
② 同上书,第183页。
③ 同上书,第184页。

化为对理性的迷信。理性以其无所不能的能力打倒了上帝，也无可奈何地导致了独断，最终打倒了自己。

尽管当代西方哲学主流坚决主张并努力超越独断理性的束缚和影响，但是，独断的传统是西方哲学两千多年的根基，是人类思维取向集约和一统的基本方式，理性的独断因此而无法完全被阻断和割舍。康德是独断论的死敌，但是，他在理性领域为自然立法，在实践领域为道德立法，在美学领域为审美立法，到头来还是未能摆脱思辨的独断。我们可以纵览20世纪的哲学，诸多主义和学派，哪一个学说没有独断天下的企图？海德格尔用"存在"、用"烦"统辖人的本质，这是不是一种独断？这种独断体现在文学批评上，其霸权和强势几乎一览无余。对海德格尔的文学批评，韦勒克就有此类分析。他尖锐地指出："海德格尔对狭义文学批评最为著名的贡献，是他对荷尔德林、里尔克和特拉克尔作品的解释，他为其所用地认为，这些诗人证实了他本人的理论学说。"[1] 他认为，海德格尔的具体评论手法，"在诸多情况下，应该得出的结论是，这些文本他很快便束之高阁，以便插入他本人的思想和语汇"[2]。对荷尔德林诗歌的解释，完全是一种"为己所用，作为印证他本人的思想情感的佐证"[3]；"他是以一己之见，强加于一位引人入胜的历史人物，对于我们合理地欣赏和理解一位伟大诗人来说，乃是一种不利之举"[4]；"海德格尔将自己的哲学理论强加于上述文学作品和人物"[5]，"诗歌之于他，不是一个语言和形式的结构，而是认识'存在'的一种神秘色彩的看法表态"[6]。我们应该注意到，韦勒克多次判断海德格尔的诗歌批评其实是"为己所用"；他两次使用"强加"这个语汇给予质疑，这显然不是随意之举。从理论出发普遍阐释一切精神现象和作品，以理论为根据去寻找"事实"反

---

[1] ［美］韦勒克：《近代文学批评史》第7卷，杨自伍译，上海译文出版社2009年版，第152页。
[2] 同上书，第158页。
[3] 同上书，第159页。
[4] 同上书，第161页。
[5] 同上书，第162页。
[6] 同上书，第163页。

过来证明理论，韦勒克的"为己所用"和"强加"，是对强制阐释最生动的注解和说明。①

三　认识的出发点和落脚点

以理性把握对象，基点在对象。理性认识应该以实践和经验为基础，考察对象的客观存在及其实际。无论这个对象是物质的还是精神的，它们的实在状况，从表象到结构再到本质，一言以蔽之，也就是对象本身，是全部认识的出发点和落脚点。脱离对认知对象的实际把握，脱离具体经验和实践的基础，为了理论的需要而歪曲经验和实践，歪曲认识的对象，并且再造对象，使对象服从理论，是独断论的传统。对此，黑格尔评论说，"思想进而直接去把握对象，再造感觉和直观的内容，把它当作自身的内容，这样自以为得到真理，而引为满意了"②，可谓一语中的。这里有两点需要强调。

一是，理论脱离经验而直接把握对象，以为思想可以把握事物的本身，这正是诸多西方文论诸多学派的通病。笔者曾指出，场外理论的征用，是当代西方文艺理论生成的主要方式。特别从20世纪初，以弗洛伊德为代表的精神分析学说侵入文论领域以后，多种理论都是从文学场域以外进入场内的。这些理论的出处大抵来源于三个方向：与文学相关联的人文学科理论；为现实政治、社会、文化运动服务的理论；自然科学领域诸多规范理论和方法。这些理论在进入文学场内以前就已经生产并成熟，理论的创造和使用者征用这些理论侵入文学，其动机和目的不在文学和文本的阐释，而在利用文学证明和张扬理论，在用思想"把握事物的本身"③，这必然决定理论过程的独断方式：脱离经验直接把握对象，以理论为根据直接修订对象。对于此类路向，弗洛伊德主义的生产与征用最为清晰。弗洛伊德是精神病医

---

① 韦勒克使用的"强加"，英文为"impose"，"强制阐释"的英译"imposed interpretation"，在译义上两者是同义的。
② ［德］黑格尔：《小逻辑》，贺麟译，商务印书馆1980年版，第94—95页。
③ 同上书，第96页。

生，其理论操用于文学以前，他的主要著作已经完成，基本理论和方法在精神病研究与治疗上取得了成绩。弗洛伊德关于"无意识""力比多"以及"梦的解析""俄狄浦斯情结"等基本观点，是他精神分析理论的主要构成，产生于他本人有关文学的著作完成以前，对文学研究是一种理论的应用，或者说是"移植"，是弗洛伊德对其精神分析理论本身的文学阐释。其中，既有开拓文学研究空间和场域的正面作用，也不可避免地产出生搬硬套、简单移植的强制阐释。特别是后来的文学批评，广泛移植这个理论，用这个理论去"普适"大批本无此意的历史文本和文学经验，对理论的有效性造成极大伤害。这种脱离文学实践和文本实际、以场外理论直接把握文本的方式，其独断性和强制性不言自明。

二是，以理论强制对象，也就是"认为事物的真实性质就是思想所认识的那样"①。安贝托·艾柯曾用文艺复兴时期的神秘主义对兰花的阐释来说明过度诠释。艾柯举证，神秘主义的符指论者从他们的既定理论出发，"致力于去寻找一些'踪迹'，即能揭示出隐秘关系的一些可见线索"②。这些怀抱神秘主义的符指论者为了认证自己的理论，对野生的兰花具有两个球茎大做文章，认为兰花的两个天然球茎与人的睾丸之间在形态上令人惊异的相似之处。就是从这个相似性出发，他们进一步推进到对于不同关系的认同："从形态的类似推到功能的类似。于是兰花就被认为是具有生殖器官的神秘特征（因此，兰花同时又以其性淫而为世人所知）。"③ 从艾柯论述的初衷看，他是把这个例子作为过度诠释的表现来论证的。但是，从阐释的路线分析，上述对兰花的阐释，其源头是神秘主义符指论的理论需要，是从神秘主义立场出发，去寻找对象和根据，证明神秘主义符指论的正确。在这里，我们不评价神秘主义及其符指论的荒唐，仅从对兰花阐释的认识路线看，它是一种从既定的主观意图出

---

① ［德］黑格尔：《小逻辑》，贺麟译，商务印书馆1980年版，第96页。
② ［意］安贝托·艾柯等：《诠释与过度诠释》，［英］斯特凡·柯里尼编，王宇根译，生活·读书·新知三联书店2005年版，第52页。
③ 同上。

发，为意图寻找证据进而证明意图的进路，认识的起点是理论而非客观事物，其落脚点不是阐释对象，而是证明理论。从如此立场出发，阐释者无论在哪里都可以找到对象，都可以任意阐释，用思想剪裁事物、剪裁现实，让事物和现实服从思想、证明自己，从而实现"事物的真实性质就是思想所认识的那样"。

表述到这里，我们能够更确当地理解上述黑格尔话中的三层意思。一是，"再造感觉和直观的内容"；二是，"把它当作自身的内容"；三是，"这样自以为得到真理，而引为满意了"。这三个判断意味深长，包含了关于认识和对象关系的意义认定，对强制阐释的独断论特征做出最明晰的注解。强制阐释以理论为标杆阐释文本，文本符合理论则无须多言，而当文本与理论相悖、无法说明和证明理论时，强制阐释的根本方式是，重新移植和构造文本，使文本符合理论，这就是"再造感觉和直观的内容"。强制阐释再造文本内容，还要在思想和理论上反复辩护，这个再造的内容就是文本的内容，是文本自身具有的实在，并用这个实在否定文本的真实，甚至把这个再造的内容冠名于文本的原创，认定这个再造就是文本原创者的意图。强制阐释的偏执与顽固，更表现于对阐释本身的自信与满足，自认为经过阐释者的强制，不仅理论得以证明，而且解放了文本，同时证明了阐释，如此三重获得就是"得到真理"——当然是"自以为"——而且"引为满意"，因为这样就可以实现理论的自我构建和循环。对这种"认为思想可以把握事物的本身，且认为事物的真实性质就是思想所认识的那样"的独断论，黑格尔笑谈"乃是教人单凭秕糠去充食物"[①]。

四　片面的知性执着

"狭义的独断论，则仅在于坚执片面的知性规定，而排斥其反面。独断论坚执着严格的非此即彼的方式。"[②] 这也是强制阐释的典型特征。其表现有两个方面。

---

① ［德］黑格尔：《小逻辑》，贺麟译，商务印书馆 1997 年版，第 96 页。
② 同上书，第 101 页。

强制阐释的独断论特征

一是，就单一的独立理论阐释而言，几乎每一种理论都坚持只有自己的阐释才是正确的，完全地否定和排斥其他理论阐释的优长。有些激进的政治理论主张的文学应用更是如此。在这一点上，每一个学派、每一种批评方法都坚定地认为，唯有自己的分析和结论是正确的，断然否认历史和当下其他理论和批评的正当性、合理性。弗洛伊德用俄狄浦斯情结对古希腊悲剧《俄狄浦斯王》做重新阐释时，完全否定以往阐释者的判断和分析，坚决否定这是一部表现命运与人的自由意志相冲突的悲剧。他说："如果说《俄狄浦斯王》这一悲剧感动现代观众的力量不亚于感动当时的希腊人，其唯一可能的解释只能是，这种效果并不出于命运与人类意志之间的冲突，而是在于其所举出的冲突情节中的某种特殊天性"①，正是这种天性决定了悲剧的结果，决定了千百年以后，这部古希腊悲剧依然可以感动天下。至于这种猜想或解释是否合理，以至于可以溯及千年既往，我们可以讨论。但弗洛伊德的决绝判断和态度，强加于文本的"唯一可能的解释"，让我们感觉他的盲目自信与独断。关于他的另一个例子令人体会更加深刻。弗洛伊德认为，达·芬奇笔下蒙娜丽莎的神秘微笑是恋母情结的效应。他由达·芬奇梦中的秃鹫形象说起，联系秃鹫尾巴撞击艺术家嘴唇的记忆，抓住秃鹫为单性动物的定性，认定蒙娜丽莎的微笑源自达·芬奇本人的"恋母情结"。尽管他可以为自己留下后路，说这个情结和冲动对达·芬奇本人也是隐藏的，但事实却是，弗洛伊德所凭以立言的证据"秃鹫"是一个翻译上的错误。达·芬奇梦中的飞鸟应该是"鸢"而非"鹫"。因为这个错误，弗洛伊德全部立论的根据彻底塌陷，判断和推论无法成立。令人奇怪的是，这个错误弗洛伊德生前是知道的，但他至死没有纠正这个错误，坚持着自己失去根据的立论和判断。我们无法推测弗洛伊德如此态度的理由。然而，"坚执片面的知性规定，而排斥其反面"，"坚执着严格的非此即彼的方式"，维护哪怕是错误的理论根据和结果，强制阐释的独断性可以被清晰地认知和把握。当然，我们可以讨论"理论的精神，是全身心投入的精神，是论战的精神，

---

① ［奥地利］弗洛伊德：《释梦》，孙名之译，商务印书馆2011年版，第258页。

是低着头一条死胡同走到黑的精神"①，这种理论的执着和信仰值得肯定。但让我们疑惑的是，"低着头一条死胡同走到黑的精神"有没有边界？譬如，对莎士比亚某文本的阐释，是不是可以任意地阐释开去，无论怎样的阐释都可以一条死胡同走到黑，譬如，像伊格尔顿所调侃的那样让莎士比亚"认为自己在描写核战争"②？知性的偏执，思想的独断，是不是对理论精神的曲解？从现代西方哲学的走向看，诸多理论家对近代哲学中所表现的理性万能和理性独断的倾向进行了有力抗争。弗洛伊德的非理性研究就是其中的重要力量。他的精神分析，注重非理性的影响，证明无意识的作用。这本是对理性独断论的最有力反抗。但是，他的非理性研究不能超越理性，正如荣格所言："我们关于无意识所说的任何东西，其实就是意识对于它所说的东西。性质上完全不可知的无意识是通过意识并根据意识的术语加以表述的，而这是我们唯一所能做的事情。我们不可能超出这一点。"③然而，可悲的是，在理论的扩张和膨胀中，非理性研究也无可避免地坠入理性的独断。"在哲学中常有这种情形，把片面性提出来与全体性并列，而固执一种论断、一种特殊的、固定的东西，以与全体对立。但事实上，片面的东西并不是固定的、独立自存的东西，而是作为被摒弃了的东西包含在全体内。"④黑格尔的劝告，值得我们深思和总结。

二是，就各学派与理论而言，相互否定和隔绝几乎是一种常态。一种理论的出现，通常是对过去理论的反叛，而这种反叛却是把洗澡水同婴儿一道泼出去的形而上学。"知性形而上学的独断论主要在于坚执孤立化的片面的思想规定。"⑤形式主义排除庸俗社会学的干扰，聚焦于文本，具有极大的合理性。但是，就此完全否定社会历史批

---

① ［法］孔帕尼翁：《理论的幽灵——文学与常识》，吴泓缈、汪捷宇译，南京大学出版社2011年版，第8页。
② ［英］伊格尔顿：《二十世纪西方文学理论》，伍晓明译，北京大学出版社2007年版，第68页。
③ ［瑞士］荣格：《分析心理学的理论与实践——塔维斯托克讲演》，成穷、王作虹译，上海三联书店1991年版，第3—4页。
④ ［德］黑格尔：《小逻辑》，贺麟译，商务印书馆1997年版，第101页。
⑤ 同上。

评，只对文本做语言形式的阐释，并认定这才是真正文学的阐释，就把合理性蜕变为独断性。解构主义力图打破二元对立的思维方式，打破逻各斯中心主义的强大统治，这是具有思想解放意义的重要变革。但是，由此彻底否定客观世界的一般存在方式，否定物质与精神现象的本质规定，本意是打破独断，却无可挽回地滑向独断。接受美学历史性地提示了读者对文本和文学的建构意义，但是，因此而确定文学的历史就是作品的接受史，这就滑向谬误。文学史不也是创作史，而且首先是创作史吗？没有创作哪里有接受？这个判断本身就是一种决绝否定其他有效理论的独断。不仅具体的理论学派如此，就是大的理论思潮也难逃此运。学界概括的20世纪文论的两大转向，即非理性转向和语言论转向，都是对历史和传统的反抗，都是企图构建新的理论学派以开拓当代文论更广阔的话语空间。愿望是好的，但非理性转向彻底否定理性，以非理性、非逻辑为中心，以"意志""直觉""无意识"为主词，甚至以自由意志主宰人类理性，虽然有益于当代文论的变化和更新，但也因为其过度膨胀与扩张而取代理性、取代正常思维，使当代文论的合法性、有效性受到质疑。人们有理由追索，如果作为人类存在的最高标志理性，让位于动物同样具有的本能非理性，非理性的认知范式是否还可以有效地认知世界。语言论转向也是如此。从形式主义开始，布拉格学派、语义学及新批评，到结构主义特别是符号学，虽然具体理论和观点各有不同，但大体上都是以语言论为中心，专心集中于文本自身，对文本的生产语境，对文本的历史传承统统放弃不议，"作者死了"一类的极端口号，诱导文论偏好完全坠入另一个极端。细节上的真理，整体上的谬误，是20世纪文论流派频繁迭起又极速陨落的理论根源。"对于知性的规定，我们似乎比较固执一些。我们总把它们当作固定的，甚至当作绝对固定的思维规定。我们认为有一无限深的鸿沟把它们分离开，所以那些彼此对立的规定永远不能得到调节。"① 这对强制阐释的独断性的认识，让人有醍醐灌顶之感。

---

① ［德］黑格尔：《小逻辑》，贺麟译，商务印书馆1997年版，第94—95页。

五 数学的方法等同于哲学的方法

前面说过,独断论的根源可以从以莱布尼兹为代表的德国唯理主义论起。作为唯理论者,莱布尼兹"从未放弃这种观点:宇宙是一个由数学和逻辑原则统率的谐和整体,因而数学和形而上学是基本的科学,论证的方法是真正哲学的方法"①。后来的沃尔夫则更进一步,直接"把哲学的方法同数学的方法等同起来",认为"经验的事实会符合理性的演绎",而不是理性演绎符合经验事实②。套用数学、物理的方法生硬地阐释文学,这是一些西方文论学派的基本特征。

应该承认,唯理论的传统直至今天仍然深重地影响甚至统治着我们,这与自然科学所取得的重大成就及其有力地改变世界的事实,有着极大的关系。自然科学取得的成就,使它的研究方法,即从个别出发找到一般,进而提升规律,生产普遍有效知识的思维路径,早已"进化"为深入人心的世界观、方法论。"真正的知识是普遍必然的,不是建立在经验的原则之上""宇宙是一个数学逻辑的体系,只有理性能够阐明"的理念,③ 不仅是自然科学的信念,而且是社会科学、人文科学的信念,甚至是认识和把握精神现象的一般方法,也当然成为文学理论和批评的普遍性追求。检索20世纪西方文论,没有哪一个学派不是以绝对的理性概念去构建自己的理论体系的,包括那些标榜自己如何努力打破逻各斯中心主义的学派,其最终目的仍然是以没有中心为中心,走上莱布尼兹—沃尔夫的独断论老路。特别是把数学的方法等同于文学的方法,简单照搬某种数学或物理学模式,打造普适的批评方法,更是与独断论无异。

这种逻各斯中心主义的努力,大体可以分为两个方向。一是,符号学一类具体方法的努力。其基本方式是,模拟甚至照搬已有的数学、物理方法,构建新的文艺理论和批评模式,企图把文艺理论做成

---

① [美] 梯利:《西方哲学史》,葛力译,商务印书馆1979年版,第131页。
② 同上书,第145页。
③ 同上书,第141页。

"可以引出必然结论的科学"①。从科学史的意义讲，符号及其符号系统首先是一种数学思想和方法。胡塞尔用"符号—数学理论的外衣"②指出数学对哲学的影响，并进一步指出，因为哲学在古代起源的时候就想成为科学，成为有关存在者的宇宙普遍认识，但是，"这种新的理想只有按照新形成的数学和自然科学的典范才是可能的"③。毫无疑问，莱布尼兹—沃尔夫唯理论与独断论的企图，是与这个基本判断相连续的。在如此传统的严格规制下，当代西方文论很难挣脱裹挟，难免生出同类理想和愿望，用数学的方法等同文学的方法，比如文学符号学，对此我们应该给予充分理解。格雷马斯的符号矩阵就是一个典型。这个理论或者说方法，就是搬用具体的数学、物理方法，将文学叙事推演上升为简洁、精准的公式，以构造一个能够包罗全部文学叙事方式的普适体系，使文学理论研究和批评公式化、模式化。对此，格雷马斯的解释是："要谈论意义并谈出点有意义的东西简直比登天还难。谈论意义唯一合适的方式就是建构一种不表达任何意义的语言：只有这样我们才能拥有一段客观化距离，可以用不带意义的话语来谈论有意义的话语。"④如此说来，数学、物理方法，特别是数学符号的抽象方法，当是实现"谈论意义"的最好方法。二是，系统论、控制论、协同论，以至用前沿的量子力学理论构建文学理论与方法的企图。前三种理论曾经时髦过，像风暴一样席卷而过，只是还没有被广泛理解与接受就已陨落，到如今几乎沦为笑柄。

至于用各种前沿的物理学观念和方法构造文学理论，20世纪末，所谓"索卡尔事件"的教训犹在眼前。索卡尔对各种后现代主义理论滥用数学方法确证解构主义和相对主义理论的固执给予揭露和抨击。对此，笔者不在此进行评说，但有一点可以确信，简单挪用现代

---

① 《皮尔斯文选》，周兆平、涂纪亮译，社会科学文献出版社2006年版，第219页。
② [奥地利] 胡塞尔：《欧洲科学的危机与超越论的现象学》，王炳文译，商务印书馆2001年版，第67页。
③ 同上书，第83页。
④ [法] 格雷马斯：《论意义——符号学论文集》上册，冯学俊、吴泓缈译，百花文艺出版社2005年版，第3页。

数学、物理方法构建文艺理论，尤其是强制阐释具体文本，无论如何是需要认真反思的。这里的核心问题是，精神现象与物质现象的本质差别。物质现象是脱离人的主观意志而独立存在的，物质运动的规律可以被客观地研究和确定，最终以数学的形式给予精准表达；由客观规律所决定的运动结果可以被预见，在一定的空间和尺度内可以被重复，尤其是人工重复，这是科学研究得以成功的基本要素。精神现象则完全相反，它以人的主观创意为根据。这种主观创意无法测量和规定，而且创意的结果不可预见，更不可重复。

　　用规律、定则、公式把握精神现象，本身就是不科学的。对文学而言更是如此。文学活动是最具创意的精神活动。文学得以生存和发展的基点只有一个，这就是独创性或原创性。而人的精神的独创性恰恰不是公式和算子能够规约的，原创性的价值就在于不可重复。所谓"学我者病，似我者死"就是这个意思。作为文学的理论，可以研究和发现文学独创性的生成机制，生成的历史条件和传统，却无法预见和规约独创性本身。文学永远不能是公式，用符号和公式推演文学不可能成功。硬要如此演绎，也无法去除人的意志的安排，因为它由演绎者的创意所决定。詹姆逊在阐释格雷马斯符号矩阵的应用时说，对一个由四项因素构成的符号矩阵而言，"实际上我们却常常只能说出一个特定的概念应有的四个位置中的三个；最后一个，也就是 $\bar{s}$，则是我们要破译的一个密码或解开的谜"①。由此就可以理解，他在用符号矩阵阐释中国古代小说《鸲鹆》的时候，为什么把最后一个算子也就是 $\bar{s}$ 苦心定义为"人道"。这就告诉我们，表面上看，符号学的方法似乎是客观的、公式化的，是不受人的意志影响的，而实际上，这完全是错觉。"符号系统的判断，能指模式的选用，不可能不受分析者的观念的支配，这正如朱丽娅·克里斯特娃所说，意识形态将'在最后阶段决定它的有效性或它的真实性'。"② 这句话一语道破

---

　　① [美]詹姆逊：《语言的牢笼——马克思主义与形式》上，钱佼汝、李自修译，百花洲文艺出版社2010年版，第151页。
　　② 怀宇：《译序》，参见皮埃尔·吉罗《符号学概论》，四川人民出版社1988年版，第3页。

了符号学及诸多文学场外的数学、物理方法本质，后者必然产生强制阐释的机制和结果。

结　　论

　　从认识论的意义说，任何阐释都是某种认识路线的反映。以上论及独断论的四种表现形态，是强制阐释的哲学和认识论基础，强制阐释依据这个基础发生阐释功能。独断论与强制阐释的关系是，以独断论为基础的强制阐释，在阐释学谱系上可以是一种理论；以强制阐释为展开的独断论，在阐释过程中可以是一种方法。两者互为依托和因果：独断论的立场，需要和运用强制阐释的方法；强制阐释的方法，巩固和实现独断论的立场和目的。我们应该讨论，在人类理性活动中，独断论是否可能彻底杜绝。如果可能，强制阐释是否就会消失；如果不能，强制阐释是否将必然存在。作为强制阐释的命名者，强制阐释论的提出，我的本意并非要构建新的、统一的理论和批评体系，而是希望在精神现象范畴内，对人类理性及理论本身的有效能力及范围，进行有限的检视和批判。当代西方文论中一些学派和思潮的强制阐释方式，只是此类检视的一个具体现象而已。我们的视野应该进一步扩大，从独断论的剖析切入，各方面的理论，政治的、历史的、经济的、法学的理论等，对人类实践和有效经验的强制阐释，都应在检视和批判之列。当然，这是学术意义上的批判。期望此文有抛砖引玉的效用。

关于"强制阐释"的概念解说

——致朱立元、王宁、周宪先生*

张 江**

2014年9月上旬,在北京的一次会议上,我就当代西方文论中存在的一些根本性问题提出了意见。我的核心表述是,当代西方文论含有诸多精华与优长,同时也存在一些本质性问题。对这些问题当然可以作多侧面、多视角的认知和辨识,但我以为,"强制阐释"作为一个支点性概念,能够比较集中地概括当代西方文论的主要缺陷和问题,更好地把握其总体特征(我的这一论点在2014年第6期《文学评论》上有系统表述,可详见)。这个提法得到了朱立元、王宁、周宪等各位先生的赞成,同时也提出一些质疑。我们约定,以通信形式展开讨论,对"强制阐释"作深入的理论补充和修正,努力形成共识,表达中国学者对百年西方文论的检省和认识。为此,我先写一些文字,开始这个讨论。①

首先要明确"强制阐释"的概念。我给出的定义是:背离文本话语,消解文学指征,以前在立场和模式,对文本和文学作符合论者主观意图和结论的阐释。这话有些绕,我一句句打开解释。所谓"背离文本话语"是指:阐释者对文本的阐释离开了文本,对文本作文本以外的话语发挥。这些话语可以离开文本独立存在,无须依赖文本而发

---

* 本文原刊于《文艺研究》2015年第1期。
** 作者单位:中国社会科学院。
① 《强制阐释争鸣集》(6卷)收录了张江教授与朱立元、王宁、周宪等教授关于"强制阐释"相关内容的多轮讨论,为了在思辨与对话中全面呈现相关问题的研究语境与观点,保留了原文的书信形式。——编者注

生。文本只是借口和脚注，是阐释者阐释其理论和学说的工具。所谓"消解文学指征"是指：阐释者对文本和文学作非文学的阐释。这些阐释是哲学的、历史的、社会的，以及实际上并不包含文学的文化阐释，它们没有多少文学意义，不能给出具有文学价值的理论研讨，把文学文本释作政治、历史、社会的文本。所谓"前在立场和模式"是指：在文本阐释之前，阐释者已经确定了立场，并以这个立场为准则，考量和衡定文本。在这个立场面前，文本是第二位的，是张扬立场的证词，一切阐释都围绕立场，立场决定阐释。这里的模式也是阐释展开以前先定的。阐释者用一个前定模式，对文本作符合要求的剪裁，将文本因子镶嵌于模板，而无论文本含意是否符合模板。这种方式常见于语言学或数学、物理学方法的演练。至于"对文本和文学作符合论者主观意图和结论的阐释"，是个目的论的企图，意即论者的阐释不是为了揭示文本的本来含意或意义，而是为了论证阐释者的主观意图和结论。很明显，这个意图和结论也是前在的。在阐释文本以前，意图和结论就已确定，阐释者要利用文本证明结论，实现意图。在认识路线上，意图和结论是两个不同但又相续的过程。意图是指，论者持有现成的理论，去寻找文本，捕捉证据，证明理论；结论是指，论者一旦明确意图，结论随之而出，他要得到的结果，必须与结论相符。意图决定结论。

如果说强制阐释作为一种总体性缺陷，是20世纪西方文论诸多学说的明显特征，那么，这种缺陷在一些晚近的理论方法中表现得更加突出。比如"幽灵批评"。这种理论提出，作为一种非人性的特定存在，幽灵对人类很重要。对"幽灵的反感和悖论深藏在我们称之为文学的特定事物中，以多种的、挥之不去的方式被不停地铭刻在小说、诗歌和戏剧中"，因此，"'幽灵'是批评的本质主题"[①]。正因为如此，幽灵批评要用幽灵般的眼光去审视和阐释文本，同时，它也要用这种眼光去审视和重读一切文学经典。德里达说，"按照定义，一部名著，总是以幽灵的方式在变动"，班内特和罗伊尔将它进一步阐

---

① ［英］朱利安·沃尔弗雷斯编著：《21世纪批评述介》，张琼、张冲译，南京大学出版社2009年版，第352页。

释为"经典总是一种幽灵事件"①。对理论的认识亦如此。在幽灵批评看来，以往的批评理论早已暗含幽灵，克里斯蒂娃研究了所谓"异质"（幽灵）的概念，这个概念也一直暗含在弗洛伊德的理论中，"但是在近二十年来，它又在批评中（也在文学作品里）以特殊的力量涌现出来"②。后殖民主义理论也被"幽灵"化，因为它反复地让人们关注后殖民主义文本中的幽灵存在，据说"后殖民主义文本是关注暴力、帝国主义和剥削的历史，它们是构成后殖民主义写作的前提；根据这些观点，历史被再次理解为是关于幽灵、幻象、鬼魂出没之地之类的事物"③。在幽灵批评的剑下，所有文本都将是幽灵，只有用幽灵的眼光去认识和检省，我们才能理解和阐释文本。《哈姆雷特》是"英国文学中可被证明的最伟大的'幽灵作品'"④，"经典总是一种幽灵事件"。请教各位先生，这是不是一种背离文本话语的强制阐释？

还有一种所谓"混沌理论批评"，更加令人困惑。20世纪80年代中期开始，在自然科学领域兴起的混沌理论热，带动了一批热衷于数学、物理学方法的文学理论和批评家投入其中。他们模仿这个理论，将之迁移到文学场内，用以研究解决文学以及与文学相关的社会科学问题。这个理论的最核心观点是，世界是一个混沌系统，在这个系统中，随机性和先天性同时存在，一切事物包括人的身份都是不可确定的，是混乱而无秩序的。用这个理论阐释文学的文本，对文本的认识将远远背离文学。斯图亚特·西姆如此阐释了18世纪著名感伤文学作品《项狄传》，认为："《项狄传》描述了这样一个世界，其中的机会和命定共同作用，阻止了稳定的个人身份的形成，因此，无论是作品的主题还是其结构，都指向混沌和复杂性的话语。"在西姆看来，小说中的所有情节，几乎都可以同混沌理论挂钩，都是混沌理论的证明。最突出的是所谓"蝴蝶效应"，根据这个理论，南美某地一

---

① ［英］朱利安·沃尔弗雷斯编著：《21世纪批评述介》，张琼、张冲译，南京大学出版社2009年版，第371页。
② 同上书，第359页。
③ 同上书，第362页。
④ 同上书，第370页。

只蝴蝶翅膀的振动，会引起数千公里之外某地的巨大风暴。给主人公特里斯特兰起个名字，其结果被放大为一种忧郁的性格，影响其一生的命运。"同样，他母亲在怀上特里斯特兰时所提的问题'亲爱的……你没忘了把钟的发条上紧吧？'则消散了'动物精神'，从而导致了无秩序的、混乱的生活"——"看起来是一点点的投入，却会对特里斯特兰的后期发展产生灾难性的效果"，这就是蝴蝶效应的文本证明。① 再看这个家族，这一家人命中注定要频繁地陷入混乱之中，所有的事件都证明"先定的混沌会有多么可怕"。各位先生，混沌理论的这种阐释可以接受吗？表面看来，理论与文本事实可以对应，叙述没有缝隙，但是，我的疑问是，套用这样的理论机械地阐释文本，其文学意义在哪里，还是不是文学的阐释？用场外理论对文本作非文学阐释，我视之为强制阐释是不是有道理？

从解释学的意义上讲，我希望强制阐释能够是这个理论链条上的一个新节点。从桑塔格的反对阐释（1964年），到赫施的解释的有效性（1967年），再到艾柯的过度阐释（1990年），强制阐释这个论点是有所推进的。从海德格尔和伽达默尔开始，当代阐释学彻底否定了传统阐释学的客观主义立场，认为阐释"以解构存在论历史"为使命，"具有强行施暴的性质"②。这种暴力阐释是无限的，文本没有确定的含义，不体现作者意图，只能在读者的阅读（阐释）中实现自己。桑塔格提出反对阐释，认为现代风格的阐释是一种挖掘，"而一旦挖掘，就是在破坏；它在文本'后面'挖掘，以发现作为真实文本的潜文本"③。赫施坚定地反对伽达默尔的立场，坚持文本的含义和意义的区别，提出"保卫作者"，主张阐释的客观主义立场。④

我一直没弄清楚桑塔格反对阐释的真实本意是什么，就在那本以

---

① ［英］朱利安·沃尔弗雷斯编著：《21世纪批评述介》，张琼、张冲译，南京大学出版社2009年版，第135页。

② ［德］海德格尔：《存在与时间》，陈嘉映、王庆节译，生活·读书·新知三联书店1999年版，第355页。

③ ［美］苏珊·桑塔格：《反对阐释》，程巍译，上海译文出版社2003年版，第8页。

④ 参见［美］赫施《解释的有效性》，王才勇译，生活·读书·新知三联书店1991年版。

《反对阐释》为题的文集中,其余的文字都是在阐释。赫施的立场是明白的,但看起来,他的言说无法对抗伽达默尔引领的潮流。后来兴起的接受美学彻底淹没了他的客观主义抗争。在我看来,安贝托·艾柯的过度诠释是有分量的。他既没有极端地反对阐释,也没有在宏大的阐释主题上发出"主义"的诉求,作为小说家和文论家,他以别人对他本人作品的阐释为例,翔实地说明和证明过度阐释的实际含义,令人信服。① 因此,我认为,过度阐释作为一种阐释现象是普遍存在的,是可以进入教科书加以说明的。

强制阐释与过度阐释有很多相同之处。比如,他们都承认批评的有限性,不认同"读者无拘无束、天马行空地'阅读'文本的权力"②;他们都认为,强制阐释和过度阐释的结果都超越了文本,对文本作了在作者看来是多余的阐释;它们都认为作者——在艾柯那里是"经验作者"——有权力判断哪些是"合法阐释",其余阐释应排除于合法阐释之外(关于这一点,我在《本体阐释论》③里有详尽的讨论)。尽管有诸多相似之处,但我还是要强调,强制阐释不是过度阐释,前者可以包含后者,后者无法代替前者。最根本的区别是,强制阐释的方式不仅体现在结果上,而且体现在动机和路线上。阐释的动机和路线,决定了强制阐释的基本特征和结果。

先说动机。过度阐释虽然对文本及作者意图作了过度阐释,但意图依然是阐释文本。强制阐释则不同。它的目的不是阐释文本,而是要阐释理论。这个理论是阐释者先前持有的,他要借文本来说明和证明理论。桑塔格这样批评弗洛伊德:"用弗洛伊德的话说,所有能被观察到的现象都被当作表面内容而括入括号。这些表面内容必须被深究,必须被推到一边,以求发现表面之下的真正的意义——潜在的意义。"这个意义是什么?桑塔格一语中的:"对弗洛伊德来说个人生活中的事件(如神经官能症症状和失言)以及文本(如梦或者艺术

---

① 参见[意]安贝托·艾柯等《诠释与过度诠释》,[英]斯特凡·柯里尼编,王宇根译,生活·读书·新知三联书店2005年版。
② 同上书,第9页。
③ 张江:《本体阐释论》,《中国社会科学内部文稿》2014年第5期。

作品)——所有这些,都被当作阐释的契机。"① 我以为,这就是强制阐释的一种表达。桑塔格的批评是有道理的。弗洛伊德不是文学批评家。他的学说首先是作为精神心理学说提出的。早在1896年,他就创造并使用了精神分析一词,1900年完成《释梦》,构造了他精神分析的理论框架。从此,他的精神分析理论著名于世。他的文学观,他对文学和文艺的批评,都是在这个理论成形以后,作为对精神分析学说的证明和应用而逐步完成的。《作家与白日梦》(1908年)、《列奥纳多·达·芬奇和他对童年的一个记忆》(1910年)、《米开朗基罗的摩西》(1914年)、《歌德在其〈诗与真〉里对童年的回忆》(1917年)、《陀斯妥耶夫斯基及弑父者》(1928年),这些时间偏后的著作,都衍生于他的精神分析理论,而不是文学实践和经验的总结。弗洛伊德撰写这些著作的目的和意义,是要证明其精神分析理论的正确,宣传这个理论。再具体说,弗洛伊德关于文学和艺术的各种观点,是有既定前提的,这就是所谓的"俄狄浦斯情结",这也是他研究和讨论全部文学问题的根本出发点。为了用这个"情结"说明全部文学作品、文学现象、文学历史,作出符合自己愿望的结论,他可以只凭猜想、假设而立论,然后演绎开去,统揽一切。在一些问题上,哪怕明明知道是错误的,并由此陷入理论危机,也绝不悔改。桑塔格这个词用得好——"契机",弗洛伊德就是要以阐释文本为契机阐释自己的理论。文学和文本是他证明理论的工具。

　　再说路线。阐释本身是一种认识,就认识来源而言,它以实践为起点。对文本的阐释,应该从文本出发,从实际阐释中得出认识。过度阐释似乎不应涉及这个问题,至少我们不这样讨论过度阐释。看看艾柯提到的过度阐释他文本的例子,会有些启发。有些读者或批评家对艾柯小说中的人物名字作了许多阐释,艾柯认为,那都是一些主观臆想。比如《福柯的钟摆》,是艾柯小说的名字。他用这个名字,"是因为我小说中的钟摆是里昂·福柯所发明的。如果它是弗兰克林发明的话,那么书的题目就可能是《弗兰克林的钟摆》而不是《福柯的钟摆》了"。艾柯开始就想到会有人把这个名字与大名鼎鼎的米

---

① [美]苏珊·桑塔格:《反对阐释》,程巍译,上海译文出版社2003年版,第8页。

第一部分 关于理论内涵的对话

歇尔·福柯联系起来,而的确有"不少聪明的读者已经作出了这种发现",但是,作者本人说,"我对这样一种联系并不感到很高兴","我希望我的'标准读者'不要试图去发现其与米歇尔·福柯之间表面上的联系"①。因为这样的联系听起来像一个不太高明的笑话,这对理解作品没有益处。这种阐释——如果可以称为阐释的话,无论怎样拙劣,但有一点是肯定的,阐释者立足于文本,立足于在文本中找到阐释的话题。阐释者没有离开文本说话,更没有从一个现成的理论出发裁剪文本。这个阐释的路线是正确的。而强制阐释的出发点是理论,是一个现成的、用以裁剪文本、试图证明其正确的理论。这就颠倒了认识起点和终点的关系,合理的、确当阐释的基础已经丢失。强制阐释,用凝固的理论、规范套用于天下所有文本,这大概是过度诠释可望而不可及的吧。

言及此,我猛然想起纳博科夫调侃弗洛伊德的那些好玩的文字。在阐释福楼拜《包法利夫人》时,讲"马的主题",纳博科夫先选了一个情节:"查理寻找马鞭,慌里慌张地俯在爱玛身上,帮她从一袋小麦背后拾起鞭子来。"然后,他给了一个括号,括号里说:"弗洛伊德,那个古板守旧的江湖骗子,一定能从这一场面中分析出许多名堂来。"他再选了一个情节:"爱玛送给罗道耳弗一根漂亮的马鞭。"他又调皮地在括号里说:"老弗洛伊德在九泉之下发笑了。"第三个情节:"爱玛讥讽地提到他的马鞭上昂贵的装饰品。"他再阴险地加了括号:"黑暗中的那个笑声会更加放肆了。"②

禁不住莞尔。老纳博科夫。老弗洛伊德。篇幅已经很长了,还是先打住吧。

---

① [意]安贝托·艾柯等:《诠释与过度诠释》,[英]斯特凡·柯里尼编,王宇根译,生活·读书·新知三联书店2005年版,第101页。
② [美]纳博科夫:《文学讲稿》,申慧辉等译,生活·读书·新知三联书店1991年版,第244—245页。

关于"强制阐释"概念的
几点补充意见*
——答张江先生

朱立元**

您在国庆节期间，放弃休息，很快把您关于"强制阐释"的概念作了十分精当的阐述，读之受益匪浅。您用"背离文本话语，消解文学指征，以前在立场和模式，对文本和文学做符合论者主观意图和结论的阐释"这四句话对"强制阐释"作出的概括界定，我以为颇有说服力，切中了当代、特别是近三十年来西方文论的主要弊端之一。您对四句话所做的逐句解释，突出了当代西方文论的强制性缺陷，总体上是击中其要害的。只是对第三句话的解释中，有个别提法容易引起争议。您说："在文本阐释以前，阐释者已经确定了立场，并以这个立场为准则，考量和衡定文本。在这个立场面前，文本是第二位的，是张扬立场的证词，一切阐释都围绕立场，立场决定阐释。"这段话的后几句我赞同，它揭露出这种主观阐释的强制性。不过，前面两句则容易引起误解。因为，按照现代阐释学理论，任何理解和阐释都不可能没有阐释者先在的立场和前见，这是进入阐释的不可逾越的前提。我们也常常说要以马克思主义的立场、观点和方法去观察、研究客观对象，当然也包括对文艺作品的阅读和阐释在内。事实上，不带任何立场的阅读和阐释是不可能的。不过，我们不要将立场作简单、机械的理解，不应该像过去那样理解为单纯的政治（阶级）立场，而应该理

---

* 本文原刊于《文艺研究》2015年第1期。
** 作者单位：复旦大学中文系。

解为包含审美、思想、政治、道德、文化等多方面因素综合一体的一种阅读、阐释的眼光。但是，在阅读、阐释文学作品（文本）时，这种先在的眼光（立场）不是以明确的理性思考方式确立的，而是以潜在的、不自觉的方式暗中影响、制约着阅读和阐释过程。但是，阐释过程是极为复杂、精细的，先在的眼光（立场、前见）并不是唯一的，甚至不一定是主要的决定性因素，阐释的结果与结论在多数情况下不可能仅仅由先在的立场所决定。只有像您所说的那种情况，即以自觉的立场为中心，将文本降低到第二位，使之成为张扬立场的证词，那才是名副其实的强制阐释。不知道我的这个想法对不对？

您在文中批评的"强制阐释"的几个实例都举得非常好，非常典型，说服力极强。您用"强制阐释"论对"幽灵"批评、"混沌"理论进行的批评不但逻辑严谨、层层剥皮，非常精辟，而且行文犀利、恰中要害，十分精彩，使人感到痛快淋漓。您对弗洛伊德的精神分析批评所做的分析和批评，更是独辟蹊径，令人拍案！中外对弗氏的批评均聚焦于泛性欲主义，您却别出心裁，从强制阐释角度切入，不但言之成理，将批判提升到新的高度，而且突破旧说，给人耳目一新之感。我想再以近几十年风行西方、席卷全球的文化研究为例，进一步论证当代西方文论中强制阐释的弊病。

众所周知，文化研究是20世纪60年代由英国伯明翰学派的文学批评起始的，如有的学者所指出，"在文化研究史上，最早出现的是文学批评"①，但是，即使在这个起始阶段，文化研究也没有局限于文学批评，而是把文化的社会评价功能开始从文学转向了日常生活，特别是转向了通俗文化或"人民"文化研究，开启了文化研究拓展疆域、贴近现实生活的进路。自20世纪60年代到80年代中期，伯明翰学派逐渐脱离了文学批评的领地，引领文化研究"把注意点集中在文化语境中的民族、种族、性别、阶级等意识形态及其相互作用上"②；而且把

---

① ［英］理查德·约翰生：《究竟什么是文化研究》，罗钢、刘象愚主编《文化研究读本》，陈永国译，中国社会科学出版社2000年版，第4页。
② ［美］道格拉斯·凯尔纳：《失去的联合：法兰克福学派与英国文化研究》，吴志峰、张永峰译，《天涯》2003年第1期。

研究队伍扩大到欧美各国，造成其影响辐射式大拓展。到20世纪80年代后文化研究又与后现代主义（在一定意义上包含后殖民主义）不断交汇、合流，获得了新的生长动力，且对媒体和消费文化积极支持、推波助澜，范围日益拓展，影响日益扩大，研究领地迅速扩张到政治学、哲学、历史学、社会学、人类学、心理学、美学、法学、语言学、传播学、音乐学、经济学、地理学、教育学、工商管理学等绝大多数人文社会科学领域，而专门的文学研究和批评却日益走向萎缩和衰退。同样，文化研究的课题也从全球化到本土化，从文学重读到文化帝国主义，从权力话语到文化霸权，从身份认同到性别、种族，从工人阶级到大众文化，从女权主义到同性恋，从新媒体到实验室文化，从时尚追星族到互联网……几乎无所不包，从而成为多学科、跨学科的、面面俱到、大而无当的超级巨无霸学科。正是在这种过度泛滥的文化研究思潮的强制冲击下，文学研究和批评本身日益远离文学和文本，逐渐消融、消失在包罗万象的文化研究中，沦为其招之即来、挥之即去的奴仆。文化研究的多学科、跨学科阐释模式强制性地支配和逐步取代了文学批评以审美为主干的传统阐释模式。这里，文化研究显然充当了对文学研究、文学批评进行强制阐释的专制主角。文化研究主宰文学研究的这种强制阐释的风行，正是当代西方文论危机的征兆之一，昭示着文学研究有可能走向自我衰解的现实危险。

文化研究对文学研究这种阐释的强制性并非原来固有的，而是在发展中、特别是在高速扩张中逐渐生成的。这种扩张一旦形成势头，就会势如破竹、势不可挡，文学批评就会被吞没，或者被迫改弦更张，落入强制阐释的陷阱。这种现象在美国发展到了登峰造极的地步。耶鲁批评学派的主将之一哈罗德·布鲁姆对文化研究这种强制阐释的压迫感同身受，声称"如今学界是万物破碎、中心消解，仅有杂乱无章在持续地蔓延"[1]，"已经变得走火入魔了"[2]。他强烈谴责文化研究这种强制阐释所造成的多方面恶果，尤其是大学文学教育方面的

---

[1] [美]哈罗德·布鲁姆：《西方正典：伟大作家和不朽作品》，江宁康译，译林出版社2011年版，第1页。
[2] 同上书，第429页。

恶果:"在现今世界上的大学里文学教学已政治化了:我们不再有大学,只有政治正确的庙堂。文学批评如今已被'文化批评'所取代:这是一种伪马克思主义、伪女性主义以及各种法国/海德格尔式的时髦东西所组成的奇观。西方经典已被各种诸如此类的十字军运动所代替,如后殖民主义、多元文化主义、族裔研究,以及各种关于性倾向的奇谈怪论。"① 他痛心疾首地说,虽然"对西方文学的研究仍然会继续,但只会如今日的古典学系的规模。今日所谓的'英语系'将会更名为'文化研究系',在这里,《蝙蝠侠》漫画、摩门教主题公园、电视、电影以及摇滚乐将会取代乔叟、莎士比亚、弥尔顿、华兹华斯以及华莱士、斯蒂文斯。曾经是精英荟萃的主要大学和学院仍会讲授一些有关莎士比亚、弥尔顿及其他名家的课程,但这只会在由三四位学者组成的系里讲授,这些学者类似于希腊文和拉丁文教师"②。于是,"英语系以及相关系科始终不能找到自己的定位,并且还极不明智地吞咽下一切看上去可以吸收的东西",而"这种生吞活剥产生的可怕结局将是自我毁灭:诗歌、戏剧、故事和小说的教学正在被各种社会与政治讨伐的摇旗呐喊所取代。或者,通俗文化作品取代难懂的大家之作而成了教材"③。可见,在布鲁姆眼里,文化研究的强制阐释带来了何等恐怖的灾难啊!不仅美国文学批评界被异化了,而且在绝大多数大学英文(文学)系中真正的文学研究和教学无论在课程设置的规模上、讲授的专业内容上,还是教材的选择使用上、师资队伍的构成上,也都被挤压到无足轻重的边缘地位,实际上蜕变为"文化研究系"。他感受到自己"周围全是些哗众取宠的教授,充满着法德理论的克隆,各种有关性倾向和社会性别的意识形态,以及无休止的文化多元主义,我于是明白了,文学研究的巴尔干化已经是不可逆转的了"④。此言颇有点在强大的文化研究的汹涌潮流面前,自觉自己势孤力单、螳臂挡车、无力挽回的哀

---

① [美]哈罗德·布鲁姆:《西方正典:伟大作家和不朽作品》,江宁康译,译林出版社2011年版,第2页。
② 同上书,第430页。
③ 同上书,第431页。
④ 同上书,第429页。

伤。布鲁姆对文化研究这种强制阐释性质的感受和批判是典型的、尖锐的、切中要害的。

需要说明的是，文化研究的强制阐释性，一是逐步形成的，开始时并不自觉，只是想要扩展到文学以外的诸文化领域，然而由于种种复杂因素的综合作用，这种扩展后来被以文化研究倡导者意想不到的方式迅猛地推进，形成摧枯拉朽、势不可挡的汹涌大潮，而一旦成势就必然失控，席卷一切，顺我者昌，逆我者亡，终于转化为强制阐释的强力；二是从文学批评起家，逐步启用跨学科的泛文化模式强制压缩乃至剥夺专门的文学研究，强制征用非文学的（文学以外的）诸学科的知识谱系、概念术语、思路方法等从事研究文学，开展文学批评，最终却不知不觉地陷入文学研究、批评自身的沉沦和迷失。

我不知道上述看法是不是能够从另一个角度论证您提出的"强制阐释"论的合理性？

您文中提到，"一直没弄清楚桑塔格反对阐释的真实本意是什么"。我想就此问题谈一点个人的看法。的确，第一个提出"反对阐释"口号的是苏珊·桑塔格。但是，在我看来，桑塔格不是一般地、全盘地反对一切阐释，而是反对传统的只重内容、忽视形式的非艺术化的阐释方式，即反对将文学艺术作品中的真理性、道德性内容从活生生的艺术整体中单独剥离、抽取出来，通过对这些非艺术化内容的阐释而达到对作品意义的理解这样一种阐释。桑塔格援引柏拉图的艺术无用论和亚里士多德为艺术辩护的观点，认为西方艺术一直局限于古希腊艺术模仿论或再现论所圈定的"内容说"范围，而当今的艺术阐释学所遵循的就是古希腊以降偏重内容的模仿论阐释传统，"正是因为这一理论，艺术本身——而不是既定的艺术作品——才成了问题，需要辩护。也正是对艺术的这种辩护，才导致那种奇怪的观点，据此我们称为'形式'的东西被从我们称为'内容'的东西分离开来，也才导致那种用意良苦的把内容当作本质、把形式当作附属的转变"①。桑塔格反对的正是这种重内容、轻形式并一直影响至今的传

---

① ［美］苏珊·桑塔格：《反对阐释》，程巍译，上海译文出版社2003年版，第4页。

统阐释学,因为"建立在艺术作品是由诸项内容构成的这种极不可靠的理论基础上的阐释,是对艺术的冒犯。它把艺术变成了一个可用的、可被纳于心理范畴模式的物品"①。她从心理学角度来判定这种传统阐释学所理解的阐释,"是指一种阐明某种阐释符码、某些'规则'的有意的心理行为"。显然,这种有意的心理行为,是以"阐明某种阐释符码、某些'规则'"为先在目的的,其对原作(文本)意义的阐释实际上不是以原作为依据,而是为了论证预定的某种"规则"。这就使阐释变成了转换,譬如,将 A 转换成 B,将 B 转换成 C。而在转换的过程中,传统阐释必然陷入对原作(文本)的误读:其一是在文本的字面意义之外另外建立一种意义,即改动原作文本,譬如,斯多葛派阐释荷马史诗时将其所描绘的宙斯及其性情狂暴的一系列粗野特征以寓言化的方式予以消除,以符合诸神一定是有道德的正统观点;其二是对文本潜在意义的过分追逐,比如您引用的桑塔格对弗洛伊德强制阐释的批评。据此,桑塔格认为,传统阐释是智力对艺术、对世界的报复,它对文学界危害尤重,最典型的就是对卡夫卡作品所进行的"劫掠"。阐释者们将卡夫卡的作品贴上社会寓言、心理分析寓言和宗教寓言等形态各异的标签,用厚厚的阐释硬壳去包裹卡夫卡的作品,实际上无异于拒绝艺术作品的独立存在。由此可见,桑塔格反对传统阐释方式的主要理由不正是您所批评的那种强制阐释吗?所以,桑塔格的观点完全可以成为强制阐释论的有力支持。

　　桑塔格反对传统阐释,实际上是呼吁人们更多地用感性的艺术体验去理解和阐释艺术文本,而不是处处依赖于大而无当的文化内容,她指出,"我们的文化是一种基于过剩、基于过度生产的文化"②,而用这种文化去阐释艺术,其结果只能是我们感性体验中的那种敏锐感逐步丧失。所以她提出,"现今所有艺术评论的目标,是应该使艺术作品——以及,以此类推,我们自身的体验——对我们来说更真实,而不是更不真实。批评的功能应该是显示它如何是这样,甚至是它本

---

　　① [美]苏珊·桑塔格:《反对阐释》,程巍译,上海译文出版社 2003 年版,第16页。
　　② 同上书,第17页。

来就是这样,而不是显示它意味着什么"。① 因此,她要求批评者更多地去看、去听、去感觉、去体验。她还建议用一种"透明性"的批评来恢复对艺术的敏锐感觉,"透明是指体验事物自身的那种明晰,或体验事物之本来面目的那种明晰"②。这种"透明"的批评要求文本的独立性,反抗仅以内容的解说和转换来僭越作品的艺术本性和地位。这就是桑塔格"反对阐释"论的真义。我认为,桑塔格的这个审美阐释观在反对传统的单纯内容阐释学方面,虽然比较激进,却不无合理性和片面的深刻性。

---

① [美]苏珊·桑塔格:《反对阐释》,程巍译,上海译文出版社2003年版,第17页。
② 同上书,第16页。

关于"强制阐释"与"过度阐释"
——答张江先生*

王 宁**

读完您的大作《当代西方文论若干问题的辨识——兼及中国文论建设》①后,虽然认同您的不少见解,但总感到您对两个概念,也即对"强制阐释"和"本体阐释"并没有阐发透彻,希望读到您这方面更多的文字。后来承蒙先生邀请,我和一些学界同仁出席了在北京举行的"当代中国文论:反思与重建"学术研讨会,会上倾听了您对"强制阐释"的进一步阐发,以及听到其他与会人员的发言,颇感受益匪浅。现在又在国庆长假中读到您的来信,感觉这个问题已经清晰多了。根据我的理解,您所要强调并区分的主要是这样两个关键性的概念:"强制阐释"和"过度阐释"。我认为您对这两个概念的理解是深刻的,阐发也是得当的,我们完全可以在此基础上从不同的角度作进一步深入阐述。您在信中认为,艾柯在剑桥的演讲所引发的关于"过度阐释"的论战实际上仍然是文学上的阐释,而您所指出的"强制阐释"这个概念则是一种文学以外的理论的强行干预和介入,而且您对此也提出了尖锐的批评。我想这确实切中了问题的要害,同时也已经是一个摆在我们面前的十分清楚的问题:我们究竟要的是什么样的文学批评?如果文学批评不以文学为批评和阐释的出发

---

* 本文原刊于《文艺研究》2015 年第 1 期。
** 作者单位:上海交通大学人文艺术研究院。
① 张江:《当代西方文论若干问题的辨识——兼及中国文论建设》,《中国社会科学》2014 年第 5 期。

点和对象，那还算什么文学批评？在从我的角度阐述之前，我首先对这两个概念作进一步的区分和辨析。

在我看来，过度阐释实际上是从事文学的"读者—批评家"根据自己的想象力对文学文本中蕴含的"潜文本"含义进行假想和阐发，他们的出发点依然是文学文本，只是试图将作者未意识到的潜文本意义发掘出来，其目的是填补文本中留下的若干个"空白"，对于这一点接受美学理论家沃夫尔冈·伊瑟尔曾作过精当的解释和演示。当然这种过度阐释完全有可能与作者本来的意思截然相悖，也有可能把作者在创作时未曾意识到的"潜文本"含义发掘出来，从而使作者恍然大悟。但无论怎样的过度阐释，阐释者依然有一个原文本放在那里对照，因此正如您信中所说，这样的阐释即使有些过度，但依然能令人信服。而强制阐释则不然，它是阐释者（通常是文学圈以外的理论家），从某个先在的理论概念出发强行对文学文本施以暴力，将一种先在的理论假设提出，然后在文学文本中寻找例子，最后的结论是为了证明自己理论假设的正确。应该说，这是文学批评和阐释的两种截然不同的态度和方法：前者的出发点和指归依然是文学，而后者则是一种理论建构，当然这种理论建构也并非没有必要，只是要应用到适当的场合。采用过度阐释的人依然是文学批评家或文学研究者，他们往往依循某一个既定的理论视角，所关心的问题是这部文学作品究竟有什么读者未察觉的意义？如何通过这种或许"过度的"阐释将文本内隐含的意义发掘出来？而后一种阐释的人往往是来自文学圈以外的理论家或非文学学者，他们不屑去使用他人的理论，而是将自己的理论用于文学作品的解读和阐释，其最终目的是证明自己理论的正确和有效。当然，我们不能说这两种方法孰优孰劣，只能说哪一种方法更加有利于对文学作品的理解和阐释。现在具有反讽意义的恰恰是，后一种阐释方法在文学理论界反而更有影响力，并更为广泛地为文学批评家去有意识地加以运用和发挥。而相比之下，拘泥于文学文本的阐释甚至过度阐释则被湮没在理论演绎的汪洋大海中而了无生息。这就造成了当前的文学理论批评界出现的一些怪现象。这种情况不仅在中国有之，在西方更是早就被人们察觉并受到批评了。我这里也以精神分析学批评为例说明这种滥用的程度。

第一部分　关于理论内涵的对话

众所周知，精神分析学在许多人眼里几乎与其创始人弗洛伊德的名字联系在一起，如果纯粹从精神分析学本身来看的话确实如此，但是若将其推广到精神分析学以外的学科领域，那就是另一回事了。尤其是当我们说到文学的精神分析批评时，那就已经远离了弗洛伊德本人的初衷。不可否认的是，精神分析学批评在整个20世纪的西方文学理论批评界的影响，恐怕是任何其他学派都难以比拟的，这不仅是因为它的创始人弗洛伊德在20世纪人类思想史和科学史上的显赫地位，同时也更因为这一学派有着众多的实践者，因此我们不能笼统地将精神分析学批评当作一个整体，个中的千差万别是显而易见的。首先我们要弄清楚弗洛伊德本人关于文学的论述，或者说弗洛伊德的文学批评观。在这方面，我曾下过一番功夫，这里略作概括。美国文化批评家莱昂内尔·特里林曾这样描绘弗洛伊德与文学的关系：弗洛伊德影响文学，但弗洛伊德首先受到文学的影响。确实，弗洛伊德最喜爱的文学作品包括古希腊悲剧、莎士比亚、歌德的作品以及19世纪的浪漫主义诗歌。在这些古典文学名著的熏陶和影响下，他自觉地对文学进行了接受，并逐渐通过欣赏、归纳和概括等方式，零零散散地提出了一些闪烁着文学理论思想的见解，其中有些观点至今仍对文学创作和理论批评有着启迪和指导意义。他的这些文学观点概括起来大致表现在六个方面：第一，作为文学创作动因的"力比多说"；第二，用来概括文学创作活动和过程的"无意识"或"自由联想说"；第三，塑造人物形象的"升华说"；第四，作为文学创作和理论批评主题的"俄狄浦斯情结说"；第五，作为文学"游戏说"之翻版的"文学创作与白日梦的关系"；第六，文学艺术家与精神病症状，等等。但实际上，后来的精神分析学批评家只是各取所需地主要将其"俄狄浦斯情结说"和"力比多说"用于文学和文化批评。这就导致了本来仅仅属于一家之言的弗洛伊德的文学观演变成了一种具有普适意义的精神分析批评。那些精神分析学批评家拿起精神分析的武器到处在作品中寻找与"情结"和"力比多"有关的象征物，甚至从作品推衍到其作者的"无意识"动机，这恰恰证明了其理论的牵强性。

应该指出的是，弗洛伊德作为一位文学爱好者或业余批评家，他完全有理由根据自己的理解和阅读欣赏对文学作品提出自己的一家之言,他的不少观点后来被证明确实对文学批评的社会历史批评有着某种补充作用。但是当弗洛伊德本人的声誉达到了顶峰时,他就不满足于自己的理论仅仅在精神分析学领域内发挥作用了,他试图将其用于解释所有人类社会生活和文化现象,这样他的理论的漏洞和缺陷就暴露无遗了。弗洛伊德在文学理论批评界有着众多的崇拜者和信徒,他们自觉地运用精神分析学批评理论,或从精神分析的视角对文学史上的一些老问题提出自己的新见解,或对一些当代文学文本进行精神分析式的阅读,从而不仅使文学批评的方法趋于多元,同时也丰富了精神分析学批评理论本身。但是用于文学阐释,"俄狄浦斯情结说"明显地出现了漏洞:当一位作家,如卡夫卡或劳伦斯等,其生活经历适合于用精神分析学去分析时,这样的分析用于其作品的阐释也许是有效的,但是若将其推广为所有作品的阐释则未免牵强附会了。因此传统的以人为本的精神分析学批评后来由于其信徒的滥用而陷入了危机和衰落状态。这时精神分析学内部出现了不同的声音,先是荣格提出的"集体无意识"概念作为对弗洛伊德的个体无意识的反拨,后来雅克·拉康异军突起,通过对弗洛伊德理论的改造和重新阐述而使得这一处于危机的批评理论又产生了勃勃生机。由于拉康学派对文学作品的"俄狄浦斯情结式"的阐释不指向其作者,因此在某种程度上还能令人信服,但时至今日,拉康的精神分析学说也已经被人们无限制地推广运用到对所有现象的解释,因而也就使它远离文学文本的阐释。一种理论提出并有着持久的生命力,就说明这种理论本身并没有错,问题是不恰当地滥用就有可能将其隐含的谬误也暴露无遗。您信中所说到的所谓"幽灵批评"和基于"混沌理论"的批评性阐释实际上也受到精神分析学和德里达的解构主义的影响,但是那些批评家以此作为先在的理论假设,然后从文学文本中寻找例证去证明他们理论的正确性,就会给人以先入之见的嫌疑,所得出的结论就是靠不住的。当然,正如您信中所指出的,他们的目的是发展自己的理论,而非用于丰富文学的批评和阐释。但具有讽刺意味的是,这两种批评风尚并没有在当今的文学批评中占据主流,更没有达到当年弗洛伊德和拉康等理论家在文学批评界的地位和影响。现在西方文学批评界有着广泛影响的是另两种新崛起的流派:生态批评和后人文主义批评,这

第一部分 关于理论内涵的对话

与我们的时代特征和需要不无关系。因此我们完全可以不去理会幽灵批评和混沌理论批评。下面我想结合您文章中的主要观点谈谈为什么强制阐释会大行其道以及它目前所遭遇到的批评。

正如您所指出的,当代西方文学理论提供给我们的并非是一个完整的体系,而这恰恰也正是西方文论发展的一个重要特征。自黑格尔和康德以降的西方文学理论家并不志在创立一个体系,而是试图选取自己的独特视角对已有的文学理论体系的不完善之处进行质疑和修补。他们不屑于对已有的理论进行重复,而是试图从新的视角对之进行质疑和批判,他们的做法往往是矫枉过正,通过提出一些极端化的观点来吸引同行的注意。这就是在西方治学与在国内治学的差异之所在。因此,我们提出的理论建构不仅在国内应是全新的,而且在国际上也要引起同行们的关注,哪怕是遭到他们的批判,也至少说明我们没有重复别人的陈词滥调。我这里想起了哈罗德·布鲁姆提出的一个极端的概念。在《影响的焦虑》中,布鲁姆对前人的影响的巨大阴影表现出一种无奈:这一巨大的阴影使得当代人无法再从事写作和理论建构,他们唯一所能做的就是采取一种"弑父"的手段对前辈大师进行攻击,只有"杀死"这些"象征的父辈",年轻的后来者才能脱颖而出。根据这一立论,布鲁姆又指出,自文艺复兴以来的西方文学批评地图就是一张"误读"的地图。当然布鲁姆所说的"误读"与那些读不懂原文胡乱猜想的做法是截然不同的,正是由于他们被一种影响的焦虑所纠结,他们才试图采取各种方法来摆脱这种焦虑,于是就出现了这样的两种方法:其一就是所谓的"强制阐释"。对此,布鲁姆是十分反感的。我们过去常常笼统地将他和德里达在耶鲁大学的三位同事称为"耶鲁学派"或"耶鲁四人帮",这其实是不对的。布鲁姆也许会认为这也是一种强制阐释。因为他一开始曾受到解构主义的影响,但这并非是因为他在读了德里达的书后才有解构的意识的,而是德里达的理论正好与他的解构和误读等想法不谋而合。毕竟布鲁姆是一位毕生从事文学研究的批评家和文学研究者,他不能容忍德里达等理论家强制性地介入文学对其进行"强制阐释",因此他很快就和德里达分道扬镳了。我和这两位理论大家都有过交往。在我和德里达的谈话中,德里达曾经表示,"布鲁姆是不喜欢我的"。而布鲁姆也在多种场合对当今的理论远离文学表现出强烈的不满。他于1999年5月邀请我到他在纽约华盛顿广场的住所,在谈话中,他尤其猛烈地抨击了当代文化研究,特别是对从理论的视角强行进入文学阐释的做法表示了极大的愤怒,他甚至不无极端地指出,现在的理论家只是在自己的小圈子里写文章,往往是你写给我看,我写给你看,根本没有读者。他因此断言,理论已经死亡,而文学则是永存的。他对詹姆逊的一些远离文学文本的强制性阐释也提出了非议,而对米勒的批评性阐释则表示赞同或理解,因为他认为米勒的阐释仍是一种文学阐释,但有时也是一种过度阐释。

现在再来看看所谓的"过度阐释",关于这一点我已经在另一篇文章中作过介绍,这里仅作进一步阐发。我在文章中提到卡勒对过度阐释的辩护和看法,确实,卡勒并没有提出理论体系的奢望,他只是运用现成的理论,例如结构主义和解构主义等,对文学作品进行阐释。虽然他也阐释理论,但也仅仅是阐释而已,并没有提出什么自己特有的文学理论,因此他更是一位文学批评家和研究者,而非一位原创性的理论家。尽管如此,做一位独树一帜的文学批评家也并非易事,他需要提出与众不同的新的阐释和批评性见解,因此像布鲁姆那样,以"误读"式的阐释来标新立异,或者像卡勒那样作一些"过度阐释"还是颇有必要的,否则,在国际理论批评争鸣中,我们怎么能提出全新的批评性见解呢?即便是桑塔格的"反对阐释"本身也是一种阐释。正如有的学者所注意到的,在桑塔格写作的盛期,形形色色的理论使得她无所适从,她针对当时批评界重内容而轻形式、重阐释而轻感受的风气,以唯美主义的艺术观予以反拨。她提出:对艺术做出阐释是对艺术作品本身的忽略,而阐释永远也不能达到完美,因为阐释永远不能代替艺术品本身,只能解释一部分。在这里,桑塔格指的是那些缺少艺术体验的空对空的阐释。她自己也坦言,她并非反对所有的阐释,而是反对那些缺乏敬意、对文本造成破坏的意义挖掘①。在她看来,"现代风格的阐释却是在挖掘,而一旦挖掘,就是

---

① 朱红梅:《反对阐释及其反思:桑塔格形式美学》,《文学理论前沿》第10辑,北京大学出版社2013年版,第174页。

在破坏;它在文本'后面'挖掘,以发现作为真实文本的潜文本。最著名、最有影响的现代学说,即马克思和弗洛伊德的学说,实际上不外乎是精心筹划的阐述学体系,是侵犯性的、不虔敬的阐释理论"①。但我认为这也不能一概而论。马克思和弗洛伊德本人并不是文学理论家,但可以算作是文学批评家,他们确实很热爱文学,并且阅读了欧洲文学史上众多的文学作品,写下了大量的批评性文字,对于后来的理论家建构欧洲文学经典起到了极大的作用。他们用自己的先在理论去强行阐释一部文学作品也有他们的道理,因为他们需要通过文学作品的阐释来证明自己理论的重要性。因此,我们对这些原创性理论家的强制性阐释深表理解,但是对那些滥用他们的理论去强制阐释作品的批评家或学者的做法则不敢苟同,因为那样的阐释既无益于理论创新,也会破坏作品内在的肌理,使其支离破碎,不成为一个有机的整体和独特的世界。以上就是我本人对两种形式的阐释的看法,不知先生以为然否?

---

① [美]苏珊·桑塔格:《反对阐释》,程巍译,上海译文出版社2003年版,第8页。

也说"强制阐释"

——一个延伸性的回应,并答张江先生*

周 宪**

您最近发表的一系列文章,锋芒犀利,观点鲜明,对当代西方文学理论中的一些关键性问题做了点穴式的批判,直陈其弊端所在,读来给人启发良多。"强制阐释"是您最具创意的概念之一,也是对当代西方文学理论批判用力最多处。既然当代文学理论研究的主要问题在于"强制阐释",那么,揭橥"强制阐释"的问题所在,指出其局限性,无疑是先生系列论文的主旨。

对于文学理论研究的"强制阐释"您给出了一个定义:"背离文本话语,消解文学指征,以前在立场和模式,对文本和文学做符合论者主观意图和结论的阐释。"细细究来,这一界定规定了"强制阐释"的三个明显局限:第一关乎阐释对象,"强制阐释"偏离了文学文本这个文学研究的基本对象;第二涉及阐释方法,那就是以先在立场和模式来阐释所面对的各种文学文本;第三是其阐释结果,它消解文学特征,将阐释者的主观意图和结论附会于被阐释的文学文本之上。毫无疑问,您对"强制阐释"的批判一语中的。假如我们对当代文学理论的文献加以翻检,也会发现一些相似的批评声音。比如美国著名文学理论家和批评家弗兰克·兰特里夏十多年前在一篇文章里,颇有些揶揄地指出:"只要你告诉我你的理论是什么,我便可以提前告诉你关于任何文学作品你会说些什么,尤其是那些你还没读过

---

* 本文原刊于《文艺研究》2015 年第 1 期。
** 作者单位:南京大学艺术学院。

的作品。"① 这个讽刺性的说法,是对您"以前在立场和模式,对文本和文学做符合论者主观意图和结论的阐释"这一判断的精彩脚注。您提出的问题发人深省。近几十年来,文学研究中的种种理论化和理论先行的偏向,已经导致了文学理论的某些弊端和问题,并从根本上改变了文学研究的路径或范式。难怪韦勒克在其晚年不无惋惜地哀叹,文学研究的大厦已被诸如解构主义这样的新理论给无情摧毁了②。其实,强制阐释的风气不仅流行于西方,在本土学术环境中也常常看到。不少做文学理论研究的人,喜好理论预设,观念先行,把玩概念,把具体文学作品作为强制阐释其理论主张的标靶,造成了当下文学理论研究的某种误区。所以近些年来我们时常听见"回到文本""回到文学经验""回到文学的审美特性"的强烈呼声。先生的系列论文剑指当代文学理论这一软肋,正可谓是切中时弊,恰逢其时!

如果我们把眼光放得更远一些,可以说强制阐释大约是这个理论宰制时代人文学科研究的普遍倾向。不仅文学理论,而且其他人文学科,甚至社会科学,也深受"强制阐释"之累。我们注意到,一旦某种新理论问世,无论来自哲学、社会理论、历史学还是文学理论,都会一窝蜂地转移、渗透和发挥,进而影响到其他诸多学科,萨义德所说的"理论旅行",不仅发生在不同国度和文化间,更频繁地发生在各学科间。于是,有人直呼当代是一个"理论帝国"时代,因为理论宰制着人文学科的各个领域。更有人热衷于颠覆传统的学科边界,所以跨学科、多学科、甚至超学科研究已然是大势所趋。

这里,我很感兴趣的是,文学理论研究中的文学阐释的可能性问题,并想借此机会谈一些自己的看法,既是对先生"强制阐释"批判的一个回应,又是对此问题的延伸性讨论。我们知道,人文学科有别于自然科学(甚至社会科学)的一个极为关键的特性,乃是对意义和价值的深切关注。因此,作为人文学科重要组成部分的文学理

---

① Frank Lentricchia, "Last Will and Testament of an Ex-Literary Critic", in Alxander Star (ed.), *Quick Studies: The Best of Lingua Franca*, New York: Farrar, Strausand Giroux, 2002, p. 31.

② Rene Wellek, "Destroying Literary Studies", in Daphne Patai & Will H. Corral (eds.), *Theory's Empire: An Anthology of Dissent*, New York: Columbia University Press, 2006, pp. 41 - 51.

论，显然把对文学作品乃至一般文学的意义和价值的阐释，看作是研究的核心。阐释有赖于理解，理解构成阐释，所以理解与阐释可以说是文学理论研究的基本工作。那么，在文学理论研究中，理解和阐释是否具有无限的可能性呢？文学作品（或文本）是否有某种固有的或客观的意义呢？如果对后一个问题做肯定的答复，那么对前一个问题必定给出否定的结论。

在当代文学理论史的发展历程中，围绕着这些问题始终存在着激烈的争议和冲突。英美"新批评"就旗帜鲜明地主张，文学文本的语言后面当有确定的意义，而文学批评就是发现这些确定意义，这一主张曾经风行一时，后又遭遇了深刻质疑。美国"阐释学派"代表人物赫施不同意"新批评"的论断，他始终高扬"作者意图"论，虔信作者的意图才是解释文学文本唯一合法的根据，不过此理论也受到了严峻挑战。当维特根斯坦发明"家族相似"理论时，就在相当程度上摧毁了那些想探寻文本语言背后确定意义的思路；而巴特的"作者之死"则预示了"作者意图"论的深刻危机。

伊格尔顿说过，20世纪西方文学理论有两个重要的时间节点，一个是1917年，另一个是20世纪60年代后期，前者是俄国形式主义理论异军突起之时，后者是解构主义思潮粉墨登场之际。[①] 我以为，这两个时间节点颇有些耐人寻味的标志性，前者预示了一种理论范式的到场，即现代文学理论；而后者则拉开了另一种以解构主义或后结构主义为代表的理论范式的帷幕，即所谓后现代理论。从前者向后者的演变，彰显出当代文学理论内部的某种张力：文学性研究范式与文化政治研究范式之间的博弈。前者可以名之为"审美理想主义"，后者可以称之为"政治实用主义"；前者要把文学作为文学来思考，后者则把文学作为文化政治的理论阐释素材；前者是一种向心式的研究，以文学性为焦点，后者则是离心的分析，要穿越文学而进入其他领域；前者是一种本质主义的解释模式，即相信文学文本有某种内在的、客观的意义和价值，后者则是反本质主义的阐释模式，即坚信文本的意义是

---

① 参见［英］伊格尔顿《二十世纪西方文学理论》，伍晓明译，北京大学出版社2007年版。

在话语活动中经由阐释而产生的，因此文本的意义和价值不在于其自身，而在于其持续不断的阐释活动的生产性。文学性的观念在伊格尔顿所说的第一个时间节点上由什克洛夫斯基和雅各布森提出，它意在区分文学性研究和非文学性研究，最终要将那些历史的、心理学的和社会学的研究从文学领地中驱逐出去。文学性虽说是一个比较含混的概念，用雅各布森的话来说，就是使文学成为文学的那些东西①，但在俄国形式主义的理论中却又是一个极为技术性的方法论范畴，在那里文学研究被狭隘地界定为文学语言及其形式技巧的诗学解析。经捷克布拉格学派后延伸至法国结构主义，欧陆的文学理论形成了一股强大的形式主义思潮。另一支在欧陆之外独立发展起来的英美新批评，其理论主张也和欧陆形式主义相一致，都确信"文本自身"是文学意义和价值的唯一来源。威姆塞特和比尔兹利以"意图迷误"和"感受迷误"两把刀，切断了文学文本与作者和读者的关联。于是，细读文本并深掘文本后面的意义成为新批评的主旨。布鲁克斯编撰的三本奠基性的教材，《理解诗歌》《理解小说》和《理解戏剧》②，成为这一范式的经典范本。循此思路，文学研究的全部努力都指向一个焦点：文学语言的构成形式和表现技巧。这种阐释的长处在于紧扣住文学性的各种技术性问题，分析语言的艺术性和审美价值；短处在于与文学密切相关的许多重大的社会、历史和文化问题都被搁置一边了。

不难发现，这种文学阐释观后面隐含着某种学理上的根据。其一，文学作品蕴含着某种内在意义；其二，通过文本细读和词语分析，便可以把握并揭示出这一意义。依照这个逻辑，可以进一步推演出其深层学理根据，那就是文学作品意义是固有的、确定的、客观的，就像任何现象后面总有其本质一样。这引申出对文学阐释的规定性，即一旦发现并阐明了这一意义，特定文学作品的本质也就被揭示出来。由

---

① ［苏联］艾亨鲍姆：《"形式主义"的理论》，［苏联］托多洛夫编《俄苏形式主义文论选》，蔡鸿滨译，中国社会科学出版社1989年版，第24页。
② Cleanth Brooks and Robert Penn Warren, *Understanding Poetry*, New York: Holt Rinehartand Winston, 1938; *Understanding Fiction*, Upper Saddle River: Prentice Hall, 1943; Cleanth Brooks and Robert B. Heilman, *Understanding Drama*, New York: Henry Holtand Company, 1945.

此关涉的另一个问题是，如果说一部作品必有其内在的、客观的意义，那么，这个意义是唯一的还是多重的？如果说是唯一的，那么，是否意味着关于一部作品的所有文学阐释中只有一种是正确的？更有趣的问题还在于，当一部作品的这一客观意义被阐发出来之后，后来的文学研究者还需要做进一步的研究吗？当某个权威人士对特定作品的客观意义做了权威的阐释之后，是不是就堵上了后来者的通道？幸好真实的情况并非如此，后来者总能找到自己阐释的可能性，于是，发展各种新的阐释范式便成为文学理论从业者们的必然选择。

听起来，以上文学阐释范式颇有些像自然科学。科学哲学家库恩发现，艺术和科学的一个根本不同在于，艺术能容纳不同的看法和答案，而自然科学则只追求唯一正确的解释。所以在自然科学领域，一旦这个答案被发现，其他答案立马寿终正寝，因此他断言"科学没有历史"，而艺术则有其漫长久远的历史①。人文学科发展的历史表明，关于文学文本的意义和价值的解释从来就充满了"阐释的冲突"②，因而人文学科的特性就在于它具有向新的阐释不断开放的可能性。作为人文学科一部分的文学理论，当然也具有阐释开放性，呈现出阐释的多样性。

伊格尔顿所说的第二个时间节点，即20世纪60年代后期以来，文学性的形式主义阐释模式处于深刻的危机之中，新的方法论和观念进入文学研究，人们不再迷信文学作品有其确定的客观意义，一个作者及其意图被无限多样的读者阅读所取代，一系列新的文学阐释模式应运而生。巴特的说法最为传神，他以《圣经》中的"我名叫'群'，因为我们多的缘故"③这句话，来说明文学阐释多样性特点，进而宣判了那个唯一的"神学—上帝式"的作者观念寿终正寝。

然而，问题总有另一面。如果说唯一意义的阐释模式是一种对文

---

① ［美］库恩：《论科学和艺术的关系》，《必要的张力》，纪树立、范岱年、罗慧生等译，福建人民出版社1981年版，第340—342页。
② 参见［德］伊瑟尔《怎样做理论》，朱刚、谷婷婷、潘玉莎译，南京大学出版社2008年版，第一章。
③ Roland Barthes, "From Work to Text", in Stephen Heath (ed.), *Image Music Text*, London: Fantana, 1977, p. 160.

本的暴力，那么，无限可能性和多样性的阐释则可能是另一种暴力。您敏锐地指出的那些牵强附会的非文学的阐释便是鲜明的例证。这是一种典型的非本质主义的思路，它彻底否认了任何本质性的、客观的和固有的文本意义的存在。在巴特那里，文本和作品两个概念是严格区别的。所谓"作品"是一个放在书架上的作为物的书本，而文本则是一个主体语言活动之产物，因此意义不在书架上那个物质性的书页里，它只存在于阅读经验中。在巴特看来，阅读和写作一样具有意义的生产性，所以阅读也是一种"写作"。福柯虽与巴特有所差异，但理论取向却殊途同归。他坚信重要的不是作者个人而是作者的功能，文本中谁说话并不重要，重要的是什么导致了他或她这样说。由此他引出了复杂的"权力—知识"共生理论，强调任何作者的写作都囿于特定认知型所掌控的话语之中。文学文本的阐释不再是那些新批评派所着迷的形式、技巧、修辞、意象等问题，而是导致作家必定如此地书写之根源，即所谓的"话语的形成"。毫无疑问，巴特的"作者之死"论和福柯的"作者—功能"论，为各种文学的甚至非文学的阐释打开了新的通道，既然那个固有的、客观的文本意义观念轰然坍塌了，那么，任何文学阐释和分析都是可能的。

其实，如果我们仔细比较西方文学理论的这两种理路，能想到的两个区分性的概念便是本质主义和反本质主义，当然还有其他一些说法，比如形式主义与社会批判，文学性研究和"社会—历史"研究等。我在一些文章中对此也做过讨论，用比较理论化的术语来说，那就是"文学理论"和"理论"（包括"后理论"）之争，或者审美理想主义和政治实用主义之争。深究两者的张力，我以为就在于本质论和建构论的尖锐冲突。以前者来看，文学理论的工作就是发现、阐释和论证文学作品中固有的、客观的意义和价值；以后者来审视，此项工作与其说是解释特定文学作品的意义和价值，不如说是建构某种关于特定文本的意义解说方式。前者意在作品本身，后者意在理论本身，前者运用相关理论旨在说明作品，后者发明或应用理论是要说明理论的生产性而非文学作品。前者是向心地指向作品，后者是离心地指向作品以外。前者所以向心，乃是由于那个本质主义观念使然；后者所以离心，则是因为并不存在什么可为依据的本质，文本也好，话语也好，理论也好，一切都是建构起来的，所以完全不必拘泥于作品一隅。本质论和建构论把文学研究区隔为两个截然不同的领地，一个是严格意义上的"文学理论"，另一个则直呼"理论"。我想，先生所着力批判的正是后一种范式。建构论的理论范式表面上看给文学研究带来更多空间，给文学阐释带来更多可能性，但其中所隐含的潜在危险是我们不得不有所警觉的。人文学科知识生产是相互交融式的积累型演变。一方面，本质论和建构论虽彼此尖锐对立，但通常的情况是对立并存，此消彼长。另一方面，两种范式也在此消彼长中悄悄地改变着自身，进而形成一些变化了的知识形态和范式。如果我们相信黑格尔式的螺旋上升和扬弃理论，那么，当我们今天反思文学理论的当代发展，关注文学理论的创新和重建问题时，绝不是简单地回归传统的文学性研究范式，也不是不加批判地跟随建构论的范式，而应该站在更高的水平上反观两种理论范式各自的长处和局限。文学研究作为人文学科的重要组成部分，就像一个各种力所构成的"场"，这些力相互作用错综纠结，最终形成一个协商性的张力结构。所谓协商性，并不是放弃各自理论立场和价值的妥协跟风，而是各种理论在交锋对抗中既坚持又有变化，不但发展了自己，同时也在改变他者。这种协商性的张力结构不仅发生在不同理论范式之间，同时也发生在各种理论学派的内部。即便是那些高扬文学性大旗的形式主义学派，其实也都没有完全脱离文学的社会历史文化语境的考量；同样，那些激进的文学理论中的文化政治思潮，在阐释文学作品时也离不开一些文学性的基本范畴、方法和原理。协商性也许是人文学科固有的逻辑，所揭示的是兼容性原则。当我们挑起重建当代中国文学理论的历史重任时，也许应该审慎地考虑我们应有的策略，它决不是重复过去已使我们深受其害的非此即彼的二元对立，而是转向"both…and…"式的更具兼容性的方略。"和而不同"，这个先贤提出的精深理念，或许是"协商性逻辑"的另一种形象说明。

在这个回应即将结束的时候，我不得不再次回到本文的主旨上来。"强制阐释"颠覆了一些文学研究固有的游戏规则，打开了文学阐释的更多可能性，我们在注意到它的一些积极面的同时，对其存在的潜在危机不得不予以警惕，正如您所忧虑的那样。

确定的文本与确定的主题
——致希利斯·米勒[*]

张　江[**]

作为美国著名文学批评理论家,您的理论和批评著作在中国影响广泛。特别是您的重要著作《小说与重复》,以解构主义的立场对英国七部经典文本所做的透彻研究和评论,为我们提供了当代文学理论和评论的优秀范本。这部著作在中国翻译出版后,多年来经久不衰,为中国学者所称赞。近些年,我多次反复研读这部著作,印象深刻,收获颇丰,学到了许多东西。但是,也经常生出同样多的疑惑和思考。盘桓多年,我还是冒昧地把这些困惑和问题写给您,希望得到您的指教。

在我心里反复纠结的问题是,一个确定的文本究竟有没有一个相对确定的主旨,这个主旨能够为多数人所基本认同?我们从各种教科书中得到的信息,知道您的理论创造从新批评开始,经过意识批评,到20世纪60年代后期,在德里达的影响下,转向解构主义,并成为这个"主义"的重要代表。解构主义,在中国学者的认识里,是一种否定理性、怀疑真理、颠覆秩序的强大思潮。表现在文学理论和批评上,就是否定以往所有的批评方式,去中心化,反本质化,对文本作意义、结构、语言的解构,用您的语言来表达,就是把统一的东西重新拆成分散的碎片或部分,就好像小孩将父亲的手表拆成一堆无法照原样再装配起来的零件。您也公开提出:"阐释预设所用的'逻各斯中心主义'应该彻底摒除,因为德里达、尼采等人已揭示出文本绝

---
[*] 本文原刊于《文艺研究》2015年第7期。
[**] 作者单位:中国社会科学院。

确定的文本与确定的主题

无单一的意义,而总是多重模糊不确定意义的交会。"① 在《作为寄主的批评家》中,您强调任何阅读都会被文本自身的证据证明为误读,文本就像克里特迷宫和蜘蛛网一样,每一个文本中都"隐居着一条寄生性存在的长长的连锁——先前文本的摹仿、借喻、来客、幽灵",而文本自身因为吸食前文本而破坏了自身。② 因此,企图在文本中寻找确当的单一意义是不可能的,文本已经在连续运动的寄主与寄生物的关系中形成无限联想的结构,从而导致文本话语表现为语义的模糊和矛盾。您的这些观点,成为当代文学理论,特别是阐释学理论的主流观点,影响可谓深广。

但是,在具体的文本阐释过程中,您的阐释结果似乎不是这样,起码不是一贯这样。在《小说与重复》中您对哈代《德伯家的苔丝》(以下简称《苔丝》)的讨论就背离了解构主义的原则,让我们深感不解。在《苔丝》的阐释里,您反复强调,哈代的文本包含多重因素,这些因素"构成了一个相互解释的系列,每个主题存在于它与其他主题的联系之中"。我们"永远无法找到一个最重要的、原初(或)首创的段落,将它作为解释至高无上的本原"。但是,阐释的结果呢?尽管复杂缠绕,扑朔迷离,您的各种启示和解释,最终还是落在要读者去"探索苔丝为何不得不重蹈自己和其他人的覆辙、在那些重复中备受折磨这一问题的答案"③。这是不是哈代这部小说的主旨呢?这个主旨就是苔丝难逃宿命,终究要蹈自己和他人的覆辙,无论怎样挣扎都无法改变。如果这是误解,那么再看您开篇的表白:"我们说苔丝的故事发人深省,为什么苔丝的一生'命中注定'要这样度过:其本身的存在既重复着以不同形式存在的相同的事件,同时又重复着历史上、传说中其他人曾有过的经历?是什么逼她成为被现

---

① [美] J. 希利斯·米勒:《传统与差异》,转引自朱立元《当代西方文艺理论》,华东师范大学出版社 2005 年版,第 318 页。
② [美] J. 希利斯·米勒:《重申解构主义》,郭英剑等译,中国社会科学出版社 1998 年版,第 104 页。
③ [美] J. 希利斯·米勒:《小说与重复》,王宏图译,天津人民出版社 2008 年版,第 145 页。

代其他人重复的楷模?"① 您还说:"我将苔丝遭遇的一切称作'侵害',将它称作'强奸'或'诱奸'将引出这部作品提出的根本性的问题,引出有关苔丝经历的意义和它的原因等问题。"您还引用了哈代的一首诗——《苔丝的悲哀》——继续揭示:"和序言、副标题一样,这首诗以另一种方式再次道出了这部小说的主旨。"而这首诗的第一句就是:"我难以忍受宿命的幽灵。"② 这就把哈代文本的主题或主旨揭示得更清楚了,尽管这只是您的认识,准确与否我们不去讨论。我的问题是,如此清晰地揭示,哪里还有找不到主题或主旨的问题?您不是说"文本语言永远是多义的或意义不确定的",因此,这些意义"彼此矛盾,无法相容"③。阐释的结果怎么会有了一个宿命难以摆脱的主旨?显然是自相矛盾的。这个矛盾暴露了您的批评实践背离了批评准则,给解构主义的理论立场一个有力的冲击。

这样的矛盾在其他学者那里,也常常会见到,对解构主义理论的有效性以致命伤害。比如,海德格尔认为,文本意义的完整的、总体性理解永远不可能达到,因而文本意义不可能是确定不变的。但就是这个海德格尔,在分析、解读、评价特拉克的诗歌时却说,"在他看来,特拉克所有优秀诗作中都回响着一个未曾明言但却贯穿始终的声音:离去"④。既然在解释学的总体原则上已经确定,文本意义的完整性、总体性理解是永远不可能达到的,那么具体作品的分析又如何有了"贯穿始终"的声音呢?这个贯穿始终是不是一个总体性的理解,或者说就是一个主旨?

在对《吉姆爷》的解读中,您更加清楚地告诉我们,一部小说文本是有主题的。尽管这个主题的表现形式不同。比如,"一个故事的意义并不像核桃肉那样藏在壳里,而是在外层把故事包裹起来,而故事将意义凸显出来。就像一股灼热的光环,散射出一抹烟雾一样,这

---

① [美] J. 希利斯·米勒:《小说与重复》,王宏图译,天津人民出版社2008年版,第132页。
② 同上书,第135页。
③ 朱立元:《耶鲁学派结构主义译丛总序》,《小说与重复》,第5页。
④ [美] J. 希利斯·米勒:《传统与差异》,转引自朱立元《当代西方文艺理论》,华东师范大学出版社2005年版,第148页。

情景就好像那迷蒙的月晕光环，有时只是靠了月亮光怪陆离的辉映，才使我们能看清它"。但是，您还是认定康拉德的《吉姆爷》有主题，并且可以抓住它，"《吉姆爷》的主题在第五章结尾处表现的最为明显"，这个主题是什么？就是"对一切正直行为的神圣原动力产生了疑问"，对这种动力背后的原则、本源、法规产生了怀疑。① 如此明确的判断和立论，让我们如何理解解构主义在这个问题上的立场，或者说您在这个问题上的立场？因为它们是矛盾的——非常明显的不能调和的矛盾。

与这个问题相联系的是，如果说一个文本有自己相对确定的主旨或主题，那么，这个主旨是否会为多数人所认同，或者说多数人是否会对文本主旨有相对一致的认同？按照解构主义的立场，一部小说文本是丰富多义的，且多种意义都能成立又互不相容，因此，从来就不会存在唯一的、统一的意义中心和本原。您认为解构主义的批评："最能清晰地说明文本的多样性——这种多样性表现为文本中明显地存在着多种潜在的意义，它们相互有序地联系在一起，受文本的制约，但在逻辑上又各不相容。"按照这个规定，很明显，对于批评家和读者而言，对一个文本的分析和解读，绝无可能有相同的认识和结论。但是在分析《苔丝》时，您这样写道：

"由于《苔丝》所有有教养的读者一致认为：苔丝备受痛苦的折磨，甚至倾向于一致认为那痛苦完全不是她理应遭受的；同时又由于《苔丝》所有有教养的读者都会分担叙述者对那痛苦的同情和怜悯，因而我们便关注起这一问题：苔丝为何蒙受如此的苦难。"② "有教养的读者一致认为"，"有教养的读者都会分担"，而且是"所有"，我们先不讨论"有教养"的含义，单就数量上说，有基本文化素养准备而能够阅读《苔丝》的人，一定不会是一个或几个，而会是一个有相当数量的群体，占整个阅读人群的大部分。读者反应批评强烈主张文本没有自身确当含义，文本意义是由读者创造而非文本所有的。

---

① [美] J. 希利斯·米勒：《小说与重复》，王宏图译，天津人民出版社2008年版，第30—31页。
② 同上书，第136页。

第一部分 关于理论内涵的对话

这与解构主义的立场一致。假定这个理论是正确的,那么,这个学派中也有一种声音在鼓吹文本的确定性,当然是从接受美学的角度。读者反应批评的代表人物斯坦利·费什提出"解释群体"的概念,以这个概念统领,他认为"从事解释活动的并不是单独意义上的人,而是集体意义上的人","无论是作为客体的作品文本,还是作为主体的读者意识,都不具备独立性,它们归根到底都是'社会思想模式的产物'"。正是这些"集体的人",这个"解释群体"制约着我们的阅读活动,也制约着意义的生成。① 我们可以认为,这和您的"有教养的读者"是同一方向的定义,进而可以证明,有一种事实难以否定,即尽管文本意义可以多元理解,但终究还是有相对确定的含义自在于文本,应该为多数读者共同认定?作为一个旁证,我们发现在对《亨利·艾斯芒德》的阐释中,为了说明重复的作用,您这样说:"这种阐释在一部长篇小说中是作为确证意义、确证作者权威性的手段而内在于重复的使用之中。"在表述逻辑上含有作品中有"确证"的意义;"作者权威性的手段"决定了这个意义。这样的例子还有一些。在对完全现代主义的《达罗卫太太》的阐释中,您明确地说:"一部特定小说的最重要的主题很可能不在于它直截了当明确表述的东西之中,而在于讲述这个故事的方式所衍生的种种意义之中。""小说中对叙述语态的处理与人类时间和人类历史的主题紧密联系在一起。""作为主题的人与人之间的关系……"②

米勒先生,我要请教,这和解构主义的立场和取向是一致的吗?

信已经很长了。就此打住。

顺致问候。

---

① 杨冬:《文学理论》,北京大学出版社2012年版,第557页。
② [美] J. 希利斯·米勒:《小说与重复》,王宏图译,天津人民出版社2008年版,第200—201页。

"解构性阅读"与"修辞性阅读"
——致张江*

希利斯·米勒**

谢谢您对我所写文本的评价，知道您对其感兴趣，我深感荣幸。我会尽我所能，回应您所提出的所有评价。

我不知道《小说与重复》在中国有着特殊的重要性。毕竟，该书出版于很久以前的1982年。之后我又出版了大量书籍，发表了多篇论文，我希望我所做过的这些事情至少可以适度发展我的观点。我还希望中国读者也会读我最近所写的一些文本，比如《论文学》。据我所知，该书已经被翻译成中文，而且篇幅也不长。或者读者可以读一读1988年到2012年间，我在中国所作的多次讲座（超过三十场之多）的内容。几乎所有这些讲座内容在中国都已经以英文或中文的方式出版了。目前，这些讲座中的十五篇将被集结成册出版。英文版由美国西北大学出版社出版；中文版将由郭荣翻译（有人告诉我将由南京大学出版社出版）。

我会尽我所能，坦诚地对您在信中所提出的观点做出回应。您提出的议题是非常重要的，我可能需要用很长篇幅来回应，我也期望您能对我的复信做出进一步的回应。

您说："一个确定的文本究竟有没有一个相对确定的主旨，这个主旨能够为多数人所基本认同？"请解释一下为什么这对于您来说是一个如此重要的问题？您解释之后，我就可以更好地理解其中的利害

---

* 本文原刊于《文艺研究》2015年第7期。
** 作者单位：加州大学厄湾分校比较文学和英文系；译者王敬慧。

关系。我的猜测是，您认为，如果"多数人"能在一个特定的"确定文本"中找到"相对确定的主题"，那么大多数读者就会对如何阅读作品的问题达成一致性意见。这将创造一个读者社群，在这个社群中，各读者成员之间相互协调。另外，我猜测您认为主题对于整个文本从开头到结尾或多或少都具有高度掌控。您可能假设，文本中的所有内容都在例证那一个主题。

  我原本认为，确定一个主题只是一个对于特定文本深思熟虑的教学、阅读以及相关创作的开端。此外，为什么一个文本只能有一个主题？我脑海中想到了一个包含多主题的文本案例，那就是乔治·艾略特的《米德尔马契》。如您所知，这是维多利亚时期最伟大的小说之一。它包含多个可以识别且互相交织的主题，并将叙事与情节结合起来，但这中间也产生了一些不和谐的地方。人们会很难从中选择出一个占主导地位的主题。在《米德尔马契》中，我能够想到五个可以确定的主题（其他的读者可能还可以添加更多的主题）：一是"过往的死亡之手"；二是错误的婚姻选择，其原因及后果；三是19世纪生物科学的发展；四是隐喻在破坏清晰思维与行动方面具有的力量——小说叙述者在评价一起重要事件时说："我们每个人，不论他天性严肃或随便，都喜欢把自己的思想跟隐喻连在一起，让它们牵着自己的鼻子走"（第10章）；五是在一个想象的、维多利亚中期的英国乡村空间里，复杂的社会、性别以及阶级关系。对于《米德尔马契》的全面阅读可以从上述五种主题中的任何一个角度进行，而每一种阅读都可以说既与众不同，同时又是正确的。关于《米德尔马契》的许多书籍与文章都是如此——就上述一种主题或是另一种主题进行探讨。我自己最近也出版了一本小书，是从其中一个重要的主题阅读《米德尔马契》，即隐喻在破坏清晰思维与行动方面所起的力量，书名为《修辞性阅读：重读〈亚当·贝德〉与〈米德尔马契〉》（爱丁堡大学出版社2012年版）。顺便说一句，这本书中有两篇文章是《小说与重复》篇章的原始版，当年因为稿子太长，哈佛大学出版社要求我把它们缩短了。另外一个具有说服力的、有关不同学者进行不同方式阅读的范例是艾米莉·勃朗特研究者对《呼啸山庄》的阅读。我在《小说与重复》

英文版的第50页处还举了很多例子。这些阅读《呼啸山庄》的多样方法可能显示了在人文研究方面,西方和中国学界学术传统之间的细微差别。我们倾向于认为只有具有原创性的解读才值得出版,而中国学者可能认为,通过在新的文章与书籍中进行重复来保持那些被普遍接受的解读是很重要的。

您在接下来的段落给出了在中国的各种教科书以及"中国学者认识里"有关"解构"的定义。您所说的关于解构的内容让我觉得有很多话要说,但我会尽量做到简洁些。"在中国有关我观点的各种教材"过于强调了所谓"解构"的消极面。您所说的关于美国和欧洲的公共媒体所谓的"解构",很复杂但也属于同一范畴。德里达、德曼、我本人,甚至其他数百名学者中的任何一位,例如安杰·沃尔明斯基、斯皮瓦克或芭芭拉·约翰逊的小引文都有助于解释"解构"。也许您提到的中国教科书也确实做了很丰富的引用。如果说我是或曾经是一个"解构主义者"(但我从来都不是您说的中国教科书中所指的那种解构主义者)的话,我可从来不拒绝理性,也不怀疑真理(虽然,在一个特定文学文本中关于真理的问题经常是复杂的,甚至是自相矛盾的)。我认为,我也不否定所有先前的批评(那些批评往往是一流的,对我产生的帮助也很大)。我希望以开放的心态进行我自己的文本阅读(但是毫无疑问,这需要先前出现过的文学评论发挥辅助作用)。比如不会因为《米德尔马契》显然是一部很好的作品,就觉得它一定要保持"统一"。也许它是统一的,也许它不是。这还有待于通过严谨的"阅读"来观察与展现。如果我自己没有仔细阅读文本,或没有引文来支持的话,我是不能进行判断的。我认为其他学者也应该这样做。

不仅仅是您所提到的"去中心化,反本质化,对文本作意义、结构、语言的解构",我认为关于"中心"与"本质"的讨论应该是敞开的,在此之前可以仔细阅读相关文字,将相关文学与思想史考虑在内。例如,弥尔顿是相信基督教的,而乔治·艾略特在早期就失去了对福音派基督教的信仰。这就意味着《米德尔马契》的世界不会有超自然的或形而上的立场(我想,这也是"本质主义"的一个意思),而弥尔顿的《失乐园》则一定会存在这样的立场。这表明,他

第一部分 关于理论内涵的对话

们的文本应该被带着不同的期望来阅读。我的方法是"科学化的",或者说这是我曾在奥伯林学院本科学习物理专业的两年所学到的方法。我希望对一个特定文本的评论有据可依,在文本研究中,这意味着我要从文本中引用。这些引用,至少在我读到它们的时候(我希望是正确的)能够支持我对该文本的判断。我的座右铭就是"永远回到文本"。

回过头来,我还想要强调,要特别注意文本中隐喻以及讽刺等修辞手法的运用。您所讨论的《作为寄主的批评家》一文就是一个对于隐喻的兴趣隐藏于概念术语之下的例子。迈耶·艾布拉姆斯曾声称"解构性的阅读""寄居"在每个人的日常自然阅读之中。我用了"寄居"这个常见词,因为我感受到了其中隐喻的含义,希望可以幽默地、具有建设性地、甚至是带着些许反讽地使用它一下,还加上了关于"客人"与"主人"的隐喻。从词源的角度讲,"寄生的"(parasitical)是指坐在饭桌边的客人,希腊语中的字面意思是"在食品旁边","para"的意思是"在……旁",而"sitos"的意思是"粮食"或"食品"。我的本意是进行一个轻松的讨论,与我的老朋友艾布拉姆斯开个严肃的玩笑。而令我真正惊讶的是,《作为寄主的评论家》是我所有文章中被最广泛翻译与讲授的一篇文章。我希望人们注意到其中要轻松讨论的真正内容,尽管事实上,文字游戏是很难翻译的,所以它在从一种语言翻译到另一种语言的转换中,将遇到的困难是大家有目共睹的。我常常会发现,我本来的意思是讽刺的,但有时我的读者却只理解其"直意"(当然,我不是指您),好像完全没有看出其中的讽刺意味。再一个是,您所引用的《作为寄主的批评家》中关于"拆开父亲手表"的例子。很显然,您是从《小说与重复》中文版的前言中读到的。王敬慧教授已经将完整的英文全文发给我参考。这里面,两个句子放在一起的表述是:"解构"这个词暗示,这种批评把某种统一完整的东西还原成支离破碎的片段或部件。它让人联想到一个比喻是"一个孩子把父亲的手表拆开,拆成毫无用处的零件,根本无法重新安装回去"。如果将这段话放回到我原来整篇文章的背景下,它绝不是说解构就像孩子为了反叛父亲、反叛父权制度,而将其手表拆开。与此相反,这句话想说的是"解构"这一词汇误导性地暗示（misleadingly suggest）了这样的一个意象。德里达是在海德格尔的德语词汇"Destruktion"的基础上创造了"解构"（Deconstruction）这一词汇，不过他又在词汇"destruktion"中加入了"con"，这样一来，这一词汇既是"否定的"（de），又是"肯定的"（con）。不过，正如我在《作为寄主的评论家》中所说的，这一词汇往往被当作一个仅具有否定含义的词汇，只是在讲"破坏"（destruct）。这样一来，它在英文中成为一个常用词汇，比如当一位杰出的建筑师要翻新一栋房子，他会说："首先，我们'拆掉了'（deconstructed）房子。"甚至有一个拆屋公司的名字就是"拆解公司（Deconstruction, Inc.）"。

另外再说明一点：我近来更愿意将自己所作的事情称为"修辞性阅读"，而不是"解构性阅读"（因为对"deconstruction"这一词汇的解读通常是你们的教科书或者美国大众媒体所假设的那个含义）。而我所称的"修辞性阅读"含义是注重我所阅读、讲授与书写的文本中修辞性语言（包括反讽）的内在含义。这其中的一个例子就是关于我对于"寄生的"开玩笑式的使用，以及在我看来比较有趣的关于该词汇的极度延展。请注意，《作为寄主的评论家》一文最初只是现代语言协会年会小组讨论上与艾布拉姆斯和韦恩·布思交流的一部分。为了保持听众的注意力，此类小组讨论绝对有必要是不能太严肃的。

您将"解构主义""批评阐释学"与"读者反应批评"放置到一起，我想说一点我的意见。要想解释清楚它们如何彼此不同，可能真需要很长篇章，但是我尽量简短。至少在西方，尽管"批评阐释学"是从希腊开始，起源于对《圣经》与《塔木德经》的注释，但其现代形式起源于施莱尔马赫、胡塞尔、本雅明、海德格尔、伽达默尔，也就是说，从总体上的"现象学"发展到利科与列维纳斯（如果可能的话，请参见维基百科，那上面有关于"阐释学"很好的解释）。现在，阐释学在德国仍然尤为活跃，在法国同样也很重要。在寻找一个特定文本的单一的、广泛被人们接受的文本意义时，"阐释学"或多或少就会出现。在德里达职业生涯的初期，胡塞尔曾给了他极大的影响。德里达写了一本关于胡塞尔作品《几何的起源》的书籍，并筹划写一篇关于胡塞尔的名为"文学作为理想对象"的论文（尽管最终他没写成）。因此，对于德里达，从某种程度来说，"解构"是他对阐释学所做出的一种回应。

　　读者反应批评理论（例如斯坦利·菲什的作品）的观点与解构性或修辞性阅读的不同在于它认为一个文本本身没有任何意义，意义是从文本之外通过"读者社群"强加给文本的。斯坦利·菲什对解构充满敌意。所谓的"解构主义者"或"修辞性阅读者"从来不会说任何文本本身没有任何意义，只会说很多文学作品都具有多个可以确定的含义，但不一定总是要相互不兼容。必须仔细阅读特定文本才能够找出这些含义。我写《小说与重复》的目的是通过阅读七篇英文小说（这些小说中的片段总会以一种或另一种方式存在一些相似之处）来测试两种重复理论。每部小说中都有隐喻意义上相似的片段。我的观点在每一篇阅读中可能是这一种，也可能是另一种，但是可以被用来解释每一部小说中所发生事情的两种重复理论既是在场的，又在逻辑上没有丝毫调和性。在《苔丝》中，苔丝的一生可能是、也可能不是被某种万能的"命运"掌控着。关于我对"主题"这一术语的运用，您所说的所有内容都是千真万确的（您也通过详细引用有效证明了您的观点），但是，我认为，如果把这些段落放回它们原本所在的上下文中，它们会表明阅读中经常夹杂各种不相调和的解释方式。比如以您所引用的"苔丝的悲哀"中的一句为例——"我难以忍受宿命的幽灵"（I cannot bear my fate as writ）。这句话可以有两种互不兼容的阅读方式。一方面，这意味着苔丝认为她生活中所发生的事情根源在于一个形而上的或超自然的力量，她的命运（Fate）里面有一个大写的字母"F"，她的一辈子已经由"命运之书"事先写好。另一方面，该句也可以被看作是作者哈代本人而不是苔丝所说的话。毕竟他是小说的创造者，可以让小说按照他自己喜好的方式发展。这就是一种修辞性阅读，将"writ（文书，命令）"这一词汇可能的双重含义找出来。

　　关于这种不兼容性的另一种解释可以通过阐释学阅读（主题阅读）与修辞性阅读（隐喻性阅读）之间的矛盾来管窥。保罗·德曼的最后一篇文章——《结论：本雅明的"译者的任务"》将这一点表

"解构性阅读"与"修辞性阅读"

述得如此清楚,着实令我望尘莫及。保罗·德曼质疑了"阐释学"阅读或主题阅读,但是他当时用了"文体学(stylistics)"这一词汇,他谈到了"修辞"在象征性语言中的复杂性,这也是保罗·德曼所说的"修辞性阅读"的意思。他将这两种阅读截然分开。他关于本雅明文章比较有名且具有讽刺意味的段落内容如下:

> 要更好地理解这种断裂(将其带到一个更为人所熟悉的理论问题层面)就要研究一下阐释学与文学诗学之间的紧张关系。当你做阐释学研究时,你所关心的是文本的意义;当你这样做诗学研究时,你所关心的是文体或一个文本产生意义的方式描述。现在的问题是,这两者之间是不是相辅相成的?你是否可以同时运用阐释学与诗学涵盖整个文本。尝试着这样做的经验表明,此事不可行。当一个人试图实现这种互补性时,诗学的一面就会被漏掉,做出来的总是阐释学研究。一个人会因为过于关注意义的问题而无法同时做到阐释学与诗学两者兼顾。从你开始讨论意义的时候(我不幸就倾向于这么做),就会忘记了诗学。这两者并不互补,在某些方面还可能是相互排斥的,那就是本雅明指出的问题的一部分——一个纯粹语言学的问题。①

在《小说与重复》中,我试图把重点放在本雅明所说的"Art des Meinens"(意义的阐述方式),但是我却一直不可避免地回到阐释性阅读,专注于找出文本的意义,即本雅明所说的"das Gemeinte"。因此,关于《小说与重复》中存在的理论与实践之间的异质性这个问题,您的观点是非常正确的。

我再次感谢您仔细阅读了我多年前写的那本书,以及您提出的有关不一致性这一尖锐的问题。我希望这封信对您的问题做出了回应,也希望您对此继续回应,或者提出一些完全不同的问题,让我们之间的讨论继续下去。在已经发生的讨论中,我已经学到了许多,这不仅

---

① Paul de Man, "Conclusions: Walter Benjamin's The Task of the Translator", *The Resistance to Theory*, Minneapolis: The University of Minnesota Press, 1986, pp. 87–88.

是从您所发来的信件本身,还由于该信促使我重新在现有观念基础上进行思考。毕竟我现在的观念是从我创作《小说与重复》时的观念中逐渐演变过来的。我的根本承诺与使命仍然是尽我所能对文本做出最好的阅读,而不是"做理论"。我将继续依照文本阅读的具体需求而使用必要量的理论。

　　诚挚的问候。

普遍意义的批评方法
——致希利斯·米勒先生[*]

张　江[**]

很高兴收到您的长篇回信。您已高龄，研究工作繁忙，却还是认真回复我，并认真解答我所疑惑的问题，从中我看到一位真诚的学者的治学态度，感受到您对中国学术界的友好情感，对此，我深表谢意。我反复研读您的来信，对您提出的几个问题我作个说明，然后向您提出对《小说与重复》的新疑问，以推进对这部重要著作的讨论。疑问还有几个，希望能全部提交以后，我们再回头仔细论辩。

第一，您在回信中说，《小说与重复》已是30年前的著作，您的许多观点有了适度的发展。这一点在我们的几封通信中已有说明。我理解您的意思，但是，就中国的情况而言，您的这部著作直至2008年才在中国出版，此后产生了广泛影响。关于"重复"理论及方法，一些重要的教科书都有深入介绍。我个人感觉，您的这部著作在中国的影响大于您以后的许多著作。从出版背景看，《小说与重复》是作为"耶鲁四君子"的代表作，同其他三位的代表作同时出版的，它在中国仍未过时。更重要的是，任何可以称为经典的著作，不会因为时间的流逝而被忘记。柏拉图的著作已经两千多年了，不是历久而弥新？因此，讨论这部著作对认识和了解美国的解构主义思想及实践是很重要的。在这个基点上，我们可以进一步介绍和讨论您的新著作。我认为这是必要的。

---

[*] 本文原刊于《文学评论》2015年第4期。
[**] 作者单位：中国社会科学院。

第一部分 关于理论内涵的对话

第二，我多次看到您关于孩子拆手表的中文表述。我在您的著作中找到原文，亲自到清华大学送给王敬慧教授，并请她进一步验证后呈送给您。您的这段话在中国流传甚广，被看作解构主义阐释文本的基本策略、深刻体现解构主义基本主旨的经典语言。收到您的信，我又认真推敲了您的原文，从生成这段话的具体语境看，单独使用它会造成误解。因为在这段话之后，您立即解释了解构同时也是建构的本意。这可以再一次证明，我们的对话有益于大家更准确地了解您的学术立场。

第三，关于文本有没有一个确定的主旨的问题，您问我"为什么这对您来说是一个如此重要的问题？"这是一个误解。我提出这个问题的本意是，作为解构主义大师，您为什么在对具体小说文本的阐释上执着地寻找主旨。这也是我第一封信的核心问题。您的回信作了一些回答，但其中还是存有疑问。我想以后有机会再与您讨论。

第四，两种语言的交流一定会产生误解，特别是学术上的交流更是歧义丛生。但是，期望一种思想在另一种文化语境中被广泛接受，必须通过优秀的翻译，转化为本土语言才有可能。当年德里达的著作被译为英文才能在美国风行就是证明。不可能要求使用其他语言的学者都从原文了解、掌握您的学术观点和思想。但是，再好的译文也会出现对原意的误读误传。您为《小说与重复》的中文版专门写了一篇序言，表达的正是这个意思。您乐观地指出："我想象并且希望这本书将会经历创造性的改造——不仅通过翻译成中文这一行动，而且也通过阅读其中文译本的那些对它的种种新鲜而不可预期的使用。"①正因为您的启发，我坚信，通过中英两种语言的互文互动，我们的讨论会取得有价值的成果。

今天要请教您的问题是，从解构主义的立场来说，到底有没有系统完整的批评方法，可以为一般的文学批评提供具有普遍意义的指导？进一步说，从文学理论的意义上总结，小说的创作有没有规律可循？

---

① ［美］J. 希利斯·米勒：《小说与重复：七部英国小说》，王宏图译，天津人民出版社 2008 年版，"中文译本序言"。

普遍意义的批评方法

这首先要回答一个关于解构主义立场的基本问题：阐释是不是可能。您坚持认为"解读的不可能性"是个真理，认为"批评家无法解开那缠结在一起的意义的丝丝缕缕，把它梳理顺当，使其清晰醒目。他能做的充其量只是追溯文本，使它的各种成分再一次生动起来，而在此过程中，他感受到确切解读的失败"[1]。但是，反复阅读您的《小说与重复》，令我疑窦丛生：既然解读是不可能的，解读问题是失败的，您为什么没有放弃解读的冲动，而是以新的立场，深入地解读了七部经典著作，并且提出了具有独创性意义的"重复"理论？长期以来，您的著作都立足于解读，以深入的解读见长，通过解读和阐释系统地表现您的理论立场和取向。这是为什么？更深一层，您的解读和阐释是为了找到系统的、具有"规律"意义的普遍方法吗？如果是，那么解构主义坚决反对"逻各斯中心主义"的立场——不仅认为文本之中没有确切的可以供整一阐释的意义，而且认为没有整一的、具有一般指导意义的系统批评方法存在——该如何解释？您说阐释这些小说的目的是要"设计一整套方法，有效地观察文学语言的奇妙之处，并力图加以阐释说明"[2]，这方法上的"一整套"是什么意思？是系统的意思吗？从您自己的多处表述看，应该是这个意思。我们认为，从"重复"入手解析文本，这本身就是一个大的方法论的构想，绝不会以阐释七个文本为终结。您的理论追求是，在千变万化的文本叙事中，在无穷变幻的故事线索中，找出具有普遍规律的一般方法。我们体会到，对"重复"理论的意义，您的估价和期望很高，相信"重复"这个范畴具有普遍意义，无论是早期的现代主义还是纯粹的现代主义，重复是反复出现的技巧和方法，可以将之作为规律性认识来概括和总结。

您在阐释对象的选择上就贯彻了这个意图。您告诉我们："为了研究牵涉到同一作者两部小说间关系这类重复现象，我经过考虑分别

---

[1] ［美］J. 希利斯·米勒：《作为寄主的批评家》，《重申解构主义》，郭英剑等译，中国社会科学出版社1998年版，第127页。

[2] ［美］J. 希利斯·米勒：《小说与重复：七部英国小说》，王宏图译，天津人民出版社2008年版，第23—24页。

第一部分 关于理论内涵的对话

选取了托马斯·哈代和弗吉尼亚·沃尔夫的两部小说。尽管从我的论题来看,每一章节自身本来都可以成为那部特定作品的阐释。将它们汇集在一起,这些章节在某种程度上表明了维多利亚时期和现代英国小说中重复结构发生影响的领域有多大。"①——这是从时间上作出的判断。在对萨克雷《亨利·艾斯芒德》的选取上,您认为这个文本"是这样一个重复和重复中套重复的错综复杂的组织系统,以至于它能说明现实主义小说中的大多数重复样式"②。——这是从类型上作出的判断。在对《达罗卫太太》的阐释中,您甚至直接表达,一些维多利亚式小说形式中最为重要的因素,"依这种或那种尺度看,或许可适用于任何时代的小说"③。米勒先生,我们是不是可以认为,您企求追寻并发现规律的端倪越见清晰?

现在,我们回头再读第一章中的一段话,这段话是您发现和掌握小说创作和批评规律的雄心最明白的表达:"这里对作为例证的小说的解读方式,对分析同一作家的其他小说,或是同一时期其他作家的其他小说,甚至是不同时代、不同国家的众多的作家来说能否同样奏效呢?"④ 这给了我们很大的鼓舞。其一,这是一种"解读方式",用这种方式解读某些作品是"奏效"的。事实也证明,这些解读具有强大的说服力,《小说与重复》在国际上的影响力证明了这一点。其二,要把这个方式应用于更广大的范围,您对七部著作的选取已经证明,至少您个人认为是有效的。其三,要扩大的四个方向,给文学批评一般规律的有效性划定了切实的范围,这包括:同一作家的其他作品,同一时期其他作家的其他小说,不同时代的众多作家,不同国家的作家。所谓"不同时代、不同国家的众多作家"的组合,已经是普适的终极范围。这是不是在作终极性的规律总结呢?如果这还不足以说明问题,那么再看下一句,"我的

---

① [美] J. 希利斯·米勒:《小说与重复:七部英国小说》,王宏图译,天津人民出版社2008年版,第4页。
② 同上书,第82页。
③ 同上书,第201—202页。
④ 同上书,第5页。

解读能成为'样板'吗?"① 好像不应有任何疑问了。您是自谦的,尽管"这七篇读解论文已将19世纪、20世纪的英国小说或一般的现实主义小说中重复现象的种类包罗无遗了"②,但是,您仍然认为,"重复"作为一种假设,"要想明白无误地确定这一点,只有通过更多的读解"③。当然,您对您的解读能够成为样板的雄心和自信,我们已经明白无误地感受到了。可以肯定地说,文学创作和文学批评是有规律存在的。文学理论的任务就是找到和揭示这些规律。作为解构主义的重要代表人物,您的文本解读实践、您的理论追求和某种程度上的成功,已经证明了这一点。"重复"的理论创造就是范例、样板。对此,您有一个理论上的说明。您认为,"认识到人和自然的王国比我们原先想象的更为奇妙,并且在持续不懈的努力中力图发现这种奇妙之处所蕴含的规律,从而使陌生的外界变得亲切可近:这成了20世纪语言学、心理学、生物学、文化人类学、社会学、原子物理学和天体物理学各领域思想的一个显著特征"④,这话只是一种铺垫,关键的判断是,"被证明为具有这一特性的事物中便有文学"⑤。如此,在这个意义上,文学同其他一些方面的学科,包括自然科学,就有了共同的方法论上的努力:"依照连贯、统一的传统标准,为数不少的文学作品中的许多成分似乎是无法解释的,本书试图识别这难以解释的因素的一种形式,并予以说明。"⑥ 米勒先生,您能作出这样的判断着实让我们震惊。这是不是说,在某种程度上,文学同自然科学一样,是有内在规律可循的,可以用固定的、可预见、可重复的规律揭示、说明创作的一般程序和方法,比如,像弗莱的春夏秋冬说那样,甚至像格雷马斯的符号矩阵那样,试图一劳永逸地找到解决文学创作和批评的固定

---

① [美] J. 希利斯·米勒:《小说与重复:七部英国小说》,王宏图译,天津人民出版社2008年版,第5页。
② 同上。
③ 同上。
④ 同上书,第21页。
⑤ 同上书,第22页。
⑥ 同上。

第一部分 关于理论内涵的对话

程式?

　　问题应该是很尖锐了。解构主义直接反对的就是"逻各斯中心主义"。瓦解这个主义是解构主义的根本出发点。逻各斯中心主义集中体现为对本质、本原的追求,对现象背后的所谓规律、法则的探寻。抛开20世纪以前的各种学说不谈,曾经时髦无比的结构主义就是逻各斯中心主义的变种。罗兰·巴特从结构主义转向解构主义以后,不无嘲讽地清算自己,从一粒蚕豆里见出一个国家,在单一的结构里见出全世界的作品,"从每个故事里抽出它的模型,然后从这些模型里得出一个宏大的叙事结构"①。您自己也说:"阐释预设所用的'逻各斯中心主义'应该彻底摒除。"② 您还指出:"文学的特征和它的奇妙之处在于,每部作品所具有的震撼读者心灵的魅力(只要他对此有着心理上的准备),这些都意味着文学能连续不断地打破批评家预备套在它头上的种种程式和理论。"③ 但是,如果一心要建立一个以重复论为核心的批评体系,并用这个方法去解释所有文本,这是不是理论批评方法上的"逻各斯中心主义",是不是偏离了解构主义无中心、无意义的根本取向?您用"重复"这个程式甚至已然是范式,来阐释天下的全部作品,这不是重走了结构主义一类其他主义的老路吗?为什么您在立场上是解构主义,而在具体实在的文本批评和阐释中却走向了另一个方向?您似乎并不担心"文学能连续不断地打破批评家预备套在它头上的种种程式和理论",从而也打破您的"重复"的模式,因为您期望七本经典的解读能够成为"样板"?在我看来,所有这一切,从解构主义者的立场衡定,似乎不应该是您的作为。原因到底在哪里?是理论与实践的必然本质距离吗?由此,我想起19世纪的一位学者对巴尔扎克的经典评语:"巴尔扎克在政治上是一个正统派;他的伟大作品是对上流社会无可阻挡的衰落的一曲无尽的挽歌",

---

　　① Roland Barthes, *S/Z*, trans. by Richard Miller, New York: Hill and Wang, 1974, p. 12.
　　② [美] J. 希利斯·米勒:《传统与差异》,转引自朱立元主编《当代西方文艺理论》,华东师范大学出版社2005年版,第318页。
　　③ [美] J. 希利斯·米勒:《小说与重复:七部英国小说》,王宏图译,天津人民出版社2008年版,第5页。

普遍意义的批评方法

"巴尔扎克就不得不违背自己的阶级同情和政治偏见；他看到了他心爱的贵族们灭亡的必然性"。① 从批评方法上说，这里没有阶级和政治倾向问题，但是，作为解构主义的重要批评家，在具体文本的批评上背离了本来的主义，与巴尔扎克背叛他自己贵族的偏见，是不是有异曲同工之妙？

顺致大安。

---

① 《马克思恩格斯选集》第4卷，马克思恩格斯列宁斯大林著作编译局编译，人民出版社2012年版，第591页。

致张江的第二封信[*]

希利斯·米勒[**]

您对我上一封信的回复，以及您对我作品的兴趣，使我感到非常荣幸。我会尽我所能地回应您在第二封信中提出的问题。您所提出的问题非常重要，至少对我来说如此。这些问题可能需要我用很长的篇幅回应。您根据我书中所陈述的内容得出结论认为，我为所有文学作品寻求一种普遍规律，所作的解读是中肯且有说服力的。不过，我认为自己的目标要比您所认为的稍微复杂一些。我会尽量做到长话短说，同时也期望您对我的回信作出进一步的回应。

我要从最重要的一点开始，那就是您所指出的在中国普遍存在的对我所说的一个句子断章取义的误解。您在第二封信中说：

> 您的这段话在中国流传甚广，被看作解构主义阐释文本的基本策略、深刻体现解构主义基本主旨的经典语言。收到您的信，我又认真推敲了您的原文，从生成这段话的具体语境看，单独使用它会造成误解。因为在这段话之后，您立即解释了解构同时也是建构的本意。这可以再一次证明，我们的对话有益于大家更准确地了解您的学术立场。

既然这种误解对在中国正确地理解解构主义是如此重要，请允许我再一次重复我在给您的第一封信中所说的内容：

---

[*] 本文原刊于《文学评论》2015 年第 4 期。
[**] 作者单位：加州大学厄湾分校比较文学和英文系；译者王敬慧。

致张江的第二封信

"解构"这个词暗示,这种批评把某种统一完整的东西还原成支离破碎的片段或部件。它让人联想到一个比喻是"一个孩子把父亲的手表拆开,把它拆成毫无用处的零件,根本无法重新安装回去"。如果将这段话放回到我原来整篇文章的背景下,它绝不是说解构就像孩子为了反叛父亲、反叛父权制度,而将其手表拆开。与此相反,这句话想说的是"解构"这一词汇误导性地暗示(misleadingly suggest)了这样的一个意象。德里达是在海德格尔的德语词汇"Destruktion"的基础上创造了"解构"(deconstruction)这一词汇,不过他又在词汇"Destruktion"中加入了"con",这样一来,这一词汇既是"否定的"(de),又是"肯定的"(con)。不过,正如我在《作为寄主的批评家》中所说的,这一词汇往往被当作一个仅具有否定含义的词汇,只是在讲"破坏"(destruct)。这样一来,它在英文中成为了一个常用词汇,比如当一位杰出的建筑师要翻新一栋房子,他会说:"首先,我们'拆掉了'(deconstructed)房子。"甚至,有一个拆屋公司的名字就是"拆解公司(Deconstruction, Inc.)"。

我对"解构主义"这一词条给出的更确切表述见英文维基百科关于"解构主义"的条目:"米勒是这样描述解构主义的:'解构不是要拆解文本的结构,而是要表明文本已经进行了自我拆解。它看似坚实的根基并非岩石,而是虚无飘渺。'这句话摘自 J. 希利斯·米勒在《乔治亚评论》第 30 期(1976)第 34 页上名为'史蒂文斯的岩石以及批评作为一种治疗'的文章。将根基比做岩石源于华莱士·史蒂文斯的一首诗。"我不知道您是否可以访问英文的维基百科,为了以防万一,我将维基百科上关于解构主义的词条附录在此信之后。该词条比较客观和详细地解释了"解构主义"的历史与意义。任何对解构主义感兴趣的人都可以通过阅读该词条而受益。

我高度相信中国学者与学生的智慧、学识以及客观性,但是我也知道放弃一种已经形成的观念是如何困难,即便这种观念是错误的,比如关于解构主义就像拆解父亲留下的手表这样的观念。因此我认为

第一部分　关于理论内涵的对话

有必要在这封信中进一步阐释我在第一封信中所讲的关于解构主义的内容，并再一次强调，如果要搞清楚西方文艺理论，正确理解解构主义是很重要的。

当我说文本已经进行了"自我拆解"，这其中的含义究竟是什么呢？也许最简洁的答案是，语言的比喻性总会干扰大多数人所希望获得的直白的字面含义。这种内在特点不仅存在于诗歌之中，也存在于其他所有语言之中。我刚刚用过的"内在"（intrinsic）这一词汇的含义，或者史蒂文斯诗歌中关于岩石的比喻等，都是此种类型的一些具体示例。虽然诗歌是研究比喻性语言特别恰当的文本，但是那些明显比较直白的文本——比如哲学方面的、科学方面的，或其他客观描述类的文本，都富含比喻性的表述。我们看看现代核物理中所使用的语言吧，其中有很多相当明显的"诗意"表述，像"夸克"（quark）和"玻色子"（boson）。① 我在给您的第一封信中引用的保罗·德曼所说关于文体学干扰阐释学的事例，也是有关此种干扰的另一个表述。

所有的语言都包含这种内在比喻性特征。语言的这种特征使其区别于科学计算公式所使用的语言。即使是最日常化的语言中所包含的比喻性维度也是令翻译出现困难的原因之一。不仅仅是在汉语与英语这两种截然不同的语言之间存在翻译的困难，甚至就在德语与英语这两种属于同一语系的语言之间也存在翻译困难。德语中概念性的或抽象词汇的前缀所具有的比喻性效果，与对应的英语词汇所使用的前缀效果是不同的，因此即便翻译是准确的，在翻译过程中也会出现大量的损失，比如特定词汇在特定语言中所引起的习惯性共鸣。尼采的文字就是一个很好的例子。人们可以把尼采的文字准确地翻译成英语。人们可以用一种方式或另一种方式将任何文本从一种语言翻译为另一种语言，但是在翻译的过程中，总有一些内容遭受损失。顺便说一句，我相信王敬慧教授会非常成功地将该信件翻译成中文。我想借此机会向她表示衷心的感谢。

现在，我将回答您第二封信中的核心问题。您问："从解构主义

---

① 译者注："夸克"一词由夸克之父莫里·盖尔曼取材自詹姆斯·乔伊斯（James Joyce）的小说《芬尼根守灵夜》（*Finnegaml Fafo*）。"玻色子"又被称为"上帝粒子"。

的立场来说，到底有没有系统完整的批评方法，可以为一般的文学批评提供具有普遍意义的指导？"要我来猜测，您认为这一点是重要的，是因为如果有一套系统完整的批评方法为文学批评提供具有普遍意义的指导，那么我们就可以有据可依，以同样的方式教授与创作文学。所有的学生都可以被期望了解这一套"完整体系"。所有人都将能够运用这一套体系——只用这唯一的一套体系来进行文学阅读的实践。考试也可以基于这套被普遍接受的"批评系统"进行设计。可以创建与保持一种由所有知晓、接受和使用这一批评体系的人所组成的普适的社群。如果这样的一个社群能够被创建，那么它将带来巨大的社会与教育优势。

  我个人认为，当然会有此类体系存在，但是目前，至少是在西方，各种不同的理论立场产生的是各自不同的理论，其中也包括"解构主义"。文学理论总是倾向于说自身是一种具有普遍适用价值的构想，解构主义也不例外。正如亚里士多德在《诗学》中说悲剧必须是整一的，"整一就包括开头、中间和结尾"（1450b）；或者罗兰·巴特在《S/Z》中（也是您所引用的段落）说结构主义是一套通用的批评体系；保罗·德曼在"寓言"（Julie）中强调"所有文本范式都包含着一种比喻以及比喻性的解构"①。德曼在该段接下来的经典陈述中指出什么是解构式阅读。这部分内容可能要更复杂一些，本信件的篇幅不允许我更详尽全面地阐释德曼所说的内容。现在问题的关键是，德曼所说的正是您所呼吁的一种能够"为一般的文学批评提供具有普遍意义的指导"的"系统完整的批评方法"。然而，从严格意义上说，这样的一套体系并不需要是"逻各斯中心主义"的，解构主义也不是逻各斯中心主义的。从亚里士多德到德曼，再到其他后来者，他们所做的具有普遍意义的陈述同时都伴有一整套相关的说明或示例，来解释如何进行亚里士多德式阅读、结构主义式阅读、解构主义式阅读、后现代主义式阅读或其他任何一种流派的阅读。

  进行任何一种流派的阅读都令人难以置信地容易，而且经常被完

---

① Paul de Man, *Allegories of Reading: Figured Language in Rousseau, Nieizsche, Rilke, and Proustf*, Yale University Press, 1982, p. 205.

成。仅仅是因为自己认为阅读可能具有不确定性,或者说没有被文本明确地证实,这并不会妨碍阅读的进行。关于这一点,您说我在《小说与重复》中的阅读是基于重复的理论,您是正确的。我同意您所说的所有关于我的不一致和我的"逻各斯中心主义"[如果您所说的这个逻各斯中心主义——"以理性为中心"(centered on reason)的意思是"有理性的"]。当然,德里达所说的以"逻各斯"为中心,内涵不止于此。他所说的"逻各斯"在亚里士多德那里是一种"普遍存在",在基督教那里是"救世主"。他的"逻各斯中心主义"相信无间性的存在。如果是后者的含义,这种"逻各斯中心主义"是我所反对的。我说以这一种批评方式或那一种批评方式进行阅读"令人难以置信的容易",是因为这其中当然有一种危险,那就是,你将发现,任何文本中都有一些内容可以让你以一种令人不安的迂回方式确认你所采用的范式。"寻找,然后你会发现",所有这些批评范式,包括解构主义的,都能够有点过于灵巧地"发生作用"。

请允许我在此处提一下您谈到的我在《小说与重复》中所说的一句话:"文学的特征和它的奇妙之处在于,每部作品所具有的震撼读者心灵的魅力(只要他对此有着心理上的准备),这些都意味着文学能连续不断地打破批评家套在它头上的种种程式和理论。"① 对我来说,这句话是我本人批评范式的一个重要内容。理论与实际阅读结果(也就是密切关注文本页面上的文字本身)最终是不兼容的。你总会发现,你开始所使用的理论既没有帮助你获得,也不能为你提供一套可以依托的指令。任何理论或假设的"普遍规律"在面对着一个特定文本"连续不断地打破批评家预备套在它头上的种种程式和理论"时,都是无法发生效力的。这就是说,每部作品都是独一无二的作品。在相当程度上说,文学作品超越理论的主要原因是,诗歌或小说并不是一个可以解决的数学公式,也不是可以判断正确与否的哲学论证。

大多数人通过阅读小说进入人物及其行动的想象世界,并从中获得快感。一个例子就是我最近重新阅读和评论安东尼·特罗洛普

---

① 中译本见 [美] J. 希利斯·米勒《小说与重复:七部英国小说》,王宏图译,天津人民出版社2008年版,第5页。

（Anthony Trollope）的《弗莱姆利教区》（*Framley Personage*）。书页上的文字让我进入特罗洛普小说的想象世界，比如露西·罗伯兹的感受、经历、话语与行动。我阅读小说，是因为我非常喜欢那种进入小说想象世界的过程。大多数人阅读抒情诗是为了享受词汇所带来的想象景象的快感，或者是欣赏诗词在其头脑中生成的有关言说者的思想和情感，例如，当威廉·华兹华斯开始他诗的第一句："我独自漫步，像一朵云……"，我立刻想象到那个说此句的"我"，我也看到一片云在天空孤独地飘荡。我并不需要任何理论或一系列指导来做到这一点。然而，很自然地，我也可能在教学或写作中，希望将我阅读特罗洛普小说或华兹华斯诗歌时我的头脑、感情和身体所发生的反应传达给其他人。教学是自己单个人的事情。当我自己走进教室面对自己的一群学生，别人的教学方式不会起太多的帮助。

　　我最近在忙于为一本书撰写一个篇章。该书是我与北孟加拉大学兰詹·格斯（Ranjan Ghosh）教授合作的。我写的这一篇章是尽我所能、尽可能准确全面地分析华莱士·史蒂文斯（Wallace Stevens）的一首小诗：《隐喻的动机》（*The Motiue for Metaphor*）。（顺便说一句，我不是很清楚中国人关于"隐喻"的概念是什么，请不吝赐教，我会很高兴搞清楚这一点。）我发现，当我读这首诗的时候，我的头脑、感情和身体所发生的反应是非常奇怪和不可预知的。这种反应抗拒着理论阐释。我发现在尝试读取史蒂文斯的诗歌时，不论是亚里士多德的《诗学》，还是雅克·德里达权威的"白色神话"（White Mythology），抑或是史蒂文斯本人在他自己的作品中关于隐喻的声明，都不能对我阅读《隐喻的动机》产生多大的帮助。这首诗本身通过隐喻告诉读者史蒂文斯的"隐喻的动机"是什么（至少在那首诗中是怎样的）。他所说的关于隐喻的动机不属于任何传统的关于隐喻使用的定义，既不是亚里士多德所说的"捕捉相似性的慧眼"（eye for resemblances），也不是德里达隐喻性的或者说用词不当的（catachrestic）"日落西山"（solar ellipses）。"solar ellipses"既表示太阳运行的椭圆形轨迹，也表示傍晚落在地平线下、清晨再一次从地平线上升起。"ellipses"的意思是省略，在这里的含义是太阳落在地平线下，书写中的表本符号是省略号。"catachrestic"（词语误用）是一个希腊

第一部分 关于理论内涵的对话

词,指既不是字面的也不是比喻含义的名称。"山面"(face of the mountain)就是一个例子。这不是一张真正的"脸(面)",但在"山面"中关于"面"的习惯性使用在比喻意义上的表示,不能与任何一个"可见的山坡"的字面含义进行词汇互换。汉语中可能会有一个关于"山面"的对应字面含义词汇。对此我很感兴趣,希望进一步了解。

下面这部分是我在阅读史蒂文斯《隐喻的动机》的文章中的重要段落:

在这一点上,我(你)开始发现,不论是亚里士多德关于隐喻的定义("捕捉相似性的慧眼"),还是本雅明/保罗·德曼给出的关于阐释学与文体学之间清晰的理论区分,都起不到多大的作用。当真正开始阅读《隐喻的动机》时,这些理论准则都被抛到脑外。当亚里士多德说,隐喻的一个好处是它意味着有一只眼睛在寻找相似之处,很显然,他的意思是说隐喻性词汇,或者说"喻体"(vehicle)有助于我们生动地看到"本体"(tenor),因为它们之间很相似。他给出的示例是"船犁浪"(The ship plows the waves)。一艘船就像一副犁,一副犁就像一艘船。显然,在亚里士多德所用的这个例子中,隐喻是传递"一艘船"的手段。"Metaphor"(隐喻)这一词汇在希腊语中就有"运输"与"传递"的意思。该示例本身又回到了它所描述的内容。当你说它犁浪时,在你的脑海里你更清楚地看到了船。但是在《隐喻的动机》中,隐喻并没有真正发挥作用。比如,当读到史蒂文斯炫耀且怪诞的明喻"风动像一个跛子在树叶间穿行"时,我可以在我的脑海里看到一个跛子在秋叶中穿行,但是说那跛子与在"叶间跛行"的秋风相似,这真是很牵强。与其说两者之间有任何相似之处,倒不如说两者间有着惊人的不相似。我猜想史蒂文斯作这样的比较,是基于前一句他所说的喜欢秋天的树下,"因为一切半生半死"。你可以说一个跛子是"半死不活的"。在任何情况下,"像跛子一样"与亚里士多德的基于相似之处的更常规的隐喻"船犁浪"是不一样的。此外,史蒂文斯的"像跛子一样"

致张江的第二封信

是一种拟人化或拟人法的表述，而亚里士多德的犁不是，除了间接地说，犁可以意味着操作犁的农夫。史蒂文斯很明显地将微风，也可能是断断续续的秋风拟人化，将其比做"像跛子一样"在叶子间苦苦挣扎地穿过。

此外，当我尝试运用本雅明/保罗·德曼的区分理论分析《隐喻的动机》一诗时，我发现，他们的理论与亚里士多德对隐喻的定义一样，不是一个有效的理论工具。在表达自己必须要表达的关于诗歌的评论时，我发现自己根本分不清阐释学与文体学的区别。那些如此有力地展现在我心目中的景象是阐释学的意义还是文体学的工具？我认为自己很难作出公允的判断。"像跛子一样"这个明喻是风在秋天树林中吹动的字面意思吗？难道那一幕不已经是一个比喻了吗？因此"像跛子一样"是不是一种隐喻中的隐喻（或更确切地说是隐喻中的明喻）？史蒂文斯曾在一本《箴言录》（*Adagia*）中说，"没有隐喻中的隐喻。……当我说人是上帝时，人们很容易地看到，如果我也说上帝是什么别的东西，上帝已经成为一种现实。"① 第一个比喻成为了字面意义的词汇；而第二个词汇是第一个词汇的隐喻的相似体或载体。史蒂文斯所选择的例子令人惊讶而绝非无意。它显示出，隐喻始终出自一种神学方案，是其神学意义上的逻各斯中心主义。

该诗在我身上所起的反应与保罗·德曼所说的发生在他身上的反应是颠倒的。他开始似乎试图运用文体学进行研究，结果最后可悲地（根据他对此的判断）发现自己在做阐释学。而我试着做阐释学，也就是说，直截了当地分析"隐喻的动机"的涵义，但几乎立刻就陷入文体学之中，例如当我试图建立"像跛子一样"的语言学状态，或在读这首诗的过程中在我头脑中的想象空间出现的三个场景的语言学状态，就是如此。

正如你所看到的，我在试着运用我的两个理论准则（一个来自亚里士多德，另一个来自保罗·德曼）时，我却变得更加纠结

---

① Wallace Stevens, *Opus Posthumous Poems*, *Plays*, *Prose*, edited by Milton J. Bates, New York: Vintage Books, 1990, p. 204.

不清。我最好放弃他们两人的理论，也放弃史蒂文斯在其他场合给出的关于隐喻的出色讲解，然后尽我自己所能，在没有他们辅助的状态下，独立阅读《隐喻的动机》。我这样做的目的，是为了报告在我一行又一行阅读诗文时，实际发生在我的头脑、身体和感情上的反应。

您问我是否相信有一套"系统完整的批评方法，可以为一般的文学批评提供具有普遍意义的指导"，我的回答是，在西方有很多套此类的批评方法存在，其中也包括解构主义，但是没有任何一套方法能提供"普遍意义的指导"。不存在任何理论范式，可以保证在你竭力尽可能好地阅读特定文本时，帮助你做到有心理准备地接受你所找到的内容。因此，我的结论是，理论与阅读之间是不相容的。我认为，人们实际的文学作品阅读，以及将其转变为日常生活的一部分的过程，比任何关于文学的理论都更加重要。理论辅助阅读。它的作用正如 ancillary 这一词汇从词源角度（拉丁语中"ancilla"的意思是"女仆"）所暗示的一样，相当于一个处于从属地位（ancillary）的侍女。

我希望这些话能够有助于回应您给我提出的具有挑战性的问题。我很荣幸能够获邀与您进行对话。从您对我所写书籍的犀利评判中，我已有很多收获，并在其引导之下，尽我所能地阐明我对理论与阅读（或者您所说的"实践"）的关系所持有的立场，其中包括我在《小说与重复》中对七部小说的阅读实践，以及我近来对特罗洛普的《弗莱姆利教区》和史蒂文斯《隐喻的动机》这首诗歌的阅读。在作为文学课程的教师以及文学评论者的职业生涯中，我一直致力于这种阅读实践，正如我在上一段所说的，"理论"只不过是一种阅读的辅助（ancillary）方式。

诚挚的问候。

关于"强制阐释论"的对话*

张 江等**

一 强制阐释现象普遍存在

张江：中国自改革开放以来，把理论的国门打开，大量地学习、借鉴、翻译当代的西方理论，对中国的改革和发展起到了巨大推动作用，这一点没有人否认。我们还要用更宽广的视野、更谦逊的态度去学习、去借鉴、去传播当代西方世界各种各样有利于我们民族进步和发展的先进理论。但是，三十多年的实践让我们深刻地体会到，在对西方当代文学理论学习、传播、借鉴的过程中，西方文艺理论本身的缺陷没有引起中国学者的足够重视。换一个角度讲，当代西方文学理论在中国的本土化问题、民族化问题没有得到很好的解决。许多中国学者生吞活剥地把当代西方文艺理论搬到中国来，用西方理论强制地阐释中国的经验和中国的实践。事实是，用西方理论来建构自己本民族的文学理论时，我们会遇到很多障碍和困难。所以，我们希望能从阐释学的角度出发讲一讲强制阐释的弊端。

我认为，从阐释学的意义上说，西方文论的强制阐释背离了文本话语，消解了文学指征，以前置的立场和模式对文本和文学做符合论者主观意图和结论的阐释。"背离文本话语"是指阐释者对文本的阐释离开了文本本身，对文本做了文本以外的话语发挥。文本只是阐释

---

* 此文系俄罗斯十月杂志社与中国社会科学杂志社共同主办的"西方与东方的文学批评：今天与明天"国际学术研讨会纪要，毛莉整理。本文原刊于《南方文坛》2016 年第 1 期。

** 作者单位：中国社会科学院。

的一个借口,一个角度,是阐释者阐释其理论、观点、立场的一个工具。"消解文学指征"是指阐释者对文本和文学做了一种非文学的阐释,这些阐释可能是哲学的、历史的、社会学的,以及那些实际上并不包含文学内容的诸多文化阐释。文学理论偏离了文学,实质上是政治理论、历史理论、社会理论。"前置立场"是指强制阐释的立场是事先预定的,批评者的站位、姿态已经预先设定,批评的目的不是要阐释文学和文本,而是要表达和证明批评者自己的立场,而且常常是非文学的立场。"前置模式"是指批评者预先选用确定的模板和式样框定、冲压文本,其目的是作出符合论者目的的批评和理论上的指认。经过这种前置模式压迫所产生的所谓文学理论的阐释,实际上经常是一种数学、物理的阐释,而非文学的阐释。符号学的各种各样的办法就可归于此列。"前置结论"是指批评的最终判断和结论不是在对文本的实际分析和逻辑推演之后而产生,而是在批评之前已经确定。批评者的批评不是为了分析文本,而是为了证明结论。

"强制阐释论"中还涉及更广阔理论空间的一些概念,涉及阐释学近百年来很多很尖锐的、没有结论的原点问题,这都需要我本人继续努力探索。

阿纳斯塔西娅·巴什卡托娃(俄罗斯文学批评家、《独立报》经济部副主任):张江先生提到的"强制阐释"的问题,不仅存在于西方文论中,同样也存在于当下的俄罗斯文学批评中。而且,各种强制阐释的手段,比如说滥用"场外理论"、前置立场、预设观点、论证的非逻辑化等,在当下的俄罗斯文学批评中都不鲜见。

娜塔莉娅·科尔尼延科(俄罗斯科学院通讯院士):在俄罗斯文学中一直存在着一个传统的对抗,即文学与文学理论、文学批评的对抗,作家与批评家的对抗。实际上,这个冲突在19世纪就已经有了。"任何一个理论,不管是什么样的理论,都有其正面的部分,但是,它也有其反面的部分,它的不正确的部分很容易就被看出来,理论是意义的限制,这个时候便会出现生活对理论的反抗。"这段话引自阿波罗·格里高利耶夫19世纪60年代写的一篇文章,这篇文章的题目就比较适合于我们今天的研讨会,他的题目是《论当代艺术批评的基础、意义和手法》。

事实上，我看到一个令人担忧的情况：现在有更多学者喜欢强制阐释。这会让读者越来越不了解这个作家、作家的作品、作家的生活细节，对那个时代的知识知道得越来越少，所以这个趋势是很危险的。在20世纪出现了一些研究，理论压倒了生活，理论压倒了具体的文本。从另外一个角度来看，这也是全球化的一个产物，因为全球化要消灭国界，要消灭各个文化之间的区别。

我们有些研究苏联文学的人，最近几十年来不断寻找新方法来阐释苏联文学，这个潮流令人担忧。因为我们那些苏联作家，在被这些新的方法分析之后，在通过精神病学的心理分析之后，他们就变得完全不一样了，失去了他们原来的优长。实际上，这些文论家只是想利用苏联文学，他们通过时空理论、复调理论、莫斯科艺术理论、西伯利亚艺术理论这些新词儿扬名立万，但是他们实际上对文论的贡献十分有限。任何一个文学理论，都要从文学的实践出发。

瓦列里娅·普斯托瓦娅（《十月》杂志批评部主任）：俄罗斯有不少批评家学习西方文论，很多人把文学分析变成了文学政治，张江先生对此做了很好的描述。这是一种"强制阐释"，是文学理论发展过程中出现的一种后果。与此同时还有另一种趋势，即夸大文学批评的声音，认为文学批评与文学理论其实没有什么关联。这些批评近似小圈子批评，多出现在网上论坛，在最好的情形下近似于政论文章，就整体而言，批评的语文学基础和专业化基础十分薄弱。结果也出现了一种"强制阐释"，它源自对于文学的庸俗读物式的理解，把文学批评当成了一种娱乐读者的工具，批评在这种情况下要解决的任务不是文学分析，而是新闻、公关、沟通的任务。

玛丽娅·纳德雅尔内赫（俄罗斯科学院世界文学研究所研究员）：实际上，当今拉美文论界的一些做法，也可以用"强制阐释"这个概念去定义。有一位德国学者认为，拉美文论中出现的一些新概念都不是什么新概念，都是在用新的概念偷换过去的概念，比如，所谓"混合性"和"异质性"就是合成，"文化地理学"就是"文化史学"等。很多文论专家很少利用文本本身，他们的很多著作并不是要对文本本身进行研究和批评，而是要研究上述提到的那些"新概念"。

叶莲娜·塔霍－戈基（莫斯科洛谢夫之家图书馆馆长）：谈到强

制阐释,人们对洛谢夫的态度就是一个最好的例子。最近10年,我们可以看到很多关于洛谢夫所受影响的"强制阐释"。比如有个专家认为,洛谢夫不是弗拉基米尔·索洛维约夫的继承者,他的观点与索洛维约夫并不相干,索洛维约夫在俄罗斯文化中的真正继承人是马克西姆·高尔基。但我们知道,高尔基和这样的传统毫无关系。此外,我注意到,不只是文学作品,哲学作品也可能变成强制阐释的对象。

张江:我很赞同您的这个说法。我认为,强制阐释在中外文学理论、在我们的政治、经济、文化生活当中,在各种各样人类认知实践和物质实践过程当中普遍存在。不认识它、不在阐释学的谱系当中建立这个概念,是我们这个行当学者的失误。

二 文学理论不能脱离文学

拉什米·多拉伊丝瓦米(印度德里贾米尔大学教授):张江先生的《强制阐释论》一文讨论了20世纪各种各样对文学产生过影响的"场外"理论,并考察了场外理论进入文学的途径和影响。确实有人在使用其他专业学科的方式来阐释文学文本,可我认为,通过这样的阐释,文学的确获得了很多东西。比方说,艾亨巴乌姆对果戈理的《外套》的阐释,什克洛夫斯基对《项狄传》的阐释,巴赫金对陀思妥耶夫斯基和拉伯雷的阐释,巴特、德里达和福柯对爱伦坡的阐释,列维·斯特劳斯和德里达对神话的阐释……这个阐释和被阐释对象的名单还可以列得很长,它们对文学而言都是富有成效的。一系列的理论都是相互连接的,一些理论会引起其他理论的共鸣和发展,比如种族理论、女权主义、性别研究、媒介研究、怪异行为研究、环境研究等,这些新理论也会促进马克思主义文学理论的发展,法兰克福学派、本雅明、葛兰西、阿尔都塞、马舍雷等对于马克思主义文艺学派的发展发挥了很大作用。

我们可以从巴赫金的对话理论那里学到很多东西。在巴赫金看来,对话就是生命,独白就是死亡。文学批评现在要转身面对新的理论,得到新的办法,从新的角度来观察自己,反省自己。有不同学科的理论加入文学理论,把文学理论丰富起来,无论这有什么负面效应，还是会对文学提供很大帮助。在我看来，在20世纪的文学理论中，各种场外理论在各个国家四处旅行，起到了丰富文学和文学研究的作用。

瓦基姆·波隆斯基（俄罗斯科学院世界文学研究所副所长）：我想谈一谈学科之间的竞争和矛盾。柏拉图的著作中已经开始了理论批评，他通过对语言、对文学的看法来表达他对哲学的看法。柏拉图认为，诗人并不扮演阐释者和解释者的角色，阐释和解释的作用被哲学家垄断了。哲学和语言学的竞争在西方历经了几百年，都没有分出胜负。18世纪，法国启蒙运动，语文学界第一次发起暴动，语言学家反对哲学家对语言的利用，他们认为语言学和文艺学也是独立的科学。语言学开始拥有越来越多的权力。西方基督教《圣经》的考证和阐释原本就有一套方法，自18世纪末以来，传统方法开始演变为现代语言学与文艺学的方法。在十九二十世纪之交，哲学家尼采在研究荷马经典语文学时，认为文学批评要回到单纯的语文学，放弃所谓的幻想阐释。他是语文学的革命人物，他认为我们必须发现艺术的唯物现象，也就是说，我们必须假定一个零散的文本内容。尼采革命性的想法基于传统，但他也借助了沃尔夫的看法，就是要把语文学从神学中解放出来。他们将这个传统传到20世纪，想要建立解释学和文体学，放弃对意义和现实的比较。在20世纪和21世纪，还有一些文学理论主要是基于带有哲学味道的文本解释方法。德里达的解构主义、福柯的知识考古学、贡布里希的艺术史研究方法，都影响到了当代。

语文学和哲学的竞争与合作，现在依然存在。在面对众多研究方法的情况下，研究的标准却越来越不清楚、越来越模糊。作为文学批评家，我们到底该怎么做呢？我们没有百分之百的解决方法，但我有一个建议，可以合成考证的语言学方法和阐释的哲学方法。研究语言，研究文化背景，研究作家的个人经验，这对一位文艺学家的学术研究工作来说非常有帮助。研究文本、研究文学，甚至是对语言语法问题的研究，也都很重要，都是重要的研究方法。

张江：理论发展到今天，最有生命力、最有生长力的是各学科之间的交叉和融合。没有人否定这一点。我自己也认为，多种学科的交叉和融合是我们理论生长的最有力的动力、最强大的动力。为什么"强制阐释论"会反对哲学进入文学场内呢？我赞成用哲学理论做指导、甚至做工具来阐释文学，没有问题；但重要的是，当用哲学理论阐释文学的时候，一定要把运用的哲学理论文学化。我们阐释的、我们需要的是文学的理论，而不是没有文学的理论。

瓦列里娅·普斯托瓦娅：我完全同意张江先生的看法，我们绝对不能脱离具体文本进行文学分析。然而，在当代俄罗斯的批评领域，越来越少的人在认真对待这些问题。场外的因素越来越多地进入文学世界，对文本感兴趣的专家越来越少，将他们吸引到文学革新中的最有效的途径和技巧，就是要有尽可能多的非文学信息成分。关于这个悖论，一位英年早逝的俄罗斯批评家亚历山大·阿盖耶夫写道："我可以依靠很好的语文学实践能力，对发表的文本进行详尽的分析。文本是丰富的，层次多样的，其中很多可供进行分析的对象，如果我们调动最精致的全套批评手段。但是，这些评论并不能给作家带来成功和荣耀，就像事实所表明的那样。读者会把这些评论当作一系列具有内在叙述动力的风景，他们会遗憾地、迫不及待地问道：接下来会是什么呢？"

其结果，真正的文本不再是文学批评的起点。对于当代批评来说，文学不是一个专门建构出来的世界，不是文本，而只是一个具有社会影响的、有趣的言论，与新闻和博客一样在媒体空间出现的文字记录。尽管这对文论在社会上的影响非常不利，但对于文学家来说，可以提高他们的知名度。

现在好像只有一位批评家在阐释文学作品时比较关注作家的创作动机，但她属于老一辈批评家，她就是曾经获得索尔仁尼琴奖的伊琳娜·罗德尼扬斯卡娅。她在不断地解读文学作品，对她认为最重要的文学作品的"本真性"问题十分关注。她认为，批评家在阐释的过程中不能脱离文本，文学作品的本真性并不等同于批评家本人的生活和精神体验。"本真性，就是艺术家对自我真实的信仰，这种信仰要摆脱各种外在压力，比如商业的、功利的、社会的、甚至宗教的压力。"

艾伦·梅拉（莫斯科法兰西学院院长）：我结合法国文艺学的趋

势谈谈对场外征用这个问题的看法。文论方面的交叉研究是法国文论界当前热烈讨论的一个话题，文论可以跟人类学、民族学、社会学、历史学相互结合，甚至还可以有文学和地理学、文学和视觉艺术、文学和电影的混合。总之，法国文艺学在试图谋求一种综合，把各种不同的方法融合在一起。像结构主义，就把文学、历史、社会学、语言学的方法都糅合在一起，这些不同的方法是互相影响、互相结合的。可以说，现在的文艺学正处于一个多元、综合和融合的时代。

要强调的是，与此同时，现在的法国学者们又意识到了文本的作用，他们已经把文本作为分析的重点。他们对文本的分析，首先要研究文本为何会出现，出现的背景是什么，而且作家的角色也受到了关注。例如，结构主义和叙事学的继承者热奈特，更加注重文本的重要性，把它看成是一种具有多重意义的工具；福柯继承者、社会学批评的代表威廉·马克思研究最近两百年中作家的角色、作家的生活方式及一些文学制度；遗传学批评主要对某些作品的手稿进行研究，研究手稿的演变过程等。

总之，文学和文艺学就像一个活的肌体，它需要新的血液补充，不同学科的元素就像是有益的细胞，可以为这个肌体不断提供新的养料，促进这个肌体的新陈代谢。如果哲学、人类学能为文艺学提供出更多更好的东西，那么就请吧，这是好事，但是有一个前提，就是文艺学不能脱离文学文本。

三　强制阐释并非过度诠释

阿纳斯塔西娅·德·里亚·福尔特（瑞士洛桑大学教授）：张江教授在文章中提及很多很重要的问题，比如，文学理论是不是与生活实践有关联，概念的借用、其他学科的方法在文论里的使用等，这些问题都很重要，对文论的进一步发展有建设性意义。

我认为，张江教授的文章核心的问题是文本和阐释。什么是阐释？谁有权力阐释？这是西方文论学家几百年来一直在争论的问题。任何一个阐释都必须放在一个历史语境中，否则，过度诠释就是不可避免的。在西方文论中，过度诠释的现象很早就有。

可以用新的标准来阐释旧的文本，在文本里面发现一些秘密的内涵，但是不能完全脱离文本，在这方面，我同意张江教授的观点。但是，今天我们在这个问题上遇到了更大的挑战，伽达默尔就认为，文本也可能是一个伪造的形式。德国的一些解释学家也在证明，文本本身就是含混不清的，任何人都不可能完全弄明白作者究竟在写什么。所以，任何一个阐释都是过度诠释。海德格尔认为，任何一个阐释都是带有偏见的阐释。在这里，很难恢复和还原作家的构想，比如找出一个辨别真伪的标准，来判断这是不是符合莎士比亚的构思，猜一猜莎士比亚自己是否在有意识地描述女性问题。判断真伪的标准是什么？要恢复、还原作家的构想，这不是一个好方法。艾柯建议要把阐释和使用文本分开处理，关于怎样避免过度诠释，他也提出了一些建议。

张江：您的这个报告，我觉得核心问题就是，"强制阐释"和艾柯先生的"过度诠释"到底有什么区别。我的想法是，不能从一个文本的阐释结果去区别过度与强制，要从阐释的路线去区别过度与强制。过度诠释的出发点是从文本出发的，在文本中找到阐释的各个关节点，抓住这些关节点，做了超出文本本身内容的和作者本身意图的阐释。而强制阐释是，从我自己的理论出发，从我的政治意图出发，然后对文本做文本基本没有、或者说从来就没有的意图的强制阐释，其目的不是要阐释这个文本，而是要证明我自己的理论立场，从阐释路线说，这个路线是非常清楚的。

四 尊重文本是批评伦理的基本规则

叶夫盖尼·叶尔莫林（俄罗斯批评家、《大陆》杂志副主编）："强制阐释"是一个非常具有现实意义的问题。作家和批评家的对话、批评家和读者的对话，应该有一个正当的、正常的标准和规则，可是这个规则往往也不是很正常的，两者之间没有和谐的关系。在社会上，作家和读者对批评家的认识程度并不是很高，认为批评家的工作并不是必不可少的，认为批评家的工作好像是乌托邦的工作。在变化了的现实条件下，批评家的工作到底会不会继续具有价值？我对批评家的工作非常有兴趣，可是我也往往感到疑惑，不知道批评家的目的到底是什么？

阿纳斯塔西娅·巴什卡托娃：当下的俄罗斯文学批评处于一种十分独特的状态之中，它既在自我否定，又在自我确立，在寻找新的理想模式。一些文学批评家说出了这样的话："作为一个文学种类的批评已经停产""写作批评文章是一项费力不讨好的、没有必要的文学劳作""我们尚在，我们的时代却已不存在"。文学批评家的确有时甚至不知道他们是为谁而写作、为什么要写作的。面对文学批评的困境，实践者和理论家们也试图提出一些理想的批评模式，但各文学批评流派意见不一，关于理想模式的探讨甚至会使他们纷争更烈。

第一个模式是把批评家当作财产分类员和系统分类员。这一模式要求作为分类学家的批评家必须对每一个文学现象、每一部作品，甚至是每一个外国文学现象、每一部外国文学作品做出分析和解释。这一类批评家心知肚明：他的个人趣味远非样板，存在着许许多多趣味各异的读者。不过，这样的批评家可能想不到，他关于其他读者之趣味的报告有可能是前见的，与事实相去甚远。

第二个模式是把批评家当作神话创造者。这种模式假设，批评家在深入进文学之后，就可以本能感觉到艺术中的崇高意义，看到新文化的前兆。这位神话创造者在寻求关于世界的新话语，希望这新话语能像神的喜讯一样被传递给作家、读者和这位批评家本人。这样的批评家可以步出族群的、体裁的、风格的界限，摧毁文学批评界的旧藩篱，因为对于他来说，最主要的事情就是描绘他本人的世界图景，构建他自己的文学神话，即便是乌托邦的文学神话。

第三个模式是把批评家当作文学政论家，他首先要考虑的是文学作品的社会和政治层面，是作品的意识形态内容。对于这样的批评家而言，作品本身如何并不重要，作品只是他用来对当代现实进行社会和政治分析的借口。而且，这一类批评家往往不会满足于这样或那样的分析，他或早或晚会试图离开文本走向实干，也就是直接重建生活。这个时候，他在读者面前的形象与其说是一位文学批评家，不如说是一位政治宣传家。

第四个模式是把批评家当作解构者。这是一种非传统的批评模式,它与 19 世纪和苏联时期的文学批评模式恰好相反。解构者要摆脱文学中心主义,因为他认为除文学之外还有很多其他思想范畴,有些可能比文学更有成效。这类批评家会摆脱先前加在他身上的那种传教士的使命感和责任感,不愿再做启蒙者,不愿再做作家和读者的中间人。解构批评家把一本书拿在手里,他要问的问题不是:"这是什么?我关于这本书能说出些什么?"而是:"这东西为何如今会出现在这里?"他在为文学在当今的出现寻找哲学的、社会学的、本体论的、语文学的理由,他不解释作品,而只试图去弄清作品为何出现,其原因、包括非文学的原因,到底是什么。此类言说的主要受众不是普通读者,而是专家和其他批评家。

第五个模式是将批评家当作作秀的主持人。为了持续吸引住公众,他有时不惜搞怪,对所分析的作品做出一些非同寻常的、异想天开的、夸大其词的主观阐释,他可以不顾被分析的文本,任意发挥,不惜犯规,甚至觉得制造轰动性的丑闻就是吸引眼球的最好手段。这类批评家并不反对寻求被分析作品的意义,但他常常觉得他找到的意义会与别人找到的有所不同,他在文学批评活动中也在从事一些非文学活动,比如自我推销、自我形象塑造,把自己的观点强加给文学。

第六个模式是让批评家成为文本崇拜者。这类批评家似乎最接近文本,因为这类批评家必须抛弃私欲,远离自己的文学趣味、小集团的利益、文学等级观念和教育意义,他感兴趣的甚至不是作品的作者,甚至不是作品本身,而是纯粹的文本。作为文本崇拜者的批评家应该理性地判断文本的优劣,剖析文本,探究其深意。文学批评在这种模式中就好像是圣经诠释学。这种貌似公允的批评有时也会有危险,因为批评家可能会在文本中"发现"文本中原本不具有的"深层"含义。

这里提到的每一个理想的批评模式都包含着一些可以争论的方面,但其中也的确包含着一些关于如何完善文学批评事业的宝贵建议。就这一意义而言,我们可以同意张江先生的意见,即文学理论应该是系统发育的,它应该形成一套完整的文学观,提出一套研究文学作品和文学过程的系统方法,克服在阐释文学文本时的各种矛盾、偏见和片面。不过,这样一种系统发育的学科之建立目前看来还是一个乌托邦，在生活中落实这一乌托邦还具有很大风险，我们对此必须做好准备。

列夫·安年斯基（俄罗斯文艺学家、文学批评家）：我认为，阅读有三个层面：第一个语境是文本，第二个是社会政治语境，第三个是超任务语境。第一层面意思就是，应该意识到我在读什么，我要理解作者想要说什么，作者不想说什么。在文本分析过程中，这些因素都要考虑到。第二层面是政治层面，因为我们要评价一个文本，要阐释一个文本，就离不开具体的社会和政治语境。第三层面，是最让我关心的层面，它需要回答这样一个问题，即"我们究竟发生了什么事？"这其中包括我写的和我没有写到的，还有我自己都不理解的。我们的社会要往哪里走？这是最重要的问题。"我们究竟发生了什么？"这是我们的著名作家瓦西里·舒克申提出的一个公式。这个问题是与一切相关的，与民族和国家，与外部世界和我们的命运，全都息息相关，因此是一个"超级任务"。所以，怎么评价某一个文本并不重要，重要的是我们经历过什么，在我们身上发生了什么，我们的未来是什么，命运会把我们引向何处？

罗伯特·霍德尔（德国汉堡大学斯拉夫研究所教授）：文学与其说是在言说生活，不如说是在模仿生活，这个"模仿"就是古希腊人所说的"模仿"。这一情况决定了文艺学和自然科学的巨大差别。如果说在对对象进行自然科学的分析时，在得出一个准确的、完全客观的表述之前，该对象往往会被分解成若干组成部分来逐一分析，那么，文艺学的分析对象在很大程度上却总是不可分解的，在心理和社会意义上都是如此。这就是为什么文艺学旨在创建一套精确术语的种种尝试，最终往往都会以失败告终。

这类尝试大体上可以分为三类：第一，把一个单独的文本看作是一个沟通行为，需要重构这一行为的历史语境。但在这种情况下，作品人物要成为文艺学言说的一部分，这就意味着，此类言说所针对的范围仅仅局限于具体的文学文本。第二，以对某些具体文本的分析为基础来构建一种普遍的文学理论。可是由此会产生一个新问题，即这种理论试图把握的文本越多，其危险性就越大，这种理论就会变得过于普遍，过于泛化，难以再用来解释某一具体文本的特性。在这种情况下,"文学文本"的概念所要揭示的东西就像维特根斯坦所说的"家族相似",女儿的鼻子像母亲,眼睛像父亲,下巴像奶奶,儿子的牙齿像父亲,眼睛像母亲,发色和姐姐很像,他们有共同的相似处,但还是弄不清楚,使他们大家都相似的东西到底是什么。这就像是一根线,其中却并没有一道贯穿始终的纤维。第三,从其他学科借用术语,这些学科往往被视为"精确科学"或"社会等价物"。张江先生把这些理论称为"场外理论",他使用这一概念是为了强调此类借用的任性特征,此类借用过于勉强,常常会造成强制阐释。在实践中,这些借用来的术语在文艺学中常常被用作隐喻,在这种情况下,它们不过是对"精确"和"等值"理念的亵渎。

文艺学的政治化问题,在一定程度上恰好可以归入上面所说的第三种尝试。它认为在文本之前和文本之外存在着某种真理,文学文本在这种情况下仅仅是为证明这个真理而服务的,也就是说,对不同文本的选择和阐释是用相应的"强制"手法进行的。文艺学的政治化在激进的政治大变动时期会表现得尤其突出。同一个文本在不同的话语环境中往往会获得迥然不同的阐释和评价。文学和文艺学,有关文学经典的概念,从一开始就存在于某一特定的意识形态博弈场中。一位文艺学家在研究任何一部文学文本的时候,都在自觉或不自觉地参与意识形态斗争。但是,这是否是一种激进的相对论,即认为客观的文艺学评价就总体而言是不存在的呢?当然不是。任何一种文艺学阐释都还是包含有道德元素,可以将其称之为研究者的"良心"。在面对外语文本时,这种"良心"还要求研究者能够很好地理解外国的语言和文化。我认为,张江先生呼吁人们保持对于文本的经典态度,这同样也是在呼吁人们保持对于外语文学的高水平的专业学识。

普斯托瓦娅:关于文艺学的政治化问题,我举一个例子。有一个叫伊戈尔·古林的年轻批评家,他获得了著名的安德烈·别雷奖,因为他把文学分析的元素,首先是对诗学过程的分析,引入了报纸文章。在报纸和网络中充斥着大量低俗评论的当下,他的所作所为构成一个例外。但是,这位批评家的文艺学态度并非总能保持他的学术客观性。让我感到吃惊的是,当他对年轻的女作家克谢尼娅·布克莎的小说《"自由"工厂》进行分析时做出了激烈的政治化批评,这是不公道的。这部小说描写首都一家兵工厂的命运，通过曾在该厂工作过的诸多人物的声音和命运来表现主题。伊戈尔·古林认为，这部小说是在复兴苏联时期的生产题材小说，可他却忽视了，这部小说采用了一种创新的诗学手段，女作家其实表现出了一种全新的、非苏维埃式的生产文学叙述方式。批评家指责作家在小说中进行"主人公与工厂的歇斯底里的超身份认同"。在我看来，这就是张江先生指出的"强制阐释"的一个案例，把文学分析当成了社会争论和政治争论的手段。

张江：我对您的这句话非常感兴趣。一个批评家对一个作家的作品，对一个文本的批评，"不公道"是什么意思？有"公道"吗？"公道"和"不公道"的区别、标准是什么？这是一个非常重要的批评伦理问题。从伦理学的意义上对批评和批评家提出要求，这是一个很重要的文艺理论发展的方向。您可以再解释一下吗？

普斯托瓦娅：您问得很好，公道是什么？古林把一些政治的因素、社会的因素加入对小说的阐释中，他其实是在脱离历史语境看待这部小说，他的阐释就是完全不公道的。批评家必须把小说看成一个整体，要理解这个作家的原意，而不是仅以批评家的情绪来对待作家及其作品。

张江：我非常赞成您的这个观点。我想引申一下您的话，如果说，批评家用自己的政治意图强加于文本，那么他的这个批评就是不公道的。按照我的想法，这种强加就是一种强制阐释。按此逻辑推演，是否可以说，批评家对文本的强制阐释行为就是一种不公道的行为？

普斯托瓦娅：是的。

张江：我正在琢磨一件事，就是批评的伦理。我认为，公正阐释的基点是承认文本的本来意义，承认作者的意图赋予文本以意义，严肃的文学批评有义务阐释这个意义，告诉读者此文本的真实面貌。在此基础上，才有对文本的多元理解和阐释，才能够对文本做出更合理更深刻的解析和判断，实现对文本历史的、当下的发挥和使用。尊重文本，尊重作者，在平等对话中校正批评，是文学批评的基本规则，是批评伦理的基本规则。

五　东西方应携手探索文艺学新路

伊琳娜·巴尔梅托娃（俄罗斯《十月》杂志主编）：今天在场者并不都是强制阐释的受害者，有些还可能就是强制阐释的始作俑者，因此我们可能有批评、有抱怨、有吵架。重要的是，我们要尝试找出一种办法，以便走出这一状态。令我感到十分高兴的是，一年前，在莫斯科，张江先生给我介绍了他的这篇文章，然后又把这篇文章寄给了我们，供《十月》杂志发表。我想，这是我们合作的开始，我们要一起探讨走出文艺学困境的新路线，不仅仅是在文论方面，同样也包括文学批评。我们要做一个桥梁，我们要把中国的声音传递到西方。

在俄罗斯有一个大问题，很少有高水平的中俄文翻译专家，特别是可以翻译文学作品的专家。我们俄罗斯和中国都要注重培养一批相关专家，让更多年轻人把文学作品从中文翻译成俄文，从俄文翻译成中文。今天的讨论我觉得遗憾的是，我们很少提到中国文学作品，这并不是因为中国朋友们不愿讲，而是因为我们不懂，我们讲不出来，所以他们也就非常谦虚地很少提及，所以这是我们的一个很大缺陷。我觉得我们以后要慢慢地弥补这样的不足，我们要更多地了解中国的作品，其中包括中国的文艺学，这是我的梦、我的希望。

余新华（中国社会科学杂志社副总编辑）：文学是人学，文学中存在着人类的忧伤和欢乐，记录了人类的苦难和辉煌，滋养着人类的心灵和智慧，因为文学是世界人民最容易沟通的语言。从理论上对文学这种现象进行观照，可以使我们更好地理解人类丰富多彩的生活，当然也会促进文学自身的发展和繁荣。

今年是俄罗斯文学年，俄罗斯文学在世界上具有崇高的地位。中国也有几千年的文学传统，它像号角，它像火炬，激励着中国人民奋勇前行。世界上的人们也关心着中国的文学，在我认识的俄罗斯学者中，比如圣彼得堡大学的罗季昂诺夫教授，就广泛深入地研究了许多平素我不太熟悉的中国的作品和作家。所以，我认为我们这次会议的意义也要放到中俄文学、文化交流日渐密切这样一个大的背景下来理解。因此，我们衷心地希望，这次会议能够有益于中俄人文交流的不断深化，通过这次会议，东西方文化平等对话和深度理解能够得到不断的拓展，我们愿与俄罗斯和其他国家的学者共同探讨文艺学的发展之路。

张江：20世纪一百年间的文论在不断地震荡和调整，我相信，一个重要的历史转折就摆在我们面前。我们应该认真地去总结、去辨析20世纪西方文论的优长和弱点。我们消解、躲避它的弱点，我们集合、综合、系统地整合、组织它的优长，形成新世纪新的文学理论。让文学理论走进文学，让文学理论走进生活，让文学理论对这个世纪人类的进步和发展做出应有的贡献。我希望，我们中国学者和在座的各位外国学者，共同努力，去实现这个愿望。

第二部分

理论内涵研究

源出"法国理论"文学批评的"强制阐释"*

科莱特·卡墨兰**

中国社会科学院张江教授分析了"当代西方文论"的缺陷,准确地说,是19世纪70年代至20世纪90年代末前后在美国发展的文论。① 这种文论号称"法国理论",由20世纪60至70年代法国哲学(福柯、德勒兹、德里达、利奥塔)论著节选发展而来。实际上,西方文论的景观极其复杂,基于国别和研究领域不同而纷繁变化、演进发展。

张江指责主要运用于美国"文化研究"中"法国理论"的强制阐释。他责备这种理论:1. 征用严格意义上的文学领域之外的人文科学;2. 为了有利于读者预设的阐释而忽略整个文本的本真含义,换言之,不是针对文本本身去从事研究,而是以文本证明一种现成的理论;3. 论证缺乏逻辑,因为作为哲学的"法国理论"恰恰批判理性,正像"新批评"(巴尔特)试图以其他论述形式超越论证论述;4. 以"理论"构建的阐释框架替代开放的文本阅读。为了"证明"预设的既定阐释,批评家从作品中抽取脱离了作品背景(语言学家称之为"语境")的摘录以从事研究。

张江发现"法国理论"中断了与文学批评历史传统的联系。他批

---

* 本文原刊于《文艺研究》2016年第8期。
** 作者单位:巴黎政治学院兰斯分校;译者涂卫群,单位:中国社会科学院外国文学研究所。
① 参见张江《强制阐释论》,《文学评论》2014年第6期。下引皆同。

评此类理论从一开始便"采用了偏执与僵化的方法"。他强调了这些方法"教条化"的倾向,伴随时间的推移而变得呆板机械,直至抹煞了每部文学作品的本体特征。

如果分析这一问题是如何出现的,我们会发现,在1970年前后,文学阅读处于两股潮流的汇合处:其一,源自语言学和结构主义,这种潮流激发读者考量文本结构、分析平行与对比关系的效果、文本构成,还有小说的人物体系、描写的词汇场域、诗作的节奏等。另一潮流,如张江指出的,源自文本之外的人文科学。我可以觉察到弗莱已谴责过的那种阅读框架的有害作用:

> 无论是马克思主义、托马斯主义、自由人文主义,还是弗洛伊德学派、荣格学派,或是存在主义,都是以文学之外的概念框架来谈论文学的。①

张江对英美批评流派的主要责难在于,它们要么征用一种预设的"理论",以致文本成为服务于理论的工具;要么集中于对文本进行形式描述(如格雷马斯的结构主义语义学),以致对人类而言如此根本性的文本的意义,消失于分析的机械运作过程。而在对文学兴趣的至深处蕴含着我们对人类无限丰富的复杂性的兴趣。因为(张江写道):"文学不是哲学、历史和数学。文学是人类思想、情感、心理的曲折表达。"他接着说:"文学不是科学,而是人的创造性的自主表达,包括人的潜意识、无意识的表达。"而这正是巴尔特、德勒兹和德里达试图显示的。正像巴尔特在他的《讲义》中所言:"文学知人深广。"②

存在着几种掏空文学文本特性的方式:首先,不与作品保持距离(转述作品);其次,不是首先致力于理解文本字面含义和认清其历史背景,而是使文本屈从于源自哲学或人文科学的一种批评理论;最

---

① Frye Northrope, *Anatomy of Criticism*: *Four Essays*, Princeton: Princeton Uniersity Press, 1957, p. 6.
② Roland Barthes, *Leçon*, Paris: Seuil, 1978, p. 19.

后，用文本证明某种理论的合法性。德里达经常借助文学文本论证自己的思想，不过他也提供了一些新颖而富有创建性的阐释。在《论文字学》中，德里达研究了卢梭的一篇短文《论语言的起源》。他在分析文字与口头语言对立的范围内阐述了这篇文章。在着手评论之前，他提供了一篇《卢梭时代导论》，明确了卢梭撰写这篇文章的历史背景。①

相反，诚如张江教授指出的，弗洛伊德利用索福克勒斯悲剧《俄狄浦斯王》以论证他先前做自我分析过程中发展出的"恋母情结"。而且弗洛伊德的论述所涉及的，与其说是作为文学文本的索福克勒斯的悲剧，不如说是拿来作为范型的神话。让·斯塔罗宾斯基提示，精神分析学可能并非一种科学，而是"19世纪浪漫主义文学的一座高峰，这种文学被紧裹在实证主义唯理论的坚固铠甲中"②。在此意义上，弗洛伊德的"理论"，更有助于澄清他本人的认知与审美前提，而非索福克勒斯的《俄狄浦斯王》。

显而易见，文学并未与其时代的重大政治和社会问题切断联系，但是一部小说或者一首诗建造起一个"世界"，在那个世界里，这些问题借助各种媒介（人物、空间、时间、象征体系）以一种复杂的方式显现。"外部"理论，诸如马克思主义、后殖民、女性主义、生态理论，可以参与文本阐释，条件是首先考虑文本的特性。如若不然，它们便遗漏了赋予文学作品以价值的复杂性。这种对外部科学的曲折征用，如张江教授引用的一位地理学家对《悲惨世界》的阐释的例子，有时也会导向一种明显的事实：权力与贫穷市民的对立。

张江指出，"硬性"这一概念指的是批评家"强制"文本符合他想要证明的理论，而不顾文本的背景和特性。主要的硬性形式是忽略作品产生的历史背景。历史与传记并不能以机械因果论解释文本（朗松如此认为），但它们对于理解所研究的文本如何与其所处时代的认知、艺术、经济、社会和政治背景进行对话却是必不可少的。显而易见，违反时序的阐释是曲解的开端。但这并不意味着文本的"含义"

---

① Jacques Derrida, *De la grammatologie*, Paris：Minuit, 1967.
② Jean Starobinski, *La relation critique*, Paris：Gallimard, p. 299, p. 27.

就应该局限于它所产生的时代及其作者所认为的含义。不过有必要由这一前提出发，以便言说文本在当下有何意义，以及我们基于自己的认知和历史背景的阐释与作品写作的时代的阐释有何不同。正是这些差异饶有兴味。

张江分析了关于爱伦·坡出版于1839年的中篇奇幻小说《厄舍老屋的倒塌》的一篇阐释。将这个文本阐释为一篇生态寓言显然是违反时序的和硬性的。生态批评借助脱离背景的引文展开。①（据我所知，这类阐释在法国大学里并未流行。）实际上，在这篇奇幻故事里，"厄舍老屋"象征了两个主要人物深受负罪感萦绕的心灵。一道裂缝劈开了老屋，老屋坍塌之际，罗德里克和玛德琳一同死去。具有哥特风格的黑色浪漫主义背景，使我们能够将裂开的老屋理解为罗德里克的癫狂的寓意画。这个颓废而邪恶的人物的性格，在我看来值得我们今天加以分析。在这个受到鸦片影响的故事里有一种虚无主义的特色。也许还需考虑爱伦·坡对哥特式浪漫主义的反讽。这篇故事以一种不同于创建于19世纪的精神病学所采用的方式触及了疯癫问题。如果想要参考"法国理论"，福柯的《疯癫史》在我看来更贴切。福柯强调了他称之为"知识型"的东西，也即一个时代特有的思想的普遍框架。张江确信"历史理解"（也即考虑背景，如19世纪的知识型）与"当下理解"（也即基于21世纪的知识型）属于不同范畴。如何定性爱伦·坡表现神经官能症所归属的认识型呢？

张江援引的第二个例子也是具有说服力的：陶渊明的诗作当然无法与生态意识联系在一起！更恰当的是询问这位深受孔子和庄子影响的诗人如何处世。

随后张江分析了女性主义的阐释，这些阐释确实是成问题的，因为它们聚焦于对奥菲利亚的再现，哪怕在莎士比亚的剧作中这个人物的角色表征了当时社会中女性的处境。这类阅读（"性别"或"种族"）的兴趣，不在于"解释"文本，而在于表明16世纪和21世纪接受的差异，换言之，"文化研究"的阐释并不提供文本的"含义"，

---

① [英]彼得·巴里：《理论入门：文学与文化理论导读》，杨建国译，南京大学出版社2014年版，第254—257页。

更不提供"真理",而是见证在接受史的某个点上文本和读者之间的相遇。这类阐释应该与其他阅读对照。事实上,这种接受处于这部伟大悲剧的多重接受史中。

张江写道:"在具体研究过程中,理论服从事实,事实校准理论。"问题是,"文化研究"的理论是给定的,而不是构筑而成的,它们是些教条。这一点与那些被认为构想出这些理论的法国哲学家的研究和立场相反,因为尽管他们各不相同,他们都拒绝提出教条化的真理。

张江重提恩格斯反对僵化、也即把马克思主义的方法当作现成的公式的那些人的僵化做法。恩格斯在研究曼彻斯特工人的状况时,将自己的理论建立在对事实的详细研究基础上,从而他的理论来自对现实的分析。实际上,任何理论都不具备绝对的价值,任何"真理"都不是"终极的"。任何将一项研究的成果转化为具有法律效用的教条的做法都会导向错误。

张江批评了那种建构"超历史的、置诸一切时代和文本而有效的统一方法"的企图。这既不可能,也不受欢迎。文本的多样性要求方法的多样性。属于人文领域的文学的复杂性,无法还原为任何一种包罗万象的理论。张江批评了对一种只适用于个别事例的理论做"无边界推广",例如弗拉迪米尔·普洛普的《故事形态学》区分了俄罗斯传统民间故事中三十一个功能项。他的方法非常丰富,开启了"巴黎符号学学派"的发展,他们深化了普洛普发现的"叙事图解"。但是,显而易见,正像张江指出的,将普洛普的方法普遍运用于不同种类的叙事最终导致阅读的贫乏:抹去了每个文本的特性。克洛德·列维—斯特劳斯曾撰文批评弗拉迪米尔·普洛普的方法。①

实际上,受到普洛普启发的结构主义方法,比如格雷马斯的结构主义语义学或者热奈特的叙事学,对于显示一部小说的时空组织、人物体系和陈述方式是有用的,但不应停留于此。结构主义清单的"既定"特征,对于理解一个文本并不充分。阐释有必要触及象征价值、

---

① Claude Lévy-Strauss, "La structure et la forme: réflexions sur un ouvrage de Vladimir Propp", *Anthropologie structurale*, II, Paris: Plon, 1973.

心理学和社会学维度。张江指出,罗兰·巴尔特将符号学的方法推向极端,他认为"符号就是符号本身,并不代表任何事物","文学评论应当从语言的上下文来了解,不能涉及现实内容与思想内容"。《写作的零度》的作者巴尔特用文学的非个人的语言取代了作为文学的创作与解释根源的作者(朗松的看法)。对于结构主义者而言,文本是不具名的,它既非话语,亦非论述。这也是为什么文本只谈论文学而不参照世界的原因。但是,拒斥表达和参照的方面致使文学幽闭在不再言说世界的语言游戏中。这一立场始于巴尔特的结构主义时期,与他自己对米什莱、巴尔扎克、普鲁斯特的评论并不相符。实际上,巴尔特本人走出了在文本与作者之间错误的两难选择。

张江将作者的意图设立为根本性的评判标准。他写道:"文学创作是作家独立的主观精神活动,作家的思想和情感支配着文本。作家的思想是活跃的,作家的情感在不断变化,在文本人物和事件的演进中,作家的意识引导起决定性作用,文学的创造价值也恰恰聚合于此。"他指出,"公正"的阅读应该努力寻找作者的意图。这也是让·斯塔罗宾斯基的立场。他写道,理解一个文本,意味着"澄明体现在文本中的意图"①。阐释一个文本,首先要认清作者的意图所在:对作者而言,在他所生活的文学、艺术、政治、社会、个人背景下,其写作意味着什么?人们可以通过研究体裁、创作环境,还有文本中某些主题的重复、这些主题来自传统与否,以及 19 世纪末的诗人称为"独创性"的差异,找出作者的某些意图。莫里哀在路易十四统治的顶峰时期写作《伪君子》意味着什么?左拉在风起云涌的工人运动时期写作《萌芽》意味着什么?普鲁斯特的《追寻逝去的时光》从何而来?是对"美好时代"的资产者和贵族社会的讽刺描绘吗?是一部关于人与人之间爱情之不可能的心理小说?是一部关于在时间中演变的人与社会的沉思录?是一部以小说的形式写成的美学论著,意在展现一种反现实主义和自然主义的新艺术形式?是以故事的形式表达的一种关于主体的多重性(感官与情感)的新观念?是通过超越社交与爱情的幻像("逝去的时光")而获取的艺术生涯("寻回的

---

① Jean Starobinski, *La relation critique*, Paris: Gallimard, p. 299, p. 27.

时光")的故事？这些各不相同的意图都值得考量，还需加上《追寻逝去的时光》的多重阐释所揭示的其他侧面。因为意图并非深思熟虑，作者的意图并不包含对所有细节的清醒意识："意图的确是阐释符合事实与否的唯一可接受的标准，但它并非就是明晰与清醒的深思熟虑。"①

在张江看来，区分超越作者的明显意图的阐释与强制阐释的关键之处在于，前者源自对文本所做的"公正"严谨的阅读，而后者是在考察文本之前确定的，它不顾作者的意图而利用文本。如何区分对文本的"利用"和"阐释"？如何辨认一种阐释究竟是合理的还是错误的？实际上，一种可以接受的阐释，"是一种需要验证的假设，要看其是否足以尽可能多地解释文本中的现象"②。如果说阅读中并无客观性，但却存在着阐释的"限度"（用安贝托·艾柯的表达式来说）③。

巴尔特、德里达、德勒兹带给我们的，是这样一个重要思想：无需寻找如同隐藏在宝匣里的一件珍宝那样的唯一的含义，而几种不同的阐释通过文本与读者之间的互动建立起来，它们并不具备同等的可信度。这便是艾柯所谓的"阐释的限度"。

在艾柯看来，存在着"开放的作品"，对它们的阐释可以是众多的。他以卡夫卡的小说为例："诉讼、城堡、等待、判决、疾病、变形、折磨，不应照字面理解。在卡夫卡那里，与中世纪的寓意建构情形相反，隐含的意义具有多重价值：它们无法用任何百科全书确证，亦不建立在任何世界秩序之上。对卡夫卡的象征所做的存在主义的、神学的、临床的、精神分析学的阐释，仅只分别透彻研究了作品的一部分可能性。作品依然不可穷尽并保持开放，因为它模棱两可。"④艾柯认为，由此便提出了读者的角色问题："变动不居的'开放'的作品，其特征在于邀请读者与作者一起制作作品。"⑤但是，对多重

---

① Antoine Compagnon, *Le démon de la théorie*, Paris: Seuil, 1998, p. 82.
② Ibid., p. 97.
③ Umberto Eco, *Les limites de l'interprétation*, Paris: Grasset, 1992.
④ Umberto Eco, *L'œuvre ouverte*, Paris: Seuil, 1965, p. 22.
⑤ Ibid., p. 35.

可能的阐释是没有"限度"的。艾柯承认存在着作者的意图,这些意图可以从作品提供的关系场来识别。他写道,开放的作品,是"一份邀请,邀请相对自由地进入一个世界,而那是作者想要的世界"[1]。就这样,艾柯呼吁读者的创造性。他赋予阐释者一种审美职能(发现不同层次的新含义的愉悦)和一种伦理职能:从因循守旧的阅读和建立在寻找典型和既有形式基础上的老套中解脱出来。

这种方法与张江批评的美国的"法国理论"不同。比如希利斯·米勒,他先是属于"耶鲁解构主义学派",后来在加利福利亚大学厄湾分校教书,在那里,他和德里达是同事。对于德里达和米勒,解构主义提出要超越对文本的传统阅读,以便促成建立在重复与对比效果基础上的新阐释。米勒认为,一首诗邀请读者做出无限多的评论,而并不止于一种正确的阐释。如果不存在终极阐释,却有着或多或少可以接受的阐释。张江分析了米勒在《小说与重复:七部英国小说》中对托马斯·哈代的小说《德伯家的苔丝》的研究。米勒在做了一番复杂的分析后,给出了文本的含义,那便是作家本人在一首诗中确定的设想:压迫着苔丝的社会的与心理的宿命论。对这部小说大作的传统阐释,比如对维多利亚时代社会道德虚伪的批判和农民阶层所面对的机械化的后果,也应该予以考虑。

解构主义意在寻找在文本明显的所指之下一系列有意味的动机(象征的动机、能指的游戏等),它们可能揭示出文本的其他侧面。这一方法最成功的例子,在我看来,是巴尔特对巴尔扎克的中篇小说《萨拉辛》的分析。巴尔特将文本划分为用数字标示的相邻的片断,他称之为"阅读单元",并对它们进行评论。伴随评论的展开,从一些"表意星团"出发,阅读渐渐成型。阐释并不以文本的一种含义、一种真理为目标,巴尔特写道:"阅读,是为了找到一些含义,是为了说出这些含义。"[2] 因为在一个文学文本里,一切都表意,比如从情节的安排到不同的文化符码,从人物体系到反讽。他进一步明确道:"阐释一个文本,不是为了赋予它一种含义(或多或少有根据、

---

[1] Umberto Eco, *L'œuvre ouverte*, Paris: Seuil, 1965, p. 34.
[2] Roland Barthes, *S/Z*, Paris: Seuil, 1970, p. 17.

或多或少随意），而是相反，是为了欣赏构成它的数重含义。"① 他的评论还建立在情节符码、文化符码基础上，并且他还求助于多种批评流派（心理学的、精神分析学的、主题的、历史的、结构主义的）。巴尔特在这篇批评文本中采用的方法，接近于安贝托·艾柯发展的方法。

艾柯和巴尔特建议的阐释，与那些哲学家的阐释非常不同，后者利用文本阐明一个观念。例如，海德格尔对凡高的油画《鞋》的著名评论，在哲学家看来，这双鞋传达出"大地无声的召唤"。张江不认为这个阐释可以成立。实际上，这一评论以海德格尔反动的思想观念为前提：他赞美具有道德价值的故土（Heimat）和他对传统农民的赞颂，针对的是现代工人（二者都是观念的再现）。可是这双鞋属于凡高，也许当他在博里纳日和矿工生活在一起时穿破了这双鞋？鞋的磨损见证了穿越的路程和劳作。这是劳动者和流浪艺术家的鞋。

在美国大学里对"法国理论"的运用，有利于强制阐释。美国大学生把福柯、德里达和德勒兹当作绝对的权威来引用，这些学生没有将他们定位于哲学史和理解他们全部的复杂性的文化知识，他们成了消费品。他们散见于节选中的思想，被学生浏览，并挑选来作为充实他们"论文"的引语。张江写道："结论不是从文本的具体分析出发，而是从既定理论出发。"他继续指出：这是因为理论不是源自对文学实践（文本）的分析，而是源自其他理论。的确，文化研究的理论对解构主义的运用，变得和德里达与德勒兹所指责的"逻各斯中心主义"一样单调乏味。

在这种情况下，物理学家索卡尔和布里克蒙，通过列举"法国理论"的一些作者运用含糊其辞的科学引证，抨击他们是"智力欺骗"② 的行为便不足为奇了。这些批评所针对的，与其说是"理论"本身，不如说是一些法国哲学家试图与一些诸如物理学或生物学这类"硬"科学所建立的联系。但这并不涉及对文学作品的阐释。通过这部著作，索卡尔想要使文化研究模式信誉扫地，这些研究有意实施科

---

① Roland Barthes, *S/Z*, Paris: Seuil, 1970, p.11.
② A. Sokal et J. Bricmont, *Impostures intellectuelles*, Paris: Odile Jacob, 1997.

学方式和文学阐释的融合。

对德里达的指控部分是正确的：他写作的精英主义特色并不"民主"，他的某些关联站不住脚，但在德里达的思想里，有一种有益于其时代的解放性的方面。成问题的尤其是将他开放和创造性的哲学转变为僵化的"理论"、教条。具有悖论色彩的是，这位在其政治活动中深为民主的哲学家——他想要"解构"权威和等级制度，却成了美国批评等级制度顶峰上的权威！

但是在今天的美国大学里，后结构主义让位于世界文学。哈佛大学比较文学教程（2015年秋）为学生提供了一些针对不同文化空间的课程（中国民间文学、《圣经》中以撒的故事、对"限度、边界和身体"的思考等）。这种教程也来到法国大学的普通文学与比较文学系。

让我们更好地理解我们的世界和我们的生活的复杂性，这便是文学的主要贡献。文学借助内容与形式的统一而诉诸情感、意志和身体。如果在阐释结束之际，阐释者的世界和生活没有增加意义，这一工作还有必要吗？拒绝考虑文学对生活的影响，便是禁锢于一种范型，它要么是实证主义的（只有对事实进行科学研究才能够表达真实事物），要么是形式主义的（文学是一种"自反"①之物）。文学作品并不再现弱化了的现实的意象，一些"影子"，相反，它描绘现实，以它所带来的所有含义提升现实，借助它的凝练和舒展、它引发联想的力量、它的风格的强度。哲学家雅克·布维莱斯写道，大作家能够找到适当的工具，以接纳和传播由情感获得的知识。他提醒我们，根据普鲁斯特的看法，艺术"澄明"我们"真正的生活"，它使作家本人看见真正的生活，并为他人而表达。②

文学对于作家，正像对于批评家，是一种对生活的复杂性的体验。马利耶尔·马塞，在她美妙的著作《言说的方式，生存的风格》中显示了对文学作品的阅读，如何使我们得以赋予"我们的生存一种

---

① 指向自身。
② Jacques Bouveresse, *La connaissance de l'écrivain sur la littérature, la vérité, la vie*, Marseille: Agone, 2008, p. 225.

形式、一种味道，乃至一种风格"①。文学批评，远非运用一种如同教条的既定理论，它始于建构一种意义，通过严格分析文本，以便发现文本所带来的新的眼光。因此，"文学并不与生活对立，并不代替生活；它置身于生活之中，作为一种产生力量的空间"②。

---

① Marielle Macé, Façons de dire, manières d'être, Paris: Gallimard, 2011, p. 10.
② Ibid., p. 71.

强制阐释:西方文论的一个理论母题

高 楠

　　理论母题是就所提出理论问题的理论涵盖性、动态性及进一步展开研究的问题生成性而言的重要概念。埃里埃泽·梅勒坦斯基曾用"世纪课题"称呼这类重要问题以强调其时间延续性。詹姆逊称这类问题是掩盖着深刻的"历史断代性"的问题,以强调它的历史关联性和时代的横向拓展性。阿尔都塞在思考马克思的思想体系时曾提出一个关系思想的整体性生成及在思想所及的各个方面保证思想的流贯性的概念即"问题式"或"总问题",认为这类问题是内化的时代结构与历史结构,各种具有重要性的问题可以不断地从这类问题中生成出来,理论的重要性由这类问题的重要性决定,并提出从"问题式"或"总问题"而言,提出问题就是求解问题,换句话说就是既然问题是从"问题式"的总体结构中彰显出来,那么,问题的求解也自然已经存在于彰显出问题的同一结构中了。①

　　张江在《强制阐释论》中对近年来西方文学理论进行的"强制阐释"批判,就具有上述理论母题的性质,具有理论母题需要的批判理念与批判的社会心理动力。②

　　首先,就这一批判的历史积淀而言,对于深受西方理论影响的中

---

　　* 本文原刊于《文艺争鸣》2015 年第 12 期。
　　** 作者单位:辽宁大学文学院。
　　① [法]阿尔都塞:《保卫马克思》,顾良译,商务印书馆 1984 年版,第 47 页。
　　② 张江:《强制阐释论》,《文学评论》2014 年第 6 期。本文后面对《强制阐释论》的引意与引文,均取于此。

国文学理论界它确实是触及了一个重要的"世纪课题"。自 20 世纪初渐成潮流的西学东渐到 20 世纪末至今所形成的规模巨大的西论中化潮流,西方理论包括文学理论一直持有一种对于中国理论研究的压倒性强势。这种强势状况大体地体现为四个历史阶段。第一个阶段,是 19 世纪末 20 世纪初跨世纪的西方理论涌入。当时西方理论涌入的性质是民族求救性的,这里很少有真正意义的理论研究的兴趣或精神信仰的性质,而主要是民族生存性的社会变革的实用性选择,其中急就而浅近的选择与厚重而久远的传统形成尖锐冲突,这一冲突的力度又因为民族求解的西方理论导入性质转化为西方理论导入的逼迫性取向。第二个阶段,是马克思主义传入中国,成为中国无产阶级革命力量的理论基础。它不仅孕育与催生了中国共产党,而且作为共产党人的信仰指导共产党人领导的中国革命实践。对马克思主义的信仰性的接受,使这一源自西方的理论包括马克思主义文学理论,获得与中国革命实践相结合的广度与强度,它成为中国革命理论的指导思想。这种信仰性的接受本应该引发对马克思主义经典理论的深入研究,然而,当时相当沉重的民族危机,相当严峻的革命局势,均导致深入研究的理论语境的难以形成,于是,便不同程度地在实践中形成急就章式的马克思主义理论研究状况,往往是情感重于理性、简单化、教条化、实用化地对待经典理论,这成为马克思主义理论接受中被革命领袖不断批评的倾向性问题,《人的正确思想是从哪里来的》《实践论》《反对本本主义》等,是毛泽东实施这种倾向性批评的代表性著作;20 世纪 80 年代的真理标准大讨论,是针对简单化、教条化地对待马克思主义理论的实践性纠正,正是这一纠正,开启了中国改革开放的历史进程。对于马克思主义信仰的接受中,蕴含着延续于传统的很复杂的历史情愫,怎样结合中国的社会实践与历史实践,面对、思考、运用马克思主义经典理论,怎样以中国自身为主体深刻建构中国马克思主义文学理论,并以此形成对于纷乱复杂的西方文学理论的批判机制,这是一个强而有力的历史呼唤。第三个阶段,是 20 世纪五六十年代对苏联马克思主义文学理论的全面而细致的接受。这一接受,一方面是前一阶段信仰性接受的延续,它伴生着理论接受的强烈的政治热情,同时,随着理论学习与研究队伍体制性地扩充,理论教学深入大学课堂，使得苏联马克思主义文学理论的接受得以体系性地进行，并在此基础上形成了有一定体系的，结合着中国文学实践及理论接受状况的文学理论建构。这类建构对苏联文论的模仿、套用、转用的理论色彩很突出，即便是小心翼翼的批判也很难见到。第四个阶段，是激发于20世纪80年代的西方理论的开放性引入及随之而来的西方理论在中国的汹涌成潮。这一西方理论涌入的初始阶段，与第一阶段急救式的饥不择食有着社会情绪与社会心理动力指向的相似性，它是伴随着当时西方经济发展、科技进步、文化繁荣的社会强势汹涌而来的，这决定着这一理论接受的被动性与盲目性，至20世纪末，十几年的时间便把西方上千年数百年先后形成的诸多理论流派走马灯似的介绍进来，尽管多数只是蜻蜓点水似的一掠而过，却足以让理论积累单一而贫弱的中国理论界震撼与倾往。西论深刻、严谨的慨叹至今仍在有力地延续着。与这种西强中弱的慨叹同时发生的，便是中国理论界传统理性的压抑，学术尊严的贬损，理论批判与建构力量的消弭。20世纪末"文学失语症"提出后，很快成为至今仍然争论不休的焦点话题，正在于这一评断的点穴式的准度，它点到了中国文学理论面对西方理论缺乏自己的接受主体性，并不加转化地生硬接受这一致命之处。上述四个阶段，紧紧地围绕一个历史轴线展开，这就是作为一个历史悠久的民族，它的接受主体身份的世纪性贫弱及因贫弱而不断渴求强壮并自我确认的理论研究者群体性的理论压抑。

  这一长久积聚的中国文学理论界的世纪压抑，在"强制阐释"这一对于西方文学理论的整体性面对与征兆式评断中，获得了一个泄洪的闸口。中国文学理论界对《强制阐释论》发表一年来的震动性与推进性反响，可以说是这种世纪压抑得以泄洪的初见端倪。

  其次，张江对西方文论的"强制阐释"的概括性反思与症候式评断，对于百余年来西方文学理论的总体状况，是一个很有启发意义并且很有实在针对性的透视。这种透视，昭显了这段时间里西方文论的一个"历史断代"。固然，在上面谈到的"世纪课题"的泄洪效果中，借助于觉醒的批判理性，完全可以对百余年流派纷呈的西方文学理论进行不同侧重点及要点或者不同征兆的评断，"强制阐释"之说不是唯一的准确之说或正确之说，它的批判理性的启发性在某种程度

强制阐释：西方文论的一个理论母题

上要大于甚至远大于张江在《强制阐释论》中对"强制阐释"所做的阐释。理解《强制阐释论》的这一意义，要特别抓住张江"强制阐释"批评的理论根据，这也是他实施批判的理论武器，即对文学不能进行"场外征用"式的阐释，而应进行围绕文学并合于文学的阐释，换句话说，张江所坚持的是文学理论的文学对象论及文本中心论。那么，这种坚持性的西方文学理论批判，为什么说就是昭示了一个西方文学理论隐盖的"历史断代"呢？

西方文艺复兴以来的历史过程中，科技的发展、科学思维的领域化趋向及由此强化的崇尚逻辑思辨的趋向，不断地分化着、消解着由古希腊传承下来的世界万物整体融一的世界观，消解着这一整体融一的世界何来何是何往的总体性思维方式。被后来统称为西方现代性的进程中，职业的领域化、文化的分层化、学科的疆域化，越来越使西方生活、科学研究及人文理论研究分疆而治，这种情况如韦伯所说，西方整体性的宗教神秘感消失了，奠基于整体性思维方式的探求世界终极之是、永恒之在、确定之维的形而上学思维也失去了世界实在的整体性根据。因此，如哈贝马斯所说，宗教统治的结束，形而上学的衰落，作为西方现代性的必然结果，不可避免地成为眼前最真切的实在。现实生活离启蒙精神愈来愈远，主体性与自我意识越来越面临被消解的困境。[①] 因此，上帝死了、人死了、作者死了、文学死了这类呼喊，不是哪个西方理论家标新立异的理论标榜，而是历史的挤压与限定。近年来，当一些西方理论家把这类见于不同理论流派的批判形而上学的努力或建构后形而上学的努力——或者说，是把引发这种努力的历史挤压与限度，归咎于西方现代性后果时，尤其是在种种的后现代现象的参照下，他们才进一步认识到，百余年来西方世界的理论研究包括文学的理论研究，形式主义的、精神分析的、现象学的、实用主义的、符号学的、存在主义的、语义学的、结构主义的、西方马克思主义的、解构主义的等，其实都是此前具有理论的历史合理性的西方传统本体论、认识

---

① [德] 哈贝马斯：《现代性——未完成的工程》，汪民安、陈永国、张云鹏主编《现代性基本读本》，河南大学出版社2015年版，第111—113页。

论,特别是以德国古典哲学为代表的西方理论传统被现代性进程所瓦解的碎片式的拾取、提炼、重组、建构而已。因此,可以肯定地说,百余年来历史断代式的西方文学理论看似精彩纷呈、纷至沓来的景观,其实是从历史的不合理性而来的而当下看上去合理的东西。一些中国学者自20世纪80年代以来形成的百余年来西方文学理论的合理性印象,以及维护这一合理性的义正词严的论证,不过是一种仍深陷于对百余年西方文学理论被动接受状况的理论固执。

百余年来西方文学理论对于其传统理论的碎片式的拾取、提炼、重组与建构,正是通过一种不合理的阐释得以进行的。这一历史断代的理论阐释的不合理性是相对于此前理论运作的合理性而言。此前的西方文学理论,如贺拉斯、朗吉努斯、莱辛、德锡尼、伏尔泰、狄德罗、歌德等的著作,都认真地守持着文学理论的文学在场,而且,不仅是在场,更是核心在场。文学理论是研究文学的理论这一常识性说法正是从这样一种历史合理性中概括出来的。众所周知,起于古希腊的文学传统强调现实生活的摹仿,柏拉图、亚里士多德的摹仿说对这一传统进行了理论概括,这成为此后延续久远的西方文学传统,写实、纪实、现实主义、自然主义、批判现实主义,对此一脉相承。这一传统中的文学以其自身一体性与生活的一体性相对应,而且,即便是在后来的分类中被划入与摹仿或写实相对的浪漫主义文学一脉,也在与生活的一体性对应关系及与生活的一体性表现关系中,守持着文学的有机整体性。梅勒坦斯基在回顾西方文学日益被文学理论切割与分裂的演进过程时说:"中世纪时修辞学根本没有谈到的,如英雄诗、短篇小说和若干戏剧形式,到文艺复兴时期都获得了某种承认。作品内容部分地失去了昔日的神圣特征,逐渐程序化,尤其是在启蒙时代。18世纪后半期出现了明显的非修辞化现象。而浪漫主义则以哲学美学代替了规范性质的诗歌创作。"① 这一体现着文学理论肢解文学的历史回顾,是合于历史的实际情况的。20世纪初的形式主义理论着重表述了文学一体性被消解的状况,文学被分为形式与内容,并被

---

① [俄]埃利埃泽·梅勒坦斯基:《社会、文化与文学史实》,见[加]马克·昂热诺等主编《问题与观点:20世纪文学理论综述》,百花文艺出版社2000年版,第19页。

强制阐释:西方文论的一个理论母题

认定唯有形式才是使文学获得文学性因而与其他东西区分开来的标志。文学不到场的单纯的形式研究获得以文学名义出场的正当性。而当形式被强调时,与形式相对的内容便从文学的一体性中筛落出来。接着,被形式主义所冷落或冷落形式的另一些理论家们便把研究的热情向文学作品的内容凝聚。于是,内容说、意蕴说、主题说、历史说、语义说等等便相继获得代表文学出场的合法性,传统的文学理论被从研究场域逐出。苏珊·桑塔格曾就内容说的理论研究对于文学研究的负面效应发表看法:"内容说本身在今天就是这种情况,无论内容说以前是怎样的,它在当今看来主要是一种妨碍,一种累赘,是一种精致的或不那么精致的庸论。"① 西方现代性导致文学在文学理论研究中被肢解。被肢解的文学碎片不仅仍以文学的名义被置于文学对象的位置,而且,这些被肢解的文学碎片又以同样的合法性把与之相应的学科理论、知识、经验及体系性结构带入文学理论,同样使之以文学研究的名义实施对于文学理论的进驻。这里发生了两个偷换,即肢解的文学碎片对于文学的偷换,以及对应于文学碎片的理论研究对于文学的理论研究的偷换。通过这两个偷换,西方文学理论逐渐蜕变为没有文学的文学理论或非文学理论的文学理论。在这两个偷换中,作为隐盖着"历史断代"的百余年来的西方文学理论,也就群体性地表现出类似于张江所描述的"强制阐释"的流行征兆。张江对"强制阐释"的概括是"背离文本话语,消解文学指征,以前在立场和模式,对文本和文学作符合主观意图和结论的阐释"。对"强制阐释",张江又进而概括了四个特征性要点,即"场外征用""主观预设""非逻辑证明"及"混乱的认识路径"。从百余年来西方文学理论隐盖的历史断代性来看,"强制阐释"的诊断是有其根据的。

再次,张江《强制阐释论》对于西方文学理论"强制阐释"的批判,不是偶发性或偶得性的批判,而是有中国文学理论时代结构与历史结构根据的批判,是从这样的结构中涌起的"总问题"的批判。社会认知心理学揭示了一个根本性的社会认知发生与控制的机制,即具有某种社会一般性或普遍性的认识活动,不是以某种具体的理论方

---

① [美]苏珊·桑塔格:《反对阐释》,程巍译,上海译文出版社2003年版,第5页。

式或经验方式发生及控制，也不是以某种理论一般性或经验一般性（概括经验，概括表象）方式发生与控制，而是以一定的社会心理结构的方式发生及控制。社会心理结构是在同类社会现象、社会活动的重复刺激中，日益普遍而稳定地形成的，用结构主义心理学的话说，社会心理结构是社会结构重复性压抑的心理化即内化。即是说，人们用于日常认知的社会心理活动，其实是社会结构通过经验（包括一定的知识理论）——主要是指压抑性经验的重复性强化而形成的内在心理结构的认识运作。对此西方结构主义多有研究，在西方结构主义理论中突显一时的"生成性理论构架"之说，集中阐释了这一理论运作机制，皮亚杰的建构性格局，乔姆斯基的深层语言功能转换构架，格雷马斯的结构语义论，德里达建立在结构整体性基础上的延异说等，都阐释了这个问题。阿尔都塞谈到的"总问题"，之所以是概括着社会普遍性或社会本质性的问题，正在于这类问题是从内化的社会结构中总体性地产生出来的。① 此处阐释这类在学术界并不生疏的说法，是在于指出，张江对西方文学理论所进行的"强制阐释"批判，其批判性认知得以提出的根据，乃是具有在历史中积淀又在现实理论活动中建构的整体性的社会结构根据。

从 20 世纪 80 年代以来中国文学理论界不同时期构成热点的理论活动来看，各次活动所集中求解的课题，可以说都是围绕文学理论的学科属性这一线索展开，即文学理论是研究什么的理论，这一理论的正当性该为何而用。不同的观点以此为线索，编织各自时代性的文学理论结构及总体性的中国文学理论结构，这正是《强制阐释论》适逢其时地落入其中或由其中生成的结构。20 世纪 80 年代初，文学走出政治捆绑后该如何理解文学及政治与生活关系的讨论，唤起文学理论对文学何是、文学何用的批判性思考，文学的自律性问题浮出水面，并引发文学主体性及文学研究方法论的大讨论。这一讨论被后来有的学者概括为"文学的向内转"即转向文学自身。讨论强化了文学理论是文学的理论这一命题，这命题可以说是《强制阐释论》批判"强制阐释"的根据性的命题。即是说，在张江看来，"强制阐

---

① ［法］阿尔都塞：《保卫马克思》，顾良译，商务印书馆 1984 年版，第 47 页。

释"所以要批判，是因为它违背了文学理论研究文学，或者说，研究文学的理论必然是文学理论的根据。这一要点之后，在中国文学理论建构中成为热点问题的是令理论界应接不暇的西论涌入的大潮，中国文论传统及起于五四的新文学传统在西论冲击中风雨飘摇。由此引发的理论思考是中国古代文论的价值重估及面对西论的中国文学理论身份，这是一个充满压抑的课题，也是一个引发进一步的传统文论与当下文论自主性或主体性沉思的问题。在压抑中，对西方文学理论的对峙性力量便同时得以积聚。跨入新世纪，文学经典的价值问题引起普遍关注，经典价值讨论很快成为热点，这是中国文学理论起于20世纪80年代的文学中心论在世纪初的告别性回望。在这一讨论中，西方肢解文学的文学理论倾向，把文学由此前文学理论研究的中心推向边缘。① 这种使文学边缘化的力量随着大众文化在几年时间里的快速繁荣被不断放大，酿成使文学向着生活各领域泛化，文学理论多方面走出"场外"的文学理论研究时潮。这一时潮的代表性问题是2006年前后发生的文学性之争。文学性之争引发文学理论试图重新确认身份的策略性的"家园"（研究文学的家园）出走，当时的一个代表性说法是文学已然边缘化，文学理论要通过研究文学性而全面进入生活从而找回自己的重要位置。新的理论问题由此便水到渠成地而且集中地产生出来，即文学理论的研究对象究竟是不是文学。争论是激烈的，其激烈程度甚至使一些有影响的学者接着便走出或者部分地走出了文学理论领域。这个过程中，大众文化与文学的关系之争，文学的道德属性之争，文学的商品属性之争等，这些直接关系着文学理论是否集中地研究文学的争论，从文学理论属性角度先后展开，争论的核心在于随着文学研究对象的改变（文学、文学性、社会文化），文学理论被其他学科理论进驻的合法性。随后，延续十余年的文学理论的对象之争及其理论实践，在2013年中外文学理论年会上有了一个成

---

① 在21世纪初的文学经典研究中，文学被提取为文学价值，文学价值历史形态，文学功利性接受，文学功能等问题，并由此把社会学、文化学、政治学、价值论等文学理论之外的理论，以文学研究的名义带入文学理论。《强制阐释论》所说的"场外征用"在国内这番讨论中已见出规模。

果性的确认，即文学理论扩容①。扩容，就是向着文学理论既有的理论场域及文学理论既有对象之外的对象进行扩展性的理论研究与建构。这一被确认的成果成为当下一些学者质疑"强制阐释"场外征用说法的理由。

在上述文学理论研究对象及文学理论属性要点性问题争论的过程中，一个重要的，从20世纪末便展开至今的贯穿性的争论问题，便是西论中化问题。在西论中化这个焦点性的贯穿问题上，体现着三种力量。一是热衷于追随西方理论的力量，这一力量的热衷性表现主要并不在于要借助西方理论来研究中国理论问题，而是把某一西方思想理论作为中国文学理论研究的标准或尺度，前者是他山之石，后者则是以西律中。第二种力量是拒绝或批判西方，其代表性理由是西方理论就理论研究理论，是理论空谈，是不解决中国文学理论问题的理论。第三种力量强调西方理论中国化须注重借用与转换，相信他山之石可以攻玉。这三种力量相互交织，此消彼长，在每次学术会议上都彼此相遇，但经常是并不交锋，各论其是。在围绕《强制阐释论》展开的讨论中，这三种力量各从自己角度发力，不断壮大着争论势头。

通过上述梳理可以看出，20世纪80年代以来中国文学理论的建构历程，以其问题性历史地纺织出来一个实在的理论语境结构和一个将之内化的理论思维结构。文学对象论、文论主体论、传统寻根论、文论扩容论、西论中化论等，这些具有重要理论意义的基本问题，交错地围绕文学理论的属性及功用而编织着《强制阐释论》得以提出、得以响应的理论语境，从不同角度形成支持、阐释、批判"强制阐释"的批判要点或论证要点。每一位参与讨论、思考甚至争论的学者，都可以从"强制阐释"中发现各自多年来研究与思考的轨迹，都可以有预先准备地拿出各自的看法。这就是一种"总问题"效应，亦即一种理论母题效应。

---

① 2013年，有学者在中国中外文艺理论学会年会上明确地把文学理论吸收其他学科领域理论及知识，从而扩大文学理论既有疆域的状况，概括为"文学理论扩容"，并将之确认为文学理论研究的一个成果。见中国中外文艺理论学会年刊（2013年卷）。

强制阐释:西方文论的一个理论母题

最后还要提及的是,在理论运作方面,西方人似乎比我们更有经验,他们能适时地提出一些引起普遍关注的理论母题,然后通过各种流派的、学术刊物的、学术年会的研讨,组织各国学者参与,大家各抒己见,从而使这类理论问题快速集中而有力地推展开去,成为各方面共思共议的理论热点。国内学术研究、理论研究则缺少这种有力度的理论运作,即便组织了某个专题性学术会议,也常常各说各话,较少交叉性发言、针对性争论,并且很少获得某些问题的延续性坚持。《强制阐释论》推出后,一些学者用特征泛化的方式,质疑"强制阐释",提出强制阐释无处不在,甚至认为这是一种阐释的"宿命"。如有学者以《论语》中"巧笑倩兮"为例,指出由"巧笑倩兮"转为"礼后乎"这就是"强制阐释",进而引申说这类强制阐释古今中外随处皆是。对此类特征泛化的质疑,有三个问题可以商榷:其一,特征普遍性与集中性问题。特征不是孤立现象,而是与之相关的同类事物的现象,是它们普遍具有的现象,特征不过是这类现象在特征之物上的集中体现而已,因此不能用特征现象的普遍性否认特征在特征事物上的集中性,就"强制阐释"而言,即便"强制阐释"有其阐释的普遍性,也不能就此否定西方文学理论"强制阐释"的特征性。其二,把"巧笑倩兮"这类中国古代常用的表述方法生硬地解释为"强制阐释"从而否定西方文学理论"强制阐释"的特征性概括,不符合中国古代阐释的实际,"巧笑倩兮"的"礼后乎"的阐释,用的是中国古代通用的"取譬连类"方法,取譬连类的精要在于借助某种相似性而以彼喻此,诗的比兴手法即属此类。"巧笑倩兮"与"礼后乎"的相似性在于彼先此后,这是妙譬而非"强制阐释"。其三"强制阐释"是对于西方文学理论的诊断,借用医学诊断而言,征兆是某种疾病的征兆,但很多征兆,在非此类疾病的情况下也会有,如胃病之于心梗,但这并不影响某类疾病的诊断。"强制阐释"就是这样的征兆性诊断。这里可能有误诊,可以复查甚至推翻诊断,但那也仍是征兆性的,这里最令人担心的是将诊断常态化从而使之化为乌有。所以会出现上述三个商榷性问题,究其原因是一个,即是否认识到"强制阐释"是一个理论母题,从而像西方人那样进行积极的理论参与。理论母题是历史、时代、当下综合形成的整体结构性的问题，它一经提出便会引起学科内的综合反响，它需要大家共同去凝练，将研究推向深入，而不该是兑水将之冲淡，把母题说成一般问题，再把这一般问题常态化为非问题。

强制阐释的多重层面及其涵义*

赵炎秋**

张江提出"强制阐释"概念之后,在得到大多数学者的理解、赞同和阐发的同时,也受到了一定的质疑。有些学者认为,强制阐释自古就有,中外皆然,有人的地方就有强制阐释。比如秦王朝时期赵高的"指鹿为马",家庭生活中的"公说公有理,婆说婆有理",等等。因此,以强制阐释来概括20世纪西方文论的基本特征和根本缺陷,缺乏针对性和说服力。笔者以为,这种观点看似客观,其实存在问题。关键在于它没有区分广义的强制阐释和狭义的强制阐释,没有注意强制阐释的不同层面。

一 政治层面的强制阐释

广义的强制阐释,指的是违反被阐释对象的意愿或客观实际,对其做出符合阐释者的意愿、观点和利益的解释。广义的强制阐释涉及的范围很广,在人类生活的各个层面都可以看到它的踪影。而最引人注目、人们生活中接触最多的则是政治、日常生活和学术三个层面的强制阐释。

政治层面的强制阐释,国人最熟悉的一个例子,可能就是秦二世时的宰相赵高的"指鹿为马"了。《史记》记载:"赵高欲为乱,恐群臣不听,乃先设验,持鹿献于二世,曰:'马也。'二世笑曰:'丞相误邪?谓鹿为马。'问左右,左右或默,或言马以阿顺赵高,或言

---

* 本文原刊于《学术研究》2016年第12期。
** 作者单位:湖南师范大学文学院。

鹿。高因阴中诸言鹿者以法。后群臣皆畏高。"① 显然，赵高的指鹿为马，其目的并不是要考查秦二世和朝中诸臣的常识和判断力，而是要考验秦二世的执政与决断能力，考查朝中诸臣的政治立场和倾向，弄清自己潜在的敌人，以为自己的"为乱"，也即乘机夺取秦王朝的最高权力做好准备。

政治层面的强制阐释有以下几个特点。其一，以实力为支撑。按照福柯的说法，话语与权力有着千丝万缕的联系，话语的背后有着权力的支撑。政治上的话语权就更是如此，谁掌握着实力，谁的实力更大，谁也就具有话语权或更大的话语权。鲁迅曾经批评借助官方的权威进行的所谓文学批评："从指挥刀下骂出去，从裁判席上骂下去，从官营的报上骂开去，真是伟哉一世之雄，妙在被骂者不敢开口。"② 那些"官方批评家"之所以能"伟哉一世之雄"，关键还在于他们的背后有指挥刀、有裁判席、有官营的支持，对被批评造成一种政治的高压，使其不敢或不能开口。

其二，以阐释者的意志为阐释的依据和标准。政治层面的强制阐释，其目的一般是统一思想、组织队伍。因此在阐释的过程中，其考虑的因素只能是阐释者的利益与意志，而不会考虑别的因素。赵高指鹿为马时，是否知道这不是马呢？无疑是知道的。不仅如此，他还知道秦二世和朝臣们也都知道这不是马，甚至知道秦二世和朝臣们也都知道他知道这是鹿而不是马。但他仍然坚持指鹿为马，其目的就是要找出与他离心离德的人，清除其夺取秦王朝最高权力的潜在障碍，对错等其他的因素实际上都不在他的考虑之列。

其三，常常伴随利益甚至肉体的威胁与惩罚。政治层面的强制阐释，其目的是要统一思想，组织队伍，让被阐释者服从阐释者的意志。因而它所依赖的，不可能是说服，而是压服，其手段则是对被阐释者利益甚至肉体的威胁与惩罚。赵高指鹿为马，秦二世糊涂，满朝的大臣为何不敢抗争？原因无非是秦二世已经大权旁落。大臣们知道，不附和赵高，可能会有杀身之祸。因而或者沉默、或者说是马以

---

① （汉）司马迁：《史记·秦始皇本纪第六》，中华书局1959年版，第273页。
② 鲁迅：《而已集》，《鲁迅全集》第3卷，人民文学出版社1981年版，第407页。

讨好赵高，只有少数大臣敢于不畏权势，坚持说真话，然而最后都被赵高找机会一一收拾，从此"群臣皆畏高"，秦二世的命运也就此确定。从这个角度看，秦二世也很可能是故意糊涂，因为他如果不"糊涂"，他与赵高之间的矛盾可能就会当场爆发，而他又没有必胜的把握，因此只好借助群臣的力量来抵抗赵高。然而群臣也并不糊涂，既然皇帝本人都不愿与赵高正面冲突，他们又怎么会拿自己和一家老小的身家性命开玩笑，硬着头皮顶撞赵高呢？

政治领域总是倾向于一元，因此政治层面的强制阐释有其一定的合理性。但是按照马克思主义的观点，政治是经济的集中体现。现代社会，经济利益是多元的，因此政治也必然是多元的。政治层面的强制阐释虽然有实力为后盾，但正义与道义的力量也不可小觑。因此，当代政治层面的强制阐释往往也要借助正义与道义的力量，或披上正义与道义的外衣，寻找一定的伪装，赵高指鹿为马那样赤裸裸的强权行径很难行得通了。这给强制阐释的判定带来了复杂性。另一方面，政治层面的强制阐释也并非毫无限制。因为阐释者虽然处于权力的高位，但其阐释也要受到各种因素的制约，要在各种力量中寻找一种平衡，而且还要受到其主观因素的影响。而其主观因素的形成，也离不开社会与文化的基础。因此，即使是一言九鼎的皇帝，也要遵循一定的阐释规范，如中国古代儒家思想对统治者的影响与制约。因此，政治层面强制阐释的"随心所欲"不应从绝对的角度，而应从相对的角度去理解。

二 日常生活层面的强制阐释

日常生活层面的强制阐释，大家比较熟悉的大概就是所谓的"公说公有理，婆说婆有理"了。之所以出现这样的情况，是因为阐释的双方处在平等的位置上，任何一方都没有绝对的权威；另一方面，任何一方都只考虑自己的想法，只考虑自己的意志和目的，只按照自己的思路来理解问题、做出解释，不愿意考虑对方的想法与理由。这样，自然就容易出现强制阐释的现象。

不过，日常生活层面的强制阐释也不都是像"公说公有理，婆说婆有理"那样是双方的。也常出现单方面的强制阐释。我们看《红楼梦》中的一个例子:"薛蟠见宝钗说的话句句有理,难以驳正,比母亲的话反难回答,因此便要设法拿话堵回他去,就无人敢拦自己的话了;也因正在气头上,未曾想话之轻重,便说道:'好妹妹,你不用和我闹,我早知道你的心了。从先妈和我说,你这金要拣有玉的才可正配,你留了心,见宝玉有那劳什骨子,你自然如今行动护着他。'话未说了,把个宝钗气怔了,拉着薛姨妈哭道:'妈妈你听,哥哥说的是什么话!'薛蟠见妹妹哭了,便知自己冒撞了,便赌气走到自己房里安歇不提。"① 宝钗虽然对宝玉有意,但在宝玉挨打这件事上,她批评薛蟠,的确只是怕此事与薛蟠有关,没有牵涉自己的私情或个人好恶。但薛蟠为了堵她的嘴,故意将她的动机说成是为了维护宝玉,而维护宝玉的目的则是想日后嫁给他。其实,这样的阐释是否有理薛蟠自己也不一定有把握,至少是没有事实根据。但他为了实现自己的意志,达到自己的目的,仍不管不顾地说了出来。这就是强制阐释。

日常生活层面的强制阐释有以下几个特点。

其一,阐释者没有绝对的权威。在政治生活中,人们处于一定的等级、秩序之中,地位在上的相对而言具有更多的话语权,因而也具有更多的阐释权。而在日常生活中,人们相互之间处于平等或者松散的关系之中,相互之间的话语权基本上也是平等的,阐释者没有可以运用的强大实力让被阐释者接受他的阐释。他的强制阐释实际上缺乏强制性,被阐释者完全可以不接受,甚至进行反阐释。因此,在日常生活的强制阐释中,容易出现"公说公有理,婆说婆有理"的现象。如薛蟠,他对宝钗批评动机的阐释,不仅没被宝钗接受,反而遭到宝钗和他妈妈的批评,最后只得赔礼、认错,换得一家和睦。

其二,阐释者要受到多重制约。政治层面的强制阐释由于阐释者掌控着相对甚至绝对的权力,所受的硬性制约较少,有的甚至没有。史载,贞观十一年,太宗第三子,吴王李恪因打猎毁坏了老百姓的田苗,遭到御史柳范的奏弹。太宗说权万纪负责服侍李恪,却不能阻止

---

① (清)曹雪芹:《红楼梦》,人民文学出版社1996年版,第459页。

他打猎，应处以死刑。柳范反驳说，房玄龄负责服侍您，也同样不能阻止您打猎呀，只惩罚权万纪一个人不合适吧？太宗大怒，拂衣而入。影响唐太宗做出是否惩罚权万纪甚至柳范的决定的，主要是他自己的主观因素。同样的情形，如果另换一个君王，柳范恐怕就没有那么幸运了。而日常生活层面的强制阐释，阐释者受到的制约则比较多。首先，他要受到法律或规则的制约，政治层面的阐释者由于掌握着权力，可以突破甚至修改和制定法律或规则，因此，他的阐释可以不考虑法律或规则。法王路易十四的名言"朕即国家"，就是最好的例子。他既然就代表国家，那么他的任何阐释包括强制阐释自然也就代表国家的意志，不受任何法律的制约了。日常层面的阐释者缺乏这种权力，因此他的阐释要受到法律或规则的制约。其次，日常层面的阐释者还要受到社会意识、道德、习惯等的制约，使之无法进行随意的阐释。再次，由于日常层面的阐释者与被阐释者的地位是平等的，阐释者对于被阐释者没有政治意义上的制约手段，因此，阐释者在阐释时就不得不考虑被阐释者的反应，无法过分地随心所欲。

其三，日常生活层面的强制阐释缺乏有效的约束力。日常层面的强制阐释受到的多重制约并不能阻止日常生活层面的阐释者按照自己的意志或者利益进行强制阐释，但是由于缺乏有效的权力和手段，阐释者往往无法将自己的强制阐释贯彻到实践的层面，这样日常层面的强制阐释往往成为一种单向性的强制阐释，被阐释对象往往不予接受甚至进行反阐释。这样，日常层面的强制阐释往往出现两种情况，一种情况是相互矛盾的多重阐释现象，不同的阐释者对于同一对象出现不同的阐释，但都不符合客观实际，不考虑对方的理由，只按自己的意志和利益行事。另一种情况是缺乏阐释的效力，强制阐释的阐释者缺乏执行的手段与权力，强制阐释有时便不免跌落成为一种口头游戏甚至一种意淫。

自然，日常生活层面的强制阐释没有绝对的权威，并不意味某些阐释者不会因为某种原因具有相对的优势。凡是有人的地方就会产生人与人之间的关系，在这种关系中，总有人会因为某种原因而处于相对强势的地位，因而具有更多的阐释权。只是这种权力要受到其他权力的制约，不大可能像赵高的"指鹿为马"那样随心所欲。狄更斯小说《奥立弗·退斯特》中，班布尔先生结婚之后，试图强迫夫人服从他的意志，但是班布尔太太针锋相对，一哭二揍，反而使班布尔先生处于了下风，家中的话语权从此归太太所有。处于强势地位的班布尔太太从此获得了随意阐释的权力。不过她的阐释仍然要受到多重限制，如当时社会对女性的规范，班布尔的官方地位等。

日常生活中，遭遇强制阐释总是令人不快的，但又无法避免。萨特认为，他人即是地狱。因为每个人都有自己的主体性，他只可能从自己的主体性出发来理解其他的主体和客观世界。每个个体都试图用自己的主体来包涵或取代别的主体，因而，人与人之间的冲突不可避免。我们无法消除个体的主体性，也就无法消除人与人之间不可沟通的一面，再加上个人（或群体）的意志与利益等因素，因而日常生活层面的强制阐释实际上也是不可避免的。

三　学术层面的强制阐释

学术层面的强制阐释，并不是现代才出现的现象，其实也是古已有之。杜甫的《古柏行》有诗句云："霜皮溜雨四十围，黛色参天二千尺。"宋人沈括在他的《梦溪笔谈》中指出："四十围乃径七尺，无乃太细长乎？……此亦文章之病也。"沈括认为，四十围的树直径只有七尺。七尺直径的树却有二千尺高，自然是太细长了。稍晚一点的胡仔在《苕溪渔隐丛话》中对沈括的批评进行了反驳："古制以围三径一，四十围即百二十尺，即径四十尺矣，安得云七尺也？若以人两手大指相合为一围，则是一小尺，即径一丈三尺三寸，又安得云七尺也？武侯庙柏，当从古制为定，则径四十尺，其长二千尺宜矣，岂得以太细长讥之乎？老杜号为诗史，何肯妄为。"两位批评家看似引经据典，态度严谨，实际上都是把文学作品当成了科学研究的对象，完全没有考虑到文学的特殊性。这实际上就是一种强制阐释。现代学者中，名满中华的胡适也是喜用强制阐释的学者之一。他的名言"大胆假设，小心求证"，其实就包涵了强制阐释的因素。有学者认为："对于胡适而言，所谓'大胆的假设'，实际上就是根据自己先在的立场，推测出一个结论，然后想办法用事实材料加以论证。尽管按照他自己的说法,在从事研究时可以用事实材料对自己假设中存在的错误进行修正,从而保证最终结论的客观性。而实际上,这一点却很少做到,因为他对许多学术结论的假设,是基于他的一些根本信仰,而不是客观的学术观察。"[1] 此种说法是有道理的。不过应该补充的是,胡适的"小心求证"基本上还是在他的"大胆假设"的学科范围内,虽然是"主题先行",但还不算"胡搅蛮缠"。

学术层面的强制阐释有如下几个特点。

其一,以理服人。如果说政治层面的强制阐释是以力服人,日常生活层面的强制阐释是以势服人,那么学术层面的强制阐释就是以理服人。真正的学术争论,争论中的双方是平等的,哪怕一方是资深的教授,一方是才入校的学生,或者,一方是单位的主要领导,一方是单位的普通员工,二者之间在学术上也应该是平等的。另一方面,当今的学术活动,往往超出了实体机构的权力范围,如一位中国学者和一位美国学者之间的学术争论,一个学校的学者与另一个学校学者之间的学术争论,以及互联网上的学术争论等,往往都是一定的权力所无法规范的。在这种情况下,任何阐释都必须以理服人,强制阐释甚至更是如此。因为它既是强制,要使人接受,就更得在学理上做文章。首先,学术层面的强制阐释一般都要借助一种理论资源,形成某种理论框架,以强调自己的理论性。其次,学术层面的强制阐释比较重视选择具体的论据,以形成科学客观的印象。再次,学术层面的强制阐释重视逻辑,在论述的过程中尽量不出现明显的逻辑漏洞。如关于杜甫《古柏行》的笔墨官司。争论的双方都引进了数学作为自己论证的理论依据,并且严格地按照相关的逻辑进行推衍,从而得出"无乃太细长"或"其长二千尺宜矣"的结论。在二者的论证框架之内,很难找出其论证的破绽。自然,强制阐释之所以为强制阐释,总有它不够科学、客观的地方。如《古柏行》这一学术公案,它的破绽就在于将文学之外的科学理论强行纳入文学的讨论之中,忽视了文学的特点。因此,学术层面的强制阐释虽然是以理服人,但这个"理"总是不可避免地存在一定的问题。因此,这种"理"也就更多

---

[1] 泓峻:《论胡适学术研究中的强制阐释问题》,《学术研究》2016年第3期。

地表现在形式上。

其二，先入为主。学术层面强制阐释的结论往往不是从对研究对象的分析中归纳、引申出来，而是从某个思想源得到启发，形成一定的观点，再寻找相关对象进行分析，得出与自己的观点相符或相近的结论，因此是一种先入为主的阐释模式。胡适的"大胆假设，小心求证"就是一个很好的例子。既是大胆假设，也就说明这种假设不是来自对材料的分析，而是来自主观的思想。而小心求证则是观点出来后，再寻找材料来加以证明。然而原始材料是复杂多样的，当带着一定的观点去"求证"时，也就难免不出现视而不见、有意取舍、以偏概全、以浅驭深、以末代本的现象，这样强制阐释也就难以避免。如郭沫若对杜甫《茅屋为秋风所破歌》的分析。他先是抓住"三重茅"做文章，说一重约有四五寸厚，三重便有一尺多厚。这样的茅屋是冬暖夏凉的，有时比住瓦房还要讲究。然后抓住"寒士"做文章，认为"寒士"无非是那些还没有功名富贵的或者虽有功名而无富贵的读书人。因此他的"安得广厦千万间，大庇天下寒士俱欢颜"关心的并不是普通人民，而是属于统治阶级阵营的知识分子。再然后抓住一些称呼做文章。穷人的孩子被称为"盗贼"，而他自己的孩子则是"娇儿"。最后得出结论，杜甫不过是地主阶级的知识分子，他的《茅屋为秋风所破歌》并没有人们赞扬的那种对普通下层民众的关心，他的关心仍局限于统治阶级的范围。这种阐释无疑是很勉强的。在研究方法上是阶级分析法的无节制的使用，在研究目的上是为了抑杜扬李。主题先行，以偏概全，以末代本，先入为主各种弊病都得到了比较全面的展现。但另一方面，你也不能说他毫无根据。只是他把这些根据从诗歌的整体环境中抽象出来，按照自己的观点，做了比较勉强的解释。

其三，以外释内。这里的外，指的是文学之外，内，指的是文学内部。学术层面的强制阐释，其观点往往不是来自研究对象本身，而是来自文学之外的某些理论与思想源，或者来自它们的启示，而在研究方法上，也常常借助文学之外的某种理论或方法，因此，虽然它的研究对象是文学，但它的研究的起点与终点其实都在文学之外，文学只是为其观点服务的材料。这在女性主义文学研究中比较典型。女性主义研究者们研究的基本出发点即：我们生活的社会是父权制社会，我们的历史是父权制社会的历史；在父权制社会里，女性在各个方面都受到男性的压迫，女性要获得解放，必须要消解这种压迫，发出自己的声音。女性主义者解读任何一个文本，都试图从中挖掘出这方面的内容，尽管这种挖掘有时并不符合文本的实际。

　　学术层面的强制阐释并不局限于文学领域，而且也是古已有之。我国古代名著《庄子》中就有不少强制阐释的成分，如："庄子与惠子游于濠梁之上。庄子曰：'鲦鱼出游从容，是鱼乐也。'惠子曰：'子非鱼，安知鱼之乐？'庄子曰：'子非我，安知我不知鱼之乐？'惠子曰：'我非子，固不知子矣，子固非鱼也，子不知鱼之乐，全矣。'庄子曰：'请循其本。子曰"汝安知鱼乐"云者，既已知吾知之而问我，我知之濠上也。'"[①] 从逻辑上看，庄子非鱼，的确不应知道鱼是否乐，但他通过变换话题等方法，坚持自己知道鱼之乐，从某种意义上说，也是一种强制阐释。从文学领域看，学术层面的强制解释由于没有切合文学作品的实际，对于理解文学作品存在一定的消极的作用，因此应该避免。但从思想的层面来看，强制阐释也并非一无是处。至少，它带来了一种新的视野，一种新的思想与方法。将文学作为论证某种观点的材料，虽然肢解了作为生命体的文学，但也有可能产生新的思想与启示。从某种意义上说，学术层面的强制阐释实际上也是复杂的，难以完全避免的。

四　强制阐释与误读

　　学术层面的强制阐释与误读之间有着一定的相似点和千丝万缕的联系，要准确把握强制阐释，有必要对二者之间的关系进行辨析。

　　广义的误读也即布鲁姆提出的"影响即误读"，"一切阅读都是误读"。布鲁姆认为阅读是一种异延行为，文本的意义是在阅读过程中通过能指之间无止境的意义转换、播撒、异延而不断产生和消失

[①] 《庄子·秋水》，张耿光译注：《庄子全译》，贵州人民出版社1991年版，第300页。

的，所以寻找文本原始意义的阅读根本不存在、也不可能存在。阅读在某种意义上就是协作。因此，他认为，"阅读，如我在标题里所暗示的，是一种异延的、几乎不可能的行为，如果更强调一下的话，那么，阅读总是一种误读"①。但这一命题对"误读"的界定不够明晰，在谈"误读"的同时，存在着将其泛化或消解的倾向。误读实际上是避免不了的，且有其积极意义。保罗·德曼认为："我们对作品的理解实际上构成了误读的历史，任何一位后来的批评家都可以根据作品来证明前辈批评家对作品的误读，而正是这样不断的误读，批评家对作品的洞见才会不断地产生。"② 这一观点是值得重视的。沈从文对于尼采，就有很多误读，但正是这些误读，使沈从文更好地发挥了尼采思想中的积极因素，避免了其思想中一些消极因素。③

　　狭义的"误读"是相对于"正读"而言的。所谓"正读"，指的是符合文本实际和文本所产生的社会与文化阐释体系的实际对于文本的解读，不符合这种解读的就是误读。因此误读表现在两个方面，一是对文本本身的错误理解。二是运用不同的社会、文化阐释体系去解读文本。但严格地说，对文本本身的错误理解主要还是一个没读懂的问题。由于读者的个人经历、学识水平、理解能力、鉴赏水平和审美能力等方面的差异，即使运用同一社会文化阐释体系去解读文本，也可能对文本的语言或者意义不能明了，从而出现对文本片面、肤浅甚至错误的理解。严格地说，这种误读还不能算是"误读"，至少不是典型的"误读"。典型的误读是由于读者所依据的阐释体系与作者创作时所处的阐释体系不同所产生的误读。如赵树理的小说《小二黑结婚》，小说女主人公小芹的母亲三仙姑，徐娘半老仍卖弄风情，与男人打情骂俏。作者对其是持讽刺态度的，这也符合作者所处的时代、地域和文化。但一些美国青年却从不同的文化和阐释体系，对三仙姑持肯定态度，认为她个性解放，敢于反封建。这种由于不同的社会文

---

　　① ［美］布鲁姆：《误读图示》，朱立元、陈克明译，天津人民出版社2008年版，第56页。
　　② ［美］保罗·德曼：《盲视与洞见》，转引自朱立元《现代西方美学史》，上海文艺出版社1996年版，第964页。
　　③ 黄怀军：《化用与背离：沈从文对尼采的处置》，《中国文学研究》2016年第3期。

化阐释体系而产生的误读是典型的误读，也是狭义的误读。

然而，也正是在这一点上，误读与学术层面的强制阐释发生了密切的联系。二者之间至少有三个共同点。其一，二者都需要依据某种社会文化阐释体系。无论误读还是学术层面的强制阐释，都不是一种印象似的阅读。它们总是要以某种社会文化阐释体系为依据，对文学作品进行阐释，并从这种阐释中得出自己的结论。其二，二者都是一种外部的阅读和阐释。所谓外部的阅读和阐释，是指二者都不是从文本本身出发，而是从外在的观念出发，不是将作品看作一个有机的整体，根据其内在形象与逻辑分析得出结论，而是将作品作为材料，依据一定的阐释体系，生产出符合自己观点的结论。强制阐释是如此，误读实际上也是如此。三仙姑的老来俏，在赵树理创作时的中国文化中是被否定的，而且作者在描写的过程中，也使用了许多贬低性的词语和描写。但部分美国青年无视作品的这些规定性，从美国个性解放的思想出发，对其进行了肯定性解读。这种解读恰好是与小说对三仙姑的描写相反的。其三，二者得出的结论都与作品原初的意义有一定的甚至很大的偏差。所谓原初的意义，是指运用符合作品产生时的社会文化语境的阐释体系，从作品文本出发进行阐释所得出的意义。强制阐释由于其阐释的依据、方法、途径以及先定的观念等，其阐释的结果不可能与作品原初的意义一致。而误读之所以是误读，当然也是因为其阅读的结果与作品的原初意义有偏差，其原因仍是由于其阐释的依据、方法、途径等与作品产生时的社会文化语境有较大的出入。

不过，误读与强制阐释毕竟是两种不同的阐释方式与阐释实践，二者之间的差别也是十分明显的。这种差别可以从三个方面探讨。其一，误读往往是不自觉的，而强制阐释是自觉的。误读者并非有意地去误读作品，其主观意图往往是想对文本做出正确的解释。但由于所处的社会文化背景不同，所依据的阐释体系不同，因而阅读的结果与作品的原初意义有较大的偏差。如果阅读者知道文本的意思，但是为了迎合某种需要或者想达到某种主观的目的而故意"读出"其他的意思，那就不是误读而是"曲读"了。而强制阐释对于其所依据的文化观念、阐释体系以及阐释立场等都有十分自觉的意识，甚至对于阐释的结论也有比较明确的预期。其二，误读所依据的社会文化阐释体系往往与作品产生时的社会文化阐释体系是同质的,而强制阐释则不一定同质。这里的所谓同质是指阐释体系的内涵虽然不同,但基本上处于相同的范围之内。如部分美国青年对三仙姑的老年风流持肯定态度,其依据的阐释体系是个性解放的思想。它虽与作者创作时所依据的女性应稳重、贞节的中国传统女性规范完全相反,但仍在同一个范围内,都是对人的行为、规范的观点与看法,是同质的。因而他们的解读虽然与小说对三仙姑的具体描绘有较大的出入,但仍在人物品评的范围之内。而强制阐释所依据的社会文化阐释体系与作品产生时的社会文化阐释体系则不一定同质,或者说往往是不同质的。按照张江的论述,强制阐释所依据的理论往往是场外征用的,这也就意味这些理论很可能与作品产生时所处的社会文化语境有较大的差别,与作品原初意义所依据的阐释体系不在同一范围。其三,误读对于阐释对象的各种规定性基本是重视的,而强制阐释则往往忽视阐释对象的种种规定性。误读的目的是正确解读文学作品,因而对文学作品的规定性取尊重的态度,只是由于运用的阐释体系不同,因而阐释的结果与作品的原初意义不同。而强制阐释的目的是得出自己预设的结论,或者与自己预设的方向相同的结论。因此,当遇到作品的实际与自己的结论相左的情况,往往不是修改自己的结论,而是选取作品中于自己结论有利的材料,对与自己的结论不利的材料,则往往弃之不顾。不是把作品作为自己结论产生的依据,而是将其作为自己结论产生的材料。

在实际的批评实践中,误读与强制阐释之间的关系是错综复杂的,甚至难分难解地交织在一起。但大致地将它们区分开来还是可能的,也是必要的。仍以三仙姑为例。根据作品产生时的社会文化语境,将其阐释为一个受到作者讽刺的不大正经、不大遵守传统女性规范的中间人物,应该是符合小说的原始意义的,可以说是正读。运用20世纪西方个性解放的思想将其阐释为一个敢于反抗封建道德的先驱性人物,可以说是误读。明明知道三仙姑这一形象的原初意义,但出于某种目的,非要将她说成是妇女解放的先锋,这是曲读。如果有意识地运用某种理论,设置某种前提,把三仙姑解读为一个反抗男权社会规范,争取妇女解放的斗士,将其树立为当代女性学习的榜样,应该就是强制阐释了。

五　小结

　　学术层面的强制阐释也即狭义的强制阐释只是广义的强制阐释中的一个层面。我们应该将它与其他层面的强制阐释区分开来。不能以其他层面强制阐释的存在来印证学术层面强制阐释的合法性与合理性，更不能以学术层面强制阐释所可能具有的积极因素来否认它的消极作用。反过来，我们也不能以其他层面强制阐释的消极因素来否定学术层面强制阐释的合法性与合理性，更不能以学术层面强制阐释所可能具有的消极作用来否定它的积极因素。只有这样，我们才能对强制阐释有一个正确的把握与认识。

　　张江所批评的强制阐释是属于学术层面的，而且有特定的对象。张江认为："强制阐释是指，背离文本话语，消解文学指征，以前在立场和模式，对文本和文学作符合论者主观意图和结论的阐释。其基本特征有四：第一，场外征用。广泛征用文学领域之外的其他学科理论，将之强制移植文论场内，抹煞文学理论及批评的本体特征，导引文论偏离文学。第二，主观预设。论者主观意向在前，前置明确立场，无视文本原生含义，强制裁定文本意义和价值。第三，非逻辑证明。在具体批评过程中，一些论证和推理违背基本逻辑规则，有的甚至是逻辑谬误，所得结论失去依据。第四，混乱的认识路径。理论构建和批评不是从实践出发，从文本的具体分析出发，而是从既定理论出发，从主观结论出发，颠倒了认识和实践的关系。"① 应该说，这些分析是实事求是的，符合当代西方文论的实际，是站得住脚的。尽管我们不能因此否定西方文论的积极意义，否定西方文论在中国当代文论建设中的积极作用，但认识与把握其缺陷与不足，对我们更好地理解与借鉴西方文论，建设中国当代文论，有着积极的作用。

---

①　张江：《强制阐释论》，《文学评论》2014年第6期。

以"文化政治"作为批判性反思的切入口*

贺绍俊**

强制阐释是一个从问题出发、富有理论深刻性和锐利性的理论概念，它不是一个孤立的概念，它与其他一些重要概念一起共同构成了一个理论总体，这些重要概念包括：强制阐释、场外征用、本体阐释、审美差异等；张江将这个理论总体称之为"强制阐释论"，而强制阐释无疑是其中的核心概念。张江认为，强制阐释是存在于当代西方文论中的一个突出的理论现象。所谓从问题出发，也就是从中国当代文学批评的现状出发。我从学习张江的有关强制阐释的论文中感觉到，张江提出"强制阐释论"是直接针对中国当代文学批评尚没有建立起自己文论的现状的。他认为，造成这一现状的重要原因之一便是我们一直受到当代西方文论的影响，甚至是在以当代西方文论作为我们自己的理论基础，因此有必要对当代西方文论进行批判性反思，从而建立起真正属于我们自己的文论来。张江是这样表达这一观点的："对西方文论的辨析和检省，无论是指出其局限和问题，还是申明它与中国文化之间的错位，最后都必须立足于中国文论自身的建设。"① 所以，强制阐释又是一个有着明确学术目标和理论目标的概念。我作为一名长期从事文学批评的专业人士来说，对张江的这一学

---

* 本文原刊于《文艺争鸣》2015年第8期。
** 作者单位：沈阳师范大学中国文化与文学研究所。
① 张江：《当代西方文论若干问题辨识——兼及中国文论重建》，《中国社会科学》2014年第5期。

术目标和理论目标非常期待，深感这也的确是当代文学批评必须解决的理论课题。因为怀着这一期待，我也就冒昧地参与到"强制阐释论"的讨论中，谈谈我的不成熟的感想。我的感想涉及两点：其一，我对强制阐释的理解；其二，怎样对当代西方文论进行批判性反思。

先谈我对强制阐释的理解。我以为，强制阐释就是一种教条主义和本本主义的表现方式。教条主义是用形而上学的观点，僵化地对待已有的理论成果，片面地理解现成的理论，去生硬地规范和剪裁不断发展变化的现实实践。张江认为："强制阐释的出发点是理论，是一个现成的、用以裁剪文本、试图证明其正确的理论。这就颠倒了认识起点和终点的关系，合理的、确当阐释的基础已经丢失。"① 张江所论述的显然就是一种教条主义的表现形态。而教条主义是人类在认识世界时经常会犯的一种错误。我的意思是说，强制阐释这种现象并不是当代西方文论中唯一的现象，它是在理论研究中普遍存在的现象。人们在对待任何一种理论的时候都有可能犯教条主义和本本主义的错误，也就是说，在具体运用中都有可能出现强制阐释。教条主义的主要特点就是理论与实践相分离，主观与客观相脱离。强制阐释显然也是一种理论与实践相分离的论证方式，具体来说，强制阐释是与文学的审美实践相分离。

作为一种教条主义的表现方式，任何理论都有可能发生强制阐释的情况。强制阐释发生在理论运用于实际的过程中，因此，强制阐释并不是判断理论正确与否的唯一证据。也就是说，我们很难通过强制阐释的行为就判断一个理论的正确性。有时候，理论本身是正确的或者说是合理的，但在理论运用到实际的过程中，由于对理论的理解和把握不到位，就会出现强制阐释的情况。比如，马克思主义是分析社会的理论武器，但将马克思主义运用到中国社会实际中时就经常发生强制阐释的情况，如王明的强制阐释导致了"左倾"主义路线，给中国革命带来了严重的伤害。20世纪五六十年代，对于一些文学作品的政治批判，明显就是一种强制阐释。比如姚文元的《评新编历史剧〈海瑞罢官〉》，把剧中的平冤狱、退田说成是要替牛鬼蛇神平冤

---

① 张江：《关于"强制阐释"的概念解说——致朱立元、王宁、周宪先生》，《文艺研究》2015年第1期。

狱,是要人民公社退田。这就是一种任意把艺术问题上升为政治问题的强制阐释。姚文元看似采用的是社会—历史批评方法,他声言他是坚持马克思主义的文艺理论。但我们不能因为姚文元们的强制阐释,就认为以马克思主义文艺理论为原则的社会—历史批评有问题。

  正如张江所指出的,在当代西方文论中,存在着非常突出的也非常普遍的强制阐释的现象。这也是我们在对当代西方文论进行批判性反思时特别需要引起注意的。不过,还应该看到,当代西方文论存在强制阐释现象,并不见得这是当代西方文论的必然结果,因为在当代西方文论中也有理论与实践结合得很好的阐释。比如海德格尔对凡高的作品《农鞋》的阐释就是一个非常经典的阐释:"从鞋具磨损的内部,那黑洞洞的敞口中,凝聚着劳动步履的艰辛。聚积在硬邦邦、沉甸甸的破旧农鞋里的,是那永远在料峭寒风中、在一望无际的单调田垅坚韧和滞缓的步履。鞋帮上沾着湿润而肥沃的泥土。暮色降临,这双鞋底在田野小径上踽踽而行。在这鞋具里,回响着大地的无声召唤,显示着大地对成熟谷物的宁静馈赠,表征着大地在冬闲的荒芜田野里朦胧的冬眠。这器具浸透着对面包的稳靠性无怨无艾的焦虑,以及那战胜了贫困的无言喜悦,隐含着分娩阵痛时的哆嗦、死亡逼近时的战栗。这器具属于大地,它在农妇的世界里得到保存。"① 海德格尔由此展开一个思想家的想象,他从农鞋想象到鞋具与农民生命的黏连,从农踩踏在大地上的情景想象到农民与大地之间的关系,想象到稳靠性和焦虑等哲学的命题。当然,海德格尔的阐释同样也有过度阐释之嫌,因为我们至少会怀疑凡高在绘画时是否还带着稳靠性和焦虑等哲学的思考在内。这倒也促使我们想到另一方面的问题。从前面所引的文字看出,海德格尔对艺术作品的欣赏是很到位的,他对《农鞋》这一文本的阐释到此为止,其实就已经是一篇精彩的批评文章。但为什么海德格尔还要将阐释延伸到哲学命题上呢?看来,这涉及批评目标的问题了。我以为,海德格尔并没有把分析和鉴赏作品当成自己的阐释目标,也就是说,他没有准备进行一次我们所认同的标准的

---

① [德]海德格尔:《林中路》,孙周兴译,上海译文出版社2004年版,第18—19页。

艺术批评。艺术批评在这里不过是他的一种手段，通过艺术批评他所要达到的是他所设定的理论目标和思想目标。事实上，在西方现代主义和后现代主义思潮兴起的时代，海德格尔的这种批评姿态并不是孤立的个案。当一个人以这种批评姿态进入到文学批评时，强制阐释是很容易就发生的。也许这些西方思想家和批评家并非不明白自己所操持的是一种强制阐释，但他们仍然要将强制阐释进行到底，因为他们的理论目标本来就不是准确解读文学文本，而不过是借文学文本抵达他们所要达到的理论彼岸。于是，我就有了第二点感想：选择怎样的切入口去对当代西方文论进行批判性反思。

在回顾当代西方文论的发展历史时，我注意到，在这一发展进程中，存在着理论批评化的趋势以及由这种趋势所带来的肢解文学的后果。

当代西方文论中存在强制阐释现象，应该有多种原因。其中一个值得重视的原因是，现代主义思潮以来，理论批评化和批评理论化的倾向特别突出。不少思想家和理论家都借用文学批评来论述自己的理论。在这个时候，批评就是一种方法和手段，其最终目的是建构起自己的理论体系。理论批评化和批评理论化的一个突出后果就是对文学的肢解，文学不是被看成为一个整体的文学世界，而是被肢解成零碎的材料，作为理论论证的材料。这一点在文化研究中表现得特别突出。所以一方面，文化研究大大拓宽了文学研究和文学批评的空间，也获得了文化与历史的谐调统一，因此一时变得特别红火。但在文化研究红火之际，就有人对文化研究的非精英化和去经典化的特征提出了质疑，认为文化研究只是文学的外部研究的延展，要处理好外部研究和内部研究的关系，必须在文学批评中坚持以文学本体性为根本前提。钱中文当年就敏锐地感觉到西方文化研究对于文学理论的冲击就在于取消文学的审美性。他强调中国与西方在建构文学理论上的差异性，他说："中国学者为什么仍然要以'审美诉求'为基础，来探讨文学理论问题呢？在我看来，在当前全球化的处境中，这种倾向正好显示了中外文论相互之间的差异所在。这就是由于社会、文学艺术发展的不同，中外学者在文学艺术研究上所持的不同观点，正好在于中国学者主要是从现代性的诉求出发，而外国学者的着眼点则是后现代性。"① 钱中文认为，后现代性的实质就是对现代性追求的解构。这种强力的解构，必然导致强制阐释的发生。可以说，当年在文化研究红火于中国学术界时，钱中文就感到了文化研究肢解文学的危害，为此他以强调中国文论的审美诉求来维护文学理论的纯粹性。我以为，钱中文当年的忧虑与今天张江的忧虑有一致的地方，这也说明，中国文论的重建问题一直就没有得到认真的解决。

我们不能把当代西方文论当成指导文学批评的教条，我们应该对当代西方文论进行批判性的反思。其实，反思性恰好也是当代西方文论的思想特征之一。当代西方文论相互之间存在着巨大的分歧，这种分歧也激化了相互之间的反思和批判，而正是这种反思和批判给当代西方文论带来了活力。我们更加需要对当代西方文论进行反思和批判，否则我们的文学批评就不可能有活力，更不可能建立起我们自己的文论来。强制阐释是对当代西方文论进行批判性反思的一个切入口，但单纯从这一切入口进入，还不能抓住当代西方文论的要害。至少，应该有多个切入口来全方位地展开我们对当代西方文论的批判性反思。我以为，从当代西方文论的文化政治特征入手进行批判性反思，这也是一个非常重要的切入口。

为什么说，反思当代西方文论尤其需要从文化政治的角度入手呢？从20世纪五六十年代以来，西方文学理论走向"政治化"，强化了文学理论的政治言说维度，热衷于对民权运动、学生运动、民族解放、反战、反核、生态运动、妇女运动等新的社会运动发言，成为激进的"文化政治"的一部分。所谓文化政治，是指文学、音乐、绘画、舞蹈、影视等文化形式，乃至"整体生活方式"，都成为意识形态动作或权力斗争的重要场域，都具有政治性。文化政治主要通过西方马克思主义、"新左派"马克思主义和后结构主义对当代文学理论施加影响。比如，女性主义文论是以"性政治"为核心，批判男性霸权在文学中的性歧视和性压迫。后殖民主义文论强调的是"身份政治"，萨义德对西方强势的学术、文化和文学如何建构"东方"身份

---

① 钱中文：《全球化语境与文学理论的前景》，《文学评论》2001年第3期。

等问题做出了开创性的考察与反思。新历史主义文论强调历史文本、文学文本与物质实践、文化政治之间的互动关系,可以说是一种"文本政治"。他们将文学看成是现实和意识形态的接合部,统治阶级和被统治阶级之间展开意识形态斗争的战场。他们认为,文学文本承担并发挥着重要的"巩固""颠覆"和"包容"等意识形态功能。总之,当代西方文论构成了"文化政治诗学"的知识形态,它的优长和缺陷都聚焦在这一点上。它最突出的缺陷就是作为以文学为对象的文论,却丢弃了文学的人文性和审美性。所以我们对当代西方文论的批判性反思有必要从"文化政治"这一切入口进入。我们批判当代西方文论放弃审美性的立场,但我们也要看到当代西方文论作为一种"文化政治诗学",它具有政治性、批判性、反思性、公共性等特征。这些特征值得我们认真借鉴。只有在批判与借鉴的基础上,才能建立起中国本土的文论来。

反向性强制阐释与"文学性"的消解

——兼对某些文学阐释之例的评析[*]

赖大仁[**]

在当今的后现代文化语境中，传统意义上的文学和文学研究，乃至各类学校里的文学教育，都正面临前所未有的挑战。这种挑战不仅来自文学的外部环境条件，如当今后现代消费文化对于文学的全面渗透与瓦解，现代图像文化、网络文化对于文学的强力吸附；而且也来自文学自身的某种自我消解，如在文学的过度泛化发展中致使其精神品格不断丧失，以及文学研究中某些有意无意地过度阐释所造成的自我伤害，还有文学理论与批评中的反本质主义理论观念，更是使文学空前遭遇到被解构的威胁。其中，有些看似非常正宗的文学研究，而且是针对文学本质特性或曰"文学性"的专门研究，却并非是导向自我肯定的正向阐释，而恰恰是导向自我怀疑的反向性阐释，甚至是一种过度性强制阐释。这种阐释方式往往与对"文学性"本身的质疑联系在一起，有的甚至直接就是反本质主义理论观念的一种表征。这种看似认真的文学研究，对于文学及"文学性"的解构性威胁可能更大。这种情况当然首先是在西方当代文学理论批评中发生的，而我国当代语境中的文学理论批评也多少受到这种消极影响，本文试对此略加评析。

---

[*] 本文原刊于《文艺争鸣》2015年第4期。
[**] 作者单位：江西师范大学文学院。

反向性强制阐释与"文学性"的消解

一

在对当代西方文论资源的借鉴利用中,英国理论家特里·伊格尔顿的理论常被反本质主义论者所关注,他的某些论述也常被一些论者引用并加以阐释。伊格尔顿无疑是西方当代的理论大家,但他之所论也并非没有欠妥之处,如果不加分析地引用阐释,也恐怕会谬以千里。在《当代西方文艺理论》一著的"导论"中,伊格尔顿专门讨论了"什么是文学"即文学本质论的问题,其中论述道:"根本不存在什么文学的'本质'。任何一篇作品都可以'非实用地'阅读——如果那就是把文本读做文学的意思——这就像任何作品都可以'以诗的方式'来阅读一样。假如我仔细观看列车时刻表,不是为了找出换乘的列车,而是在心里激起对现代生活的速度和复杂性的一般思考,那么可以说我是把它作为文学来读的。"然后,他接着引用他人的一个比喻说法,继续阐释说:"约翰·M.艾利斯曾论证说,'文学'这个术语的作用颇有点像'杂草'这个词,杂草不是特定品种的植物,而只是园丁因这种或那种原因不想要的某种植物。也许'文学'的意思似乎恰好与此相反,它是因这种或那种原因而被某些人高度评价的任何一种写作。正如一些哲学家所说,'文学'和'杂草'是功能论的而不是本体论的术语,它们告诉我们要做些什么,而不是关于事物的固定存在。"[①]

首先,从这段论述中的理论观点方面来看。很显然,伊格尔顿在这里是针对"客观主义"的文学本质观而言的。在他看来,对于"文学是什么"的问题,有本体论与功能论的两种理解。从本体论的角度理解,显然就会得出"客观主义"的结论,即认为客观地存在着"文学"这种东西(写作类型及作品文本),它是一种本体性的存在,它的本质也都是天然的预先确定的,只要把某种写作类型或作品文本归入其中,那它就是确定的"文学"。伊格尔顿显然不接受这种

[①] [英]特里·伊格尔顿:《现象学,阐释学,接受理论——当代西方文艺理论》,王逢振译,江苏教育出版社2006年版,第8—9页。

观点,因此他断然否定,认为根本不存在这样一种所谓文学的"本质"。与此相对立,他对于文学则是作了"功能论"的理解,这种理解则又显然是偏于主观性的。在他看来,一个文本对象是不是"文学"是并不确定的,关键取决于阅读接受者以什么样的态度进行阅读。如果读者是进行"非实用的"阅读,也就是把文本对象"当作"文学来阅读,那么就不管这个文本对象本来是什么,它都能被认定是"文学"。笔者以为,公正地说来,"客观主义"的文学本质观的确是片面性的,这无须多论;而按照"功能论"的文学观念,强调对于文学的理解,要充分考虑阅读主体的因素,这无疑是有道理的。但这种强调显然又走向了另一个极端,把"非实用的"阅读直接等同于"文学阅读",并进而推断这种阅读的对象文本就是"文学",也就是把主观"当作"的东西认定为这种事物本身,这无疑又是一种极端的主观主义与片面性,是一种矫枉过正,这与客观主义的文学观念所犯的是同样的错误。从理论论证的角度来看,应当说这也是一种极端与偏激的阐释逻辑。

其次,从举例阐释方面来看。论者也许是为了通俗明白地说明其理论观点,于是就近取譬随意举了一个例子,说是我们也可以"非实用地"把列车时刻表当作"文学"作品来读,因为在这样的阅读中,它可以"在心里激起对现代生活的速度和复杂性的一般思考",因而这列车时刻表也可作为"文学"来看待。笔者宁愿把这一比喻阐释理解为论者的一种幽默俏皮的行文风格,或者说是为了反驳"客观主义"文学观而故作极端之论。倘若是作为一种理论观点的论证阐释(从具体语境来看不无此意),那就真有偏激与过度阐释之嫌。我们无法确切地知道,是否真有人这样阅读过一本列车时刻表,即便真有人像论者所说这样"非实用地"阅读(即使有恐怕也是绝无仅有吧),那又是否能把这列车时刻表真当作"文学"呢?这其中究竟有没有一点"文学性"(哪怕是最宽泛意义上的)可言呢?凡有正常思维的人都不难做出自己的判断。那么,这就带来了一个问题,当我们说某个文本是或者不是"文学"的时候,是否仅仅取决于读者(论者)的主观看法,而完全与文本对象本身的特性无关呢?"客观主义"的文学观念固然偏颇值得质疑,但完全排除"文学"中的客观性（即内含的"文学性"）因素，难道又是合理的吗？如果这样的话，又究竟凭什么来认识和说明某一事物的特性与功能呢？

由此也就关涉以上论述中的另一个比喻，也就是将"文学"与"杂草"相比，只不过从功能选择上来说恰好相反，"杂草"是要被除掉的东西，而"文学"则是要保留下来的东西。这个颇为知名的比喻也常被一些论者津津乐道，用来证明"文学"这个概念是无法言说的。这里的论证逻辑和理论推断同样显得似是而非。为了便于说明问题，笔者试用一个比"杂草"更为贴切一些的比喻来言说。比如，我们通常所说的"水果"这个概念，这无疑是一个抽象的集合式概念，它所指称的对象及其边界很难说是确定不变的。它不像"苹果""梨""桃"这样一类概念，所指称的对象是比较确定的，一般不会产生什么歧义。而"水果"作为一个抽象的集合式概念，所指称对象包括苹果、梨、桃等，人们在对这类对象物的基本特性与功能加以认识的基础上，使用了"水果"这样一个概念来概括性地指称它们，并且对其进行说明解释。《现代汉语词典》中"水果"词条是这样解释的："名词，可以吃的含水分较多的植物果实的统称，如梨、桃、苹果等。"[①] 如果要较真的话，应当说这个解释也并不是无懈可击的。比如，甘蔗通常都被认为是水果，但严格地说它并不是植物的果实，而是这种植物的"茎"；萝卜通常是归入蔬菜类的，但有时候也可以当作水果食用。在生活实践中此类复杂情况肯定很多，但我们不能因为存在这样一些复杂情况，于是就要颠覆"水果"这个概念，断定关于这一事物的基本特性与功能的解说是不能成立的，甚至认为这个概念是不可言说的。如果这样的话，那就任何一本词典之类工具书和植物学、动物学之类的教科书都完全无法编写，人类岂不是又要回到混沌无知的状态中去吗？

其实，"文学"这个概念的情形也与此类似。学界都普遍承认，无论在西方还是在中国，这都是一个现代性概念，而且也是一个抽象的集合式概念，它所指涉的对象，包括诗歌、小说、戏剧、艺术性散文等。人们根据这一类对象物的基本特性与功能的认识，在词典等工

---

① 《现代汉语词典》，商务印书馆2012年版，第1218页。

具书中编写"文学"词条对其加以说明解释,编写文学理论之类教科书对其加以理论阐释,甚至建立"文学"的学科门类对其进行专门研究,其目的应当是更好地认识这一事物的特性与功能,更好地为人类社会的文明进步发挥作用。毫无疑问,"文学"这类事物与"水果"之类事物相比,其中的各种复杂情况不知要大多少倍,但基本道理仍然是一致的。不管"文学"这类事物如何复杂,总还是能够从那些公认的对象物中,认识其最主要、最基本的特性与功能,给予一定的理论概括与阐释,为人们提供一定的认识借鉴。如果因为存在着文学的历史与现实的复杂性,便认为"文学"像"杂草"一样不可认识说明和无法言说阐释,显然是言之太过不足为据,对此津津乐道过度阐释更是大可不必。

最后,我们还是回到伊格尔顿的理论上来。如上所说,他的某些具体论述看来不无极端与偏激之处,我们未可全信。然而,如果我们不是拘泥于伊格尔顿的局部所论,而是从他的整体理论观念来看,其实可以发现,在整篇"导论"中,他又并不完全否定文学的"客观性"而只承认其主观性,并不认为"文学是什么"的问题不可言说。在"导论"的最后一段他是这样说的:"如果把文学看作一种'客观的'描述的类型行不通的话,那么说文学仅仅是人们凭臆想而选定称作文学的写作同样行不通。因为关于这种种的价值判断根本不存在任何想入非非的东西;它们扎根于更深的信念结构,而这些信念结构显然像帝国大厦一样不可动摇。因此,我们迄今所揭示的,不仅是在众说纷纭的意义上说文学并不存在,也不仅是它赖以构成的价值判断可以历史地发生变化,而且是这种价值判断本身与社会思想意识有一种密切的关系。它们最终所指的不仅是个人的趣味,而且是某些社会集团借以对其他人运用和保持权力的假设。"① 这里的意思是说,仅仅从某种文本本身来认识文学,或者仅仅从个人的观念看法来认识文学,都是不对或者不够的,只有从文学与社会思想意识的关系着眼来认识文学,才能真正对文学做出应

---

① [英]特里·伊格尔顿:《现象学,阐释学,接受理论——当代西方文艺理论》,王逢振译,江苏教育出版社2006年版,第16页。

有的说明和价值判断。这种看法,是完全符合他关于"政治批评"的主张的。由此看来,伊格尔顿的行文阐说往往比较随意和飘忽不定,有时一些阐说甚至不免自相矛盾,对此还是有必要认真辨析,不宜只根据某些论断而随意阐释。

二

像伊格尔顿一样,美国著名文论家乔纳森·卡勒看来也是一位"功能"论者,颇注重从文学语言的功能来理解文学。他有一篇十分著名的题为《文学性》的论文,专门探讨"什么是文学"即文学的特质问题。在追溯和比较了关于这个问题的各种观点后,他把关注点集中在"文学性"上面。俄国形式主义者首先提出了"文学性"的概念,指的是使一部既定作品成为文学作品的特性,他们认为这种"文学性"就在于文学作品语言结构的"生疏效应"。卡勒大概并不认同这种"客观论"的观点,认为"文学性"并不确定存在于文本自身,而是还依赖于解读文本的某些条件。他阐述说:"本章节关于文学性的讨论,介于文本特性的确定(文本的结构的确定)与通常解读文学文本的习惯和条件的界定之间。两种角度几乎没有共同之处,很难说它们不是互相矛盾的两个角度。其实,语言和文化现象的性质似乎要求两种角度交替使用:只有相对于一套约定俗成的惯例,相对于此层次或彼层次,一个符号系列或声段才具有自己的特性。然而,角度的交替可能产生文学界定方面的困难。一方面,显然,与其说文学性是一种内在的品质,毋宁说它是文学语言与其他语言之间的差别关系的一种功能。"①为了说明这个观点,他随即举了一个例子:"假如我们把一段报纸上的新闻按诗体的形式排列在一张纸上,文本中属于新的约定形式的某些功能品质就会显示出来:昨天,在七号国道上/一辆轿车/以每小时一百公里的速度冲向/一棵梧桐树/车上的四位乘客/全部丧生。"(注:这里本应分行排列,但为节省篇幅改为用斜线间隔。下文所引诗例亦同)

---

① [美]乔纳森·卡勒:《文学性》,[加]马克·昂热诺等主编《问题与观点——20世纪文学理论综论》,史忠义等译,百花文艺出版社2000年版,第39页。

第二部分 理论内涵研究

然后论者阐释道,由于分行排列,于是就使得"这段社会新闻的特点发生了变化。'昨天'不再指某一确定的日期,而指所有的'昨天',因而其内涵也相应变化,由偶然的单一事件变成了经常发生的事件。'冲向'一词也增添了新的活力,似乎轿车具有某种愿望。另外,'梧桐树'一词的'plat'音节也比较响亮。报道性风格和细节描写的缺乏,甚至可以表示一种屈服性的态度。从另一角度来看,主题的选择似乎包含着对当今感慨的评论,如今,车祸已是司空见惯的悲剧形式。"论者特别强调:"上述阐释的基础,是把这段文字看作文学语言,并对它予以评说。正因为这种可能性是存在的,因此,我们需要思考文学性的本质。"① 当然,这样的阐释不能只看作是孤例,而是与一种普遍性的看法有关,卡勒接着说:"应当指出,如今理论研究的一系列不同门类,如人类学、精神分析、哲学和历史等,皆可以在非文学现象中发现某种文学性。……似乎任何文学手段、任何文学结构,都可以出现在其他语言之中。假如关于文学性质研究的目的就是区分文学与非文学,上述发现将令人沮丧;如果研究的目的在于鉴别什么是文学最重要的成分,关于文学性的研究则展示出文学对于澄清其他文化现象并揭示基本的符号机制的极端重要性。"②

对于以上所论,我们同样可以从理论与实例方面来加以讨论与评析,其中容易引起我们疑虑的大致有以下一些问题。

第一,对于"文学性"问题研究阐释的方向和目标是什么?是使这种认识更加趋于明晰,还是使其更加混杂模糊,乃至最终让这种"文学性"在泛化中淹没和消解掉?其实,卡勒在对"文学性"问题研究历史的考察梳理中已经说得明白,最初人们提出"什么是文学"的问题进行研究,其目的是认识文学区别于其他活动的特质,以及确定成为文学作品的标准有哪些?"直到专门的文学研究建立后,文学区别于其他文字的特征问题才提出来了。提出问题的目的,并非一味追求'区分'本身,而是通过分离出文学的'特质',推广有效的研究方法,

---

① [美]乔纳森·卡勒:《文学性》,[加]马克·昂热诺等主编《问题与观点——20世纪文学理论综论》,史忠义等译,百花文艺出版社2000年版,第39—40页。

② 同上书,第40页。

加深对文学本体的理解,从而摒弃不利于理解文学本质的方法。"① 在我们看来,这种努力的方向和目标并没有什么不对或不好。但颇为吊诡的是,在后现代文化语境中,对于"文学性"问题的研究则又出现了反向而行的趋向,也就是不断地往非文学的外围扩展,不断地使"文学性"泛化,正如卡勒文章中所说,"如今理论研究的一系列不同门类,如人类学、精神分析、哲学和历史等,皆可以在非文学现象中发现某种文学性"②。这本来一点也不奇怪,世界上本来就没有纯而又纯的东西,但这并不意味着不能对事物进行区分研究。有些崇尚后现代思想观念的研究者,不是致力于面对文学去研究"文学性",而偏偏要从非文学中寻找"文学性",力图证明人类学、精神分析、哲学和历史中也有"文学性",当然反过来说,文学当中也有人类学、精神分析、哲学和历史之类东西。这样便是你中有我,我中有你,证明"文学性"无处不在,任何文本中都有"文学性"。论证的结果就是重归于混沌,证明对于什么是"文学性",什么是文学与非文学是不可言说的,也是说不清楚的。在后现代主义者看来,什么都说不清楚就正常了,谁要是试图去把某种事物或某个问题说清楚,那就有"本质主义"之嫌而必反之,这真有些让人匪夷所思。也许卡勒并不完全认同这种观念,否则他就没有必要去写这篇专论"文学性"的论文了。然而坦率地说,我们从文章中读到的多是他的矛盾与困惑,而它给读者带来的恐怕也只能是更多的矛盾与困惑。

第二,与上述问题相关,如果要研究"文学性"的话,重心应当在哪里?按照卡勒(还包括上述伊格尔顿)"功能"论的观点,对于文学性的讨论,仅限于文本特性本身是不行的(这被认为是"客观主义"偏向),还需要研究读者解读文本的习惯和条件,这种看法自有其道理。然而问题在于,在文本特性与读者阅读条件两者之间,究竟哪个方面是更重要的,应当是"文学性"研究的重心?卡勒和伊格尔顿都认为读者的因素才是最重要的,只要读者有这种兴

---

① [美]乔纳森·卡勒:《文学性》,[加]马克·昂热诺等主编《问题与观点——20世纪文学理论综论》,史忠义等译,百花文艺出版社2000年版,第30页。
② 同上书,第40页。

致,列车时刻表也可以当作"文学"来读,报纸新闻也可以读作"诗"。按照这种"主观主义"的理论逻辑,连列车时刻表和报纸新闻都可以当作"文学",那世界上恐怕没有什么文本不可以当作"文学"了,那还有文学存在的可能和研究文学的必要吗?在这种将文学对象无限"泛化"的过程中,岂不是把文学完全消解掉了吗?在笔者看来,将"功能"因素纳入到"文学性"问题的研究中来是有必要的,但研究的重心应当是在文本特性方面。所谓"皮之不存,毛将焉附",任何事物"功能"的实现,都必然要以该事物本身的特性为前提。对于文学而言,如果没有文本中"文学性"的存在,又何来文学阅读接受中的文学性价值实现?至于文本中"文学性"的具体内涵是什么,以及如何认识把握这种文本特性,那就与研究者的文学观念相关。在这方面无论怎样千差万别,总还是有悠久而强大的文学传统在起作用,可以作为当代人的参照,对此也是不可完全忽略的。

　　第三,由此而来就关涉下一个问题,研究"文学性"究竟应该以什么样的文本为主要对象?以及对于文本特性应该主要关注什么?笔者以为,对于宽泛意义上的文学性研究而言,只要研究者有这种兴致,当然可以去研究任何文本(如哲学、历史乃至列车时刻表之类)中的"文学性",实际上当今某些"文化研究"也正在这样做。而对于文学研究(包括文学理论、文学批评等)的学科属性而言,还是理应把文学文本而不是非文学文本作为主要的研究对象,其中尤其是应当以那些公认的经典、优秀的文学文本作为研究重心。英国学者彼得·威德森《现代西方文学观念简史》中,把西方现代文学批评传统的形成追溯到马修·阿诺德,他在《现代批评的功能》中明确提出,文学批评关注的对象应当是"在世界上最好的即最著名的和最为人所思考的东西";文学批评家应该有能力从"大量的普通类型的文学"中鉴别出"最好的诗歌艺术"[①],加拿大学者雷吉纳·罗班在谈到文学概念的含义时说:"文学首先是指'经典作品',那些经过历

---

① [英]彼得·威德森:《现代西方文学观念简史》,钱竞、张欣译,北京大学出版社2006年版,第39—41页。

史考验、经得起时尚变迁和不同批评流派评说、进入先贤祠的圣贤之作。文学还包括当代所有的'雅文学'作品；按照皮埃尔·布尔迪厄的说法，能够写出雅文学作品的作者为数不多……"① 其实无论中西，自有文学研究以来就形成了这样一种传统。笔者一直想不明白，这种文学研究的传统究竟有什么不好，我们当代人为什么要把这种传统颠覆掉？在有些人看来，什么是优秀的、经典的作品根本说不清楚，如果要这样说那就是先验预设，是要坚决反对的。而我们认为，对于文学作品的好坏优劣是可以分辨的，一方面既有伟大的文学传统作为参照，另一方面也有众多读者的阅读反应作为依据，是可以有一定程度的共识乃至公认的。如果连这一点也不承认，那就只会陷入相对主义与虚无主义。研究"文学性"除了关乎文本对象外，还有就是究竟关注什么样的文本特性？不同的文本有不同的特性，文学文本也同样有多方面的特性，那么究竟哪些是属于"文学性"的东西，不同的研究者当然会有不同的看法。当初形式主义者提出"文学性"这个概念时，主要是关注文本的语言结构特点；而据有论者研究，此前西方文学批评传统中，更多关注的则是文学作品的"审美性""创造性""想象性"等品质，将此视为文学的独特本质和更高价值，并以此作为"大写"的文学，乃至"好的文学""伟大文学"的评判标准。② 这种传统文学观念与形式主义文学观虽然相去甚远，但它们仍有共同之处，那就是试图找到文学特性中那些"最重要的成分"，从而将文学与其他事物区分开来，以便更好地认识文学的特性，使其更好地发挥作用。只要研究的方向和目标相同，不同的认识可以形成互补，让我们对文学特性与功能的认识更加丰富和清晰起来。但如今却让我们看到一种反向的努力，引导人们去关注和研究文学与非文学混杂难分的那种"文学性"，使文学与其他事物尽可能混淆起来。在笔者看来，这终归不是文学研究的"正路"。

---

① [加] 雷吉纳·罗班：《文学概念的外延和动摇》，[加] 马克·昂热诺等主编《问题与观点——20世纪文学理论综论》，史忠义等译，百花文艺出版社2000年版，第45页。
② [英] 彼得·威德森：《现代西方文学观念简史》，钱竞、张欣译，北京大学出版社2006年版，第36—38页。

第二部分 理论内涵研究

再从卡勒所论到的报纸新闻分行排列变成"诗"的例子来看，这原本可以看作是日常生活中随处可见的一种玩乐游戏，有人愿意这样玩那是个人的自由权利，类似的玩法甚至可以无穷无尽，因而对此不必太当真。有一点应当没有疑问，这首"诗"肯定算不上什么艺术创作，它与真正的诗人呕心沥血的艺术创造肯定不可同日而语；即便要说到它具有某种"文学性"，那也肯定不能与真正的诗作相提并论。论者非要说这样一段报纸新闻分行排列而成的"诗"是一首"好诗"，非要从中寻找和阐释出许多的"文学性"来，总给人一种刻意拔高和强制阐释之感。笔者的困惑在于，我们的文学批评和文学研究，将多少优秀的诗人作家及其杰作撇在一边不去研究阐释，却偏偏对这样近乎游戏的低劣之"诗"感兴趣，费了诸多心思来寻找和阐释其"文学性"，不知其意义价值究竟何在？

三

实际上，西方文学研究中的某些偏向，也对我国的文学理论与批评产生了一定的影响，我们也不妨略举数例并稍加评析。

张隆溪先生《二十世纪西方文论述评》是新时期较早介绍和评述当代西方文论的著作，其中就介绍评述了乔纳森·卡勒的结构主义诗学，并引述了上面那个报纸新闻变成"诗"的例子，只不过译文和排列稍有不同："昨天在七号公路上／一辆汽车／时速为一百公里时猛撞／在一棵法国梧桐树上／车上四人全部／死亡"然后论者阐释说："这本是一段极平常的报道，一旦分行书写，便产生不同效果，使读者期待着得到读诗的感受。"文中接着还引述了另一个更为著名的例子《便条》："我吃了／放在／冰霜里的／梅子／它们／大概是你／留着早餐吃的／请原谅／它们太可口了／那么甜／又那么凉。"据说这原本只是一张普通的便条，经过分行排列之后，便成为一首著名的诗。论者引用这个例子，显然是为了更好地说明卡勒的观点，书中接下来阐释说："这是美国诗人威廉斯一首颇为著名的诗，它和一张普通便条的重要区别，不也在那分行书写的形式吗？……这类例子说明，诗之为诗并不一定由语言特性决定，散文语句也可以入诗，而一首诗之所以为诗，在于读者把它当成诗来读，即耶奈特所谓'阅读态度'。"① 看来论者是认同卡勒的观点，认为一个文本是不是"诗"（文学），并不取决于文本自身的特性，而是取决于读者的"阅读态度"，即是不是把它当作"诗"（文学）来读。这种看法显然是过于主观化的，其偏颇之处上文已有评析不再重复。

后来，上述《便条》诗的例子还被写进了文学理论教材，把它作为"文学与非文学"相区别的一个典型范例来加以分析。论者阐释说，当这些句子未分行排列时，它便是一张普通的便条，"这些句子组成了日常生活中司空见惯的便条，似乎毫无审美意味或诗意，在通常情况下，谁也不会把它们当成文学来欣赏，显然应当被归入非文学的应用文类。"然后转而论述道："面对这样分行排列的'诗'，任何有耐心的读者都可能会'读'出其中回荡的某种诗意。这首诗巧妙地引进日常实用语言，描写了我与你、冰箱与梅子、甜蜜与冰凉之间的对立和对话，使读者可能体味到人的生理满足（吃梅子）与社会礼俗（未经允许吃他人的梅子）之间的冲突与和解意义，或者领略现代社会人际关系的冷漠以及寻求沟通的努力。'那么甜'（so sweet）又'那么凉'（so cold）可以理解为一组别有深意的语词，既是实际地指身体器官的触觉感受，也可以隐喻地传达对人际关系的微妙体会。这里用平常语言写平凡生活感受，但留给人们的阅读空间是宽阔的、意味是深长的。"然而，看来论者对这种情况似乎也不无疑惑，所以又说："那么，这里决定文学与非文学的标准是什么？看起来是句子的排列方式（分行与不分行）的差异，但是，倘是深究起来，这里的标准有些模糊。例如，难道诗与应用文的区别仅仅在于句子的排列方式吗？如果回答是肯定的，那么，是否任何非文学文体一经分行排列便成为诗了呢？这样一来，问题就更为复杂了。例如，我们信手从报纸上原文照抄一句话，把它加以分行排列：'举世瞩目/中国球迷挂心的/四十一届世界乒乓球锦标赛/团体赛/赛制有变'。这叫诗吗？尽管分行排列，但读者不难判断出它不是诗。"最后，论者总结

---

① 张隆溪：《二十世纪西方文论述评》，生活·读书·新知三联书店 1986 年版，第 117—118 页。

道:"判断文学与非文学的标准并不简单地在于审美属性及语言形式,而主要在于:第一,文学的语言富有独特表现力,例如'那么甜'与'那么凉'别含深意;第二,文学总是要呈现审美形象的世界,这种审美形象具有想象、虚构和情感等特性,例如《便条》建构了一个想象的人际关系状况;第三,文学传达完整的意义,本身构成一个整体;第四,文学蕴含着似乎特殊而无限的意味。"①

其实,在上述例子的阐释中,其关键之处在于,论者首先假定了这张便条分行排列后已经成了"诗",然后再按照"读诗"和"解诗"的方法,通过"诗意的想象"方式,对它进行仔细解读,这样就可以从中阐释出许多的"深意"甚至是"无限的意味"。同样,后面那个关于"赛制"的报道,也是首先认定它是新闻报道而不是"诗",所以也就不去做"诗"的解读,这样它当然就不是"诗"了。假如我们把那个关于"赛制"的报道分行排列后,也改变一下"阅读态度",首先把它"当作"是一首诗,而且认定它是一首"著名的诗",然后也按照读《便条》诗一样来阅读和阐释,是不是也可以"读解"出一些"诗意"来呢?比如,或许可以这样来进行"诗意的想象"——"举世瞩目"意味着全世界都在关注"赛制有变"这件事;那为什么会特别让"中国球迷挂心"呢?外国球迷会不会也同样"挂心"?在这种"诗意"的联想中,我们似乎可以感悟到,其中暗示或隐喻了中国与世界的空间关系,构成了中国球迷与世界球迷,或者"本土性"与"世界性"的对立和对话,从而象征性地表现了中国球迷的爱国主义情愫。再比如,为什么"团体赛/赛制有变"会特别引起"中国球迷挂心"呢?这也是暗示了球迷的"集体主义"信念,由此可以读出诗中这种"集体无意识"的象征性表现。以这样的"阅读态度"读这首"诗",便可以激发我们无限的诗意想象,不仅读来耐人寻味、意味深长,而且能够给我们爱国主义和集体主义的思想启迪——对于这样的读解阐释,肯定会让人嗤之以鼻,认为神经不正常。然而这岂不正是《便条》和车祸新闻"诗"之类的解诗逻辑吗?这种解诗逻辑的关键就在于"循环论证",即首先认定某个

---

① 童庆炳主编:《文学理论教程》,高等教育出版社2004年版,第54—56页。

文本（或某种形式的文本）是"诗"或者不是"诗"，然后阐释者对其进行相应的"诗意"或者"非诗意"的解读阐释，最后得出结论判断其是"诗"或者不是"诗"。这里至关重要的在于解读者的"阅读态度"，而与文本对象本身的内涵特性没有太多的关系，这种阐释观念及其逻辑不能不令人怀疑。

　　这类例子其实还有不少。笔者以为，在中国语境中出现这种情况，很大程度上是出于西方理论批评的误导。我们总是相信西方理论批评都是对的，特别是对一些外国名人的学说更是不敢怀疑，他们阐述的理论观点容易被当作经典之论，他们所讨论过的例子也往往被当作经典之例，以为具有普遍意义，然而实际上未必都是如此。当然，这里并不是说此类例子毫无意义，如果是用来说明文学现象的多样性与复杂性似无不可，然而以此来论证文学的特性即"文学性"问题则未必妥当。因为这不仅无助于说明文学区别于其他事物的根本特性，反而更容易模糊对于"文学性"问题的认识理解，甚至有可能导向对于真正的"文学性"的消解。

　　以笔者愚见，在文学基础理论研究和教学中，还是应当以公认的经典、优秀的文学作为主要阐释对象，在此基础上建立基本的"文学性"观念，确立应有的文学价值导向。对于现实生活中的大众化写作现象，当然可以给予适当的关注，从文学现象的多样性与复杂性的意义上对它们做出说明，但不宜在有意无意地过度性阐释中形成误导。前些时候有媒体炒作某些"梨花体"诗，例如《傻瓜灯——我坚决不能容忍》："我坚决不能容忍/那些/在公共场所/的卫生间/大便后/不冲刷/便池/的人"；近期又有人炒作一些"废话体"诗，例如《对白云的赞美》："天上的白云真白啊/真的，很白很白/非常白/非常非常十分白/极其白/贼白/简直白死了/啊——"（此类诗应当与前述《便条》和车祸新闻"诗"相类似，而且好像还是某些被封为"诗人"的人正经八百作为"诗"来"创作"的），在当今开放多元的时代，如果有人愿意这样去写，也有人愿意去读，甚至有人愿意去吹捧，这都是个人的自由权利，大概别人无权干涉。但作为文学理论与批评，则没有必要从这样的写作及文本中去寻找和阐释什么"文学性"，因为其中实在没有多少作为文学（诗）的价值可言，更无助于让社会形成良好的文学价值导向。

那么,说到底,什么才是我们的文学理论与批评该做的工作呢?笔者还是宁愿认同 19 世纪中期英国诗人和批评家马修·阿诺德的看法,这里姑且摘引他在《当代批评的功能》中的一段话,作为本文的结束语,他说:"批评的任务,正如我们已经说过的,是只要知道了世界上已被知道和想到的最好的东西,然后使这东西为大家所知道,从而创造出一个纯正和新鲜的思想的潮流。它的任务是,以坚定不移的忠诚,以应有的能力,来做这桩事;它的任务只限于此,至于有关实际后果以及实际应用的一切问题,即应完全抛弃,对这些问题也不怕没有人做出卓越的成绩来。否则的话,批评不仅违反了自己的本质,而且只是继续着它一向在英国所蹈的故辙,并将必然错过今天所得到的机会。"①

---

① [英] 马修·阿诺德:《当代批评的功能》,见伍蠡甫主编《西方文论选》下卷,上海译文出版社 1979 年版,第 81 页。

解释即生成

——强制阐释论的生存论指向[*]

何光顺[**]

何谓强制阐释？近年来，张江提出"强制阐释"的概念，批评西方文学理论界"脱离文学实践，用其他学科的现成理论阐释文学文本、解释文学经验""套用科学主义的恒定模式阐释具体文本"[①]，并批评"许多中国学者生吞活剥地把当代西方文艺理论搬到中国来，用西方理论强制地阐释中国的经验和中国的实践"[②]。按张江的定义，"强制阐释是指，背离文本话语，消解文学指征，以前在立场和模式，对文本和文学作符合论者主观意图和结论的阐释"[③]。这种强制阐释的学术方法的要害主要有三：一是前置立场，二是前置模式，三是前置结论。[④] 即批评者不是阐释文学文本，而是要表达和证明立场；提出一个普适的模式，用预先选取的确定模板和式样框定文本，文学抽象为公式；证明自己前置预设的结论，而并不认真分析文本。

张江提出的问题实际上涉及批评家是否应当忠实于文本以及某种超出文本的独立性和创造性的问题。他尖锐批评那种理论家不依据文本的过度场外征用与自说自话，无疑是有意义的。但这种批评也隐含

---

[*] 本文原刊于《学术研究》2016 年第 11 期。
[**] 作者单位：广东外语外贸大学外国文学文化研究中心。
[①] 张江：《当代西方文论若干问题辨识——兼及中国文论重建》，《中国社会科学》2014 年第 5 期。
[②] 张江等：《关于"强制阐释论"的对话》，《南方文坛》2016 年第 1 期。
[③] 张江：《强制阐释论》，《文学评论》2014 年第 6 期。
[④] 张江：《强制阐释的主观预设问题》，《学术研究》2015 年第 4 期。

着批评者要符合文本原意的古典"符合论"的文学观,这就可能导致这种符合如何可能的问题,以及很大程度上扼杀批评者超越于原文本的能动性和创造性的问题。这几个问题同样被很多学者关注和质疑。如朱立元就认为,按照阐释学的观点,任何立场都是前置的,批评家不可能无社会性无历史性无价值预设地进入文学批评。[①] 王宁则更着重指出理论家进行自由创造的权利,他们的兴趣并不在于对文学作品作出恰当解释,而就是以文学作品来证明理论预设的有效性和正确性。[②] 周宪也认为,前置立场和前置模式都有其合理性,关键只是在于如何避免前置结论。[③]

然而,在笔者看来,当前学者有关强制阐释论的探讨都忽略了一个重要问题,那就是强制阐释的强制指向到底指向何处?实际上,我们争论的重心不应该在强制,而应该在阐释得以生成的基础和指向。任何有价值的理论或思想都隐含着对作者、接受者和解释者的生存论或存在论的思考,即阐释是一种显现存在本身或生命本身的创造性活动。只有这种显现生命的创造性活动本身才构成了理论批评的价值所在。张江对强制阐释的批评先在地隐含着批评者要符合文学文本或作者原意的符合论思想,这固然有助于读者理解文本,然而,这样的阅读却不能增加文本以外的任何积极的创造性成果,并且遮蔽了解释者异于原作者的独立生存阐释活动。下面便将对解释者或理论家的理论维度的生存论基础及其自洽性作出辩护。

一 存在即感知:阐释学的生存论基础

张江始终强调读者意图(批评意图)和作者意图(文本意图)的区分,认为"文本的自在含义,也就是所谓倾向性,还是由文本自身规定的,而不是由读者和他们的意图所规定","对批评意图与文本及作者意图相区分,不要把批评意图强加于文本及作者,是批评论

---

① 朱立元:《关于主观预设问题的再思考》,《学术研究》2015年第4期。
② 王宁:《文学批评的预设和理论视角》,《学术研究》2015年第4期。
③ 周宪:《前置结论的反思》,《学术研究》2015年第4期。

理的基本要求"。①他进而指出专业批评者的任务只是在普通读者无法确当理解文本的复杂含义的时候,"能够给文学创作以有效指导,并能够广泛引领阅读"②,于是,理论家和批评家并不独立产生思想,只是提升和总结文本制造者的经验,跟着作家和文本前行,成为作家创造技艺的总结者和传播者,从而把这经验传给后人。

在张江的这个批评中,批评家和理论家完全沦为作家和文本的附庸。而事实上,无论文学作品,还是文学理论,都是个人化的生命感知体验及其独立运用理性的创造性活动的结晶。故而这种创造,就不再是所谓的阐释(读者意图/批评意图)要符合原意(文本意图/作者意图)的问题,而是理论家和文学家都必须各自从其解释者和创作者的生存体验出发,并以合适的创作或理论来解答个体生命的焦虑和困惑的问题。显然,生命存在的感知体验,才是文学创作和文学理论的逻辑起点和现实基础。这样,从文学理论家或思想家的角度来说,某部文学作品或众多的文学作品,实际上不过是因为暗合或唤起了理论家的某种生命体验,并从而为其理论阐释或理论体系的建构服务而已。从文学理论自洽于生命存在本身来说,张江所批评的强制阐释的很多弊端,即"没有对具体文本的深入考察和分析,没有对文本内容的确当识认"③的悬空而谈论文学,固然是极其不可取的,然而他却忽略了一个问题,那就是在同样深入考察和分析文本时,理论家完全可能有着远高于作家及其文本的识见和对社会历史的更深刻理解,从而运用自己的批评尺度来批评或超越作家的创作意图,以此建构自己的批评意图。所谓的强制阐释恰好就是理论追求自我圆满的难以避免的内在冲动和实践维度,文学批评的尺度往往并不在文学本身之内,而是理论家根据自己对社会历史和个体生命的体验和理解所形成的一套对于文学文本进行批评的有效法则。

于是,当我们转换视角,就不难发现,理论家的强制阐释并不全

---

① 张江:《批评的伦理》,《求是学刊》2015年第5期。
② 同上。
③ 张江:《前置结论与前置立场》,《北京师范大学学报》(社会科学版)2015年第4期。

第二部分 理论内涵研究

是离谱和无效的,他植根于自我生命实践的批评尺度和意图预设,就是理论和思想的自足圆满和逻辑自洽的追求,就是生命自我建构所必得经历的过程,就是合理的借题发挥和重新创造,并从而具有其积极和肯定的含义。理论家征用诸多文学现象、个案和文本以实现理论的自我运演,就不再是指向研究对象的,而是指向其本身所处的生活世界与生存体验。文学理论并不围绕具体的文学文本旋转,文学创作也往往不以文学理论为指导,很多文学作者并不是先读了文学理论才进行文学创作,同样,文学理论家也大多不是因为读了某些文学文本才有了理论的发现。理论家的人生体验和生活观察并不是劣于或次于文学家的,理论家仅仅是为建构其理论而借用了文学文本。二者的区别或仅仅在于,有人擅长创作,有人喜欢理论。而这也就是韦勒克所指出的:"倘若没有文学,世界就会贫乏到难以想象的地步,反之,文学也需要批评所提供的理解,筛汰和评判。"① 韦勒克指出了文学和批评两者各自的独立性和依赖性,如果没有独立于文学之外的批评,就谈不上对文学的真正筛汰和评判。

因此,只要试图进行文学的解读或理论的建构,就必然会有强制的指向,但这种强制指向的合法性基础却必须围绕着"人"来展开。张江在其系列文章中恰好忽略了"人"这个问题,他只看到了理论家对于作家文本意图的追随。他虽然提出了"理论一定是有实践依据的"②,但他说的实践却只是批评者植根于某个具体文本自身的阅读实践,而忽略了批评者超出这个具体文本之外的更丰富的阅读及其真实的生活实践,忽略了只有人才是文学创作和文学理论的真正主题。人的主题,就是以自身为起点,就隐藏在"认识你自己"的古老箴言中。我从哪里来,我向何处去,我为什么活着,就是文学的永恒的"人学"主题,而文学理论不过将这"人学"主题作了更趋向哲学化的聚焦性的阐释。从个体的经验感受和生活观察开始,这自己和个体就首先是主观的,一个好的文学创作者或文学理论家,就在于围绕自

---

① [美]韦勒克:《近代文学批评史》第5卷,杨自伍译,上海译文出版社2009年版,第15页。
② 张江:《前置结论与前置立场》,《北京师范大学学报》2015年第4期。

己的视、听、嗅、触、感等来构建自己的感知域①，如果他是从自己的感知域着手进行创作，那么，他的文学作品和文学理论就是有效的和较好的，如果远离了这感知域，他的文学创作或文学理论就是无效的。比如，如果他仅仅用古典的语言来进行创作，就缺乏了属于时代和个体生活的语言；如果他仅仅用西方的理论来解释中国的文学文本，就缺少了他从自己的民族和自己的社会所体验和观察到的某种思考和洞见。

显然，阐释本身蕴含着强制的必然维度，既然如此，那么，张江提出的强制阐释论是否还有意义？这就涉及到上文所说，强制内在于阐释，这种内在于阐释的强制指向是为我的，即预设了我和我们的存在，这就要利用那些区别于我们的普遍的"他者"资源来为我和我们的存在服务，并提供好的借鉴。在各民族思想的碰撞融合中，如果他民族的思想能经过格义、训释、消化，而后转化为自己民族和自己思想的资源，那么，这种强制阐释就实现了自我生存土壤的扩张和自己民族思想资源的拓展。然而，如果当民族或思想的"自我"完全被其他民族思想的"他者"所俘虏时，我们创造的土壤就丧失了。我们就仅仅沦为他种思想和理论的注脚，这种强制阐释，就导致了自己民族和自我思想的消亡，这个民族也就沦为无法为世界做出创造性贡献的民族，这个人的脑袋也就成为他人思想的跑马场。从这个角度说，张江特意提出阐释的强制维度，实际就是要否定一个民族或个体被他种思想所俘虏而丧失其独立性的弊端，而这无疑是有其意义的。

二 阐释即体验：阐释学的前见和主观预设

当我们理解了，强制阐释论的重点实际上是要批判那种丧失"自我"与某种"民族品格""时代精神"的坏的强制阐释时，我们也就

---

① 感知域，是以作家和理论家围绕其生命体验而展开，并从而实现其文学创作理论创造，此处有必要单独予以强调，即只有感知域的生命体验才是理论家理论创造的源泉，理论家并不是围绕着文学家的原创作品的附属性存在。

不难看到，张江所提倡的"非强制"的阐释实际上仍旧蕴含了某种他未曾察觉到的"历史前见"和"主观预设"，即在他看来，我们不应当用西方理论来阐释中国的具体化的文学创作和生命体验，而应当是指向我们民族性和个体化的属于我和我们的视、听、嗅、触、感的感知域的建构与理论化的思考。只是张江预设的这种历史前见，他将其指向了以文学作品为中心，而忽略了这实际上是以理论家的生活体验与生命感受为中心，是去存在的过程化的生命展开。于是，我们所应当提倡的阐释就既不是以我们的文学文本削足适履地去适应西方的某种所谓先进理论，也不是要让我们的文学理论家只是回到某部文学作品的原意，而应当是以中西方的经典文学文本和相关理论构建我们的理论域①，这种理论域又是围绕我们的感知域来展开。而这种感知域或理论域，就是我曾经论述过的缘起的、条件的、具体的、杂语的"缘域"。这种缘域是非疆域的，是有限无边的。有中心，但中心不断移动；有限制，但边界模糊而变化，是涵摄了感知域、理论域和文学场等诸概念的一个中国文学的独特命题。②

我们必须清楚，理论家/思想家和作家/诗人是差异极大而都极具原创性的"作者"，而非仅为叙述者/注释者。中国学术界或理论界的衰落非自今日始，而是远自清代乾嘉学派的考据学风占统治地位以后就衰落了。乾嘉学派学风的形成是满清政权全面控制思想学术领域的结果，在其时的学者们无法实现对属于时代和个体的真切生命感受和社会批判进行独立写作时，便只有将精力转向对既往成果的清理和总结工作，于是，"以考据为特征的乾嘉汉学风靡一时，与此相关的文字、音韵、训诂、辑佚、目录、版本等各门学科也迅速发展并取得了可观的成就"③。梁启超就将清代学术思想囊括无遗地称之为考证学，并认为考证学派"发源于顺康之交，直至光宣，而流风余韵虽替

---

① 理论域，是理论家根据其感知域而创造出的具有一定独立性的理论的场域，当然又会和其他条件相互激发，互为生成，而化解这疆域的藩篱；同样，文学家根据其感知域也会创造出具有一定独立性的文学的场域，这就是布迪厄所说的文学场，这文学场也同样和其他条件激发生成，而化解其藩篱。
② 何光顺：《文学的缘域——兼论文学的自性与他性》，《暨南学报》2013年第11期。
③ 王俊义：《清代学术探研录》，中国社会科学出版社2002年版，第22页。

未沬,直可谓与前清朝运相终始"①。

在18世纪的乾嘉考据学风的盛行中,17世纪明清鼎革之际以黄宗羲、顾炎武、王夫之为代表的理学思想家的影响便渐至趋于沉没。此后虽有19世纪和20世纪以来受到西方思想冲击而起的思想启蒙运动,然而,那种迫于政治压力以及乾嘉学风影响的中国学术却始终无法产生原创性的思想家和理论家,这无疑是近现代中国思想史的一大遗憾。因此,在21世纪的中国,要真正实现思想的原创,激发文学理论的创造力,就不是提倡理论家/思想家去考据和索解文学作品和作家的原始意图,而真正迫切的任务,在于理论家们必须面对我们当代社会政治与经济文化生活中的一切问题,作出自己的思考与解答。当代中国的人文学者或理论家,更当借用那些反映近一两个世纪以来的思想和社会风貌变迁的文学作品,以方便他去观察历史性的民族和社会生活,并进而以理论的方式作出高度概括和总结。于是,一个作者的写作或单个的文本就远远不能满足理论家/思想家为人类精神世界寻找答案的内在冲动,他必得寻找到其他资料,如宗教作品、历史作品、哲学作品、音乐作品、美术作品,如此等等,这一切都让文学理论的自我成长最终会走出文学,超越具体的属于文学家个人化表达的文学文本,进入一个"我思"的世界,进入一个理论家的"我行"的实践,而这就是理论家的主观化投射和体验。

因此,从这个角度来说,张江有两个极为准确的判断:一是认为西方理论本身就是一种强制阐释的方式,西方理论家大量地进行非文学的场外挪用、场外借用、场外转用、语词置换;二是中国学者在借用西方文学理论时,对中国文学文本进行予取予求的强制阐释,我们的文本、历史、文学成了西方理论的注脚。② 这两个判断所折射的问题应当说是很多学者都认识到的,然而,张江对这两种强制阐释的方式所持的批评和否定态度,却是让人不敢完全苟同的。笔者认为,西方理论的强制阐释方式本身,正好体现了西方理论家或思想家们的原

---

① 梁启超:《清代学术概论》,《梁启超论清学史二种》,复旦大学出版社1985年版,第55页。

② 张江:《强制阐释论》,《文学评论》2014年第6期。

创性精神,因为他们大多能从古希腊、中世纪、东方、拉美、非洲的任何资源迂回以进入西方的当下生活,去发现西方世界所需要弥补和建构的某种精神世界,并从而生长出一棵属于自己的理论生命之树,其他的一切资源不过是成为了欧洲思想和欧洲理论的营养。不过,笔者也赞同张江对中国学者的批评,就是中国学者借用西方文学理论强制阐释中国文学文本的行为,并没有以西方文学或西方理论作为我们的资源与营养,以创造出属于我们的理论生命之树,我们的一切文学文本只是成了西方思想的注脚,这个批评确实是切中肯綮并极具现实意义的。

三 视域融合：阐释学立场前置的合理限度

张江所说的"前置立场"实际上就是伽达默尔所说的"前理解"。在伽达默尔看来,任何理解和解释都依赖于理解者和解释者的前理解,解释从来就不存在无前提的把握,前理解或前见是历史赋予理解者或解释者的生产性的积极因素,它为理解者或解释者提供了特殊的"视域"(Horizont)。视域就是看视的区域,它包括了从某个立足点出发所看到的一切。理解者和解释者的视域不是封闭和孤立的,它是理解在时间中进行交流的场所。理解者和解释者的任务就是扩大自己的视域,使它与其他视域相交融,这就是伽达默尔所谓的"视域融合"(Horizontver-schmelzung)①。因此,理论家所研究的文本就不再是客观的对象,而是历史和现在、客体和主体、自我和他者构成的无限的统一体,而这就是伽达默尔所说的"效果历史",是一种关系,故理解按其本性乃是一种效果历史事件。美国文论家赫施则提出文本有含义与意义之分："作品对作者来说的意义（Bedeutung）会发生很大变化,而作品的含义（sinn）却相反地根本不会变。"② 张江希

---

① ［德］伽达默尔：《真理与方法·译者序言》,洪汉鼎译,上海译文出版社2004年版,第7—8页。
② ［美］赫施：《解释的有效性》,王才勇译,生活·读书·新知三联书店1991年版,第16页。

望回到文学文本的原意的解读，很可能就是摒弃了解释者和历史文本之间所应当生发出来的那种事件性和关系性的联系，也可能忽略了作品对于作者来说的意义的变化，这可能导致解释者的主体性和能动性的丧失，造成解释者仅仅沦为历史文本的被动的跟随者。

对于阐释学的视域融合思想和文学批评所内含的立场前置的合理性，王宁、朱立元等几位学者已有探讨，笔者这里仅从中西方思想史的角度说明立场前置或视域融合的必然性。从西方思想史的发展来看，思想的萌芽，就几乎是从前置立场或特定视域开始的。前苏格拉底的自然哲学学派预设了世界有一个本源的前置立场，这实现了对于古希腊神话着重感官世界的突破，从而展开了对于世界的"一"与"多"，"变"与"不变"的理论思辨，可以说，属于理论的思想正是在抛弃接近文学的神话和史诗中，开始了自己独立的成长。自然哲学家们有关世界有一个本源的前置立场是一致的，只是在这个本源到底是什么以及这个本源与世界的关系是什么的问题上，他们才产生分歧。随后，智者学派虽然质疑了这种对世界本源的追问，但同样有一个前置立场，那就是权力和利益，属于个人的感官化的欲望，成为衡量世界的尺度。在批判智者学派中，苏格拉底、柏拉图同样预设了一个前置立场，那就是正义和智慧是最好的，而正义和智慧都是属于神的，神是最好的，只是正义、智慧、美是什么，以及我们如何去接近神的方式上，苏格拉底和柏拉图进行了更深入的思考。而亚里士多德的不动的推动者和初始因，以及新柏拉图学派的神，都为中世纪基督教神学不可置辩的神的绝对至善的前置立场奠定了思辨的基础。从圣奥古斯丁以后延续一千年的中世纪神学，也同样是在神的绝对至善等诸多前置立场中展开其神学体系的建构的。

从中国思想史的发展来看，同样离不开前置立场的预设。先秦儒家有仁义之道，道家有自然之道的前置立场，两汉经学有预设王道的前置立场，魏晋玄学是以自然之道的前置立场去解释儒家，佛学是以缘起观的前置立场去解释世界，宋明理学是以理气论二分的前置立场去解释生命。近代以来，强制阐释的前置立场预设，同样是普遍的。比如以浪漫主义、现实主义、爱国主义、民族主义、马克思主义、人道主义、女权主义强制阐释中国文学文本，其他还有人性论、语言

第二部分 理论内涵研究

论、存在论、结构论等各种预设前置立场的强制阐释。这种近现代向西方大量征用和借鉴理论的强制阐释,实际上是一种文化不自信的表现,导致了学者所说的中国理论界的失语症,只有大量运用西方理论,好像才显得时髦和有学问,中国的文学文本成为了西方理论的角料和注释。无疑,在此种对强行征用西方理论的强制阐释的批判方面,张江为纠正当下唯西方马首是瞻的西化论学风打了一针清醒剂。

在文学理论批评中,要判断一个前置立场的好坏,就需要进入历史中,看其是强贴标签还是在解决民族的或个体生命的问题。比如魏晋玄学理论家,以道家自然无为思想强制阐释孔子,就是为世族政治张目的具有"虚君主义"倾向的玄学政治实践,是有意义的。① 又如佛教传入中国,将老子、庄子都强制阐释为略通佛祖之意又未达到佛祖境界的贤人,这对士人摆脱生命困境也是有帮助的。因此,不受现实政治或宗教权力干预,而出于理论家针对当下问题的自由创造的为个体、生命和民族说话的强制阐释就是好的。然而,如果当问题生存语境已经消失,还在运用既成理论来强制阐释,就是无效或坏的阐释。比如在"文革"时期,样板戏只是生硬地套用马克思主义的阶级斗争理论,进行简单的切割,将英雄塑造成高大全的形象,脱离了真实生活,就窒息了文学艺术的创造。又比如游国恩主编的《中国文学史》,完全根据欧洲民族所经历的历史发展阶段把中国古代社会划分为原始社会、奴隶社会、封建社会并据此批评中国文学,就缺少了对于中国文学史的深入考察,未发现中国的西周春秋实际是封建社会而非奴隶社会,秦汉到明清实际是皇权专制社会而非封建社会。

因此,如果我们要探讨前置立场的合理性及其限度的话,那么,文学理论家的自由和独立就是其首要的内在条件,而政治与宗教权力放弃对理论家或思想家的干扰,则是前置立场的有效性和合理性的重要的外部条件。文学理论与批评的前置立场,不是阉割了文学,而是丰富了文学,因为一个伟大的文本,或一个文本序列,往往会涉及多重问题,每次探讨都只有从理论家所熟悉的知识背景出发,这知识背景会生成他的前置立场,这个前置立场会生成他阅读文本和系列文本

---

① 何光顺:《玄响寻踪——魏晋玄言诗研究》,暨南大学出版社2011年版。

的一个视角,并构成其阐释的主线,而这也将有助于该文本中的某个主题的凸显,有助于理论家的个体生命与文本内在生命的呼应和契合。

四 民族话语建构:以当前中国民族国家建设为例

张江关于强制阐释的否定性批评,实际上根源于中国学人寻求民族自我身份认同和构建民族理论话语的迫切愿望以及这种愿望难以实现的内在焦虑。① 这正如曹顺庆指出的,长期以来,中国现当代文艺理论基本上是借用西方的一整套话语,中国传统文论基本上被遗弃,而参与现代文学大厦建构的,是五光十色的西方文论;新中国成立后,又一头扑在俄苏文论的怀中;自新时期(1980年)以来,各种各样的新老西方文论纷纷涌入,在中国文坛大显身手,又令饥不择食的中国当代文坛"消化不良"。② 90年代以后,当商业浪潮席卷华夏这片古老的土地时,学者们更是为中国文论话语的"失语"状态而焦虑。正是在此种情况下,张江提出:"中国文论建设的基点,一是抛弃对外来理论的过分倚重,重归中国文学实践;二是坚持民族化方向,回到中国语境,充分吸纳中国传统文论遗产。"③ 因此,民族化文论的建构,是张江最关注的核心问题所在,也体现了他作为一位中国人文学者所具有的使命感和责任感。

因此,我们可以说,张江的强制阐释论与其说是批评西方理论的偏弊,不如说是为着解决中国文论的问题。这正如前面所论说的,立场前置、主观预设实际上是隐藏在阐释实践和阐释理论中的合理的强

---

① 民族话语建构,或许是当前中国学术所应当承担的一种国家使命,当此民族复兴之际,如果缺乏一种与其经济、政治和军事实力相符合的文化理论或民族话语建构,那么,所谓的民族复兴就难免流于物质主义的,是只有身体而没有灵魂的。张江作为中国社会科学领域的重要学者,他在后来为自己思想辩护中提出了民族话语建构问题,这便已经体现出他本人的强制阐释论的立场预设了。

② 曹顺庆:《文论失语与文化病态》,《文艺争鸣》1996年第2期。

③ 张江:《当代西方文论若干问题辨识——兼及中国文论重建》,《中国社会科学》2014年第5期。

制指向，这种强制指向不仅存在于西方文学理论的话语中，同时也存在于张江所期望实现的民族话语的建构中。这种民族话语建构其实就是我所称道而张江讳言的政治立场和意识形态立场，就是他为着解决中华文化共同体凝聚问题所构想出的合乎逻辑与情理的立场前置与主观预设。这种民族话语，既可以体现为国家层面的社会主义核心价值观，也可以体现为民间层面的儒家思潮、民族主义思潮等。这些各有侧重的思潮都是围绕着民族话语的建构而展开，就是先预设了"民族本位"的前置立场以及某种主义为最优化的民族话语的主观想象。

某种程度上说，理论就并不是无国界的，而永远是带着独特的民族记忆和个体生命的体验，并为着某种在场感而说话的。这也是张江指出的，"文学不能'虚无'历史"，"文学'虚无'历史，否定了历史和现实的连续性"。① 这里的历史就是每一个个体生命所应当储存着的民族记忆。遍观世界各国的文学理论，就不难发现这种烙印在文论话语中的民族印记。如海德格尔的存在哲学就是围绕着德意志民族的此在生命体验来论说的，萨义德的东方学是为着伊斯兰等东方文化说话的，女权主义理论是为着女性的权利展开的，民族主义则是为着某个民族的自我利益来进行身份建构的。因此，如果仅仅从理论家应该具有相对于文学家的独立性来说，强制阐释是必然的，张江对于强制阐释的批评可能禁锢了理论应当有的独立性。但是如果从当前中国民族话语的建构和民族国家的建设来说，张江对中国文论强制套用西方理论的批评，应当说又是及时的。长期以来，中国不仅是文论话语呈现出一种"失语"状态，而且在民族国家的身份建构方面呈现出"民族虚无主义"或"文化虚无主义"的空前危机。正是从理论的民族性立场出发，张江指出了西方文论所生长的西方文化语境与中国文化语境所具有的三个方面的严重错位，那就是语言差异、伦理差异和审美差异。② 因此，张江的强制阐释论思想既可以看作是一个学者的思考，同时也可以看作是一个民族主义者渴望建设中国民族国家

---

① 张江：《文学不能"虚无"历史》，《文学评论》2014年第2期。
② 张江：《当代西方文论若干问题辨识——兼及中国文论重建》，《中国社会科学》2014年第5期。

认同的理论自觉。此种学术思考和民族身份自觉是具有重大意义的。这种民族话语的建构，是我们在破除西方理论中心主义、破除中国文学批评界唯苏俄或西方马首是瞻的偏弊以后，当接着思考的紧要问题。这个问题就将不再是局限于文学的，而应当同时是政治的、伦理的、宗教的，这种立场前置的强制阐释指向，也是植根于中国理论家的当下生存体验和生活实践的。如果从中国的一切话语都当融合成为一个认同中国民族国家的统一体的角度来说，无疑，一个崭新的任务就摆在了当代中国学者的面前。

"强制阐释"的学理性思考*

韩 伟 李 楠**

《文学评论》2014年第6期刊发张江《强制阐释论》,由此标志"强制阐释"作为一个文学理论命题被正式提出。该命题迅速引起国内外学术界的关注,国内多家学术期刊开设专栏对之进行讨论,朱立元、王宁、周宪、姚文放等学者纷纷撰文就强制阐释阐发自己的观点,一些学术研讨会将强制阐释作为主要研讨议题,美、法、俄等国文论家也参与到讨论之中。党圣元在2015年曾言:"'强制阐释'问题受到了广泛的关注,已经成为一个热点性话题,更可望成为今后文论研究中的一个新的问题域"。[①] 正如其所料,三年多时间国内刊发关于强制阐释研讨的学术论文300余篇,与之相关的对话与争鸣也呈持续深化之势。这些论题涉及西方文论的弊病、中国文论的双重强制阐释问题以及批评的边界等。

就目前关于强制阐释的论争情况来看,国内学者涉及当代西方文论的论证仍缺乏系统性和论据的丰富性,尚不足以断言强制阐释就是当代西方文论"核心缺陷的逻辑支点"。而所能达成共识的是,强制阐释论的提出对中国学者展开与西方文论的对话、建构中国文学理论批评体系具有重要意义。为此,笔者拟对"强制阐释"的有效范围、理论背景和效果意义等方面进行论析,试图以更为科学、合理的方式

---

* 本文原刊于《河北学刊》2018年第4期。
** 作者单位:韩伟,西安外国语大学中国语言文学学院;李楠,西北师范大学文学院。
① 党圣元:《二十世纪早期中国文学批评史研究中的"强制阐释"谈略》,《文艺争鸣》2015年第1期。

思考"强制阐释"所言的"场外征用""主观预设"等问题,以期从学理上推进中国当代文论话语体系建设以及阐释学理论的研究。

一 场外征用的有效性与合法性问题:积极场外征用与消极场外征用

场外征用是强制阐释的首要特征,即"广泛征用文学领域之外的其他学科理论,将之强制移植文论场内,抹杀文学理论及批评的本体特征,导引文论偏离文学"①。张江认为,场外征用是西方文论的通病所在,同时也指出,从积极的意义上说,场外征用扩大了当代文论的视野,开辟了新的理论空间和方向,但前提是"用文学以外的理论和方法认识文学,不能背离文学的特质"②。也就是说,并非所有"场外"征用都是"强制"的,使用场外理论阐释文学不是不可以,须在尊重文学特质、贴切地把握文学实践的基础上征用场外理论,应属于正当的场外理论应用或有效应用。这里所存在的悖论是:"场外征用"是一个全称的概念,对于文学理论批评而言,它理应包含场外理论的"合理应用"和"强制征用"这两种情形,而强制阐释之所谓"场外征用"仅为后者。回顾文学理论研究领域关于强制阐释的讨论,我们发现,很多论争是由于"场外征用"这一概念的含混所引起的。一方面,不少论者认为,在全球化语境下,多种学科的交叉和融合是促进理论生长的重要驱动力,场外征用是文学研究的需要,也是学科融合趋势发展的必然结果。例如,德国学者西格丽德·威格尔提出:"文学与人类生活的各方面紧密相关,所以,文学研究总是与不同的学科领域相联系,也必然向其他学科延伸。"③ 张晶认为,若要把文学与其他学科剥离开来进行"纯文学"的研究,不惟不现

---

① 张江:《强制阐释论》,《文学评论》2014年第6期。
② 同上。
③ [德]西格丽德·威格尔:《文学、文学批评及文本可读性的历史指数》,《文艺研究》2016年第8期。

第二部分　理论内涵研究

实,而且也不客观。① 另一方面,导致强制阐释的场外征用问题在文学理论研究领域也屡见不鲜,理论"强制"进入文学场内、文论偏离文学,确实给当代文论的有效性带来了致命的伤害。然而,这里需要厘清的是,文学理论的发展需要场外征用与场外征用导致强制阐释,这两种"征用"不是同一问题的两个方面,而是场外理论的积极使用和消极使用中两种不同情况(或者说类型)。法国社会学家、思想家布迪厄曾言:"文学场就是一个遵循自身的运行和变化法则的空间,也就是各种位置间的客观关系结构,为合法性而竞争的个体或集团占据着这些位置。"② 当张江提出"场外征用"这一概念时,实际上已经预设了"场内"的界线,他要做的就是维护界线、控制进入,维护文论场中的法定秩序。因此,若将场外征用区别为"积极场外征用"与"消极场外征用"这两种类型,明确强制阐释的所谓场外征用是消极场外征用,积极场外征用不属于强制阐释范围,则有利于明确所指,过滤质疑。这两种场外征用的区别,正如张江所言,在于场外理论是否"文学化"③。对此,我们可以从理论指向、落脚点、论述方式等三个方面来加以辨析。

其一,从理论指向来说,与文学相关的场外征用涉及积极场外征用、消极场外征用以及批评理论征用文学等三种情形(此处的"场"为"文学场")。积极场外征用,其理论指向文学并归属于文学,它以文本为核心,是对文本具体特征和审美价值作文学、美学的解析及阐释。消极场外征用,是场外理论以强制移植的方式进入文论场内,理论的进入,导致文学批评实践偏离文学。张江曾分析了传统文学批评和理论与现代意义上的批评理论之区别,认为后者"规划了一个跨学科的领域",不限于文学,且主要不是文学,其对象"甚至也不是理论,而是社会,是理论以外的物质活动",属于"征用文学阐释场

---

① 张晶:《中国古代文论阐释的多元向度与价值判断》,《甘肃社会科学》2016 年第 1 期。
② [法]皮埃尔·布迪厄:《艺术的法则:文学场的生成与结构》,中央编译出版社 2011 年版,第 191 页。
③ 张江:《场外理论的文学化问题》,《探索与争鸣》2015 年第 1 期。

外理论",或者说批评理论征用文学。① 批评理论征用文学材料以阐释自身,尽管可能会对文学理论的丰富和修正做出特殊的、富于启发意义的贡献,但这是场外理论自身的建构问题,是场外理论的场外应用,而非强制阐释的"场外征用"。张江曾举例说:"对实际存在的、具体的女性文学作品的批评是女性批评,这是文学的。用文学的文本证明女权理论,则是女权主义的文学扩张,这不是文学的。这是一个充分的条件判断:如果某种阐释通过征用场外理论来实现,最终不能指向和归属文学,它一定是一种非文学的强制阐释。"② 这里,有待于进一步商榷的是,既然"用文学的文本证明女权理论"不是"文学的",那么,它是否属于"批评理论"的范畴?如果属于批评理论范畴,那么,它是否还是文学场内的场外征用?批评理论对文学材料的征用与作为强制阐释特征之一的场外征用,二者的区别究竟在何处?是否有一些"批评理论"对文学理论的丰富和修正具有特殊的、富于启发的意义,就可以被纳入"文学理论"视域呢?比如,克罗齐的艺术即表现论、英伽登的现象学文论、萨特的存在主义文论、佛莱的原型批评理论、卢卡契的现实主义文论、伽达默尔的解释学文论等,都在不同方面、不同程度上涉及场外理论的使用。显然,我们无法否定它们作为一种积极场外征用的价值。甚至也无法忽略这样一个事实:"在一个场中产生作用的就是已经存在于这个场中了,哪怕是反抗或排斥的简单反应。"③

其二,从理论落脚点来说,积极场外征用的理论落脚于文学并为文学服务,而消极场外征用则偏离文学。如周宪所说,就强制阐释而言,问题的核心好像不是种种理论的"出身",而在于其阐释文学的相关性和有效性。④ 因此,场外理论能否被"消化吸收"为场内理论,是判断积极场外征用与消极场外征用的重要依据。积极场外征用

---

① 张江:《场外理论的文学化问题》,《探索与争鸣》2015年第1期。
② 同上。
③ [法]皮埃尔·布迪厄:《艺术的法则:文学场的生成与结构》,中央编译出版社2011年版,第202页。
④ 周宪:《文学理论的来源与用法——关于"场外征用"概念的一个讨论》,《清华大学学报》(哲学社会科学版)2015年第2期。

现象，古已有之。以古典西方文论为例，如古罗马贺拉斯的"寓教于乐"说将艺术的道德教化作用放在首位，新古典主义文论家布瓦洛主张诗歌创作须把真善统一的理性看得高于一切，康德提出"美是道德的象征"，等等。中国古典诗学中的很多重要观点、范畴和命题，它们恰恰是在以诗学之外的思想学说作基础或理论支撑的。例如，王弼的"立象以尽意""言不尽意"的命题，就是建立在玄学基础之上的；刘勰提出的"物色"有很浓的佛学色彩；皎然在《诗式》中反复强调的"作用"说，其实是以佛学中的"中观"论为思维方式的；严羽提出"以禅喻诗"，其诗论体系是以禅学概念体系建构的。上述文论都借用了诗学之外的学科体系及概念体系来阐释古代文论的文本，应当视为积极场外征用。从方法论上说，确实没有任何一种进入文学领域的场外理论，最终成为有效的、可以对所有文本作普遍文学阐释的方法，因为"元理论"范畴之外对所有文本具有普适性的文学理论是根本不可能存在的。不仅场外批评理论难以有普适性，即使是场内理论也同样不可能"放之四海而皆准"，否则，又谈何文学的多样性？张江以神话原型理论为例，认为弗莱把荣格对原型的定义从心理学的范畴移植到文学领域，建立了以"文学原型"为核心的原型批评理论，并形成了一系列新的有关文学理论概念和范畴，并成为一整套可以进行实际操作的批评方法，实现了场外理论的文学化，完成了场外理论与文学理论的转换。这充分说明，场外理论是可以进入文学场内的，但其合法化条件是其理论成果要落脚于文学，并为文学服务。

其三是理论方式是否为"文学的方式"。文学理论最重要的方式是"理论的具体化"，即"理论与文本阐释的紧密结合，理论落脚于文本的阐释，通过阐释实现自己，证明自己"①。也就是说，只有那些经过文学实践检验的理论我们才可以称之为文学理论。同时，文学理论需要与批评紧密结合，即理论是批评的理论，批评是理论的批评。以米勒为例，其《小说与重复》属于解构主义理论成功进入文论场的例子，他不是从理论和概念出发，而是精心选取了七部经典小

---

① 张江：《场外理论的文学化问题》，《探索与争鸣》2015年第1期。

说文本，通过对文本的解构得以在差异中找出共性，认定"重复"是这七部经典中共存的现象，也是一切小说艺术创作所普遍遵循的规律。米勒的论述指向文学，并紧密贴合文学，从而实现了解构主义思想和理论的"文学化"，它应属于积极场外征用的范畴。

场外征用是强制阐释的特点之一。强制阐释论的场外征用是对场外理论的消极运用，即抹杀文学理论及批评的本体特征，导致文论偏离文学的理论运用，进而给当代文论的有效性带来致命的伤害；积极的场外征用是文学理论批评健康发展不可或缺的动力之一，因此，对场外征用进行"积极征用"与"消极征用"的区分，有利于阐明强制阐释之"消极场外征用"的特征，进一步明晰强制阐释的有效范围和理论边界，也有利于澄明学术界关于"场外征用"的论争，以防止后来的阐释者对场外征用的滥用。

二 主观预设的有效性与合理性问题：预设的限度与批评的律令

主观预设作为强制阐释的核心因素和方法，表现为"批评者的主观意向在前，预定明确立场，强制裁定文本的意义和价值"，"文本以至文学实践沦为证明理论的材料"[①]。它的要害在于"非文学立场"和"偏离文学"，即批评者在开展批评之前即已经有了相对明确的立场、模式乃至结论，对文学文本的阐释在某种程度上不过是对"文学材料"的征用。然而，对经验背景、理论指导与前置立场之间区别的阐释成为强制阐释论的理论困难之一。众所周知，在批评实践中，正确的理论指导和强制的前置立场之间往往没有一条明晰的界线。读者总是带着"前见"和独有的期待视野打开文本的，这种前见和潜在期待在阅读文本过程中逐渐明晰，直至形成一定的立场。而且如伽达默尔所言，前见实际上"就是一种判断，它是在一切对于事物具有决定性作用的要素被最后考察之前被给予的"[②]。在解读文本时，文学

---

① 张江：《强制阐释论》，《文学评论》2014年第6期。
② ［德］伽达默尔：《真理与方法》上，上海译文出版社2004年版，第349页。

批评者的想象、期望、文学知识、语言水平、文化记忆等在诠释过程中会起到很重要的作用。我们不难发现,"把理论作为指导"和"把理论作为公式",这二者的区别其实在于批评家是否能相对贴切地拿捏理论运用的逻辑合理性与自洽性。一定的理论预设,不是不可以,但是只有当理论预设越过了理论阐释文本之逻辑自洽的限度才会变成强制阐释。如是,在逻辑自洽基础上,我们应当如何寻找主观预设之"强制阐释"的痕迹呢?或者说,主观预设到底在什么层面和程度上能导致强制阐释的发生?

首先,主观预设何以可能?张江认为,前置结论是指阐释者的结论产生于批评开始之前,阐释不是为了认识和分析文本,而是为了证实他的前置结论。① 然而,在批评实践中,完完全全的前置结论是不可能的。阐释过程是非常复杂的,文学批评不等同于文学阅读,文学批评家也不同于一般读者,在文学批评实践中,批评家的"前见"并不是唯一的,甚至也不一定是主要的决定性因素。美国著名文学理论家和批评家弗兰克·兰特里夏指出:"只要你告诉我你的理论是什么,我便可以提前告诉你关于任何文学作品你会说些什么,尤其是那些你还没读过的作品。"② 这毕竟是揶揄之言。众所周知,凡是对事物的认识,均须从分析、探索、考察开始,从确当掌握事物本身的内容和实质开始,在深入研究以及多方辩证之后,才有可能对事物作出判断。以胡适为例,他在学术研究中十分重视方法的重要性,其学术研究方法的核心就是"大胆的假设,小心的求证"。大致是说应带着怀疑的眼光博览群书,在阅读过程中要善于发现问题,并提出某种解决问题的假设性结论,然后再认真寻找材料去加以证明。应该说,这种研究方法是有其合理性的,其实这也是一种预设。法国思想家埃德加·莫兰说:"一个理论不是认识,它只是使认识可能进行的手段;一个理论不是目的地,它只是一个可能的出发点;一个理论不是一个

---

① 张江:《前置结论与前置立场》,《北京师范大学学报》(社会科学版) 2015 年第 4 期。
② Frank Lentricchia, "Last Will and Testament of an Ex—Literary Critic", in Alxander Star (ed.), *Quick Studies: The Best of Lingua Franca*, New York: Farrar, Strausand Giroux, 2002, p. 31.

解决方法,它只是提供了处理问题的可能性。换句话说,一个理论只是随着主体的思想活动的充分展开而完成它的认识作用,而获得它的生命。"① 文学理论批评的路数是由阅读、分析开始,到运用理论、得出结论,也不乏逆向操作,由理论开始,进行阐释文本的选择,再分析、得出结论。这两种认识和阐释路线都符合认识论的规律,其合理性的限度在于:论述的角度是文学的,还是非文学的;理论的运用是否贴合文本实际,能否达到逻辑自洽,等等。在强制阐释批评实践中,理论的运用与文学材料不能贴切融合,使得论证完成之后,立场还是"前置"的立场(而非被证明的立场),结论沦为"前置的结论"(而非已被证实的结论),这才是张江所批评的主观预设之"前置立场"与"前置结论"。

  其次,主观预设是否会损害批评的公正性,批评的公正性到底体现在何处?张江认为,公正的文本阐释应当符合文本尤其是作者的本来意愿。作者本人无意表达,文本中又没有确切证据,却把批评家的意志强加于人,应该是违反道德的。② 他以女性主义批评家肖瓦尔特从女性主义立场对《哈姆莱特》的解读为例,认为肖瓦尔特推翻以主人公哈姆莱特为中心的批评立场,要从文本中解放奥菲莉亚,或者让其成为悲剧的中心,按女权主义的立场重塑这一人物,是主观预设的典型症候——理论先行和前置立场。张江的问题是:"这种预设的立场与结论是莎士比亚的本意吗?或者说在其创作《哈姆莱特》的目的中,含有蔑视女性的动机及意图吗?"③ 对此,朱立元撰文回应,"文学批评的任务主要不在还原作者的意图"④。随着理论探讨的进一步深入和深化,张江提出公正阐释的基点是承认文本的本来意义,承认作者的意图赋予文本以意义,在此基础上,才会有对文本的多元理

---

  ① [法]埃德加·莫兰:《复杂思想:自觉的科学》,北京大学出版社2001年版,第270页。
  ② 张江:《强制阐释论》,《文学评论》2014年第6期。
  ③ 党圣元:《二十世纪早期中国文学批评史研究中的"强制阐释"谈略》,《文艺争鸣》2015年第1期。
  ④ 朱立元:《文学批评的任务主要不在还原作者的意图》,《中国文学批评》2015年第2期。

解和阐释。因此,"尊重文本,尊重作者,在平等对话中校正批评,是文学批评的基本规则,是批评伦理的基本规则"①。值得进一步探讨的问题是:

其一,尊重作者,并非意味着批评实践不能违背作者意图。了解作者的创作意图,固然有助于批评的阐释,但这并非阐释不可或缺的前提条件。众所周知,作品一经完成,它便相对独立于作者的意图,意义的生成并不完全受制于作者创作时的想法。这就是为什么有时作者会感叹读者竟然比作者更能理解其创作意图的原因之所在。以海德格尔对凡·高的油画《鞋》的阐释为例,这双鞋是农妇的鞋还是城里人的鞋,亦或是凡·高本人的鞋,并不重要,哪怕确如杰姆逊所说,"在凡·高那里,这最初的内容,我想就是农业生活中的苦难,完全的贫瘠,和农民们最原始的体力劳动的痛苦"②,但在海德格尔的视域里,这双鞋就是一双农妇的鞋,这双鞋子把土地与世界,或者说把物质与历史联系了起来,表达了存在主义哲学的深刻意义,海德格尔用实践证明了存在主义具有解释这幅作品的可能。在批评实践中,作者的意图是潜在的,作为个体的读者将要迎合、发掘还是背离作者的意图,取决于这个独一无二的读者与文本相遇的时机、方式等诸多因素。一个恰巧迎合了作者意图之读者所进行的批评未必就是公正性的批评;同样,背离作者意图的批评也未必会损害批评的公正性。

其二,文本意图是多元的。即使肖瓦尔特基于"预设的"女权主义立场对《哈姆莱特》进行新的阐释,也并非一种"强制阐释"。托马斯·帕威尔曾言,尽管女性主义批评家要"重塑"奥菲莉亚的呼吁在学术圈显得落落寡合,但在莎士比亚戏剧里,这位年轻的姑娘确实是被父权、暴政和男性的漠然(其父波洛涅斯的阴谋、克劳狄斯和哈姆莱特之间的争斗、王子本人的轻率与冷漠)所毁掉的,而肖瓦尔

---

① 朱立元:《文学批评的任务主要不在还原作者的意图》,《中国文学批评》2015年第2期。
② [美]杰姆逊:《后现代主义与文化理论》,北京大学出版社1997年版,第182页。

特的批评正唤起了人们对两性问题的关注。① 女性主义批评、生态批评、后殖民主义批评等流派的理论价值和有益认识，提出了认识和阐释文学的新视角，对文学批评理论的生成具有重要的扩容意义。这是肖瓦尔特解读《哈姆莱特》的意义，是女性主义名著《阁楼上的疯女人》的意义，也是海德格尔阐释《鞋》的意义。"阐释多元论并不去评判各种解读的优劣高下，而是努力转向更丰富多元的意义、思想、见解、感悟、体会和满足。"② 而且，关于文学文本的意义和价值的解释从来就充满了阐释的冲突，这也决定了文本具有向新的阐释不断开放的可能性。至于主观预设是否合理，则取决于批评实践论证是否符合逻辑、论据是否充分、其立场（哪怕是预设立场）是否得到完整、贴切的"文学的"阐释。

张江再三追问的另一个问题是：文学批评结论应当产生于文本的分析还是理论的规约？从事文学批评的学者都知道，文本分析与理论规约不是二元对立的两极，也不是时间线性逻辑上可以截然区分的两点（尽管在"文学理论来自文学实践并接受文学实践的检验"这一常识意义上，理论应产生于文本阐释之后），恰恰相反，二者在批评实践中紧密结合，文本分析要受理论的指导与规约，理论的衍生和发展同时受到文本分析的制约。文学理论总是随着文学运动、文学创作、文学接受的发展而发展，它永远是生动、变化的，而不是僵化、静止的。③ 理论有先导意义，但理论是在文学活动中产生的。换句话说，理论在文学活动中产生之后，又反作用于文学活动，从而才具有了一定的先导意义。没有任何一种理论能够适用于阐释一切文本，文本自身是否具备与某种理论相匹配的"质地"，取决于理论遇到文本之后的阐释逻辑，批评实践可以是微观或局部的，却不能是片面的、破坏文本内在肌理或有悖于文本整体逻辑的。说到底，这还是逻辑自洽的问题。当张江质疑肖瓦尔特的批评时，他从该批评实践中发现了"主观预设"的痕迹还是非逻辑证明的因子？辨别一个批评实践是否

---

① ［罗马尼亚］托马斯·帕威尔：《批评的宽度》，《文艺研究》2016年第8期。
② 周宪：《解释的有效性与反思性》，《社会科学战线》2015年第6期。
③ 童庆炳主编：《文学理论教程》，高等教育出版社2010年版，第5页。

属于主观预设的批评并不容易,退一步说,在逻辑自洽的基础上,即使批评家预设了自己的立场,又有何妨呢?如果一个文学批评实践是建立在逻辑自洽基础上的,即便是其事先预设了立场,只要这一立场能够经得起批评实践的证明和检验,同样是一个公正性、合理性的批评。

这样,我们就回到了主观预设之于强制阐释的有效性问题上。文学创作完成之后,作品会一直处于"生成"与"开放"的状态,而要防止强制阐释论中所谓"主观预设"的发生,需要全面、深入地了解和辨析作者的意图,同时合理地把握预设限度,在方法论解释学的"原意"与哲学解释学所强调的"先见"之间求得解释的客观性。从"预设"角度而言,这种批评的"客观性"乃至公正性的获得,取决于批评实践能否把握好理论运用与主观预设的逻辑合理性与自洽性。因此,主观预设固然可以作为强制阐释的一个特征,但它并不是构成强制阐释的客观必要条件,只有当它越过了理论阐释文本之逻辑自洽的限度,才会变成强制阐释。

三 强制阐释论:理论背景与效果意义

《强制阐释论》在充分肯定"当代西方文论"的独特理论价值和影响力的同时,认为当代文论还存在许多缺陷和遗憾:"一些后来的学者"在最近30多年的传播和学习过程中,因为"理解上的偏差、机械呆板的套用"等原因,极度放大了西方文论的本体论缺陷。张江特别指出,西方文论的核心缺陷就是"强制阐释",其论述的主语多次变换,起承转合,显然是意在通过概括和提炼当代西方文论的核心缺陷,来反观当代中国文论乃至世界文论的建构与发展问题。

从理论背景来看,当下的中国文论面对全球化语境,正处在反思和重建话语体系、逐步建立理论自信的阶段,不可避免地会受到西方文论的强势影响。张江在这一背景下提出强制阐释论,剖析西方文论的缺陷,直面中国文论自身的问题,以一种极为难得的理性自觉揭示了强制阐释这样一种阐释的现象(或者说问题),深层次地触及当前文艺学发展与理论拓展所面临的问题。追溯以往,张江并非首位质疑现代西方文论并倡导建构本土文论话语体系的学者。20世纪80年代以来，大量西方哲学与文论著作被译介到国内，但对西方文论往往是不加甄别地运用乃至机械地套用，造成了隐藏于文学理论研究"繁荣"背后的创新性贫乏。20世纪90年代中期，曹顺庆曾关注到这一现象，提请世人注意西方文论输入给中国文论带来的一定负面影响。他认为，"中国现当代文艺理论基本上是借用西方的一整套话语，长期处于文论表达、沟通和解读的'失语'状态"，中国文论患上"失语症"①。这一话题曾在国内引发了长时间热议，有学者感概："整个民族几乎失去了自己的理论意识，许多理论家失去了理论的自我，终其一生以搬运、贩卖、阐释西方的东西为业，而浑然不觉这种理论自我的双重遗失是多么可悲！"② 20多年过去了，张江谈论中国文学理论批评"双重强制阐释"现象时，其焦虑和期许与参与"失语症"讨论的学者们又何其相似！张江坦言，他提出强制阐释论就是源于中国学者对西方文论非理性的取舍，甚至是以讹传讹的运用，导致中国文论在西方文论的强势面前"失去了话语权"③。中国文学理论要走本体阐释的道路，必须警惕并修正强制阐释的弊端。

"强制阐释论"以其鲜明的问题意识和理论指向，显示了中国文论与西方文论平等对话的自信，也契合了当代中国建立文化自信、当代中国文论构建自身体系的需要。如今的中国经济高速发展，GDP相继超过英、法、德、日诸国直逼美国，无论在哪一个领域，中国在世界上的发言权都有了相当明显的增强。习近平总书记在庆祝中国共产党成立95周年大会上发表重要讲话时指出，中国有坚定的道路自信、理论自信、制度自信，而其本质是建立在5000多年文明传承基础上的文化自信。具体到文学理论领域，2010年英语世界出版的权威性《诺顿理论批评文选》（第2版）首次打破了西方中心主义的藩篱，收入了中国理论家、思想家和美学家李泽厚的论文《美学四讲》，开

---

① 曹顺庆：《文论失语症与文化病态》，《文艺争鸣》1996年第2期。
② 顾祖钊：《略论中国古代文论的现代转换》，《人文杂志》1997年第2期。
③ 李晓华：《关于"强制阐释"的追问和重建文论的思考——张江教授和王齐洲教授对话实录》，《江汉论坛》2016年第4期。

了英语文学理论界认可和接纳中国当代文学理论的先河。① 近年来，张江直面西方文论之弊，陆续与西方学者展开深度对话，提出了强制阐释论。他给阐释划定边界，不仅明确强制阐释的所指，而且进一步划定"本体阐释"的边界②，初步建立起强制阐释理论框架和体系，试图为未来中国文论体系的建构指明方向。张江呼吁国内学术界"面对任何外来理论，必须捍卫自我的主体意识"，并且强调"实现与西方平等对话的途径，一定是在积极吸纳世界文艺理论发展经验的基础上，立足本土，坚持以我为主，坚持中国特色，积极打造彰显民族精神、散发民族气息的中国文艺理论体系"③。这充分体现了中国文学理论向世界文论发出自己声音的自信，"在相当程度上改变了中国学者与当代西方文论对话的疲弱状态，将对重建中国文论的路径和方法产生重要的和持续的影响"④。强制阐释论的提出，不仅对于中国当代文论的建构及文学实践朝向健康发展具有非常积极的意义，也必将在国际文学理论和比较文学界产生重大的意义与反响。

从世界文论的范围来看，强制阐释论的提出是对阐释学理论的重要推进，是阐释学理论链条上的一个新节点。西方传统解释学从最早的古希腊解释学，到中世纪的"释义学"和"文献学"，一直到德国近代施莱尔马赫和狄尔泰的解释学，都主张解释学要努力帮助读者把握"本文"的原意，把握创作该本文作者的原意，从而克服误解现象的发生。当历史进入20世纪时，这种解释学传统发生了根本的转向，即以海德格尔和伽达默尔为代表的现代哲学解释学思潮一反传统解释学的客观主义精神，宣称理解是以历史性的方式存在的，本文作者的原意是莫须有的东西，作者创作过程完成之后，本文就脱离了作者的原意，按照其自足的生命存在。在人们怀着浓厚兴趣阅读《真理

---

① Cf. Li Zehou, "Four Essayson Aesthetics: Towarda Global View", in: Vincent B. Leitch. Ed., *The Norton Anthology of Theory and Criticism*, New York: Norton, 2010, pp. 1748 – 1760.
② 毛莉：《当代文论重建路径：由"强制阐释"到"本体阐释"——访中国社会科学院副院长张江教授》，《中国社会科学报》2014年6月16日。
③ 张江：《当代西方文论若干问题辨识——兼及中国文论重建》，《中国社会科学》2014年第5期。
④ 王尧：《"强制阐释"与中国当代文学研究》，《文艺争鸣》2015年第11期。

与方法》的热潮中，美国文论家赫施出版了《解释的有效性》一书，针锋相对地捍卫了本文作者的原意，他提出本文有"含义"与"意义"之分："特定的含义就存在于作者用一系列符号系统所要表达的事物中……意义则是指含义与某个人、某个系统、某个情境或与某个完全任意的事物之间的关系。"① 含义与作者的创作意图直接相关，是确定不变的，而意义则与解释相关，是变动不居的，他强调文学阐释活动应该对作者的意图即文本的固定含义给予充分尊重。而略早于赫施，美国艺术批评家苏珊·桑塔格在1964年提出"反对阐释"，对当时流行的精神分析主义与社会批评提出质疑。她认为自己所处时代的阐释行为大体上是反动的和僵化的，艺术阐释的散发物在毒害人们的感受力，阐释为的是另建一个"意义"的影子世界。这种"将艺术同化于思想，或者（更糟）将艺术同化于文化"② 的阐释方式是桑塔格极力反对的，其实这也是强制阐释的一种表现。到了20世纪90年代初，艾柯出版《诠释与过度诠释》，在"作者意图"之外，提出"文本意图""作品意图"以及"标准读者"等概念，试图辨析阐释与过度阐释的界线，即意义的本质以及阐释之可能性与有限性等问题。艾柯是20世纪六七十年代对读者在意义生成过程中的作用最热心、最具影响力的倡导者之一，但他还是认为作者意图是不可忽视的，认为鉴于经验作者的私人生活在某种程度上说比其作品文本更难以追寻，在作者意图与读者诠释之间，作品"文本"的存在无异于一支舒心剂，使得诠释活动不是漫无目的地到处漂泊，而是有所归依。③ 综上可以发现，无论赫施、桑塔格还是艾柯，都主要是从内容的角度谈阐释。赫施区别"含义"与"意义"，桑塔格"反对阐释"，艾柯所谓的"过度诠释"虽属于对文本和作者意图作的"过度"阐释，但其意图和视域依然是阐释本文。比较而言，强制阐释的视域则宽广得多，论证也更加体系化。张江不仅从本体论上对强制阐释作了

---

　　① ［美］赫施：《解释的有效性》，生活·读书·新知三联书店1991年版，第17页。
　　② ［意］安贝托·艾柯等：《诠释与过度诠释》，［英］斯特凡·柯里尼编，王宇根译，生活·读书·新知三联书店1997年版，第8、15页。
　　③ 同上书，第95页。

辨析，指出强制阐释是背离文本话语、消解文学指征的阐释，而且更为关注阐释的路线，从方法论的角度以及"理念"和"逻辑"两个层次上指出了强制阐释的四个基本特征[①]，这四大特征是密切相关、互不可分的两个层次，每个基本特征又经过严密的论证。因此，在概念的凝练、逻辑的论证、观点的阐发、结构的关联等方面，强制阐释论都显得更为谨严和缜密，是对阐释学理论的重要推进。

总之，面对"强制阐释"，我们发现，对于场外征用与主观预设的有效性及有效范围的探讨，在一定程度上有利于解决强制阐释论的理论困难，进一步明确其有效范围。作为一个基于文学理论批评的概念，强制阐释论的提出顺应了中国当前文学理论话语建设的需要，推进了阐释学理论研究，有力促进了理论识见的健康发展，值得我们一再回味和省视，并在文学实践中不断地修正和丰富这一理论。强制阐释的弊病在古今中外文学理论中普遍存在，值得引起文学理论研究界的警惕和重视。从更广泛的意义上来看，强制阐释不仅在中外文学理论，而且在我们的政治、经济、文化、社会生活当中，在各种各样人类认知实践和物质实践过程当中普遍存在，其理论触角和阐释边界可以向文学实践的更宽泛处、更细微处甚至文学场外拓展，延伸到其他领域和学科。当然，与"失语症"论争一样，关于强制阐释的讨论终会被新的文学理论话题所取代，但我们会一直警惕强制阐释的发生。接下来，中国文学理论界该干什么？"强制"之后，如何阐释？也许，直面全球语境，有选择地借鉴世界各国文学批评理论方法、经验和视角，同时根据中国文学和世界文学出现的新情况、新问题、新趋势、新特点，在文学理论的规约和指导下，开创符合中国文学实际乃至世界文学实际的批评理论，才是中国文学理论研究的应有路向。

---

① 姚文放：《"强制阐释论"的方法论元素》，《文艺争鸣》2015年第2期。

阐释的意义与价值
——强制阐释论中的文学经验问题*

曹成竹**

一 从伽达默尔的体验观谈起

近年来，张江提出的强制阐释论成为文学理论界的一个焦点问题。一方面，这一理论得到了诸多学者的赞同和响应，人们不仅以强制阐释为视角，对当代西方文论及中国文论发展的问题展开批评与反思，同时还注意到从概念的梳理、辨析及知识谱系的研究出发，为强制阐释论的建构与拓展奠定基础；另一方面，也有学者对这一问题发表不同意见，引导理论探讨不断深入。其中，张江与朱立元、王宁、周宪几位学者关于"主观预设"和"前见与立场"等问题的对话尤为引人注意，因为这些对话从不同角度和深度推进了强制阐释论的发展。在讨论中，张江把强制阐释的主观预设现象进一步区分为"前见"和"立场"，并且指出前见是某种由生存和教育语境所养成的知识结构和认知方式，其根本特点是开放性和可变性，是可以随着对于文本的理解而得到改变和修正的；而立场则是一种"主动、自觉的行为表达"和"清醒意识的选择"，它在实践层面上高于前见，是不可改变的，不但不会被文本经验所修正，还会因自身的存在而强制阐释文本。① 这一区分能够引导我们对阐释行为的前提要素进行自觉辨识

---

* 本文原刊于《学术研究》2016 年第 7 期。
** 作者单位：山东大学文艺美学研究中心。
① 张江：《前见与立场》，《学术月刊》2015 年第 5 期。

和反思，因此是有益的也是必要的。然而，这一观点并未得到另外几位学者的赞同。朱立元指出，前见与立场在语义上并没有根本的区别①，周宪也认为，明确地区分出前见和立场并非易事，而且文学研究中的前见和立场往往都是不可或缺的。②

的确，在具体的批评过程中，我们很难意识到自身的前见与立场的差异，它们往往是融合在一起的，而且又是不可避免的。伽达默尔在谈论前见问题时，并未特别强调区分出立场。他认为对于有效的阐释而言，前见必须处于阐释者的自觉意识之中，以便能够保持对文本的倾听态度。而至于前见是否能被改变，则在于"体验"（erlebnis 或 erfahrung）这一概念。在伽达默尔看来，体验既是一种前见，同时又是能够修正前见的关键所在："凡是能被称之为体验的东西，都是在回忆中建立起来的。我们用这个词意指这样一种意义内涵，这种意义内涵是某个经验对于具有体验的人可作为永存的内涵所具有的。这就是关于意识所具有的意向性体验和目的论结构的论述所确认的东西。但是在另一方面，体验概念中也存在生命和概念的对立。体验具有一种摆脱其意义的一切意向的显著的直接性。所有被经历的东西都是自我经历物，而且一同组成该经历物的意义，即所有被经历的东西都属于这个自我的统一体，因而包含了一种不可调换、不可替代的与这个生命整体的关联。"③ 在这里，体验明显具有两重性：第一重源于体验主体，也就是阐释者事先具有的意向性和目的论的认识结构；第二重则源于"自我经历物"引发的体验本身，也就是体验过程中摆脱主体自我意识的可能。体验如同阐释过程中联系阐释者与阐释对象的桥梁，它已然存在于阐释者身上，但在经历了阐释对象和过程之后，却又不知将抵达何方。体验的特点在于"先在"与"异在"之间的对话交流，这里的"异在"指区别于体验者先在经验和意向的体验过程所传达的独特经验。对于理想的阐释行为而言，体验的确定性恰

---

① 朱立元：《也说前见和立场》，《学术月刊》2015 年第 5 期。
② 周宪：《文学的对话性与文学研究的对话性》，《学术月刊》2015 年第 5 期。
③ ［德］伽达默尔：《真理与方法》，洪汉鼎译，上海译文出版社 1999 年版，第 85—86 页。

恰在于其不确定性，一种以生动活泼的方式勾连两种立场的自我超越与意义整合。

　　伽达默尔特别指出，体验的过程是经验性的，但机制却是历史性的。人在世界中接触作品，又在作品中与世界接触，因此这种体验所产生的意义整合就绝对不是一个"我们刹那间陶醉于其中的陌生的宇宙"，而是能够更加清楚地理解我们自己的途径。所以对于艺术体验问题的合理立足点，并不是仅仅企求体验的直接性和瞬间性，还应当明白体验"与人类的历史性实在相适应"①。伽达默尔这种对体验的理解，在一定程度上继承了施莱尔马赫、狄尔泰、胡塞尔等人的体验观，并且以柏格森的生命哲学为旨归。不同点在于，伽达默尔的体验观又是在批判康德的基础上的一种推进，最终与他的艺术体验论和历史阐释学结合起来，从而形成了在阐释中洞见真理的方法论。康德把审美趣味作为一种绝对自由，并认为给这一自由立法的是人的主体性精神。这种艺术天才论确定了人作为先验主体的体验的绝对自由性，而没有看到其历史性和具体性。伽达默尔不仅把体验洞见真理的特权赋予了艺术的审美体验，还把这一过程从先验的绝对主体归还给历史化的相对主体，从而为阐释者的现实根基——体验的前见以及这种前见在艺术体验中的消溶与重构开辟了道路，阐释者正是在这种牵绊与自由的张力中通达自身的此在。

　　此外需要强调的是，伽达默尔的体验观并未抛开对作品本身的重视，而是将其纳入了对体验过程的强调之中。因此有学者认为，伽达默尔的阐释理论容易陷入相对主义和怀疑主义，例如赫施的《解释的有效性》就旨在重建以作者原意和作品文本为核心的科学阐释论。但我们也应该看到，伽达默尔是在反拨经典阐释学过度重视还原阐释对象的基础上展开论述的，因此这种重心的挪移可以理解。而这并不意味着他的阐释理论脱离了阐释对象，其艺术体验的生发本身便包含了对阐释对象的尊重，如果没有被充分吸纳入作品的世界之中，体验是无法由先在经验变为独立于主体之外的"自我经历物"的。美国学者霍埃便批驳了赫施对伽达默尔的误解，看到经验虽然是主观的和历

---

① ［德］伽达默尔：《真理与方法》，洪汉鼎译，上海译文出版社1999年版，第124页。

史的，但仍是以文本为基础的正当解释。①

对于强制阐释论而言，伽达默尔体验观的启发主要有三点。第一，体验具有矛盾性，既是阐释者的已有经验，又是交流中以作品为本源的新鲜经验；既是稳定的、前置的，又是变动的、可超越的。第二，体验的充分发生，是阐释合理性的有效保证。第三，充分的体验只是合理阐释的必要条件，必须认识到体验的历史化生成，因此阐释不仅是对文本的理解，还包含对体验的理解。以体验为基础，前文提到的几位学者关于前见和立场的分歧，便可能被化解——前见和立场是可以区分的，前见可能被改变，而立场则应当被悬搁，然而这些应该是文本体验的结果，而不是其前提。文本体验的充分发生以及阐释者对其个人体验的间离和超越相结合，是抵制强制阐释的有效途径。

再进一步说，对于合理的文学阐释而言，对文学经验的尊重和对立场与前见的检视，虽然如同一枚硬币的两面，但如果必须确定一方的优先权，无疑应该是文学经验。对于立场与前见的检视是为了更好地通达文学经验，而只有以文学经验本身为核心，才可能实现对前见与立场的检视甚至超越。为了绕出这个循环，我们可以这样说：对文学经验的尊重是合理的阐释理应具有的唯一立场。这一论断不仅应作为文学阐释与批评的出发点，也是我们反思西方文论经验得失的着眼点。从总体上看，西方文学理论的发展，因为形而上世界观和理性思维方式的影响，理论和立场的前置性是显而易见的。这种倾向在逻各斯中心主义占主导的时代问题并不突出，但随着西方历史的现代化进程，文学及其他艺术表达经验的诉求更为迫切，文学艺术与社会现实和理性观念的关系也更为紧张，西方文论的理论倾向与文艺经验相脱节的问题也就愈发明显了。

二 经验的价值：当代西方文论的转捩点

伽达默尔的"体验"对应的英文释义为 experience，也就是经验。英国马克思主义文学批评家雷蒙德·威廉斯在《关键词》一书中曾

---

① [美] D. C. 霍埃：《批评的循环》，兰金仁译，辽宁人民出版社1987年版。

对"经验"一词进行过分析。① 它有两重涵义：第一是"从过去的实践里所累积的知识"，也就是侧重经验与教训，包含思考、反省与分析之意，即习得之先见；第二是一种可以与理性和知识区隔开来的特别的意识，侧重完整的、活跃的意识，而这种意识代表着没有争议的真实性与直觉性，也就是切身的体验。可见经验概念本身是矛盾的，既是某种既有的前结构，又是自足自律的新意识。"经验"的两重性与伽达默尔的"体验"是一致的，无论是转译上还是内涵上我们都可以将它们视作同一个概念。

特别值得注意的是，经验与体验这对概念的现代意涵的确立，有着相同的宏观历史背景。威廉斯提到经验一词在英语语境中的第二重涵义，也就是强调完整的、真实的意识以及整个人的存有（being）的涵义，是构成西方现代文化发展运动的重要部分，因为文化的一个现代普遍用法是指"音乐、文学、绘画与雕刻、戏剧与电影"等"关于知性的作品与活动，尤其是艺术方面的"。② 进一步而言，随着19世纪以来西方现代美学和艺术的自觉，经验所代表的重要意义和真理性才逐渐具有了一种排外的性质。伽达默尔在《真理与方法》里，同样追溯了体验一词的概念史，他发现体验这个词在德文中直到19世纪70年代才成为了与经历相区别的常用词，而最早将体验独特的现代意义固定下来的是传记文学。在他看来，由经历变为体验需要以两方面的意义为依据："一方面是直接性，这种直接性先于所有解释、处理或传达而存在，并且只是为解释提供线索、为创作提供素材；另一方面是由直接性中获得的收获，即直接性留存下来的结果。"③ 我们可以这样理解，体验与经历的不同在于，虽然两者同样都是直接的，但体验又是有意义的或迫近真理的。伽达默尔指出，19世纪艺术家和诗人传记的作用，是强调从他们的生活出发去理解其作品。传记的功绩正在于传递了体验的两方面的意义，并将之作为一种

---

① [英]雷蒙德·威廉斯：《关键词：文化与社会的词汇》，刘建基译，生活·读书·新知三联书店2005年版，第167—171页。

② 同上书，第106页。

③ [德]伽达默尔：《真理与方法》，洪汉鼎译，上海译文出版社1999年版，第78页。

创造性的关系加以认识。简言之，传记文学中的体验，意味着从具体的经历中理解艺术家和诗人创作的真理性和独特性。伽达默尔同威廉斯一样，也进一步指出了体验一词确立现代意义的历史语境："施莱尔马赫为反对启蒙运动的冷漠的理性主义而援引富有生命气息的情感，谢林为反对社会机械论而呼吁审美自由，黑格尔用生命（后期是用精神）反抗'实证性'，这一切都是对现代工业社会抗议的先声，这种抗议在本世纪初就使体验和经历这两个词发展成为几乎具有宗教色彩的神圣语词。"① 很明显，经验与体验这对概念现代涵义的确立，依赖于西方现代美学和艺术的自律及人本主义精神的觉醒这一大的历史背景。或者说经验与体验现代涵义的确立，本身便是现代西方文学艺术经验化、非理性化强烈诉求的表征，传达着18世纪末浪漫主义运动以来与西方现代世界观保持张力关系的审美现代性体验。诚如伊格尔顿所言："像宗教一样，文学主要依靠情感和经验发挥作用，因而它非常宜于完成宗教留下的意识形态任务。的确，在我们这个时代，文学实际上已经等于分析思考和概念探究的对立物：当科学家、哲学家和政治理论家担负着这些枯燥乏味的论辩性事务时，文学研究者却占据了更可贵的感情和经验领域。"②

我们再来考察一下西方文论的历史发展状况。受哲学传统影响，自古希腊以来，西方文论便侧重将文学作品视为客体对象，对其进行理性的分析思考。例如亚里士多德《诗学》中的摹仿说和悲剧理论，重点探讨的是作品与摹仿物之间的关系，而对于主体自身的经验，虽然有著名的净化说，却也并未做出深入阐发，而是立足于其道德教化的社会效果。20世纪以来，在科学主义和实证主义思潮影响下，社会学、语言学、心理学、精神分析学、符号学和人类学等成果被吸纳进西方文论之中，更强化了这一传统。应该说，西方文论的理性传统有其优势，把文艺作品作为分析思考的对象，对其做出逻辑的思辨和

---

① ［德］伽达默尔：《真理与方法》，洪汉鼎译，上海译文出版社1999年版，第81页。
② ［英］伊格尔顿：《20世纪西方文学理论》，伍晓明译，陕西师范大学出版社1987年版，第29页。

科学的解释，的确能够在一定程度上拨开文艺这片神秘领域的迷雾，使其在人类意识和社会生活中发挥更为明确的作用。但文艺发生作用的方式首先是经验的和情感的，这种经验和情感又要转换为特殊的艺术语言并传递给欣赏者，其内在原则并不是理性分析所能够准确言明的。如果不是从文学作品的经验本身出发，而是过度强调理论，先验地、机械地运用理论方法去分析解读作品，的确容易造成应用上的方凿圆枘和结论上的削足适履。

然而西方文论的另一个传统也不容我们忽视，这就是柏拉图的"理式观"（又译作理念、原型、相）所确立的经验传统。在柏拉图看来，对理式的认识并不是通过感官来实现的，而是通过经验来领悟，使其呈现在内部知觉面前。在讨论理式问题时，柏拉图反复使用的神话形象和隐喻修辞都表明，"在对获取有关世界基本性质的知识的探索追求中，诗的想象力和宗教想象力同任何纯粹的逻辑方法——更不用说经验主义方法了——一样有用"①。这种经验传统超越一般的感官经验，却又区别于思辨的逻辑理性，可视作经验的一种深层表现。它强调个人体验的神圣性与真理性，即在个人的体验和顿悟中发现宇宙的神圣实在。这一传统在后来的新柏拉图主义以及中世纪的神学美学中，都得到了继承与发扬。自文艺复兴以来，古希腊的理性传统被重新激活并随着社会历史发展而演变为一种科学的、主客对立的现代世界观，这一世界观最终成为了占据支配地位的启蒙法则，经验传统在宗教、艺术创作和文论中受到了抑制。此时值得注意的新变化，是美学作为感性学的自觉及这一学科的发展与经验传统的密切关系。美学学科起源于鲍姆嘉通并成熟于康德，但在德国古典主义之前，维柯的《新科学》以及英国特有的经验主义哲学实际上已经为美学做出了足够的铺垫，为人类经验的合理性和重要性进行了辩护。此后，德国古典美学标志着美学思辨传统的大成，也宣告了这一传统在言说审美方面的断裂与矛盾。现代美学发端以来，一个显著特征便是由思辨转为感性，由形而上转为形而下。尼采对酒神精神的呼唤、

---

① ［美］理查德·塔纳斯：《西方思想史》，吴象婴等译，上海社会科学院出版社2011年版，第14页。

第二部分 理论内涵研究

柏格森的生命美学、克罗齐对艺术直觉的肯定、杜威的艺术经验论，都可视为对自柏拉图以来的经验传统的延续。这种经验传统无疑更贴近人类存在本身，更贴近人的情感和经验世界，因此对西方现代文学艺术发展感性脉动的理解更加切中肯綮。然而，经验式的美学和文论却也容易陷入非理性崇拜的误区，忽视文艺活动的历史性和社会价值，继而走入孤芳自赏的精英主义藩篱之中。

现代西方文学艺术的发展既是经验的产物，又是社会生活和历史的产物，因此在感性与理性的交叉维度上确定文学经验的中心与边界问题，实际上构成了当代西方文论发展的关键转捩点。伽达默尔的《真理与方法》出版于1960年，正值西方过渡到后现代社会的开端。此后的西方文论开始了新一轮的"向外转"，福柯、德里达、利奥塔、拉康、阿尔都塞、罗兰·巴特、波伏娃、布尔迪厄、萨义德、葛兰西等理论家相继登上舞台，并引发了文学与文化研究新的"问题形式"[①]。这些理论家的文论精彩深刻，令人折服，他们的理论也经常被人们所借用。然而需要我们深思的是：第一，后现代理论家中的大多数并不是严格意义上的文学理论家，尽管如卡勒所言，理论是"跨学科的"和"自反性的"，并且是对常识的批判[②]，但这并不意味着来自文学之外的理论理所当然地占据文学理论批评的支配地位，文学经验作为沟通文本、读者与作者的桥梁依然是阐释的直接发源；第二，后现代理论家的理论，例如解构主义、女性主义或生态批评等，都有其兴起的历史背景，也有其适用的具体特殊的文艺对象，因此其理论的有效性是有限的，如果超越了经验的边界而广泛地挪用理论，阐释其语境之外的文学文本，则很容易导致阐释的强制性和虚假性；第三，20世纪60年代之后专业意义上的西方文学理论，开始转向了神话原型批评、互文性理论、读者反应批评、接受美学和文化研究。这些理论虽然也强调文学研究的向外转，却仍然忠实于文学文本和文学经验。对于这些文论的新转向而言，关键问题在于如何处理文学经

---

① 段吉方：《论20世纪英国文化研究中的"葛兰西转向"》，《文学评论》2014年第2期。

② 参见［美］乔纳森·卡勒《文学理论入门》，李平译，译林出版社2008年版。

验，以确保不陷入经验或文本的形而上学。这些反思，启示我们对于当代西方文论的考察应当以文学经验问题为核心，以20世纪60年代为分界或参照点。

三 文学经验与当代西方文论发展之问题

韦勒克将20世纪西方汹涌发展的理论批评划分为六大主潮，即马克思主义批评、精神分析批评、语言学与风格批评、一种新的有机形式主义、以文化人类学与荣格学说为基础的神话批评、由存在主义或类似世界观激发的哲学批评。① 这一划分，大致合理地勾勒出了西方文论截至20世纪60年代之前的发展态势。以此划分为参照（但会延伸到韦勒克所未言及的60年代以后），以文学经验为视角，我们可以将当代西方文论的主要问题归纳为以下几个方面。

第一，将理论置于文学经验之前。这方面的代表是精神分析批评与马克思主义批评。对于精神分析理论，韦勒克提到弗洛伊德本人对文学并无多大兴趣，而且也承认精神分析并不能解决艺术问题，然而他的追随者运用精神分析方法系统地解释文学，其结果是既为现代批评家提供了工具，也导致保守的弗洛伊德派文学批评"通常沉溺于对性象征的不厌其烦的探求中，经常曲解作品的意义，破坏了艺术的完整性"②。对于弗洛伊德及其追随者的理论之弊，张江在《当代西方文论若干问题辨识》③一文中有详细的举证，这里不再赘述。对于马克思主义批评，韦勒克认为，以梅林和普列汉诺夫为代表的早期理论家都承认艺术的独立性，并将该批评作为研究文学作品的社会决定因素的客观科学。然而后来马克思主义批评在苏联成为了教条的理论，限制了其健康发展。这一批评潮流在苏联以外也产生了广泛影响，例如英国马克思主义批评家考德威尔的代表作《幻想与现实》。韦勒克

---

① ［美］韦勒克：《批评的诸种概念》，丁泓、余徵译，四川文艺出版社1988年版，第327—328页。
② 同上书，第331页。
③ 张江：《当代西方文论若干问题辨识——兼及中国文论重建》，《中国社会科学》2014年第5期。

将《幻想与现实》描述为马克思主义、人类学与心理分析三者"奇妙的混合",实际上恰说明了其浓郁的理论前置色彩。雷蒙德·威廉斯也曾指出,《幻象与现实》将15世纪以来的现代诗歌称为"资本主义的诗",将20世纪的西方文学称为"颓废的文学",因为它们赖以产生的社会制度是"颓废的"(decadent),这一断言显然欠妥。它把利用了颓废因素的流行艺术及大众文化,与感知并且对抗资本主义现实和精神世界的严肃艺术混为一谈。可以说,"将过去300年英国人的生活、思想、想象简单地说成是'资产阶级'的,将现在的英国文化描述为'濒临死亡'(dying),这些都是用牺牲现实来成全公式"①。这里威廉斯对考德威尔的批评,代表着马克思主义文论家对于以前置的理论或立场简单笼统地对待文学经验的一种反拨,也印证了早期马克思主义批评容易存在的问题。

第二,将文学经验隔离于文本之外。这方面的代表是语言学批评和形式主义文论。这两派文学批评深受20世纪实证主义思潮和语言学转向的影响,力图为文学研究划定专属的学科疆界。虽然其批评路径各不相同,但无一例外地主张聚焦于文学语言形式,因此我们可以将其统称为"形式主义和语言学批评"。此派批评在语言分析和文本解读方面鞭辟入里,为西方文论注入了科学精严且富于可操作性的方法,并从本体意义上肯定了文学语言的核心地位。但其问题不仅在于所能够选择的阐释对象比较狭窄(伊格尔顿便指出其方法仅适用于诗歌,且在诗歌中也需要进一步筛选),而且更在于这种以文本语言为唯一对象的客观研究方式,将文本作为解剖台或显微镜下的静止物,将文学经验隔离在文本之外,因此既不能从情感经验上融入文本并与之对话,也拒绝从社会现实层面理解这些文本特征的由来及意义。早在20世纪20年代,托洛茨基就对俄国形式主义做出过批评:"从巨大的历史范围内来考察,新的艺术形式总是作为对新要求的反应而产生的。……形式分析的手法是必要的,但也是远远不够的。……让艺术脱离生活,宣称艺术是独立自在的技艺的做法,会使艺术空虚,死

---

① [英]雷蒙德·威廉斯:《文化与社会》,吴松江、张文定译,北京大学出版社1991年版,第358页。

亡。采取这种做法的需要本身，正是思想衰败的无误的症状。"① 后来伊格尔顿也尖锐地指出："新批评运动本来是作为技术主义社会的人文主义补充或替代物开始其生涯的，但它却在自己的方法中重复了这种技术主义。"② 应该说，形式主义和语言学批评的最大问题，正在于其极端的技术化思维及文本崇拜情结，排挤了文学经验的鲜活性和实践性，文学阐释与批评成为封闭的、机械无趣的、只有专家学者才能破译的语言迷宫。

第三，将文学经验先验化。对于神话原型批评和存在主义批评，韦勒克的看法是"如果追随神话学和存在主义，我们就会重新回到把艺术与哲学、艺术与真视为同一的立场。在热衷于对诗人的态度、情感、观念、哲学进行研究的时候，艺术作品作为一个美学整体就被割裂或忽略了"③。的确，神话原型批评和存在主义所强调的与其说是某种固定的理论分析方法，倒不如说是文学经验本身。只不过是将文学经验固定和简化为一种先在的神话原型、集体无意识或自身存在的无蔽（Aletheia），用这种先验的经验去解释作品，不仅容易导致对作品文本的偏离，还压缩了文学经验的丰富多样性。此外，20世纪60年代以后西方文论的主要动向是转向文学的阅读与接受，将文学经验作为文学研究的重心，走出了形式主义和语言学批评的藩篱。然而读者批评和接受美学同样容易将经验理想化、先验化，缺少对经验本身的反思批判意识。乔纳森·卡勒在《论解构》中指出了经验研究的弊端——如果经验不是强制性的、模式化的先验阅读方式，那么只有不确定、不稳定的经验才是理想的阅读经验。但这样一来经验也就更加无法言说了："事实证明比较容易确定文本中有些什么，实在不容易说'读者'或'某一位读者'的经验中有些什么：'经验'一分为二且被延宕了，既是我们身后有待复原的东西，又是我们面前需待出

---

① [苏] 托洛茨基：《文学与革命》，刘文飞等译，外国文学出版社1992年版，第168页。

② [英] 伊格尔顿：《20世纪西方文学理论》，伍晓明译，陕西师范大学出版社1987年版，第55页。

③ [美] 韦勒克：《批评的诸种概念》，丁泓、余徵译，四川文艺出版社1988年版，第346页。

产的东西。"卡勒的批评揭示了读者经验理论的不足,也便于我们理解当代西方文论的新发展。(1)或者回归文本,确定其相对固定的、稳定的意义,以此为基础讨论经验的合法性问题。赫施关于意义和意味的区分,以及韦恩·布斯的文本修辞学研究、詹姆逊的寓言批评都可视作此方面的代表。(2)或者对经验本身的前在结构进行反思。卡林内斯库的《重新阅读》(Rereading,1993)表明,阅读始终是一种"双重阅读",既包含细读作品时的瞬间体验和愉悦感,也包含重新建构和整理意义的理性反思。换言之,对于读者而言,任何初次阅读都可能是一种"阅读症候"下的重读,阅读立场的隐蔽性及稳定性比阅读中的自由经验更容易发挥作用。如同詹姆逊所言:"我们从未能真正直接面对一个文本,一个保持着自身内在新鲜性的文本;取而代之的是,文本在来到我们面前时'总是—已经—被读过'了。"[①]在此意义上,与其停留于"自在的经验"或"自足的文本",倒不如反思托尼·本尼特所谓的"阅读型构"(reading formation)[②] 问题。因此,读者反应批评和接受美学的发展转变显示了经验研究的困境:经验的绝对过程化和理想化往往是一地碎片或者空中楼阁,文本语言和文本的视界经验以及对阅读主体的具体实证研究更是不可或缺的。

通过追溯我们发现,评析当代西方文论的发展及其问题的关键,在于能否以文学经验为核心,以及如何以文学经验为核心。保持文学经验的鲜活性、回归这一经验的文本基础及其生发与交流的历史语境,既是伽达默尔的体验观给予我们的启示,也可作为以20世纪60年代为转捩点的当代西方文论发展得失的参照。以文学经验为视角,反思当代西方文论的发展及问题,能够帮助我们反拨西方文论的强制阐释之弊,并为当代中国文学理论与批评的健康发展提供有益的启发。桑塔格的《反对阐释》可视为西方理论界自觉反思的标志,她反对的是"唯一的一种阐释,即那种通过把世界纳入既定的意义系

[①] Fredric Jameson, *The Political Unconscious*, Ithaca and New York: Cornell University Press, 1981, p.9.

[②] 阅读型构,即阅读过程中激活情感、生产意义的先在结构。参见曹成竹《从"情感结构"到"阅读型构":英国马克思主义文论的文化转向》,《云南社会科学》2015年第3期。

统，从而一方面导致意义的影子世界日益膨胀，另一方面却导致真实世界日益贫瘠的阐释行为"[①]。的确，西方文论的理论化倾向，不仅压迫了丰富的文学经验和人们的感受力，还传递着理论之外的深层价值观念，这种"将世界纳入既定意义"的阐释模式不仅困扰着西方世界，更深深影响着我们对西方文论的接受与运用。今天中国学界的批判反思以强制阐释论为口号，而新的起点或落脚点，则应当是对中国文学民族审美经验的重新发掘与深刻解说。

---

① ［美］苏珊·桑塔格：《反对阐释》，程巍译，上海译文出版社2003年版，第7页。

文学本质的情境主义阐释

董志刚

一 强制阐释与审美特质

2014年张江发表《强制阐释论》一文，引起巨大反响，众多学者相继参与讨论，一时间成为热门话题。引发热议的原因，自然是一言难尽，但是此文的确道出了许多文论学者心中的困惑，那就是文学研究可以表现为任何形态，但越来越不像文学研究。20世纪以来，西方文论新见迭出，城头频换霸王旗，各领风骚十数年。如果说形式主义、新批评等流派秉承近代美学的无利害原则，通过语言分析来树立并捍卫文学的自足性，让人们为发现文学的内在本质而兴奋，到了60年代，则是风气大变，文学研究冲破了惯常的界限，甚至成为文化研究的附庸。在法国，罗兰·巴特、福柯、拉康、德里达、德勒兹等后结构主义和解构主义作家，不再相信文学是一个自足的领域，不再把文本视为整一的结构，并且否定其确定的意义，或者视文学为各种权力角力的竞技场。与此同时，英国以雷蒙·威廉斯、斯图亚特·霍尔为代表的文化研究表现出鲜明的左翼倾向，对精英文化心怀不满，认为文学的审美特质并非天然，实乃历史和社会情境中的建构，在当代又有各种媒介的精心编码，使得文化成为操纵大众生活的得力武器。在这些视野中，文学已无自身边界，而要从哲学、社会学、政治学、经济学、历史学、人类学等视角入手才能解开其中奥义。自

---

* 本文原刊于《文艺争鸣》2016年第10期。
** 作者单位：山西大学文学院。

此，文学研究成为一项跨学科的工作，各个学科借文学而立言，文学研究也要兼通其他学科。然而，这种情形导致的结果是，文学作品被随意拆解，成为各种理论的奴仆；望文生义，断章取义的做法甚为泛滥。张江称这些做法为"强制阐释"，特别是其中的"场外征用"，致使"文学的特性被消解，文本的阐释无关于文学。这样的阐释已经不是文学的阐释"①。而如"主观预设""非逻辑证明"等策略或弊端，也使得西方文论各流派之间相互颉颃，难成系统。

事实上，西方理论界也不时表露对解构主义和文化研究的反感和警惕，并且试图恢复文学的审美特质。早在20世纪60年代后结构主义起势之时，桑塔格就发表《反对阐释》，批判精神分析理论和社会历史理论等现代阐释学不顾文本原意和作者意图，挖掘文学背后某种莫须有的意义，因此，"阐释无异于庸人们拒绝艺术作品的独立存在"②。而艺术作品的特性在于它们给人的"感性体验"，这也需要人们更多地关注形式，并培养一种与新的艺术相适应的"新感受力"。后来韦勒克认为德里达的解构主义消解了审美的存在，因而"走向一种新的反审美的象牙塔"；克里格认为解构抛弃了审美的统一性，否定文学的审美价值，最后必然是一种"失败的诗学"③，到21世纪，美国的舒斯特曼意欲借身体美学之名复兴实用主义美学，强调整一性的审美体验，面对种种阐释理论，他指出："没有一些用来识别作品的固定的意义对象，就没有适当的方式将它作为一个反映或理解的共同对象来提及或孤立出来，因而就没有关于它应该被怎样理解的富有成果的批评对话的可能性"④。后来也有人提出用"新形式主义"来重新关注文学的审美特质，法国的雅克·朗西埃认为，没有独特的审美价值或视野，就不存在艺术，纵然文学是社会性的实践，与意识形态缠绕在一起，但文学批评家们首先应该关注的是文学自身的特性。⑤

在周宪看来，张江的"强制阐释论"牵扯出20世纪西方文论的

---

① 张江：《强制阐释论》，《文学评论》2014年第6期。
② [美] 苏珊·桑塔格：《反对阐释》，程巍译，上海译文出版社2003年版，第9页。
③ 周宪：《审美论回归之路》，《文艺研究》2016年第1期。
④ [美] 舒斯特曼：《实用主义美学》，彭锋译，商务印书馆2002年版，第131页。
⑤ 参见 [美] 乔纳森·卡勒《当今文学理论》，《文艺理论研究》2014年第4期。

两大脉络,即本质论和建构论,前者如形式主义和新批评,坚持"审美理想主义",而后者诸流派则尊奉"政治实用主义"①。说起来,当解构理论和文化研究的思潮传入中国文论界时,也产生了这两种主张的对立,并引发了关于"文学本质"的争论。陶东风站在文化研究的立场上,对各种文学本质的定义发难,指责本质主义的思维限制了文学研究的视野,并使之丧失与现实生活之间的联系:"以各种关于'文学本质'的元叙事或宏大叙事为特征的、非历史的本质主义思维方式严重地束缚了文艺学研究的自我反思能力与知识创新能力,使之无法随着文艺活动的具体时空语境的变化来更新自己。这直接导致了另一个严重的后果,即文艺学研究与公共领域、社会现实以及大众的实际文化活动、文艺实践、审美活动之间曾经拥有的积极而活跃的联系正在丧失。"② 陶东风毫不讳言其理论主张的政治意图,他并非要恢复极左时期政治对文艺的主宰,而是看到当代"中国的文艺学始终缺乏的正是一种对公共性的批评性反思的能力",文化研究的方法能够让文艺学在"公共领域自由发言",重新恢复其政治能力。③

然而,学者们随即意识到文化研究将使文学研究失去自身的特质和边界,有人说:"在驱逐形而上本质主义的思维方式之后却绝不试图建构什么,因而完全陷入了一种无本质、无真理的混乱状态。这种对世界极端和绝对的理解只可能通向一条道路,那就是理论瘫痪和虚无主义。"④ 另一方面,也有人担心文化研究忽视了文学的审美特质,因而偏离了文学研究的宗旨。杨春时的观点很具有代表性,他认为即使文学有其时代性,属于建构的产物,但其审美本质则是超越一切时代的:"文学本质在两个层面上是可以言说的:一个是在现实意义上,文学的本质具有历史性,可以做出历史性的言说;一个是在审美意义

---

① 周宪:《也说"强制阐释"——一个延伸性的回应,并答张江先生》,《文艺研究》2015年第1期。
② 陶东风主编:《文学理论基本问题》,北京大学出版社2004年版,第1页。
③ 陶东风:《重建文学理论的政治维度》,《文艺争鸣》2008年第1期。
④ 曹顺庆、文彬彬:《多元的文学本质——对本质主义和建构主义论争的几点思考》,《文艺争鸣》2010年第1期。

文学本质的情境主义阐释

上,文学具有超越的本质,具有确定性,可以做出超历史性的言说。"①

显然,即使坚守本质主义或审美理想主义也不意味着完全排斥构建论,文论家们希望在两者之间实现一种巧妙的平衡:"晚近审美论的一个重要发展,那就是在恪守启蒙美学精神及其美学原则的同时,不是简单化地对审美'去政治化',而是尽力保持审美与政治、形式主义与现实主义、美学原则与社会关切之间的平衡。"②但如何实现这种平衡却是个难题。对于张江而言,各种形式主义理论"单纯立足于文本而不及其他,终究是片面的、狭隘的,不可能作为文学理论的全部内容而独自存在下去"③。他并非反对任何阐释,只是希望从不同角度对文学的理解尽量靠近作品的原意和作者的本意,维护文本的完整性及其与社会历史的客观联系,也希望各派理论相互补充、精诚合作,最终建设一种"统合"的文学理论。然而,这种设想大概是最不切实际的,因为这是一种没有什么原则的理论,或者说这些原则放在任何学科的理论上都适用。所以,破除"强制阐释"不应该停留在批驳各种理论的层面上,而是要找到沟通它们的原则和机制。无可争议的是,文学研究应该坚持文学的审美特质,而关键问题则是如何找到从文学通向文化以及从文化通向文学的道路。这一点在以往的讨论中尚未得到很好的解决,而这也是本文将要做的尝试。

二 从形式主义到情境主义

在当初关于文学本质的争论中,有的学者为了调和本质主义与建构理论之间的矛盾,尝试从新的方法来界定文学。比如南帆提出关系主义。在他看来,本质主义的实质是主张本质与现象的二元对立,并赋予本质以绝对的统治权,这种思路切断了文学与其他学科之间的关联。南帆指出,各人文学科之间构成一种相互勾连、相互渗透的网

---

① 杨春时:《文学本质的言说如何可能》,《学术月刊》2007 年第 2 期。
② 周宪:《审美论回归之路》,《文艺研究》2016 年第 1 期。
③ 张江:《文学理论的未来》,《社会科学辑刊》2015 年第 6 期。

络，因而必须"将文学置于同时期的文化网络之中，和其他文化样式进行比较——文学与新闻、哲学、历史学或者自然科学有什么不同，如何表现为一个独特的话语部落，承担哪些独特的功能，如此等等"①。通常所谓文学的某些特征是相对于其他学科的写作而言的：相比于哲学，文学是形象的；相比于历史，文学侧重于塑造性格；相比于科学，文学是虚构的。但这种关系主义一方面容易滑向无止境的相对主义，另一方面没有找到文学与其他学科的共性要素，因而比较其差异便成为空谈。同时，关系主义只字不提文学的审美特质，这或许也暗中透露出一点隐忧，即文学的美只能是一种抽象的实体，要坚持审美特质就意味着重新落入本质主义的窠臼。

　　杨春时注意到文学不应该是实体性的存在物，即一种不依赖其他事物的先在概念，而应该是一种活动，是一种存在方式，所以考察文学的本质也就应该变换方式。我们不应该提问"文学是什么"，"而是提出文学是何种存在方式或者文学的意义何在的问题"②。杨春时明言自己是受了海德格尔的存在主义的启发，但他并未从中取得具体的分析方法。而海德格尔是提供了一些方法的，那就是思考存在首先必须从考察存在物的存在开始。《存在与时间》里说，一个存在物总是以"为做……之用"的方式存在，并与其他存在物勾连而成世界整体，而这种"为做之用"的存在方式也取决于自身的构造，因此而获得其独特的功能性。锤子之所以可为敲钉子之用，因为它有长短粗细、形状重量合适的手柄和锤头，尽管是否合适是在被使用的过程中体现出来的。③ 我们可以说，文学是文学作品的存在方式，但反过来说，文学是在文学作品的构成要求及其关系中得到呈现的。

　　文学是一种具有审美特质的活动，如果美并不是实体，那么我们可以将其视为构成文学的各要素之间的运作方式（manner of operation），由此而言，审美是一个功能性的概念。艾布拉姆斯曾将世界、

---

　　① 南帆：《文学性以及文化研究》，《本土的话语》，山东友谊出版社2006年版，第165页。
　　② 杨春时：《后现代主义与文学本质言说之可能》，《文艺理论研究》2007年第1期。
　　③ ［德］海德格尔：《存在与时间》，陈嘉映、王庆节译，生活·读书·新知三联书店1999年版，第80页。

作者、作品和读者确定为文学活动的四要素，但这种规定仍显宽泛，我们无法得知文学作品是如何被构造起来的，因为文学的存在首先是文学作品的存在。罗曼·雅各布森关于言语结构和功能的研究则要确切得多，值得我们再次利用。

对于雅各布森来说，文学研究应该被纳入语言学当中，"词语与世界的关系这一问题，不仅关涉到语言艺术，而且也关涉到一切话语"①。包括文学在内的一切语言表述都可以在语言的结构和功能中找到相应的根源和法则。所以，"在讨论语言的诗歌功能之前，我们必须界定其相对于其他功能的位置。而要概述这些功能，就必须准确地考察每一个言语事件、每一个言语交往行为中的构成要素②。"显然，雅各布森借鉴了索绪尔对语言和言语的区分，而文学作品属于言语活动，从这个角度看，文学作品不只是符号的组合，而且是诸要素之间的相互协作；构成言语的要素并非只是语言符号自身及其各个层次，而是使言语成为一种行为过程的诸多参与者及其参与机制。言语行为的要素和功能决定了语言符号的效用，也是文学的审美性质的根源。

雅各布森指出，每一个言语行为都应该包括六个要素：说话人（addresser）向受话人（addressee）传达信息（message），完成这个目标需要一个语境（context）、共同使用的代码（code）以及相互接触（contact）的意向。相应地，每一个要素都在言语行为中发挥不同的功能：

说话人（情绪功能） 　语境（指涉功能）
　　　　　　　　　信息（诗性功能）　受话人（意动功能）
　　　　　　　　　接触（交流功能）
　　　　　　　　　代码（元语言功能）

---

① Roman Jakobson, Concluding Statement: Linguistics and Poetics, *Style in Language*, ed., T. Sebeok, Cambridge: MIT Press, 1960, p. 351.

② Ibid., p. 353.

第二部分　理论内涵研究

并非每一句话只包含一个要素和功能,而是说它具有一个主导功能,其他功能却被弱化,这个主导功能通过句法、词形以及音位得到体现。准确地说,雅各布森所列出的这些要素及其功能构成了一个完整的言语情境(speech situation)。

言语行为的要素及其功能并不难懂,比如一句话可以只由"呵呵"这一语气词构成,这显然是强调说话人这个要素,突出情绪功能;"把药喝了"这句话是强调受话人的意动功能,即命令或祈使;而陈述一个物或第三者的存在和状态,则是突出语境,这样的语句具有指涉功能。但是在这些功能中,恰恰是诗性功能令人费解,只能通过与其他功能相对比或者通过否定的方式,诗性功能才能被凸显出来。信息是一个很模糊的要素,说话人的情绪是信息,交流的意向是信息,指涉的语境同样是信息。可以说。信息包含了一个言语情境的所有东西。但雅各布森说:"指向信息本身的(言语)构造,以信息为自身目的,这就是语言的诗性功能。"[1] 言语以信息为自身目的意味着,由于对其他要素及其功能的弱化,交流双方将言语的结构、手法和行为过程本身作为关注的焦点,而不以言语之外的东西当作参照。所以,"诗性功能强化了符号的可触性(palpability),因而深化了符号与对象间的对立关系"[2]。雅各布森也曾说,诗歌"是通过将语词作为语词来感知,而不是作为被指称的客体的纯粹的再现物,或作为情感的宣泄。是通过每一个词及其组合、含义、外在和内在的形式,这些具有自身的分量和独立价值,而不是对现实的一种冷漠的指涉"[3]。简而言之,人们突出言语的诗性功能时,不是关注说了什么,而是更多地关注"怎么说"。

为了突出诗性功能,文学作品的语词构造通常采用"对等原则",也就是强化语句的选择关系,而弱化组合关系。通俗地讲,诗歌运用押韵、对仗等修辞手法,有时甚至违反语法,目的就是营造一个封闭

---

[1] Roman Jakobson, Concluding Statement: Linguistics and Poetics, *Style in Language*, ed., T. Sebeok, Cambridge: MIT Press, 1960, p. 356.
[2] Ibid..
[3] Roman Jakobson, "What is Poetry?" *Language in Literature*, ed., Krystyna Pomorska and Stephen Rudy, Cambridge, Mass.: Harvard University Press, 1987, p. 378.

文学本质的情境主义阐释

的文本体系;由于弱化了指涉和陈述功能,所以词汇和语言的意义变得模糊而多义,但表现出更多的质感。在阅读过程中,读者也不是直接将词汇和语句对应到现实事物,而是将注意力放在词汇和语句上面,体会它们如此被运用的意味。

这样的结论谈不上振聋发聩,但雅各布森避免了将审美看作是作者的情感表现或者读者的静观,也就避免了使文学研究走向关于作者的实证主义和关于读者的相对主义。我们可以这样解说:文学的审美特质依赖于言语结构这种客观的存在,当采用某些修辞手法时,作者必须使自己情感转化为形式,而读者也必须服从这些手法的规则。突出诗性功能的言语活动呈现为一种开放的情境,说话人、受话人、语境不再固守自己的角色,而是在各个要素之间自由切换,实现了更顺畅和更充分的交流,说话人和受话人因此而得到了愉悦的体验。在文学作品中,我们看到了被描写的对象的丰富呈现,仿佛具有了自己的生命,向我们召唤,等待我们回应;我们体会到作者的处境,理解他的性格,因为受到邀请而聆听倾诉,我们感到自己被当作一个知己,得到尊重,我们因此而感动。就像巴赫金所说,在文学文本中,"人作为一个完整的声音进入对话,他不仅以自己的思想,而且以自己的命运、自己的全部个性参与对话"[①]。这些情形是在诗性话语情境中必然发生的。

由于雅各布森首先将一个文本看作是动态的言语活动或实践,因而可以说明文学性并不是一个实体性的本质,而是一个功能性概念。我们不可能单从一个文本的形式上确定它是否是文学作品,而是必须依赖于对语言功能的分析,而言语的功能取决于其中各个要素所处的相对位置,通俗地说,取决于什么人在什么语境中对什么人说话,取决于人们以什么方式理解说话人的说话方式。所以,一个文本是否是文学作品是由"情境"来决定的,而如此规定和阐释文学的本质或

[①] [苏联]巴赫金:《关于陀思妥耶夫斯基一书的修订》,《诗学与访谈》,白春仁、顾亚玲、晓河译,河北教育出版社1998年版,第387页。

性质的原则和方法可以称作"情境主义（situationism）"①。从情境主义的原则来看，文学是基于语言结构和功能而产生的一种诗性言语情境。文学作品是整体的诗性言语情境，而其他类型的文本则在局部使用言语的诗性功能，但在整体上指向说话人的意图、外在事实或逻辑推理。所以，一个文本是否是文学作品不能仅凭借怀着不同兴趣和目的的读者随意决定，而是产生自言语活动的内在机制，遵循一定的规则，这些机制和规则在不同的时代和文化语境中具有普遍性。

三 文学与文化

雅各布森的诗学理论实际上在用语言学方法来印证康德美学所确立的无功利的审美原则，言语行为的诗性功能亦即审美功能。② 有人认为，他在描述语言结构和功能的理论时，过于关注语法、词汇、音位上的对等原则如何发挥了诗性功能，因而在根本上是局限于语言学和修辞学的层面，这种形式主义有可能陷入虚无主义，使文学失去社会历史的内涵。③ 不过，我们完全可以发掘该理论在阐释文学的社会性方面的潜能，事实上也有人指出，雅各布森的诗性功能理论本身具有开放性："一定程度上，诗歌是一种相对自足的结构。但一首诗并不存在于真空中：它是一种历史—文化语境的一部分，要阐释它也必定依赖于这种语境。……诗歌是一个相对自足和封闭的结构，相对于指涉性的语境，是脱离语境的，而相对于文学的和历史—文化的语境而言，又是处于语境中的。"④

从言语行为的要素和结构说，突出诗性功能的言语行为并没有完

---

① "情境主义"一词曾用于一种源于艺术运动的社会文化思潮（情境主义国际，IS），也用来称谓一种伦理学学说。

② 参见陈本益《俄国形式主义的文学本质论及其美学基础》，《浙江大学学报》（人文社会科学版）2003 年第 6 期。

③ 参见冯黎明《文本的边界——徘徊于历史主义和虚无主义之间的"文学性"概念》，《文学评论》2006 年第 4 期。

④ Linda R. Waugh, The Poetic Function and the Nature of Language, *Roman Jakobson: Verbal Art*, *Verbal Sign*, *Verbal Time*, ed., Krystyna Pomorska and Stephen Rudy, Minneapolis: University of Minnesota Press, 1985, p. 159.

全丢弃其他的各种功能，这使其仍然与历史文化语境相关联。押韵、对仗等形式很容易使读者转换阅读态度，但更大范围的社会交往语境也决定一个文本是否成为文学，因为言语行为毕竟属于一种社会交往行为，社会交往情境会引导人们应该注意文本的哪些要素和功能。所以，某些鲜明的修辞手法——在雅各布森那里也包括过度强调组合关系的换喻，比如小说中密集的描写——会成为人们辨识文学的一些标志，但文学并不是各种修辞手法的汇集，因为修辞手法的效果需要有特定的言语情境和主体进入其中的方式作为保证。有些文本运用了惯常的文学作品所用的修辞，因而具有一定的文学意味，但整体的社会交往情境决定它并不一定是文学作品，虽然这确实是一种非常特殊的言语现象。

言语行为的各要素及其功能受制于一个更大的情境，即社会情境。特定的场合使人们倾向于赋予自身、他人和交往媒介特定的位置和功能。在日常生活的言语交流中，主体专注于意义的直接传达，或是对事实的准确陈述，或是特定情绪的表达，此时句式、词语、语音等符号体系只是工具，它们的具体形态在目的达成之后便几乎完全消散，可谓"得意忘言"。在强调诗性功能的言语交流中，由于对信息之外的要素的弱化，我们不关心说话人所表达的是否是当下的直接情绪，正如一个人唱歌时，我们不会认为"我爱你"这样的歌词意味着他真的爱我们，我们只是沉浸在他的声音、韵律、表情和姿态所营造的情境中。所以值得注意的是，在诗性言语情境中，我们的直接情绪得到了转化，它们不再直指一个对象，而是自我呈现着；或者说，我们并不表现情绪，而是情绪在表现我们。

特定的社会交往情境就像一种协定，促使参与者采取与之适应的表达和领会的方式。比如，在中国古代的章回体小说中，常常有"欲知后事如何，且听下回分解"这样的语句，读者立刻知道他读的是小说而非历史。然而我们知道，在传统社会中这些言语形式多数出现在特定的场合中，例如宗教和祭祀的仪式、勾栏瓦肆等娱乐场所，这些仪式和场所保证了修辞手法的效果。而艺术的发生和演化也的确与群体性的仪式活动密切相关，文化人类学家迪萨纳亚克说："这些活动使参与者彼此之间、表演者和他们的观众还有作为一个整体的群体联合了起来。它们助长了一种心境,在这种心境中,注意力被集中、唤起、移动、控制和满足。无论是作为仪式还是娱乐,仪式都责成人们参与,加入其洪流,进入最佳状态,感觉良好。"①

在迪萨纳亚克看来,人类运用特殊的修辞和其他艺术形式,并且将它们融合到特定的仪式中,这在人类本性中有其根源。人类天生有追求旺盛的生命力和丰富的情绪体验的冲动,这必定对其"生物性生存有积极的贡献"。游戏、仪式和艺术这些审美活动的一个重要作用在于,它们运用规则的或醒目的、炫耀的形式使一个活动过程以及其中的对象显得"特殊",使一个对象以及人们的自然反应从平常的生活中分离出来,从而"把他们的情感带入意识状态,并且展示它们"。此时,人们日常生活中的情绪和身份得到转化:"仪式庆典和艺术在社会层面把其参与者和听众强化、统一到一种心境之中。它们都为个体自我超越的情感提供了一个契机……因为每个人都在同一时刻分享着模式化的情绪。"②

迪萨纳亚克并不是要排斥各地域、民族和特定社会阶段的文化形态的特殊作用,相反,特殊的文化形态本身就源于人类的审美追求,并且帮助人类实现这种追求。在现代社会中,早先成为惯例的艺术形式与当下社会形态和生活方式发生分离,而现代艺术又力图摆脱政治、道德和宗教的影响,因而消失在普通人的视野之外,这种情形使得后现代主义批评家倾向于将美和艺术视为文化,即美和艺术不过是特定时代的建构,所以它们对人类来说并不具有根本的和永恒的意义。然而,这种批评只是针对现代社会中所谓的高雅艺术或先锋艺术来说是有效的,而普通人仍然在享受更符合其感知习性、更易理解和接受的审美或娱乐活动,尽管这些活动也被商业和政治意识形态所利用。

无论如何,社会交往的情境都在制约文学存在的形态。在古代社会,具有宗教和政治性质的仪式活动是各种文学形态发生的重要契机,就像在古希腊酒神节造就了悲剧,宴饮活动催生了抒情诗,在中国古代,礼乐活动是《诗经》主要表演场所。在现代社会,宗教和

---

① [美]埃伦·迪萨纳亚克:《审美的人》,户晓辉译,商务印书馆2005年版,第50页。
② 同上书,第80页。

政治的群体性仪式活动被弱化了，社会交往的形态也发生了变化，小说成为重要的文学形式，因为它们更适合私人阅读。然而，哈贝马斯在《公共领域的结构转型》中揭示，在从代表型公共领域向资产阶级公共领域的转变过程中，沙龙、咖啡馆、俱乐部、报刊等交往形态对文学的影响也不可忽视，它们促进了新的文学形态的发展，也塑造了新的阅读和批评模式。在今天，电影院、电视节目，甚至是明星演唱会，成为重要的社会交往形态，不能不说带有一些仪式活动的色彩，它们使纯文字形式的文学陷入危机，或使其面貌发生改变，这让我们难以断定一些文本是否是文学作品，比如《易中天品三国》、当年明月的《明朝那些事儿》。与其说经典文学形态遭遇危险，毋宁说新的文学形态正在生成，一如乔纳森·卡勒发现："作为特殊研究对象，文学可能不再是其中心，但文学模式却已然大获全胜；在人文学术和人文社会科学领域，一切都是文学性的了。"[①] 虽然这些情形必然引发困惑或争议，但这是我们必须面对的事实。

归结起来，文学之为文学是由双重情境决定的，一是突出信息要素的诗性言语情境，它们一般表现为各种修辞手法；二是特殊的社会交往情境。后者保证了修辞手法的效果，但也可能迫使其做出变化。对于文学研究而言，社会交往的情境的另一个意义在于，它们是文学之所以具有政治、道德内涵的重要原因，或者是政治、道德方面的观念进入文学的重要途径。因此，文学研究的核心是具有审美特质的言语结构，但文学发生于其中的社会交往情境也必然是重要内容，这些研究不会偏离文学研究的主旨，相反是不可或缺的一个环节。从这个意义上说，情境主义原则是沟通文学的审美特质与历史—文化属性的通道，从而可以实现两者之间的平衡。

结语：诗意与阐释

面对不断离散的文学领域，文化研究的方法是必然趋势，但如果

---

① Jonathan Culler, "The Literary of Theory", *What's Left of Theory*, ed. Judith Butler, John Guillory & Kendall Thomas, New York & London: Routledge, 2000, p. 289.

全然不顾文学的审美特质,那就意味着文学研究的消失。面对这种境况,文学研究需要从两个方面修正自身的道路,一方面是对审美的理解,另一方面是恰当地进行阐释。的确,作为艺术的文学当中存在某种独特而奇妙的诗意,几乎无法言传,但不言传也就无所谓文学理论了。不过,我们能够言传的是形成这种意味的诗意,即在什么条件下,人们能够感受到这种意味,就像桑塔格所说,对于形式,我们需要"一套描述性的词汇,而不是规范性的词汇"[1]。就此而言,雅各布森的诗学提供的方法切实可行。所以,我们不必将文学的审美特质理解为一种超然的实体,而是一种特殊的言语情境。雅各布森显然为了维护文学形式的自足性而回避文学的历史—文化意义,这使他的理论显得过于狭隘,而迪萨纳亚克的文化人类学展示了艺术的社会性情境,艺术的审美特质也依赖这种情境,这与雅各布森的结论并不矛盾。尤其是面对现代文学的各种形态时,雅各布森的理论难以适应,因为它们几乎颠覆了传统文学的规范,因而更需要阐释,正如阿瑟·丹托指出的那样,对于这些作品,"在阐释有结果之前,欣赏仍是悬而未决的问题"[2]。可以相信,丹托的阐释接近于乔纳森·卡勒所谓的"恢复解释学",这种阐释"力图重新建构阐释作品的原始语境(作者的处境和意图,以及文本对它最初的读者可能具有的意义)"[3]。但我们不必拘泥于恢复作者自身的处境和意图或者读者最初的理解,因为雅各布森已经证明诗性言语并不以表达作者自身的意图为唯一的或主要的目的,相应地,读者也必须采取一种超脱的态度,一如迪萨纳亚克表明仪式活动的参与者处于和日常生活相异的状态。所以,对于文学作品的阐释更应该采用情境主义的方法,恢复作品所处的社会交往情境,也就是作者或表演者在什么语境中创作和表演,读者在什么语境中接受和参与。这样的阐释不会是强制阐释,因为它们是围绕文学的审美特质展开的,也是为了阐释审美特质与历史—文化意义之间的交互作用。

---

[1] [美]苏珊·桑塔格:《反对阐释》,程巍译,上海译文出版社2003年版,第15页。
[2] [美]阿瑟·丹托:《艺术的终结》,欧阳英译,江苏人民出版社2001年版,第32页。
[3] [美]乔纳森·卡勒:《文学理论入门》,李平译,译林出版社2008年版,第71页。

语义悬置:强制阐释的符号学理据

——兼谈当代中国文论研究的问题与方法*

付 骁**

从2014年开始,中国社会科学院张江教授在《中国社会科学》《文学评论》等刊物上发表了一系列文章,指出了"当代西方文论"在论证过程中的通病,并将其概括为"强制阐释"。这些文章在学界引起了强烈反响,各类学术刊物也刊登了不少书信、笔谈、论文等延伸讨论"强制阐释"的文章。可以说,这是新时期以来,四川大学曹顺庆教授论说中国文论研究者患上"失语症"之后,中国文艺理论研究界对西方文论进行的又一次大规模的、集体性的学术反思行动。综观目前发表的文章,值得肯定的是,论题在逐渐增多,论域也在不断扩展;不足之处在于,相关讨论仍停留在"学术表态"阶段,即参与者不是"接着说"就是"反着说"。① "强制阐释"提出已近

---

* 本文原刊于《暨南学报》(哲学社会科学版)2017年第5期。
** 作者单位:沈阳师范大学文学院。
① 根据李明彦执笔的2015年"反思与重构:'强制阐释论'理论研讨会"会议综述可知,张政文、高建平、党圣元、陈晓明、王宁、贺绍俊、赵勇、高小康、高楠、杨冬等著名学者均认为"强制阐释"是切中时弊的基本事实,见《文艺争鸣》2015年第8期。魏建亮在《关于"强制阐释"的七个疑惑》一文中就张江教授的个别表述提出异议,但没有质疑核心概念"强制阐释",见《山东社会科学》2015年第12期。王侃在《理论霸权、阐释焦虑与文化民族主义——"强制阐释论"略议》一文中指出张江教授"对西方理论采取了几乎是全盘否定的态度",见《文艺争鸣》2015年第5期。总的来说,"强制阐释"引发的研讨,对我国学界深入认识中西文论关系有所裨益,但没注意"阐释"作为批评模式本身所存在的问题。"强制阐释"的中心语是"阐释",故此,笔者将反思的对象定为"阐释",并淡化中西之别,学理不分古今中外,这是开展文学基础理论研究的一个前提。

三年时间,我们应该冷静下来,客观地辨析"强制阐释"存在的学理原因,并阐述它对当代中国文论研究的启发意义。

一 "悬置"使阐释成为揭示意义的必然之举

20世纪的西方文论流派,大多属于这种类型:在阐释文学作品的基础上建构理论体系。文学是语言的艺术,大致说来,需要他人阐释的语言有两类:一是外语,雅格布森所谓语言的"元语言功能"的例证之一就是用本国语言阐释外国语言,也就是通常说的"翻译";二是文学作品中的语言,尤其是诗歌语言究竟在"说什么"亦即意义问题,则需要专业的学者用另一套说理语言才能得以阐明。狭义的阐释指后者,也可以说这是文学研究者用说理语言对文学语言进行"翻译"。有趣的是,人们似乎不需要阐释日常语言,可仅凭直觉就能把握对话的意义。阐释进入日常语境只有一种情况,即说话人口吃:他必须对引而未发的词语进行补充说明才能使句义连贯。从阐释入手能清晰划出文学语言和日常语言的界限,而众所周知这是20世纪西方文论家关注的文学理论的基本问题。

但问题是,作为语言艺术的文学,或者说在读者和研究者面前以纸质书籍为载体的"白纸黑字",为什么需要阐释?难道作者没说清楚吗?难道语言不能言说自己吗?这就和语言的符号性质有关,具体而言,和语义的"悬置"有关。"在总结了一生对文学的热爱后,德里达指出,'没有对于意义和指涉的悬置关系就没有文学',这里的'悬置'不仅意味着悬而未决,而且表示依赖、条件、条件性。"[①] 德里达的"悬置"概念和文学性有关,是文学语言符号和普通语言符号在表意实践中的区别性特征。其理论依据,可用"阐释学循环"加以阐明。索绪尔认为语言符号包括能指和所指两个基本要素,又说

---

① [法]德里达:《称作文学的奇怪建制》,转引自[英]安德鲁·本尼特《文学的无知:理论之后的文学理论》,李永新、汪正龙译,河南大学出版社2014年版,第193页。

语义悬置：强制阐释的符号学理据

"语言符号是一种两面的心理实体"①。能指和所指是被索绪尔人为建构出来的理论概念，其来源是德里达在《论文字学》里推导的"声音和视觉"。声音对应能指，视觉对应所指，人类将两者勾连在一起就产生了约定俗成的语言符号，即能够表达意义的声音，或者说，声音化了的意义。因此，视觉经验是表意的基础。这也符合语义学中的"定型理论"。英国语言学家特拉斯克以人类对语言符号"狗"的理解为例对其加以阐述："我们把一张固有的狗的图像输入大脑，这张图就是我们经验的结果"②。用"阐释学循环"理论也可以证明视觉经验在人类理解语言符号意义上的基础功能。"阐释学循环"是关于理解意义的理论，即"在他能进入文本意义的视域之前，必须预先理解主题和情境。只有当诠释者迈进文本视域的神奇循环时，他才能理解文本的意义。……没有此一循环，文本的意义就不会显现"③。仍以"狗"为例，理解这个语言符号意义的前提是亲眼见过所指物"狗"。"狗"的声音在听者（也是一个阐释者）脑海里形成一个视觉对等物"狗的图像"，即视觉经验、语符意义。这就是理解语言意义的过程，当然是一个充满悖论的"阐释学循环"的过程。

"阐释学循环"揭示了理解语言符号意义的一则定理：不能由符号本身推衍出符号的意义。符号，即便是语言符号，也不能单独"言说"意义。意义被人为植入声音，或者说声音被强制嫁接于意义，从而产生了语言符号。如果缺少了"预先理解"，他人的阐释对于理解意义就显得十分必要与重要。由于人类的感觉器官只能接受物质性的声音，在交流过程中，所指（视觉经验、意义）始终处于被悬置的状态。听者将悬置的所指具体化为心理"表象"（心理学术语，指事物在人脑中的痕迹）的条件是曾眼见过声音所指涉的实物，否则翻译、阐释即让悬置的所指落实为可理解的意义内容就成为一种必要的补充行为。

---

① ［瑞士］索绪尔：《普通语言学教程》，高名凯译，商务印书馆2011年版，第101页。
② ［英］R. L. 特拉斯克：《语言》，于东兴译，南京大学出版社2014年版，第72页。
③ ［美］帕尔默：《诠释学》，潘德荣译，商务印书馆2012年版，第41页。

二 "语义悬置"的两种类型

正是因为单个符号所指的悬置是一个基本事实，作为语言艺术的文学之意义也处于悬置状态，而这就是文学阐释的必要性所在，也是"强制阐释"的生成之源。就所指的悬置而言，可分为两种类型。一种是作家为了达到某种特定的言说效果而故意悬置，在这种情况下，批评家出于不得已而"强制阐释"；另一种是由于时间距离某个词汇的所指义古今有别，后代的批评家以今度古，不自觉地"强制阐释"，从而造成对作者原意的严重偏离。

第一种悬置是张江教授所谓"强制阐释"的类型。如前所引，德里达把悬置的存在视为文学的前提。既然如此，对语言的日常使用为什么不能成为文学作品？无论是日常语言还是文学语言，具体到每一个词语，其意义都是公共性的，在词典中都能找到它的基本义和引申义。悬置只是一种理论状态，语言符号在日常交流中所指明确，听者能瞬间理解意义。相反，"一个文学的表述……迫使我们把表述看成一个具有一定浓度，或不透明度的结构物"①。这就是说，文学作品中的语言符号所指不明确，一直处于悬置状态，这就给批评家留下了阐释的空间。更为重要的是，文学作品中关键的语言符号尤其是核心意象一般会"二度指称"——这集中体现在象征和隐喻的使用上。例如，臧克家《老马》的核心意象是"老马"，它所指明确。但联系上下文，读者（包括批评家）会明显感觉到诗有余味，即这个经过初次指称的语言符号再次作为能指，去指称某个悬而未决的概念或事物。

"老马"可能是诗人熟悉的某个朋友，也可能指称作为群体的中国下层劳动人民。罗兰·巴特把这种用一个符号作为能指去指称另一个所指形成的新符号命名为"神话"。此例可以说明语言符号的不透明性，即"二度指称"时所指处于悬置状态。在这种情况下，语言

---

① ［美］罗伯特·司格勒斯：《符号学与文学》，谭大立、龚见明译，春风文艺出版社1988年版，第29—30页。

语义悬置:强制阐释的符号学理据

符号在"二度指称"时能指和所指之间的关系就不是约定俗成的,而是经由作者暂时建立的联系。如果批评家和作者没有交流,或者作者自己也不清楚何为所指,根据"阐释学循环"的基本原理,前者也只能对文本的意义进行预先设定与理解,而阐释就会变为对这个"先理解"进行论证的过程。这正是"强制阐释"现象出现的根本原因。

总而言之,就符号的表意实践而言,语义悬置是文学性的具体体现,是"强制阐释"的学理依据。近期参与讨论"强制阐释"的学者在中西文学批评史上都找到了例证,原因就在这里。如果文学阐释者通过"语境折射"找到在"二度指称"中悬置的所指,这个阐释就是可信的,否则即为"过度阐释"。关于"语境折射"的含义,可以通过语言符号"妃子笑"的"二度指称"问题加以阐明。"妃子笑"是一个主谓短语,由两个所指明确的单词组成,意为"皇帝的妃子在发出笑容"。但众所周知的是,该语言符号指的是一种叫"荔枝"的水果。这就是"二度指称"。在指涉的过程中,语言符号的意义处于悬置状态。也就是说,"妃子笑"和作为实物的水果"荔枝"并没有必然的或相似的联系。如果要理解"妃子笑"在"二度指称"后的意义,听者必须耳闻"杨贵妃喜吃荔枝"这个家喻户晓的中国历史故事。换句话说,杨贵妃的故事作为一个"语境"决定了"妃子笑"的意义,能指通过其"折射"出"荔枝"的意义。如果没有该"语境"的存在,或者某个交流者从未听过这个故事,"妃子笑"就成为一个流动的能指,找不到确定其所指的铆钉物。就文学阐释而言,面对被悬置的所指,如果阐释者不熟悉作品的"语境",阐释的过程不是游谈无根,就是离题千里。由此可见"阐释学循环"的有效性:缺少预先理解这个环节的阐释行为恰恰无法获取文本的意义。

理解语言符号意义尤其需要"前理解",还可以从语图这两种不同的符号的再现规律加以进一步论证。美国分析哲学家卡罗尔将图画和词语分别视为无条件再现和有条件再现。[①] 如前所述,由于单个语

---

① [美]诺埃尔·卡罗尔:《艺术哲学》,王祖哲、曲陆石译,南京大学出版社2015年版,第57—63页。

言符号的所指可置换为视觉经验,词语的基本任务是再现事物。以卡罗尔所举的《蒙娜丽莎》为例,大家都知道该图画再现一个真人,是为无条件再现;而语言符号的所指物事先已由声音编码,词语要再现事物的前提是交流者"必须知道相关的代码",这是有条件再现。词语属于有条件再现的符号不仅证明"阐释学循环"对理解语言的意义十分有效,还可以确证:就理解文学语言而言,"语境折射"是铆钉"二度指称"中悬置的所指的决定性条件。

第二种悬置的类型是,文学作品中某个词汇的意义古今有别,后人以今度古,对作品整体意义的阐释有可能严重偏离作者原意。这种并非作家故意的"悬置"也会造成"强制阐释",更可能造成批评家错读、错释文学作品。众所周知,李商隐名诗《乐游原》的主题和《锦瑟》一样扑朔迷离。前两句为写景,因而不存在争论之处,对"夕阳无限好,只是近黄昏"基本义的理解就成为阐发这首诗意义的关键。祝鸿熹先生认为:

"只是"一般人都当作现代汉语的"只是"来理解。这种理解把诗意曲解为惋惜、遗憾和无奈。其实,中古近代汉语中的"只是"并非转折连词,而是正面表示"正是""就是"之意的连词。诗意乃是赞赏、喜悦和肯定。作者喜悦地赞赏:正是黄昏时节,夕阳是多么好啊!①

当然这个解释也不一定符合李商隐的原意。《锦瑟》最后一句的意义如果是"正是当时已惘然",其感染力似乎大打折扣。由于我们一般按照现代汉语来理解"只是",关于这首诗的主题最常见的说法是"夕阳西下象征唐王朝国运衰落",但显然从作品原文无法推衍出这个结论。这是一种典型的强制阐释:阐释者先有"安史之乱"以后唐朝政治经济呈现衰势以及士人心态偏向苦闷的预先理解,并将其视为"社会历史语境"折射出一个二度所指义。由此例可见,文学作品是一个极其复杂的阐释对象,不能天真地以为只要"还原语境",就能获得对意义的绝对正解。语境并不等于语义,两者之间缺

---

① 祝洪熹:《"夕阳无限好,只是近黄昏"的"只是"》,《汉语史学报》,上海教育出版社2012年版。

乏因果和必然的联系。但如前所证，从单个语言符号的基本义出发也无法推衍出能够被证实的作品原义，于是就存在一个关于文学作品的"阐释学漩涡"：通常情况下，阐释者先用语境去限制作品的语义；与此同时，由于在文学中语义被悬置，语言符号的能指也在暗中选择语境，以此让所指能够顺利落地。两者相互纠缠和渗透，从而让作品的意义坠入深渊，无从寻找。

通过以上的分析可知，把寻找作者的意图定为文学阐释的最终任务，是一个不现实、不明智的决定。一个引用率较高的材料是，美国文学批评家赫施从作者的愿望和读者阅读结果两个方面把阐释的对象细分为"意义"和"含义"，并认为"作品对作者来说的意义会发生很大变化，而作品的含义却相反地根本不会变"[①]。从表面上看，赫施在调和形式主义和浪漫主义阐释方法的矛盾，以此"保卫作者"，但实际上此举并没有使问题得到有效解决。阐释的难点在于：批评家如何去获得作者创作时的意图，以及经由批评家阐发出的"含义"能否得到作家本人的证实或证伪。因此，从理论层面反思文学阐释行为存在的必要性，对中国文学研究者而言是走出"强制阐释""循环论证"怪圈的一项基础性工作。

三 走出"强制阐释"的策略以及当代中国文论研究的问题和方法

目的为阐释作品意义的文学研究流派，是当代中译西方文论的重要组成部分。须强调的是，我国学者讨论"强制阐释"问题时所悬的西方知识体系实际是"中译西方文论"。从时间上看，中译西方文论主要集中在20世纪；从地域上看，主要有英美体系、俄德体系以及自成体系的法国结构主义诗学。韦勒克、沃伦所著《文学理论》所提及的近代以来的西方文学研究著作，大多数至今也没有中译本。这就是说，我国学者并没有看到20世纪西方文论的全貌。事实上，

[①] [美]赫施：《解释的有效性》，王才勇译，生活·读书·新知三联书店1991年版，第16页。

与文学研究有关的修辞学、文体学等西方传统文学研究方法在20世纪有很大发展。这些学问并不以阐释为核心任务，但不知是什么原因，在我国20世纪掀起的数次翻译浪潮中被译界过滤掉了。当年为了"短平快"地获取域外新知、扫除知识盲点，我们一般按韦勒克、沃伦所著《文学理论》"外部研究"和"内部研究"的分类对不同国家、不同学术渊源的各种西方文论进行简单切割和重组，并通过这种"跨时空拼凑"出版了大量表面上逻辑自洽而实际上并无师承关系的中译西方文论流派史著作。在这里面，绝大多数文论流派立足于文学阐释，可以说20世纪的中译西方文论就是各种西方阐释学的大拼盘。而只要涉及阐释，就必定存在预设的立场和概念，对作品进行阐释就变为了一个演绎的过程，于是就出现了"强制阐释"这个普遍现象。

　　出于不再走西方"强制阐释"弯路的目的，张江教授提出了"本体阐释"新路径，即"以文本和文学为本体……对文本的原生话语做出确当的阐释"[①]。在我国，提到"本体阐释"，很容易让学界联想到新批评"文本中心论"及其细读法。但是，从后者的研究方法和结论看，所谓的细读也是一种文学阐释学，也存在"强制阐释"的通病。新批评文论的核心术语"反讽"来源于苏格拉底的哲学，是对在古希腊悲剧演出中剧中人与观众在信息获取上不对称现象的命名。严格来说，这个概念属于戏剧批评术语，而20世纪英国批评家理查兹直接将"反讽"设定为英语诗歌佳作的判断标准。受其启发，布鲁克斯不仅将"反讽"视为现代英语诗歌的结构原则，还推广到19世纪的浪漫主义诗歌。在《精致的瓮》里，"反讽"就成为一个"场外征用"的"前置立场"，而他所分析的十首诗歌就是"反讽"存在的论据。不仅如此，布鲁克斯还将"反讽"用于叙事作品的分析，出版了《理解小说》《理解戏剧》，似乎"反讽"无处不在、放之四海皆准。由于在阐释过程中主体意识过于强烈，布鲁克斯遭到了不少批评，就像英国学者梅内尔指出的那样："布鲁克斯……把这个原则应用到《精致的瓮》中的一些例子，例如应用到华兹华斯的

---

① 刘华初、王广：《回归本体阐释　重建中国文论》，《中国社会科学报》2014年9月15日。

《不朽颂》,这是很不自然的。"① 新批评的忠实信徒诺曼·霍兰德,将布鲁克斯在"理解"系列著作中所阐发的"统一性"(源于亚里士多德)预先设定为文本的结构特征,他说:

> 在运用新批评时,我感到信心百倍,驾轻就熟。在那时,我教授莎士比亚。在课堂里,我向我的学生提出挑战。我叫我的学生任意从一部剧中挑出一句句子。如果我不能将它们跟全剧的主题联系起来,我的学生将赢得一瓶威士忌酒。②

由此可显见新批评"强制阐释"的特征:文本具有"统一性",因此它是封闭自足的。也就是说,新批评并没有以封闭自足的文本为出发点去阐发意义,相反,主要来源于亚里士多德、蒲伯、约翰逊著作的批评术语作为结论早已在研究之前得出了。细读法非常适用于文学课堂上的文本分析环节,想必学生们永远不会从霍兰德老师那里赢得威士忌酒。由于习惯了"循环论证"的思维模式,霍兰德居然说:"我觉得这样做对精神分析家不无裨益:从文学书上撕下一页来,将自己的讨论牢牢地拴在这个文本上。"③ 可是,断文本之章取局部之义来证明精神分析某个学说具有正确性的做法,于文学研究本身又有多大价值?按中译西方文论著作的一般看法,新批评和精神分析代表不同的文学研究方法,前者立足于文本,属于单维的形式分析,而后者偏向于作者和人物性格的论析,因此属于立体的作家与文本关系的研究。通过以上论述可证明,这是不合事实的结论。从弗洛伊德和霍兰德的文章可知,精神分析文学批评同样以文本为中心,或者说以揭示文本被悬置、被遮蔽的意义为主要任务。精神分析和新批评均属于文学阐释学,不同的只是场外征用的理论话语:一个来源于心理学,另一个来源于哲学和古典修辞学。

---

① [英] H. A. 梅内尔:《审美价值的本性》,刘敏译,商务印书馆 2001 年版,第 82 页。
② [美] 诺曼·N. 霍兰德:《后现代精神分析》,潘国庆译,上海文艺出版社 1995 年版,"序言"第 2 页。
③ 同上书,第 205 页。

破"强制阐释"之局的基础性工作是,反思将阐释引进文学研究是否具有合法性。回顾西方文学批评的历史进程,可以发现无论是作为解读技巧还是研究任务,阐释很晚才进入文学研究的论域。亚里士多德和贺拉斯的诗学著作主要立足于当代创作实践,总结创作经验;布瓦罗诗学的总体目标是给文学创作建立一套可以复制与推广的基本法则。20世纪之前的西方文学批评多为有关诗歌性质、分类和艺术效果的理论探讨,也不涉及对意义的阐释。文学阐释学的出现和德国哲学家施莱尔马赫以《圣经》阐释为基础创立的一般阐释科学有直接关系。以下是著名学者张隆溪转述和直接引用施莱尔马赫著作的文字:"他认为核心的问题是避免误解。由于作者和解释者之间的时间距离,作者当时的用语、词义乃至整个时代背景都可能发生变化,所以'误解便自然会产生,而理解必须在每一步都作为目的去争取。'"[①] 随着时间的推移,当研究者面对古代文本时发现意义难解,顺理成章会进行文学阐释活动。如前所述,这是"语义悬置"的一种类型,悬置的原因是研究者和作者存在时间距离。张江教授分析"强制阐释"所涉及的个案多为身处20世纪的批评家阐释和自己存在遥远时间距离的文艺作品,例如弗洛伊德对达·芬奇画作的解读,以及肖瓦尔特对《简爱》主题的阐发。新批评家所分析的文本更是一些已经死去的作者创作的经典之作,如果涉及当代依然健在的作家的作品,他们则指责参考作家的创作谈犯了"意图的谬误"。而在大多数情况下,作家的创作意图是很难还原的,因时间距离而被悬置的语义可能永远得不到落实与确认。霍兰德就说:"新批评派的细读方法使文学民主化。"[②] 这样带来的结果便是,文学阐释的目的由施莱尔马赫的避免误解,变为逻辑自洽的当代文学研究论文和著作的学理建构:"文本向所有人开放。"[③] 和作家有意将意义"悬置"起来这种类型的不同在于,因时间距离导致的"语义悬置"和"文学性"无关。

---

① 张隆溪:《二十世纪西方文论述评》,生活·读书·新知三联书店1986年版,第175页。

② [美]诺曼·N. 霍兰德:《后现代精神分析》,潘国庆译,上海文艺出版社1995年版,"序言"第1页。

③ 同上书,第2页。

在这个意义上，施莱尔马赫的阐释学对文学研究而言并不具备方法论上的指导意义，或者说，所谓的"文学阐释学"不应该在中译西方文论著作占据单独的一章。文学阐释是20世纪西方文论的主流，但不是唯一的范式，更不是文学研究的理想状态。对词句原义的探索是普通语言学研究的任务，属于文学研究的准备工作。如果研究者能将词义"扣死"，这当然是一个理想的结果，能有效避免"强制阐释"；如果不能，也没有相关资料以供平行对读，则意味着很难还原作者意图，这时不得已而为之的"强制阐释"就是合理的。这种情况是文本与读者对话的应有之义，不应遭到"过度阐释"或者错误阐释的指责。对当代中国文论研究而言，研究者应多多关注当下的文学创作实践，在与活着的作家进行互动、对话的基础上达到"文史互证"的理想状态，并从中推衍出原创性的理论命题，推动文学理论研究。

但是，如果不对作品加以区别对待，釜底抽薪的办法是构建一种对文学语言的形式及其再现内容进行直观体验和学理分析的文学研究方法。这也是桑塔格"反对阐释"的本有之义。英加登将文学作品分为四个层次，分别是：语音层次、意义层次、图式观相层次和再现客体层次。20世纪具有"强制阐释"总体特征的西方文论都是在意义层次进行重复研究的流派。由于文学是语言的艺术，文学语言不仅是文学研究理所当然的对象，又因为语言本身是中性的客观存在，从而还使得这种研究可以让研究者最大限度地克制先入之见。20世纪80年代以来，我们在大谈"语言学批评""文学研究的语言论转向"。但是，如前所证，新批评是一种探寻意义的文学阐释学，我们并没有学到多少语言学批评的具体方法；俄国形式主义者倒是提供了一套有效的语言学批评模式，但从目前情况看，相关著作在中国很难出版，导致这套模式对中国普通文学研究者影响始终不大；"文体学"在西方尤其在英美是正宗的从语言学角度分析和解读文学作品的方法，但至今我们也只翻译了罗杰·福勒《语言学与小说》这一本书。[①] 近来有学者呼吁，重建中国文论要走

---

① 关于西方"文体学"研究的方法与著作，可参考［英］彼得·巴里《理论入门》，杨建国译，南京大学出版社2014年版。

出韦勒克的"内部研究"。但我们可以重读《文学理论》,反问自己:熟悉《谐音、节奏和格律》一章涉及的西方著作吗?如果不熟悉,从哪里"走出"呢?正是因为相当一部分西方文论家并没有将语言分析这项基础工作做踏实,就直接进入文本的意义层次做符合自己预设观念的阐释,才导致"强制阐释"作为一种总体特征而出现。这才是我们应该避免走的弯路。完成文学语言研究之后,可以就此打住,也可以再作后面三个层次的分析。总的原则是根据语言材料的边界做合理的阐发:夕阳本来因为近黄昏才无限好,阐释者为什么要谈唐王朝的国祚昌盛与否呢?

多年之后回过头来看,我们并没有完全"走进"西方,对西方文论仍然要加强译介工作,因此现在还不是"重建中国文论"最合适的时候。从"强制阐释"的视角看,我们与其去批判西方文论本身有什么缺陷,不如首先反思我们在引进西方文论之后存在哪些误读、错读。但无论怎样,至少就文学批评而言,特意强调用某种西方的或中国的批评方法来解读某个文本是不可取的,而学界申说多年的聚焦于某个"问题"则是一条可行的路径。无论是评价西方文论,还是自己进行理论建构与演绎,首先应该辨析:这是不是一个"文学问题"。如果不是,应果断抛弃;如果是,我们接着应该考虑用什么方法来解决这个问题。这样,我们就不必在"外部研究"和"内部研究"孰优孰劣的问题上纠缠不休。也就是说,只要能解决这个"文学问题",某种或几种方法对这项研究就是有价值的。从另一个方面看,只要能够促成问题的圆满解决,"场外征用"也未尝不可。例如,西方的"模仿说"也是从哲学征用、移植进文学的理论话语。虽然中国古代文论体系中并没有此说,但中国的山水诗文和绘画实际上就是诗人在外出游乐的途中对眼见的风景和人物行动的模仿。可以说,中国文学比西方文学更能证明"模仿说"的普遍适用性。"模仿说"是文学理论中关于文学与其再现对象之间关系的一则定论。由此可见,我们大可不必刻意强调该术语是"场外的"还是"场内的",以及该理论是"西方的"还是"中国的",应该提倡的是辨析该理论是"文学的"还是"非文学的",该方法能否解决中西共有的"文学问题",有兴趣者可以此为基础导入"非文学问题",也可以用历史的、心理学的等非文学的方法使"文学问题"得到解决。这不仅符合学术研究的一般规律,也是学术自由的具体体现。只要能解决问题,运用什么方法就是一个次要问题。只有在中西会通的层面圆满解决一个个或悬而未决的或最新提出的"文学问题",中国学者才能真正在世界学术界占有一席之地。

关于"强制阐释论"的思考[*]

张 琦^{**}

2014年,张江教授在《文学评论》上刊登《强制阐释论》一文,引起了学界的热烈讨论。《文艺争鸣》第一时间予以转载。《文艺研究》2015年第1期以专栏形式,刊发了张江、朱立元、王宁、周宪四位学者的通信,2016年第8期又刊登了巴黎政治学院科莱特·卡墨兰的《源出"法国理论"文学批评的"强制阐释"》和美国芝加哥大学罗曼语言文学系托马斯·帕威尔的《批评的宽度》等回应文章。中国知网数据显示,2014年至今,参与讨论的相关文章已有120余篇。

《强制阐释论》中,张江教授指出,当代西方文论从20世纪初登上历史舞台开始,造就推出了无数优秀成果,但同时也存在很多缺陷和遗憾。这些缺陷和遗憾所造成的问题,有些是基础性、本质性的,给文论的有效性带来了致命伤害。特别是最近三十多年,由于理解上的偏差、机械呆板的套用,乃至以讹传讹的恶性循环,相关情况显得愈加突出。[①] 当代西方文论的核心缺陷,张江教授概括为"强制阐释",即"背离文本话语,消解文学指征,以前在立场和模式,对文本和文学作符合论者主观意图和结论的阐释"[②]。其基本特征有四:一、场外征用,征用文学领域之外其他学科的理论,将之强制移植到

---

* 本文原刊于《当代外国文学》2018年第2期。
** 作者单位:南京大学外国文学研究所。
① 张江:《强制阐释论》,《文学评论》2014年第6期。
② 同上。

文论中;二、主观预设,批评者从某一现成理论出发,预定立场,前定结论,批评的目的不是阐释文学和文本,而是要表达和证明立场,且常常为非文学立场①;三、非逻辑证明,批评过程中,一些论证和推理违背基本逻辑规律,有的甚至明显是逻辑谬误;四、混乱的认识路径,理论构建和批评以预定的概念、范畴为起点,在文学场内作形而上的纠缠,从理论到理论,以理论证明理论,不是通过实践总结概括理论,而是用理论阉割、碎化实践。②

从各大期刊上展开的争论可以看到,对张江教授提出的当代西方文论的弊病和所引发的危机,学者们大多数表示赞同,存在分歧、有异议的是如何认识当代西方文论阐释方式的性质,如何区分辨认"强制阐释"。如张隆溪在《过度阐释与文学研究的未来——读张江〈强制阐释论〉》中,在批评西方学界,尤其是美国,文学批评和阐释越来越依赖理论,理论越来越抽象虚玄,离开具体鲜活的人生之文学越来越远③的同时,先引用《论语》和苏格拉底的《申辩篇》,指出文学从一开始,就离不开阐释,文学要在社会上具有存在价值,产生影响,必须经过文学批评和阐释的中介④,而后讨论引用伽达默尔和海德格尔的观点,指出理解必然从预设的概念开始,但这种先入之见会在与事物本身互动的过程中不断得到修正。⑤ 文章末尾,作者写道:"阐释是一种艺术,文学的阐释尤其如此,这当中没有一个机械硬性的规定,而全看阐释者个人的知识积累、文化修养和思辨能力……"⑥

陆扬在《评强制阐释论》中同样提问:"举凡理论必有立场,理论的基本立场与批评家预先选取的确定模板,其间的差异分野,究竟如何厘定?""我们又如何确认什么是客观的、科学的、正当的、文

---

① 张江:《强制阐释论》,《文学评论》2014 年第 6 期。
② 同上。
③ 张隆溪:《过度阐释与文学研究的未来——读张江〈强制阐释论〉》,《文学评论》2017 年第 4 期。
④ 同上。
⑤ 同上。
⑥ 同上。

本原来就具有的内容?"① 文学的黄金时代已经过去,"在这一大环境下,立足场外征用和主观预设的'强制阐释',或者具有它的必然性……换言之,背离文本话语、消解文学指征,以先在立场模式来曲解文学文本,这究竟是'强制阐释'的先天局限,抑或是显示了一种理论的必由之路?"②

而作为西方学者,科莱特·卡墨兰和托马斯·帕威尔的态度则更进一步。卡墨兰几乎逐条回应了"强制阐释论"的论点和举的例证:女性主义的阐释确实是成问题的,但这类阅读("性别"或"种族")的兴趣,不在于"解释"文本,而在于表明16世纪和21世纪接受的差异,换而言之,"文化研究"的阐释并不提供文本的"含义",更不提供"真理",而是见证在接受史的某个点上文本和读者之间的相遇③;恩格斯在研究曼彻斯特工人的状况时,将自己的理论建立在对事实的详细研究的基础上,从而他的理论来自对现实的分析,实际上,任何理论都不具备绝对的价值,任何"真理"都不是"终极的"④;对德里达的指控部分是正确的,但在德里达的思想里,有一种有益于其时代的解放性的方面,成问题的是将他开放和创造性的哲学转变为僵化的"理论"、教条,美国大学生把福柯、德里达和德勒兹当作绝对的权威来引用,这些学生没有将他们定位于哲学史和理解他们全部的复杂性的文化知识,他们成了消费品⑤……相对于卡墨兰的委婉,托马斯·帕威尔则更为直率和自信。他指出,"场外征用""主观预设""反序混乱的认知路径",张江教授所说的这三大主要问题,的确敏锐地捕捉到了当代文学研究的缺陷,但首先,它并不是稍近年代的新情况,而是早已有之的老文学方法在当代的加速反应与愈演愈烈,而在文学批评的发展演变中,这种实践就其自身来说是有用处的,尽管未必是必须

---

① 陆扬:《评强制阐释论》,《文艺理论研究》2015年第5期。
② 同上。
③ [法]科莱特·卡墨兰:《源出"法国理论"文学批评的"强制阐释"》,涂卫群译,《文艺研究》2016年第8期。
④ 同上。
⑤ 同上。

的①；其次，帕威尔说，"我们要把美国人对世界的一种感觉纳入思考"②，尽管美国高等教育的阅读技能培训的确加剧了这些问题的影响，但美国治学体系的显著特色：在全世界范围的责任感，"即美国是肩负着为'善'而战、改变世界的天赋使命的"③，以及美国人对创新的渴望，必然使学者们排斥只在一个狭窄的学科领域里探究相关细节，而追求更大的议题。帕威尔说，文学研究里的缺陷应该被批评，但研究者同时也可以在美国式的求新求异、介入社会和热衷理论上获益："为了拥有一片富有活力和创造力的研究领域，理论之间的不协调和理论的碎片化倾向是我们必须付出的代价。"④

承认在结果上当代西方文论显露弊病和危机，但对于造成这种结果的理论建构和阐释方式，却认为是合理有效，甚至是必然的，这在逻辑上多少有点悖论。不过，这些观点颇具代表性，涉及当代西方文论一个不容忽视的问题。

关于文学理论，德国批评家沃尔夫冈·伊瑟尔（Wolfgang Iser）在其最后一部著作《怎样做理论》（2005）中曾提出一个概念：硬理论和软理论，即物理学理论是硬理论，人文科学理论是软理论。对于软理论的特征，以及与硬理论的区别，伊瑟尔这样说：

> 隐喻作为软理论的"基本概念"，法则作为硬理论的"基本概念"，两者突出了自然科学与人文科学之间最重要的一个区别。法则必须加以应用，而隐喻则激发联想。前者建立事实，而后者则勾勒出模式。
>
> ……假若要从某一理论中推导出预测，那么，我们就必须对这一理论的各种陈述进行检验，以便找到哪些陈述能够最有效地确保获得预测。波普尔认为，"……只要理论能够经受住复杂严峻的考验，并且在科学的进程中能够不为其他理论所取代，那么

---

① ［罗马尼亚］托马斯·帕威尔：《批评的宽度》，潘雯译，《文艺研究》2016 年第 8 期。
② 同上。
③ 同上。
④ 同上。

我们就可以说它已经'证实了自己的内在品质'或者是它得到了'确证'。"

这种验证程序对软理论来说并不适用。软理论的勾勒与绘制能力既不能证实，又无法证伪，因为既不存在客观的也不存在可衡量的参照标准——正如预测无法得到实现……人文科学理论与自然科学理论截然不同，它不是通过检验而被评判，正是这一点或许可以解释软理论的多样性……软理论的接受是通过一致性看法，而不是通过检验，因此对这种接受来说，通常最重要的就是理论具有的相对说服力。

两种理论之间的第二个重大区别与检验程序密切相关。物理学理论如果不再能够经受住检验，就会被摒弃；而人文科学理论的消长则是兴趣变更所至……这是由于人文科学并不承担解决问题的任务。相反，它们最为关注的是获取了解，去评价语境间的相关性，去研究意义和功能，去鉴定艺术和文学，并且去回答为什么我们需要艺术和文学这一问题。在自然科学中，我们看到的是一系列理论，依据它们对自然现象进行预测中取得的成就对它们进行评判；而在人文科学中，我们拥有一群理论，每个理论都试图把握甚或开发艺术和文学不可穷尽的潜力。因而，在人文科学里没有必要对理论进行"重新改进"，因为人文科学意在把对象概念化，其显而易见的特征就是理论多重化。①

伊瑟尔做这个讨论，反映了长期以来当代西方文论学者的一个心结。虽然 20 世纪初以来，在理论研究的推动下，当代西方文学批评获得了激动人心的繁荣发展，高潮迭起，名家辈出，但在热烈称赞文学批评发生了历史性转变，是时代思潮的范本的同时，学者们也并不是那么完全自信的。《评强制阐释论》中，陆扬提及 2011 年乔纳森·卡勒在清华大学外文系所做的讲演《当今的文学理论》，说卡勒"一

---

① ［德］沃尔夫冈·伊瑟尔：《怎样做理论》，朱刚、谷婷婷、潘玉莎译，南京大学出版社 2008 年版，第 7—8 页。

如既往表达了他对当代西方文论的迷惑和信心"①。"迷惑和信心"，这两个词用得很精当。《当今的文学理论》一开始，卡勒就说："如果有人问'是关于什么的理论'，答案常常是含混不清的。那些常常被看作是'理论'的东西，就'学科'而言，其实极少是文学理论"②，而文学批评家为什么热衷吸取其它领域的理论，"原因之一是：文学研究在过去的理论化程度不高。很多文学研究都是历史的苍白无力的版本"③。因此，虽然卡勒并不讳言"理论并不是一套为文学研究准备的方法"④，但文学研究理论化程度不高，这一表述是包含价值判断的。

上面关于软理论的讨论中，伊瑟尔引用了英国犹太哲学家卡尔·波普尔（Karl Popper）的话。波普尔最著名的学说是"证伪"。从1935 年到 1972 年，波普尔写了《研究的逻辑》（英译本为《科学发现的逻辑》）、《猜想与反驳：科学知识的增长》《客观知识：一个进化论的研究》三部著作，讨论科学与非/伪科学的分界："一种理论什么时候才可以称为科学的？""一种理论的科学性质或者科学地位有没有标准？"⑤《猜想与反驳》中，波普尔的主要观点是："一切定律和理论本质上都是试探性、猜测性或假说性的，即使我们感到再也不能怀疑它们时，也仍如此"⑥，而"衡量一种理论的科学地位的标准是它的可证伪性或可反驳性或可检验性"⑦。科学的方法，其理性程序包括两个环节：猜想和反驳——科学理论"大胆提出来准备加以试探的猜想，如果和观察不合就清除掉；而观察很少是随便的观察，通常按一定目的进行，旨在尽可能获得明确的反驳根据以检验理论"⑧。与爱因斯坦的相对论相比，弗洛伊德精神分析学和阿德勒的

---

① 陆扬：《评强制阐释论》，《文艺理论研究》2015 年第 5 期。
② ［美］乔纳森·卡勒：《当今的文学理论》，生安锋译，《外国文学评论》2012 年第 4 期。
③ 同上。
④ 同上。
⑤ ［英］卡尔·波普尔：《猜想与反驳：科学知识的增长》，傅季重、周昌忠等译，上海译文出版社 2001 年版，第 47 页。
⑥ 同上书，第 73 页。
⑦ 同上书，第 52 页。
⑧ 同上书，第 65 页。

"个体心理学"之所以"够不上科学的资格",因为"它们干脆是不可检验的,无法反驳的","这些理论描述了某些事实,然而是以神话的形式描述的。它们含有十分有趣的心理学启示,但是不具有可检验的形式"①。

伊瑟尔提出软理论和硬理论,某种程度上可以说是对波普尔的回应,而在回应中,伊瑟尔显示出了多少有点矛盾的态度。一方面,他认同波普尔关于科学标准的论述,所谓理论的"硬"和"软",也就是物理学具有的科学品质更纯粹,科学地位更明确,人文科学理论的科学性质和科学地位则更模糊。不但是硬理论和软理论这一概念的命名,而且,在"理论模式"一节中,对于"理论如何运作、它们的典型特征又是什么",伊瑟尔的讨论几乎完全使用了波普尔的表述②。然而另一方面,伊瑟尔显然不能接受波普尔对人文科学理论是非/伪科学的判定,他为人文科学理论作为软理论做了辩护。不过这个辩护,颇有些令人困惑和值得商榷的地方。比如在上面摘录的那段话中:

1. 对于自然科学理论与人文科学理论两者的区别,伊瑟尔说:"前者建立事实,而后者勾勒出模式"。用勾勒模式来概括人文科学理论的特点,似乎并不太准确,因为并不只有人文科学理论才是"模式"的。海德格尔早就指出,近代科学的突出特征和本质在于研究,而研究最重要的环节就是先行:先行领会、先行筹划,在先行具有的观念领域内进行理论建设。《猜想与反驳》中,波普尔也特意强调:"科学理论并不是观察的汇总,而是我们的发明","我们不是被动地等待重复把规则性印在或强加在我们头脑里,而是主动地企图把规则性强加给世界"③。不仅如此,在"硬理论和软理论"一节的开头,伊瑟尔自己也引用了美国科学哲学家诺伍德·汉森的话:"物理学理

---

① [英]卡尔·波普尔:《猜想与反驳:科学知识的增长》,傅季重、周昌忠等译,上海译文出版社2001年版,第53页。
② [德]沃尔夫冈·伊瑟尔:《怎样做理论》,朱刚、谷婷婷、潘玉莎译,南京大学出版社2008年版,第9页。
③ [英]卡尔·波普尔:《猜想与反驳:科学知识的增长》,傅季重、周昌忠等译,上海译文出版社2001年版,第65页。

论提供的是模式，数据只有在这些模式下才有可能被理解……"①既然前面的引文说物理学理论提供的是模式，那么后面将勾勒模式作为人文科学理论的特点，用来与自然科学理论相区别，从逻辑上来说，似乎有点不太合适。

"模式"和"事实"，并不是相对的关系。海德格尔、波普尔，包括诺伍德·汉森，都说明现代科学的运作方式是在已有知识的基础上，先构建假说性模式，然后通过不断验证，以求发现和确认事实。而伊瑟尔将"建立事实"和"勾勒模式"当作两种不同的工作方向区分开来，却似乎暗示了两者的分离。

2. 伊瑟尔认为，波普尔提出的科学验证程序对软理论来说并不适用，因为人文科学理论"既不存在客观的也不存在可衡量的参照标准"，它"不是通过检验而被评判"，而是"通过一致性看法"被接受的，"人文科学理论的消长则是兴趣变更所至"。坦率地说，伊瑟尔做出这样的解释有点出人意料：一致性的看法是如何形成的？数量占比多的人看法一致，这个理论就一定是合理的，应该被接受的吗？

在谈到文学理论兴起的原因时，伊瑟尔指出："理论兴起的另一个重要历史原因是由文学批评在20世纪40年代和50年代所陷入的困境而引发的。当时占主导地位的艺术与文学批评方法是印象式的，高度的个人化，只对业内人士具有吸引力，理论对此提出反驳……它们要能够使认知变得客观外在，并且将理解与主观品味区分开来。理论因而变成了一种手段，来防止和解决印象式批评所造成的混乱。"②

与乔纳森·卡勒一样，伊瑟尔承袭了美国新批评的观点，认为传统文学批评的症结是理论化程度不高，在后面的论述中，伊瑟尔又多次阐述了这一观点："理论将艺术体验变成认知"③。然而，这里的问题是：（1）理论兴起的目的是解决印象式批评所造成的混乱，旗帜

---

① ［德］沃尔夫冈·伊瑟尔：《怎样做理论》，朱刚、谷婷婷、潘玉莎译，南京大学出版社2008年版，第5页。
② 同上书，第4页。
③ 同上书，第10、163、201页。

第二部分 理论内涵研究

是反对主观品味和高度个人化的批评方法,而这与"人文科学理论的消长是兴趣变更所至"的命题是如何统一的呢?伊瑟尔既没有辨析两者概念上的矛盾,也没有论述两者的潜在联系。(2)既然推崇理论是因为理论能够使认知变得客观外在,理论的长处在于将艺术体验变成认知,那么,这种客观的认知,和力图揭示客观认知的理论,为什么"既不存在客观的也不存在可衡量的参照标准"?

伊瑟尔将人文科学理论界定为软理论,为之所做的辩护,其主旨思想其实是很清楚的。可以看到,伊瑟尔虽然沿用了波普尔的说法,认为"软理论的勾勒与绘制能力既不能证实,又无法证伪",但并没有像波普尔那样据此质疑人文科学理论的合理性和科学性,而是把话题引向了人文科学理论的多样性、多重化。书中伊瑟尔反复论说人文科学理论不必像自然科学理论那样因为不再能够经受住检验而遭摒弃,反而"正是这一点或许可以解释软理论的多样性"。多样性、多元化,当然是对的,但值得思考的是:强调多样性是否就意味着批评理论不需要经过检验?甚而没有评判标准、不应该加以评判?

纵观"强制阐释论"的讨论,学者们的注意力大多放在场外征用和主观预设上,而较少讨论张江教授提出的另两点问题,即当代西方文论在阐释过程中经常出现的论证不合逻辑、违背常理,以及理论脱离实践,一味作抽象的概念纠缠等现象。而实际上,后面这两点同样很有针对性,深中肯綮。2017年,张江教授与几位意大利学者进行了一次座谈,这场对话很有意思。比如,对于张江教授的询问"什么是忠实的阐释",参与座谈的马丽娜·伯恩蒂这样说:

> 对语言学家来说,哪个是更正确、更忠诚的文本解读其实并不重要。我们更加关注解读的边界在哪里,而这些边界就是文本的足迹,它们限制着文本的解读。对于一个文本可以有多种解读,但总是有底线的,因为文本有自己一定的足迹。有时我觉得自己对一些文本的解读是强制性的,因为我找不到文本的足迹。我所说的强制性,是指找不到文本足迹与证据去获得一个能说服自己的解读,而只能是退而求其次作出的一种强制性的解读。不过,对于语言学家来说,文本可以有多种方式的解读,虽然文本

内部关系复杂多样，有模棱两可的成分，但边界总是存在的，由文本足迹所限制。在语言学家看来，文本是最基本的。①

伯恩蒂这番话有意思的地方是，对于张江教授的问题"忠实的阐释，标准是什么"，她先反驳性地提出了一个标准：哪个是更正确、更忠诚的文本解读并不重要，他们更加关注的是解读的边界，文本的足迹。但是，对于这个更加"合理"、更加"正确"的标准，伯恩蒂本人在具体操作中也并不能遵守——因为找不到文本的足迹与证据，有时她只能退而求其次作强制性的解读。按照通常的认知，找不到证据证明，就意味着观点不成立。为什么明知道找不到证据，还仍然要强行作解读，这究竟是"退而求其次"，还是掩耳盗铃？座谈中，伯恩蒂一再强调解读是有底线，有边界的，"这些边界就是文本的足迹"。然而，既找不到文本的足迹与证据，所作的解读又甚至不能说服自己，这样的文本阐释，如何表明其底线？作为语言学家，伯恩蒂没有解释如何处理她话语几番转折中所显露的矛盾，似乎也没有意识到需要解释。

座谈中，张江教授几次追问"阐释是否有边界？"，"什么是确当合理的阐释？"，"〔各种话语〕对话的目的是什么？"三位意大利学者给予的回答是："我认为文本没有唯一的真相，其真相是多元的、复杂的"②；"每个人都应该以科学的态度，结合自己的认识，去发掘不同的理解，去面对阐释的冲突……这里关于真理的概念与科学关于真理的概念是不一样的。这里所说的真理，只存在于对话的过程中，存在于不同的立场中"③；"文学是一种不具有确定性的科学"④。这些表述给人的第一印象虽然都体现了"观点正确"，但同样也有逻辑证明和实践操作的问题。"真理""真相"，这些概念是如何定义的？什么才能够被称为"真理"？对文本做出了不同的解读，就可以说是"产

---

① 张江、伊拉莎白·梅内迪、马丽娜·伯恩蒂、凯撒·贾科巴齐：《文本的角色——关于强制阐释的对话》，《文艺研究》2017年第6期。
② 同上。
③ 同上。
④ 同上。

生了新的真相"①，甚至真理吗？前面张隆溪为说明"文学从一开始就离不开阐释"，举了《论语》中子贡、子夏引述《诗经》的例子②，但历代学者都将子贡、子夏的这种做法视为对《诗经》的"使用"，而非文本的"阐释"，所谓"赋诗断章，余取所求"，"赋诗断章"便是今天断章取义成语的出处。钱钟书《管锥编》曾特意指出"赋诗断章"中的作者运化与"发明《诗》之本旨"的学者考信两者之间的区别，认为不可将两者混为一谈。太阳底下无新事，断章是"古人惯为之事，经籍中习见"。座谈中，意大利学者们说要对文本进行"创造性的解读"③，并称"读者受现实的影响，而现实是不断变化的，因此读者对文本的理解也是变化的"④，"更正确的阐释能尊重语文学与历史背景，但一些不完全忠实的阐释也能让文本获得重生"⑤……这中间多大程度包含了"赋诗断章"式的"使用"？是否正是因为不加辨别地将"使用"全都当成"阐释"，才有了所谓真理与科学真理概念的不同？

《强制阐释的独断论特征》中，张江教授经过两年的思考回答各方质疑时说："强制阐释的根本方式，从理论出发，以理论为目的，用理论裁剪对象，用对象证明理论，如此阐释路径，必然产生一个根本性问题，即理论本身的能力，或者说某种理论阐释对象的能力，是否经过检验和证明；理论阐释对象的可能范围和限度是否有边界。"⑥文学理论与自然科学理论，一个很大的不同在于，文学理论不会像后者那样因为客观自然现象的存在，在"短"时间内便能得到回应和验证，有着波普尔所说的"不可证伪性"，而当代西方文论的一整套话语体系进一步加剧了这一倾向。但不会即刻得到验证不等于没有验

---

① 张江、伊拉莎白·梅内迪、马丽娜·伯恩蒂、凯撒·贾科巴齐：《文本的角色——关于强制阐释的对话》，《文艺研究》2017年第6期。
② 张隆溪：《过度阐释与文学研究的未来——读张江〈强制阐释论〉》，《文学评论》2017年第4期。
③ 张江、伊拉莎白·梅内迪、马丽娜·伯恩蒂、凯撒·贾科巴齐：《文本的角色——关于强制阐释的对话》，《文艺研究》2017年第6期。
④ 同上。
⑤ 同上。
⑥ 张江：《强制阐释的独断论特征》，《文艺研究》2016年第8期。

证，1994年的"索卡尔事件"便是个例子。"索卡尔事件"发生后，许多学者进行了反驳和辩护，有的认为这是科学与人文之争，显示了科学对人文的傲慢，有的批评索卡尔根本没有读懂德里达，有的认为索卡尔用欺诈手段投稿本身就是一种后现代行为……但这件事其实或许很简单，就是一个非文学理论专业的"普通读者"，读了当代西方文论的阐释之后的有感而发。伊瑟尔谈当代西方文学理论的兴起时，曾批评传统文学批评"只对业内人士具有吸引力，理论对此提出反驳"[①]，文学理论发展到今天，这一现象得到了多大改变呢？事实上，如果我们将视线扩大到批评领域之外，会发现，不光是索卡尔，有不少读者谈论当代西方文学理论时有不同意见，他们甚至使用了一个词——"皇帝的新装"。正因为如此，张江教授提出"强制阐释论"，提出"理论的动力首先来源于文学的实践，来源于对实践的深刻总结"[②]，是件很有意义的事，值得我们思考。

---

① ［德］沃尔夫冈·伊瑟尔：《怎样做理论》，朱刚、谷婷婷、潘玉莎译，南京大学出版社2008年版。
② 张江：《强制阐释论》，《文学评论》2014年第6期。

论阐释的客观性*

吴晓明**

在所有的人文学术和社会科学中,阐释问题始终是一个重大的基本问题,而这一问题的真正核心则在于阐释的客观性。无论是在我们一般的日常讨论中,还是在更加严整的学术活动中,总是面对着各种各样的题材或对象,遭遇到各种各样的历史遗存物——包括面目各异的诸多"文本",特别是被称之为"经典"的文本。在这样的境域中,阐释(或解释,诠释等)便不可避免地发生,而阐释的客观性问题亦随之而来。就此而言,不包含任何"阐释"——并因而排除了阐释之客观性问题——的人文学术和社会科学乃是根本不可思议的。之所以要将阐释及其客观性问题特别地标举出来并予以深入讨论,是因为这一主题对于我们今天的学术来说,仍在很大程度上未经真正触动而滞留于晦暗之中。造成此种情形的原委,一方面是由于近代以来中国的历史性实践在其特定阶段上的要素纷繁和错综复杂,另一方面则是由于我们的学术界在其急切推进的步伐中还很少进入到所谓"前提批判"的领域中。如果阐释问题就像伽达默尔所指证的那样具有极大的普遍性,如果阐释之客观性问题上的思想混乱确实已成为我们学术发展的严重障碍,那么,在这一主题上开展出哲学的批判性澄清,就不仅是必要的,而且将具有更为显著的学术推进意义。

---

* 本文原刊于《哲学研究》2016 年第 5 期。
** 作者单位:复旦大学哲学学院。

论阐释的客观性

一

在最广义的"对话"活动中，从而在最一般的学术活动中，总已有先行立足于"理解"基础上的阐释在其中起作用了。只要阐释实际地发生并且在活动中起作用，阐释的客观性问题——古典哲学往往使之归属于"思想的客观性"问题——便会立即同我们照面。这一问题在其通常的用法中可能被表述为：某种阐释性的说法、声言、判断或观点是客观的吗？在黑格尔看来，这里牵涉到的便是"客观性"一词的第一种含义，尽管只是其最为浅近的含义：客观性是表示"外在事物的意义，以示有别于只是主观的、意谓的或梦想的东西"。①很显然，这样一种"客观性"的用法即便在我们的日常谈话中也是经常会遇见的。虽说这种用法较为粗糙简陋，但包含着某种可以称之为"客观性（Sachlichkeit）告诫"的重要真理：我们所谈论或阐释的"事物"（Sache 和 Ding）是有其自身存在的。因此，就像它能抵制我们用不适当的方式去使用它一样，当我们用不适当的方式去谈论或阐释它时，这样的谈论或阐释对于事物来说就是完全外在的，并因而会自行贬黜为纯粹主观的、意谓的或梦想的东西。伽达默尔曾专门讨论过德语中的两个通常表述，即"事物的本质"和"事物的语言"，并试图指证这种日常说法对于当今哲学依然具有的意义："相应地，当我们说到事物的'本质'或事物的'语言'时，这些表述都含有反对我们论述事物时的极端任意性，尤其是纯粹陈述意见、对事物作猜测或断定时的任意性，以及否认或坚持个人意见的任意性。"②

就此而言，在最一般的或日常表述中的"客观性告诫"便意味着：事物与我们的主观任意相对待而具有自身的存在，除非我们对此给予尊重，否则我们的谈论或阐释就根本不可能触到——一点都没有触到——事物本身。很显然，这种客观性要求对于人们的普通言谈或

---

① ［德］黑格尔：《小逻辑》，贺麟译，商务印书馆1980年版，第120页。
② ［德］伽达默尔：《哲学解释学》，夏镇平、宋建平译，上海译文出版社1994年版，第70页。

对话来说就是重要的,而对于学术上的各种阐释来说尤为重要。因为即使在最浅近的含义上,我们也完全无法设想,学术阐释能够仅仅依循"主观的、意谓的、或梦想的东西"而被建立起来,除非某种"学术"甘愿使自身沦为单纯意谓的或梦想的东西。然而毋庸讳言,在我们的人文学术和社会科学中,那种颇为粗鲁的主观"阐释"并非不存在。张江先生所激烈抨击的"强制阐释"有一部分便属于此种类型(另有一部分则属于我们后面要谈到的较为精致的类型)。他在《强制阐释论》一文中,把强制阐释定义为:"背离文本话语,消解文学指征,以前在的立场和模式,对文本和文学作符合论者主观意图和结论的阐释。"① 很显然,在这种强制解释中,根本不存在"由自身便已在"的事物,毋宁说,倒是以排除或拒斥这样的事物为前提的;它只是佯言阐释了对象,实则却只是把我们的任意和武断强加给作为"对象"的事物。对于这样一种主观任意的"阐释",也许我们不必谈论太多,因为它实在是以完全非反思的(一个更通常也更恰当的说法是"完全无头脑的")主观任意为前提的,因为任何一种学术及其阐释定向的成立和发展都是以渐次排除这种主观性为己任的——它不可能长久地滞留于单纯意谓的或梦想的东西中。

然而在这里我们必须较为深入地来讨论另一种阐释定向,其性质与前述的主观性阐释即单纯的任意和武断相当不同:(1)它是以一种特定的客观性形式表现出来的;(2)它在知性科学中占据统治地位并极大地影响到整个学术;(3)它所制定的阐释定向采取一种非常广泛的反思类型。这样一种阐释的原理在哲学上乃以康德的学说来作为基石。康德重新规定了所谓思想的客观性的含义,与前述表示"外在事物"的意义不同,客观性乃指我们知识的普遍性与必然性,以示有别于仅仅属于我们感觉的偶然、特殊和主观的东西。②

很显然,这样一种客观性,即普遍性和必然性,可以从我们的知识中,从知性知识的范畴、规定、原理等所达致或拥有的"一般原则"中识别出来。因此,这样一种客观性的思维方式和阐释方式也就

---

① 张江:《强制阐释论》,《文学评论》2014 年第 6 期。
② [德] 黑格尔:《小逻辑》,贺麟译,商务印书馆 1980 年版,第 120 页。

论阐释的客观性

理所当然地成为知性科学的基本原理,并且在近代以来的整个学术进程中逐渐确立其统治地位。

由于康德把客观性理解为我们知识中的普遍性与必然性,又由于康德把我们知识中的本质的东西(即普遍性与必然性)导回到"自我"或"自我意识",所以他完成了知识论上的一个可以被称之为"哥白尼革命"的重大转向。在知识的整个构成中,主观的能动方面被突出地——作为轴心——来加以强调和发挥了:思维的范畴以自我为其本源,而普遍性与必然性皆出于自我;认识的形式作为能思之我,而认识的材料作为感觉之我。这意味着,把客观性仅仅认作外在事物之义的粗疏观点被解除了,我们知识中的客观性即普遍必然性毋宁说是以自我意识的"纯粹活动"为本源的;因此,知识对象(经验对象)并不是从外部直接给予我们的东西,而是经由自我意识的活动被构成的。这是一个伟大的思想,它在知识论上所实现的变革——以及由之而来的深远影响和意义——无论怎样估计都不会太高。在此之后的认识论乃至整个哲学(以及由此来定向的阐释观念),都根本不可能无视或匆匆越过这个划时代的变革。

但是,这样一种克服了外在的粗疏性质并已极大地提升了的"客观性"立场,在本体论(ontology)上却仍然是主观的。"因为,按照康德的说法,思想虽说有普遍性和必然性的范畴,但只是我们的思想,而与物自体间却有一个无法逾越的鸿沟隔开着"。① 正如黑格尔所指出的那样,由于物自体完全处在自我意识的彼岸,所以,康德意义上的思想的客观性,亦即思想所具有的普遍必然性仍只从属于"我们的思想",而完全分离隔绝于"事物的自身(ansich)"。换句话说,自我意识的统一只是主观的(即所谓"先验的"),而并不归属于知识以外的对象自身。这样一种哲学本体论立场的余波后续,在通常的观念中,在普泛所谓现代知识或知性科学的领域中,只是完全依赖于抽象的理智或空疏的知性,并以由之而来的"一般原则"充任客观性,却掩盖了——也许是根本没有意识到——它自身在本体论上无关乎事物自身的主观主义。黑格尔曾特别尖锐地抨击了这种主观主义,他说,所谓批判哲学把对事物自

---

① [德]黑格尔:《小逻辑》,贺麟译,商务印书馆1980年版,第120页。

身和永恒对象的无知当成良知，把仅仅局限于主观性内部的浅薄空疏宣布为最优秀的——而这种臆想的知识甚至也自诩为哲学。① 同样，伽达默尔也以重提"事物的本质"这个概念来抗衡哲学上依然盛行的主观主义，特别是以新康德主义的形式在 19 世纪后半叶复活的唯心主义——这种唯心主义"根本不知道如何处理自在之物"②。

仅仅局限于抽象理智或空疏知性的观点虽说取得了某种客观性的外观——它把我们知识中具有普遍必然性的抽象原则当作真正的客观性，但其实质仍然是一种主观主义——因为它在本体论上将思想与事情（Sache）本身截然分离开来。与以往时代直认事情本身与思想相符合的淳朴信念相反，近代兴趣的转折点却首先是思想与事情本身的区别和对立。这意味着，近代的立场不再是淳朴的，而是具有反思的了。这种具有反思意识的立场不仅构成一般知性科学的哲学前提，而且实质上也成为人们关于"知识"之理解和谈论的通常观念。与此相应，所谓"阐释"便同样依此知识论的立场来制定方向了。知性科学以及以知性科学为准绳或范本的全部学术，就其立足其上或开展出来的各种阐释而言，也摆脱了先前关于思想之客观性的淳朴观念，而将之设定在由理智或知性所把握了的普遍必然性之中。这意味着：在最为广泛的学术活动或一般观念中，阐释之客观性的观念被极大地提升了，它不再依循那种粗陋的"外在事物的意义"，而是要求并倚靠一种经由思想及其能动的构成活动而达致的客观性，亦即我们知识中的普遍性与必然性。这是一个伟大的进展：对于任何一种"阐释"及其客观性的把握而言，它不再沉浸于盲目的确信，而是具有某种反思意识的了。阐释的客观性观念于是被推进至一个新的高度——我们今天对阐释的一般理解大体上是与这种观念相吻合的。

二

虽说作为常识的"客观性告诫"几乎是一切时代共有的基本

---

① ［德］黑格尔：《小逻辑》，贺麟译，商务印书馆 1980 年版，第 34 页。
② ［德］伽达默尔：《哲学解释学》，夏镇平、宋建平译，上海译文出版社 1994 年版，第 73 页。

论阐释的客观性

信念①,但在"阐释"这个极为广泛的主题上,那种关于阐释之客观性的缺乏反思的淳朴而独断的信念同样可以为粗野而独断的主观阐释大开方便之门。因此,当抽象的理智在所谓"知性规律"中制定其阐释定向时,尽管它在本体论上以思想与事情(Sache)的对立为前提,却以"我们知识中的普遍必然性"极大地遏制了那种完全武断的和没有约束的主观阐释。既然近代以来占统治地位的知识立足于在知性范围内活动的理智,既然以此为基础定向的"阐释"终于摆脱了先前幼稚的客观态度而具有反思性质,那么,我们要追问的是:这样一种阐释立足其上的反思是怎样的?进而言之,由此种反思规定的阐释的客观性又具有何种性质?

由于此间讨论的"阐释"是以理智或知性的活动为基准的,所以它采用的反思就是被黑格尔称之为"外部反思"或"形式推理"的那种类型。它在我们今天的各种学术活动的阐释中,乃至于在日常生活的一般阐释中,到处可以见到。外部反思在哲学上可以简要地描述如下:作为忽此忽彼的推理能力,它不会停留于或深入于任何特定的实体性内容之上;但它知道抽象的一般原则,而且知道把一般原则运用到任何内容之上。因此,外部反思的基本特征是:它把一般原则确立在我们的思想中,确立在我们知识的普遍必然性中,并从而使一般原则抽象地对立于事情本身,对立于事物的实体性内容。这样一来,一般原则便可以被"自由地"运用于任何内容之上,而所谓阐释的客观性便是将齐一的抽象原则加诸各种偶然的和无定形的内容之上。从哲学上来说,外部反思在"旧形而上学"中已然盛行,因为这种形而上学的主要兴趣,便在于研究将称谓对象的规定或谓词外在地加诸那个对象。"但这些谓词都是有限制的知性概念,只能表示一种限制,而不能表达真理"。② 另一方面,"批判哲学"虽说对旧形而上学以及科学和日常观念中的知性概念进行考察,"然而这种批判工作并未进入这些思想范畴的内容和彼此相互间的关系,而只是按照主观性

---

① [德]黑格尔:《小逻辑》,贺麟译,商务印书馆1980年版,第77页。
② 同上书,第98页。

与客观性一般的对立的关系去考察它们"。① 在这样的基本背景下,外部反思或形式推理便成为各种学术阐释的主要原理和基本方式了。

这种作为形式推理的外部反思并不是离我们很遥远因而是我们不熟悉的,事实上,它在很大程度上也就是日常用语中被叫做教条主义或形式主义的东西。举例来说,当教条主义的马克思主义者在阐释中断言中国革命的道路必依循俄国革命的方式(即中心城市武装起义)方始可能时,这种阐释便是脱离了中国社会之实体性内容的外部反思。同样,时下依然颇为流行的关于中国道路之"假设历史"的种种阐释,虽说深究起来事实上只不过是主观假设,但隐藏在其言之凿凿背后的"论证",总已先行设置了某种抽象的一般原则(比如说,任何后发国家的发展进程只可能重复西方的道路——往往只是西方道路或多或少有缺陷的表现形式),并对这种原则进行外部反思的运用。黑格尔在《法哲学》和《历史哲学》中曾多次提到过一个事例,该事例很可以用来比拟性地提示外部反思的一般性质。他说,拿破仑想要把法国的自由制度先验地强加给西班牙人,结果他把事情弄得一塌糊涂,结果他是不能不失败的。作为形式推理的外部反思在阐释中便是以类似的方式活动和起作用的:如果我们把"法国的自由制度"把握为一般原则,却丝毫不管西班牙社会之独特的实体性内容,而只是把此一抽象原则"先验地强加给"任何一种内容,那么很显然,由之达成的阐释固然可以是一种阐释,但不是真正客观的,而只是主观的、任意的和武断的了。虽说它具有由"一般原则"而来的客观性的外观,但只能归属于德罗伊森所谓"阉人般的客观性",或伽达默尔所谓"天真的客观主义"或"教条的客观主义";它同样是一种——虽说是较为精致的——"强制阐释",只不过由于这种主观强制在抽象理智的活动中占据统治地位而往往不被意识到罢了。

为了重建并捍卫思想的真正客观性,黑格尔把外部反思—形式推理突出地划归"主观思想",指证其立脚点乃是"抽象的理智"或"空疏的知性",并对之进行了持续不断的、有时甚至是苛刻的批判。在黑格尔看来,形式推理"乃是返回于空虚的自我的反思,乃是表示

---

① [德]黑格尔:《小逻辑》,贺麟译,商务印书馆1980年版,第117页。

论阐释的客观性

自我知识的虚浮。……这种反思既然不以它自己的否定性本身为内容，它就根本不居于事物之内，而总是飘浮于其上；它因此就自以为它只作空无内容的断言总比一种带有内容的看法要深远一层"。① 因此，正如我们在前面已提到的那样，在康德哲学中被设定的思想的客观性，亦即我们知识中的普遍性与必然性，由于它与事物自身、与实体性内容的分离隔绝，所以仍然只是主观的。而黑格尔重新拟定的客观性立场则在于："客观性是指思想所把握的事物自身，以示有别于只是我们的思想，与事物的实质或事物的自身有区别的主观思想。"②

正是在这样一种本体论立场上，黑格尔把仅仅知道外部反思的人称为"门外汉"，把外部反思的推理过程看作是诡辩论的现代形式，因为它总是任意地把给定事物强制纳入抽象的一般原则之下。对于黑格尔来说真正重要的是：扬弃仅仅立足于外部反思或形式推理等主观思想的立场，而进入到可以名之为"客观思想"或"客观精神"的领域中；如果说真理不仅是哲学所追求的目标，而且是哲学研究的绝对对象，那么"客观思想"一词便最能表明真理。③ 在这样的视域中，所谓"客观性告诫"便以这样一种更高的形式表现出来：虽说外部反思—形式推理极大地超越了淳朴粗疏的表象思维的习惯，但它"乃以脱离内容为自由，并以超出内容而骄傲；而在这里，真正值得骄傲的是努力放弃这种自由，不要成为任意调动内容的原则，而把这种自由沉入于内容，让内容按照它自己的本性，即按照它自己的自身而自行运动，并从而考察这种运动"。④

如果说人文学术和社会科学总已先行地立足于某种阐释并从而开展出各种阐释，那么，为了避免使阐释成为单纯意谓的或任意武断的，它就必须取得某种阐释的客观性立场；而对于今天的人文学术和社会科学来说，如果它的全部阐释要能够批判地脱离"主观思想"的巢臼并且不再仅仅依靠作为外部反思的形式推理，它就必须能够消

---

① [德] 黑格尔：《精神现象学》，贺麟、王玖兴译，商务印书馆1979年版，第40页。
② [德] 黑格尔：《小逻辑》，贺麟译，商务印书馆1980年版，第120页。
③ 同上书，第93页。
④ [德] 黑格尔：《精神现象学》，贺麟、王玖兴译，商务印书馆1979年版，第40页。

化黑格尔的"客观精神"概念。这个概念的真正核心乃是"社会现实",是社会—历史之实体性内容对于任何一种阐释来说的积极开启,并从而依循如此这般的现实内容来为阐释的客观性制定方向。这意味着,自黑格尔以来,任何一种阐释只要仅仅停留于抽象的一般原则并对之进行外部反思的运用,而不曾使之进入到社会—历史的实体性内容之中并依"现实"(本质与实存之统一)的定向来开展出全面的具体化,那么,这样的阐释就仍然只能是主观的,而不是真正客观的。正是在这个意义上,伽达默尔说:"……黑格尔哲学通过对主观意识观点进行清晰的批判,开辟了一条理解人类社会现实的道路,而我们今天仍然生活在这样的社会现实中。"① 在这种客观性视域中,主观思想及其外部反思的阐释方案就被扬弃了,而阐释的本质一度唯在于它深入到特定对象本身的社会—历史内容之中,在于它根据此种实体性内容的具体化来开展出各种阐释并达成其客观性。这样的阐释诚然也是具有反思的,但决不局限于外部反思,而是依循——用黑格尔的话来说——思辨的或辩证的反思。

虽说黑格尔把客观精神的本质性最终引导到"绝对精神"(亦即被费尔巴哈和马克思称之为思辨神学的"上帝")中去,虽说思辨的辩证法作为绝对者的自我运动归根到底是神秘的(所以马克思称自己的辩证法与思辨辩证法"截然相反"),但是黑格尔却通过扬弃主观思想的"客观精神"概念而史无前例地开辟出一个思想的客观性——从而阐释的客观性——得以真正深入地驻足其间的广大区域,事实上这也恰好是主观思想及其外部反思根本"通不过的"区域。如果我们把这个区域简要地称之为社会—历史领域,那么这就是人文学术和社会科学必须能够在其中展开各种活动并进行各种阐释的领域。问题唯在于怎样的一种客观性定向才使这个领域成为可通达的。正是在黑格尔的客观精神概念中,即在人类共同体秩序对于主观意识来说的超越性中,思想的客观性以及阐释的客观性才首次打开了社会—历史之本质性的那一度,换言之,才开始将这样的客观性把握为真正的"社

---

① [德]伽达默尔:《哲学解释学》,夏镇平、宋建平译,上海译文出版社1994年版,第111页。

会现实"。由之而来的哲学成就乃是划时代的，其理论上的优越性只需通过一些简单的比照便能识别。例如，为了阐释道德现象整体，便有所谓道德哲学。我们知道，康德的道德哲学是建立在"绝对命令"的基础之上的，它力图通过确定道德意志的纯粹性来指导道德反思。但是，仅仅作为"公设"的绝对命令，并不包含任何特定的社会历史内容，相反却是以排除这样的实体性内容为前提的。因此，这样的绝对命令乃是与"现有"完全分离隔绝的单纯"应当"，而这种极其抽象的原则无论在实践方面和理论方面都无法达到实在性——它是"天启给予理性的肠胃中最后的没有消化的硬块"①，并因而在现实面前是完全"软弱无力的"。

同样，当费尔巴哈进入到道德哲学领域并试图对道德现象作出阐释时，我们却只能看到其阐释的令人惊讶的贫乏。之所以如此，是因为费尔巴哈仅仅诉诸于直观——当他把"高级的哲学直观"作为单纯的"应当"来加以设定时，"普通的直观"便只能是一个完全处于"应当"之彼岸的"现有"。无怪乎恩格斯要说，如果与黑格尔的法哲学比较起来，费尔巴哈的伦理学将遭到毁灭性的打击；也无怪乎施达克不得不承认，"政治"对于费尔巴哈来说乃是一个通不过的区域。② 由此可以看到，当阐释的客观性尚未能够真正深入到社会—历史之本质一度中时，当人文学术和社会科学的阐释尚无能把捉作为实体性内容的社会现实之时，它们便只能滞留于由抽象的理智所分割开来的诸多对立中，特别是一般原则与具体内容的对立、单纯"应当"与实存"现有"的对立。而在这种对立中，抽象的理智在任何一种阐释中除了对"原则"或"应当"作外部反思式的运用（即完全形式的推理），还能有什么作为呢？然而，正如我们已经指证的那样，外部反思立足其上的一般原则或单纯"应当"虽说具有客观性的外观，但由于这种阐释方式完全疏隔于现实的内容之外，因而不能

---

① ［德］黑格尔：《哲学史讲演录》第 4 卷，贺麟、王太庆译，商务印书馆 1978 年版，第 290—291 页。
② 《马克思恩格斯选集》第 4 卷，中共中央马克思恩格斯列宁斯大林著作编译局编译，人民出版社 1995 年版，第 236—237 页。

不是主观主义的。"……惯于运用理智的人特别喜欢把理念与现实分离开，他们把理智的抽象作用所产生的梦想当成真实可靠，以命令式的'应当'自夸，并且尤其喜欢在政治领域中去规定'应当'。这个世界好像是在静候他们的睿智，以便向他们学习什么是应当的，但又是这个世界所未曾达到的。"① 今天依然在从事学术活动的学者，务请三思斯言，以便使我们无比众多的学术阐释不再囿于那种仅仅以外部反思为基本方式的主观思想——其实质乃是完全外在于社会现实的主观主义。

三

对于今天的人文学术和社会科学来说，当代解释学（Hermeneutik）的进展与成果无疑具有十分重要的意义。在解释学的视域中，任何一种学术活动事实上都不能不是一种阐释（或解释）活动，正像人类话语最普遍地立足于并且开展出解释一样，学术上的每一个命题都已经就是解释并且是由解释来先行运作着的了。我们在这里不可能详尽地探讨当代解释学的诸多方面，而只能就其在解释之客观性主题上的核心问题及主导趋势来进行必要的概括，以便从根本上标明它对于学术阐释来说的重要启示和反思意义。这种做法固然简要，但或许倒是紧迫之事，因为我们的学术界对于当代解释学及其意义总体来说还是颇为陌生的，而对其一知半解的引申或片面抽象的发挥却是足以在学术阐释的问题上招致种种混乱。

当代解释学的核心问题同样是解释（或阐释）的客观性问题。就此而言，施莱尔马赫和狄尔泰是如此，海德格尔和伽达默尔也是如此。倘若我们以现象学运动作为标记来确定当代解释学之主流的话，那么，这一主流无论在肯定的方面还是在否定的方面都与黑格尔哲学有着非常切近的联系；而在一般所谓思想或阐释的客观性要求方面，甚至可以说是直接与黑格尔相衔接的。所以在这一主旨上，海德格尔和伽达默尔都将当代现象学与黑格尔的"精神现象学"相提并论。

---

① ［德］黑格尔：《小逻辑》，贺麟译，商务印书馆1980年版，第44—45页。

伽达默尔的说法是：黑格尔"用以下事实体现了真正的哲学思考，即物在自身中活动，它并非仅仅是人自己的概念的自由游戏。这就是说，我们对于物所作的反思过程的自由游戏在真正的哲学思考中并不起作用。本世纪初代表了一种哲学新方向的著名现象学口号'回到事物本身去'指的也是同样的意思。现象学分析力图揭露包含在不适当的、带偏见的、任意的构造和理论中的随意假定"[1]。这是一个根本之点，是现象学解释学的决定性主旨。当海德格尔把现象学描述之方法上的意义确定为"解释"，并因而称"此在的现象学"即是解释学[2]时，他决不是要推翻这一主旨，而是要将之引向深入。毫无疑问，黑格尔已经达致的那种较高的"客观性告诫"对于当代解释学来说乃是本质、重要的东西。因此，虽说当代解释学在如今高度复杂的阐释问题中确实面临着多重的困难和挑战，但如果以为其学说的整体在所谓"阐释"中只是试图鼓励和怂恿各式各样更为精致的任意和武断，那么，对于解释学的任何一种这样的主观"解释"，无论如何总已从根本上误入歧途了。

然而，黑格尔哲学在其既有的形态上已经完全不可能被接受了。这不仅是因为这一哲学在本体论上遭遇到一系列的激进批判——特别是马克思的决定性批判，而且是因为时代的处境已如尼采所声言的那样，"上帝死了"——这意味着超感性世界腐烂了，崩塌了，不再具有约束力了[3]。在这样一个上帝缺席的世界中，思想的客观性从而阐释的客观性再也不可能从绝对者的同一性中取得其最终保障了。同样，人们在观念上也不再可能骑着"绝对精神"的高头大马去越过横亘在"我们的思想"与"事物的自身"之间的巨大鸿沟了。因此，伴随着由马克思、尼采和海德格尔等对整个形而上学（特别是现代形而上学）所发起的一轮轮攻击，伴随着超感性世界之最高权力的瓦解，黑格尔的绝对唯心主义、同一哲学以及

---

[1] ［德］伽达默尔：《哲学解释学》，夏镇平、宋建平译，上海译文出版社1994年版，第71页。

[2] ［德］海德格尔：《存在与时间》，陈嘉映、王庆节译，生活·读书·新知三联书店1987年版，第46—47页。

[3] 《海德格尔选集》下卷，孙周兴选编，上海三联书店1996年版，第771—775页。

与之相适应的概念立场也不可能继续下去了。只是在这样的批判性视域中，我们方能够真正识别当代解释学从黑格尔那里吸收过来的东西和予以摒弃的东西。

在思想（以及阐释）之客观性的主题上，绝对精神这一作为实体的主体，亦即对于客观精神来说的超越性已无法持存，而客观精神领域所开启出来的社会—历史之实体性内容的一度，亦即由社会现实来定向的具体化，却必须作为阐释之客观性的恒久财富而被重新占有。因此，客观精神领域的本质性不再居于绝对精神之中，而应当被导回到"人们的现实生活过程"① 中去。正是在这个意义上，洛维特认为，与费尔巴哈相反，马克思重新恢复了黑格尔的客观精神学说。② 但此种恢复，乃在于先行驱逐社会—历史的思辨神学的本质。"恰恰是任何历史实存的这种有条件性，被马克思宣布为唯一无条件的东西。这样一来，黑格尔的精神历史形而上学就被尽可能激进地有限化、并在为历史的服务中时间化了"。③ 就此而言，当代解释学是处于完全类似的理论境域中的：它从根本上所要求的解释（或阐释）的客观性既然不可能驻足于任何一种"同一哲学"的神学本质之中，那么它就不能不从根本上开始转向所谓"生活世界"的领域了。因此，在海德格尔以"此在在世"为口号开展出他对意识（Bewusstsein）所作的本体论批判之后，虽说黑格尔哲学中社会—历史的本质性一度同样以充分有限化和时间化的方式被拯救出来，但他的绝对唯心主义连同其概念立场却已经瓦解了。所以，伽达默尔在辨识"当代思想"的阐释立场时指证了德国唯心主义已被认为是不再正确的三重天真："它们是：（1）断言的天真；（2）反思的天真；（3）概念的天真"。④ 这意味着，就普遍的"解释"通达其真正客观性的路径而言，它也不再可能是"范畴性质"的，而

---

① 《马克思恩格斯选集》第 1 卷，中共中央马克思恩格斯列宁斯大林著作编译局编译，人民出版社 1995 年版，第 72 页。
② ［德］卡尔·洛维特：《从黑格尔到尼采》，李秋零译，生活·读书·新知三联书店 2006 年版，第 127 页。
③ 同上书，第 135 页。
④ ［德］伽达默尔：《哲学解释学》，夏镇平、宋建平译，上海译文出版社 1994 年版，第 119 页。

论阐释的客观性

是"生存论性质"（Existenzial）的了。①

在这样一种重大的思想变迁中，一般所谓学术阐释所面临的挑战可以说是非常巨大的，无论人们——特别是学者们——是否清楚地意识到这一点。问题决不在于将"阐释"放任到一无拘束的主观性中，问题恰恰在于：真正的阐释必须遵从"客观性告诫"，而自康德以来我们知道了这种客观性是与人的主观活动（我思）本质相关的；自黑格尔以来我们懂得了这种客观性只能通过社会—历史的实体性内容来加以建构；而自马克思、海德格尔和伽达默尔以来，我们尤其开始意识到，尽管由社会—历史来定向的具体化乃是阐释之客观性的唯一本质和真正命脉，但这样的具体化已完全不能再依靠先前的天真假设了——不只是通常的天真假设，而且甚至是以黑格尔为代表的德国唯心主义的天真假设。这种根本性的改变并不局限于理论的内部，事实上它首先是作为时代的任务而被揭示的。正是社会生活的实践改变使先前被看作是自身透明的东西转变为掩盖自身的和难以理解的东西，从而对阐释所要求把握的客观性提出了新的任务。"正如自然在黑格尔那儿早已表现为精神的他者，对于19世纪积极的动力来说，历史和社会现实的整体不再表现为精神，而是处在它顽固的现实中，或者用一个日常的词说，是处在它的不可理解性之中。我们可以设想一下以下这些不可理解的现象，如货币、资本以及由马克思提出的人的自我异化概念等。"② 这样一种可以被名之为"异化"的现象实情极大地突出并改变了先前的"解释"概念——它在近代之初还是以完全天真的方式对自然来行使解释的（自然科学），然而在黑格尔之后它具有了一种难以驾驭的意义。当代解释学正是在这样的情形下提出其客观性要求和任务的："如果说在较早时候，解释的目的只在于阐明作者的真实意图（我有理由相信，这个概念总是过于狭窄），那么如今解释的目的显然在于期望能超越意义活动的主观性。问题在于如何学

---

① ［德］海德格尔：《存在与时间》，陈嘉映、王庆节译，生活·读书·新知三联书店1987年版，第55—56页。

② ［德］伽达默尔：《哲学解释学》，夏镇平、宋建平译，上海译文出版社1994年版，第114页。

会识破表面所指的东西。"①

当代解释学在这样的形势下开始执行它的任务,这项任务较之于先前来说要艰巨烦难得多,因为它根本无法回避这个时代最关紧要的"异化本身"的问题。正是由于当代解释学最为根本地围绕着解释(或阐释)的客观性这个枢轴来旋转,所以困难以及克服困难的努力才开始出现。也许我们不能说这些困难都已经解决了(事实上烦难正多,挑战正盛),但我们可以断言,所有的努力正是由于在当代的社会—历史处境中要求思想得以坚守——决不是放弃——解释的客观性而产生的。因此,以海德格尔和伽达默尔为代表的解释学乃以抨击形形色色或者粗糙或者精致的主观主义为其主要特色。这样的主观主义一直被追踪到自笛卡儿以来的哲学——其知识理想所包含的异化的、自我满足的意识本身就是一种未经反思却强而有力的主观主义(用马克思的话来说,可谓现代性哲学的"意识形态"幻觉)。在这样一种解释学反思的背景下,比如说,伽达默尔关于"游戏"的现象学乃是力图揭示出这样一个要点:仅仅从作者或解释者的主观观点来把握理解活动,乃是完全不恰当的;如果需要阐释的意义只是存在于作者的思考中,那么所谓理解就不过是作者的创作意识和解释者的复制意识之间的活动——而这种观点是与阐释的真正历史相抵牾的。这意味着,文本或作品所具有的不同的表现或解释并非局限于主观性意义中的主观变化,而是属于文本或作品的"本体论的可能性"。依据这样的可能性,即便是作者本身的主观意图对于解释来说也不是一种恰当的标准,因为它是非辩证的,亦即是说,它终止了文本与解释、过去与当下之间真正的对话活动。唯当把现实本身把握为自我活动和自我展现的,方始可能克服把文本看作同对它的解释完全无关的对象的观点,方始可能把理解—解释活动阐明为一种就其本性而言是对话式的并因而是超主观的事件。因此,现象学解释学力图使自身通达事物前反思的给定性,从而面向先于理论客体化而存在的生活世界。如果说胡塞尔还只是把生活世界当作意向对象的视域来看待,那么,海德格

---

① [德] 伽达默尔:《哲学解释学》,夏镇平、宋建平译,上海译文出版社 1994 年版,第 116—117 页。

论阐释的客观性

尔则试图通过此在的解释学来探究前反思的人类生活世界之经验（"关于物自身的基本经验"），从而表明一切解释都受解释者的具体情境所控制——这种具体的情境同解释者的历史性具有内在关系，而解释可能生成的意义首先是此在从它的社会中先行接受过来的。正是在这样的哲学基础之上，伽达默尔提出了他关于解释之客观性的主张："问题不是我们做什么，也不是我们应当做什么，而是什么东西超越我们的愿望和行动与我们一起发生。"①

由此可见，当代解释学的主流和根本乃是保有并守护解释（或阐释）的客观性，而不是以任何一种方式来放任阐释主题上的任意性或主观主义。如果说当代解释学依然在某些方面遭受到诸多批评意见并引起各种争议（例如哈贝马斯曾批评伽达默尔的"语言唯心主义"），那么这无论对于批评者或被批评者来说，都只不过意味着有关阐释之客观性的当代理论尚未完成，而决不意味着它要放弃这种客观性并姑息性地逢迎或助长主观主义的阐释方向。就此而言，当代解释学的主旨不仅与黑格尔对主观思想的批判要求相吻合，而且在阐释之客观性主题上它将不可避免地与马克思的学说相遇——这种相遇当然会引起争论，例如哈贝马斯指责伽达默尔只是专注于语言却遗忘了"劳动"和"政治"，而伽达默尔的反批评则声称劳动和政治这种具体因素固然应归属于解释学，但语言作为生活本身则标志着我们对于世界之最广泛的关系和依赖性。②然而，恰恰是这样的争论对于双方都意味着：第一，无论如何必须坚持阐释的客观性；第二，这种对于释之客观性的理解已不可避免地归属于社会现实，归属于人类社会的历史过程，归属于整个具体的社会关系。

---

① ［德］伽达默尔：《哲学解释学》，夏镇平、宋建平译，上海译文出版社1994年版，第4页。

② ［德］伽达默尔：《哲学解释学》，夏镇平、宋建平译，上海译文出版社1994年版，第29—37页。关于这种"相遇"的广大领域及意义，我们在本文中不可能讨论了。但作为某种提示，可以参考海德格尔的下述说法："因为马克思在体会到异化的时候深入到历史的本质性的一度中去了，所以马克思主义关于历史的观点比其余的历史学优越。但因为胡塞尔没有，据我看来萨特也没有在存在中认识到历史事物的本质性，所以现象学没有、存在主义也没有达到这样的一度中，在此一度中才有可能有资格和马克思主义交谈。"（《海德格尔选集》上卷，孙周兴选编，上海三联书店1996年版，第383页）。

如果说这样的共识可以约略地称之为当代阐释主题上的客观性告诫，那么它不仅有可能进一步促成哲学—解释学的新发展和新成果，它尤其应当对于我们的人文学术和社会科学产生深远的和积极的影响。任何一种试图从当代解释学中引申出主观阐释之正当性的意图，一开始便从根本上陷入所谓"非愚即诬"的迷途。唯当我们在一般的和学术的阐释中不仅远离粗陋的任意和武断，而且批判地脱离作为主观思想的外部反思之际，我们的人文学术和社会科学才能将其全部阐释的客观性置入"社会现实"之中；进而言之，唯当社会现实的阐释定向摆脱了黑格尔式的思辨和概念立场之时，所谓生活世界才有可能被积极地开启，而我们学术的阐释才有可能开始依循这样一种真正的社会现实来取得自己的客观定向。

第三部分

意义生成研究

略论文学作品的意义生成

——一个诠释学视角的考察*

朱立元**

文学作品的意义来自何处？这是一个既古老又不断出新的问题。在相当长的时期内，西方文论界、美学界普遍认同作品的意义来自作者。这种观点在19世纪后期、20世纪初期，随着心理学、美学的大发展，影响进一步扩大，多数文论家、批评家将研究重点放在作者的生平、经历、传记等的研究上，力图从中寻找作者创作的真实意图。这就是"作者中心论"。但是，20世纪前半期，随着"语言学转向"和俄国形式主义、新批评、分析美学、结构主义、符号学等的兴起，意义探寻从作者转向文本，似乎作品一旦完成，其意义就独立于作者而只存在于文本本身的语言结构和形式中。这是所谓"文本中心论"。到60年代前后，现象学、存在主义和现代诠释学强势登场，催生了文学作品的意义来源于读者的新理论；同时，结构主义、后结构主义文论也偏重于读者。两者合流形成的"读者中心论"影响巨大，成为当代西方文论的主流话语。有意思的是，在文学作品意义来源问题上，百年来的西方文论恰好经历了构成文学活动三个要素或环节逻辑进程两大重大理论转变：创作→作品→接受，以及作者中心→文本中心→读者中心。其中原因复杂，存在需要反思的片面性和理论失误。这里打算从现代诠释学角度切入，谈谈自己对此问题的看法，就教于专家同行。

---

* 本文原刊于《中国社会科学》2017年第5期。
** 作者单位：复旦大学中文系。

第三部分　意义生成研究

一

上述两个重大转变都与诠释学的现代转型有密切关系。18—19世纪，以施莱尔马赫、狄尔泰为代表的"一般方法论诠释学"还处于诠释学的前现代阶段，即认识论、方法论阶段。他们认为，作品的原初意义只能来自作者，诠释的目标是接近和揭示文本的"原意"，即作者的意图和意义。20世纪中期以来，西方诠释学开始突破传统，在意义理论上形成两个具有现代性的重要理论思潮：一是从海德格尔到伽达默尔的哲学本体论或存在论诠释学；二是以意大利哲学家贝蒂为代表的"作为精神科学一般方法论的诠释学"。二者都对施莱尔马赫、狄尔泰前现代的方法论诠释学有所突破，也有所继承。相比较而言，伽达默尔哲学阐释学的突破大于继承，而贝蒂的一般方法论诠释学则在继承中有突破、突破中有继承。这两种不同的现代诠释学形成了不同的意义观。

伽达默尔继承、发展了海德格尔现象学所谓"实存性的诠释学"，实现了诠释学的本体论转型，即由前现代向现代的转型。第一，他认为，理解不是解释者（主体）对外在于他的一切文本（客体）及其作者意义的寻求和解释的行为方式，而是此在（人）本身的存在方式。[①] 这样，理解活动就从认识论范畴转化为人的存在范畴的基本规定。文本的意义不是某个认识对象的现成意义，更不仅是由文本作者所赋予的固定意义，而是在理解活动即文本与此在（人）双重建构过程中生成的。第二，按照这种本体论诠释学思路，伽达默尔提出了"效果历史意识"理论，认为"理解从来都不是一种对于某个给定的'对象'之主观（按：亦可译'主体的'）行为，而是属于效果历史，这就是说，理解是属于被理解东西的存在"[②]。正是在理解中具有历史性的此在（自我）的现在视域与历史实在（他者）的视域达到

[①] ［德］伽达默尔：《真理与方法》上卷，洪汉鼎译，上海译文出版社1999年版，第6页。

[②] 同上书，第8页。

"视域融合",上升到"更高的普遍性"①的理解。笔者认为,效果历史意识构成伽达默尔现代诠释学的理论核心。第三,在伽达默尔那里,效果历史的主体(理解者)的现在视域,主要就是他带入理解的前理解、前结构,也即先入之见、先见或前见。他一方面批判了传统诠释学力图"消除一切前见""避免每一误解"、寻觅作者"原义"的主张,另一方面旗帜鲜明地肯定前见在理解中的合法性,强调"必须为前见概念根本恢复名誉,并承认有合理的前见存在"②,这一点对于诠释学意义观的现代转型至关重要。他认识到,前见不仅限制和在某种程度上规定了理解者理解的方向、范围、重点,使理解带有某种先在的倾向性,而且,在理解中具有生产性和创造性。他还借用海德格尔的相关论述深入描述了前见筹划、建构意义的再创造过程。③第四,根据前见理论,伽达默尔总体上贬低理解中作者意义的作用和地位。他认为理解者比作者理解他本人"是一种更好的理解","文本的真实意义并不依赖于作者及其最初的读者所表现的偶然性","因为这种意义总是同时由解释者的历史处境所规定的",并强调"这一点具有根本的重要性。文本的意义超越它的作者,这并不只是暂时的,而是永远如此的"。④ 这实际上把读者对文本意义的再创造作用提升到高于作者原意的中心位置。

伽达默尔虽然没有完全否定被理解事物(历史文本)在内容上有某种确定性,然而,他在总体上是把文本意义的生产、生成的主要来源归结为读者在前见、意义预期引导下的再创造,他曾坦率承认,其诠释学的基本立场"就是每一个读者的立场"⑤,也就是读者中心论的立场,其中暴露出某种程度的主观主义、相对主义倾向。虽然他对此有所警觉,说"这倒不是使那种个人的和任意专横的主观偏见合法

---

① [德]伽达默尔:《答〈诠释学和意识形态批判〉》,载洪汉鼎主编《理解与解释——诠释学经典文选》,东方出版社2001年版,第391—392页。
② [德]伽达默尔:《真理与方法》上卷,洪汉鼎译,上海译文出版社1999年版,第355页。
③ 同上书,第343页。
④ 同上书,第380页。
⑤ 转引自潘德荣《西方诠释学史》,北京大学出版社2013年版,第365页。

第三部分 意义生成研究

化，因为这里所说的事情有明确的责任界限"①。但是，他没有明确给出多义性解释中哪些具有合法性、合理性的明确界限和客观标准。

接受美学的主要代表尧斯直接继承和发挥了伽达默尔的"效果历史意识""视域融合"等理论，提出了接受文学史或读者文学史的基本原则，其意义观也就把读者的作用提到前所未有的高度。这既构成了对传统的文学史理论和研究的有力挑战，也把伽达默尔初步构建的读者中心论推向了更加彻底化的新阶段。

再看以意大利哲学家贝蒂为代表的"作为精神科学一般方法论的诠释学"。贝蒂痛心地批评海德格尔、伽达默尔抛弃包括施莱尔马赫、狄尔泰在内的传统诠释学，指出"丰富的诠释学遗产在今日德国似乎大多被遗忘了，并且那种对伟大的浪漫主义传统的继承也近乎被中断了"②。贝蒂由此提出了与本体论诠释学对立、对抗的方法论诠释学，显示出他期望能够接续、发展浪漫主义诠释学传统的努力。正如美国学者帕尔默指出，"贝蒂在他自己较早时期的百科全书式著作《诠释的一般理论》中，曾力图重建这种较古老却有着丰富意蕴的德国传统"③。

贝蒂不同意伽达默尔本体论诠释学偏重于阐释者而轻视作者的意义观，坚持理解的认识论、方法论思路。他把一切过去人们（他人）的"精神的客观化物"（其诠释学的核心概念），包括"从迅速流逝的讲到固定的文献和无言留存物，从文字到密码数字和艺术的象征，发音清晰的语言到形象的或音乐的表象，从说明解释到主动行为，从面部表情到举止方式和性格类型"等，统统称之为"富有意义的形式"，"通过这些形式他人心灵向我们诉说"，我们的理解和解释就是发现和展示他人"这些形式里所包含的意义"。④ 这里，关键在于贝

---

① ［德］伽达默尔：《诠释学》，洪汉鼎主编：《理解与解释——诠释学经典文选》，东方出版社2001年版，第489页。
② ［意］埃米里奥·贝蒂：《作为精神科学一般方法论的诠释学》，载洪汉鼎主编《理解与解释——诠释学经典文选》，东方出版社2001年版，第125页。
③ ［美］理查德·E. 帕尔默：《诠释学》，潘德荣译，商务印书馆2012年版，第78页。
④ ［意］埃米里奥·贝蒂：《作为精神科学一般方法论的诠释学》，载洪汉鼎主编《理解与解释——诠释学经典文选》，东方出版社2001年版，第125—126页。

蒂认为，他人（作者）的"精神的客观化物"，作为解释对象，具有外在于解释者的客观自在性；但它是能够被解释者重新认识的。这是贝蒂与伽达默尔的诠释学最大的不同。

贝蒂把这个理解过程表述为三个要素（作者主体、富有意义的形式即语言文本、解释主体）的统一过程。解释过程中有两极：主体和客体，即解释者和富有意义的形式（精神的客观化物），而"进行认识的主体的任务就在于重新认识这些客观化里的激动人心的创造性的思想"，"理解这里就是对意义的重新认识和重新构造——而且是对那个通过其客观化形式而被认识的精神重新认识和重新构造——这个精神对一个与它同质的（由于其共同分享人性）能思的精神诉说"，"正是这些形式的一种内在化，这些形式的内容才在这内在化中转进入与原本具有的主观性不同的主观性之中"。① 此处贝蒂将理解的本质和过程描述得非常清楚、精准。一是他明确肯定语言文本是作者主体精神客观化的成果，是解释者所面对的不可改变的"他在"的客观对象。二是同样明确肯定理解是一种没有解释者（另一个）主体主动参与就不能进行的活动，也就是说，他也肯定理解中解释者同样具有不可替代的重要地位。三是指出语言文本作为精神客观化物是联系、沟通两个主体的中介，是理解、解释活动的出发点和直接对象，只有通过它解释者才能进入作者的心灵，达到对语言文本意义的理解。四是将理解看成读者对文本意义主要是作者内在精神的重新认识和重新构造的过程。这样，理解的重点就主要不在解释者及其前见，而在文本语言及其背后的作者的精神和意义。当然，不是恢复到作者的原意，而是有解释者参与、介入的重构，是两个主体之间的精神交流和交融，是一种主体间性。五是将这种相互理解的主体间性置于共同人性的根基之上，这一点明显继承了施莱尔马赫、狄尔泰的传统诠释学思路。

贝蒂上述方法论诠释学的意义观，既不同于伽达默尔、尧斯等人的读者中心论，也不同于浪漫主义传统诠释学的作者中心论，似可概

---

① ［意］埃米里奥·贝蒂：《作为精神科学一般方法论的诠释学》，载洪汉鼎主编《理解与解释——诠释学经典文选》，东方出版社 2001 年版，第 128—129 页。

括为融合作者与读者为一体的文本意义中心论，但不是结构主义、形式主义切断文本与作者主体联系的文本中心主义。

对于伽达默尔否定诠释客观性的主观主义倾向，贝蒂一针见血批评道："其结果是，诠释学的对象自主性基本规则完全从历史学的工作里被排除出来了。"他特别对伽达默尔的"前见""前理解"等核心概念加以批评，揭露"它显然受当代生存论哲学的影响并势必把解释与意义推论加以混淆，以及以一种对一切人文科学（精神科学）解释程序结果的客观性加以怀疑的结论排除对象的自主性规则"。① 伽达默尔对贝蒂的批评多次作了回应和反批评。本文限于篇幅无法讨论二人的理论争鸣，但是应该指出，他们二人理论分歧的实质确实在于：是否承认解释对象客观自主性的问题。正如帕尔默所指出，贝蒂认为伽达默尔本体论诠释学的要害在于，把理解中的"意义赋予（赋予对象以意义的诠释者之功能）""等同于诠释了"，正因为这一点，"人文科学中客观有效之结果的完整整体（解释结果的客观性）才受到挑战"。② 此言确实一语中的。

现在看来，贝蒂为代表的方法论诠释学在现代西方诠释学史上独树一帜，与伽达默尔的本体论诠释学虽然根本对立，其实是对施莱尔马赫、狄尔泰的传统诠释学两个不同方向的推进和发展，具有互补性，对其重要影响不应该低估。在现代诠释学诸种思想理论中，在哲学基础和体系、观念、范畴、方法等各方面都十分完整、严谨，能够与伽达默尔构成全面对话、论争的，唯有贝蒂的方法论诠释学。这是思想史的事实。诠释学史专家帕尔默在其名著《诠释学》一书中，列专章论述"关于诠释学的当代争论：贝蒂与伽达默尔的对峙"，把他们二位看成方法论和本体论"两种基本立场在今日的杰出代表"③，并明确指出，"贝蒂和伽达默尔之间根本的对立是清楚的。我们面对的是在诠释学的范围和目的、适合于它的方法和思维类型以及这门学

---

① ［意］埃米里奥·贝蒂：《作为精神科学一般方法论的诠释学》，载洪汉鼎主编《理解与解释——诠释学经典文选》，东方出版社2001年版，第147—148页。

② ［美］理查德·E. 帕尔默：《诠释学》，潘德荣译，商务印书馆2012年版，第80—81页。

③ 同上书，第66页。

科作为一个研究领域的本质特性等诸方面都全然不同的两类观念"，但是，这"两种立场并非截然相反的。毋宁说，这两位思想家研究的是诠释学问题的不同方面。……对于一个作为整体的诠释学来说，两种哲学立场都为处理诠释学问题提供了重要进路"。[①] 即使伽达默尔本人，虽然与贝蒂存在重大分歧，但仍然十分重视贝蒂对诠释学的重要学术贡献，给予了高度评价。他认为贝蒂完全避免了天真的历史客观主义的危险，同时也避免了过高评价主观主义的主张，认为"贝蒂在所有理解的客观因素与主观因素之间寻找一种中介"[②]，实际上承认他与贝蒂的诠释学在理论上有相通之处，而非截然对立。

当然，在笔者看来，如果从更长远的历史时段来考察，贝蒂对诠释学巨大的理论贡献似乎还没有受到充分的重视和肯定，其在思想史、学术史上的地位和评价理应受到更高重估。学术史上之所以出现这种看似"不公正"的现象，与20世纪前期欧洲、特别是德国思想界学术思潮的变动密切相关。当时，胡塞尔开启、海德格尔推进的现象学运动席卷欧洲，成为哲学主潮。伽达默尔的本体论诠释学正是在这股主潮的影响下产生的，并反过来又将这股主潮推向高潮。在本体论诠释学的强势冲击下，贝蒂的方法论诠释学在无形中受到挤压。加上他1968年就已逝世，未能进一步展开与伽达默尔的争论，发展其独特的理论，因而其方法论诠释学在西方学界的影响反而被边缘化了。

二

20世纪80年代以来，中国哲学、美学、文艺学界同样主要受到从海德格尔、伽达默尔到接受美学的阐释学理论的重大影响，而贝蒂的影响几乎可以忽略不计。之所以形成这样一种对西方诠释学有选择

---

① [美] 理查德·E. 帕尔默：《诠释学》，潘德荣译，商务印书馆2012年版，第84—85页。
② [德] 伽达默尔：《诠释学》，载洪汉鼎主编《理解与解释——诠释学经典文选》，第189页。

第三部分　意义生成研究

性的接受状况，客观上说，是我国学术界在引进、译介时自然会把主要注意力和重点放在占据主流地位的海德格尔、伽达默尔一脉的本体论诠释学上。主观上，笔者认为，是改革开放初期的思想解放运动形成了我国思想界、学术界特定的接受语境。

这个语境中最值得注意之处，一是80年代初哲学界、美学界、文艺理论界出现的人道主义大讨论。其内因是文化学术领域实行现代性转型的紧迫的内在需求；外因是改革开放的大潮打破了长期闭关锁国的局面，国外、主要是西方各种学术、文化、文艺思潮纷至沓来，当代西方文艺、文论、美学思潮尤其是现代主义文艺、文论思潮大量涌入[1]，甚至后现代主义文艺、文论也获得了一定数量的译介和引进。钱中文、童庆炳先生在90年代末回顾这一段历史时说："文学理论界在改革、开放的思想引导下，大规模地介绍了外国文论，引进了近百年来的各种西方文艺思想。短短十来年间，人们兴致勃勃地模仿、宣传、实验，几乎把百年来的各种欧美文艺思潮操演了一遍，文艺思想空前活跃"。[2] 它们带来了国外文化学术界大量新思想、新观念、新方法，既对中国学界固有的思维习惯造成一定冲击，又为我们提供了通过有批判地借鉴、吸收，来回答、应对、解决中国思想文化包括文艺、文论当下所面临的现实问题的诸多启迪，促进了研究方法的变革创新和学术话语体系的新旧转型，也促成了20世纪八九十年代文学艺术和美学、文论的繁荣。

以上内外两种因素和力量的汇聚，一方面逐步形塑了我们接受外来思想文化的现实需要和新的语境；另一方面又根据借鉴、应用的实践不断修正、调整、改变、拓展这种接受语境。不过，上述这种对国外（主要是西方）文化学术的全方位（仅就范围而言，不是无批判）的引进、借鉴（不是全盘西化），主要在开始阶段的十多年。20世纪90年代中期以后，借鉴的自觉性、选择性有所增强，范围逐渐集中，

---

[1] 高建平：《当代中国文艺理论研究（1949—2009）》，人民出版社2011年版，第425页。

[2] 钱中文、童庆炳主编：《新时期文学建设丛书》总序，载朱立元《理解与对话》，华中师范大学出版社2000年版，第2页。

不再那么散乱，重点有所突出。现在回顾起来，新时期以来，我国学界（包括文艺理论和美学界）关注度最高、持续时间最长的西方学术思潮之一就是胡塞尔开启的，海德格尔、梅洛-庞蒂、萨特等推进的现象学和存在主义理论，以及后继者伽达默尔的哲学诠释学。其中原因当然非常复杂，以笔者之见，主要有两点：一是当代中国学界对一些重大问题重新认识和倡导的理论诉求，与现象学、存在主义思潮有着某种内在的关联。比如胡塞尔的先验现象学主张通过现象学还原直观地把握到意识活动的意向性结构和意识的识别、构成的主体能力；海德格尔、伽达默尔本体论诠释学以解释者主体的前见、前结构为理解活动的前提和基础等，都与中国学界的文学理论重建有着某种内在的契合。二是我国学界的主流始终坚持以马克思主义为指导。新时期以来，我们冲破了"西马非马"的教条主义思想的束缚，对一百多年来各个时期、各个流派的西方马克思主义流派、思潮进行了系统的梳理、反思和批判性的研究，认可了西方马克思主义总体上还是为西方各国在各个历史阶段发展、建设马克思主义做出了贡献，在理论上有许多创新与推进，对我国当代马克思主义理论研究和建设具有重要的启示和借鉴意义。而前述现象学和哲学诠释学与西方马克思主义在许多方面有着交叉重叠的联系，比如卢卡奇吸收现象学的意向分析方法和构成方法，建构社会存在本体论；法兰克福学派的马尔库塞吸收了海德格尔的存在论思想，批判了那种完全否定人的主体性的经济决定论；萨特的存在主义现象学则主张人的存在本身即自由，力图在马克思主义内部重新恢复人（具体生存的自由的个人）的本体论地位，等等。中国学者通过对西方马克思主义的译介和研究，也更易于接近、关注现象学、存在主义一脉的思想理论。以上两个方面构成了我国学界自觉不自觉地对外来思潮进行一定有选择性的译介、引进和接受的内在机制和思想文化语境。笔者作为国内最早（20世纪80年代后期）引介接受美学的学者之一，对于从海德格尔、伽达默尔的本体论诠释学到接受美学及其读者中心论的文学作品意义观，何以会在中国被广泛接受，及其所处的特定语境均有切身的体会。笔者还认识到，这也正是造成那个时期在意义观上作者赋予作品初始意义的作用，被不知不觉缩小、冲淡的主要原因。

第三部分 意义生成研究

上述这种接受情况，到 2014 年才发生重大变化，其标志是张江发表了在我国文艺理论界产生重大影响的《强制阐释论》。[①] 张江在《强制阐释论》及其后一系列论文中，在深入批判当代西方文论的主要缺陷之一（不是第一或者唯一）——强制阐释——的同时，也对伽达默尔和接受美学过分夸大文学阅读、批评、阐释创造作品意义的读者中心论进行了深刻的反思。需要说明的是，对张江的理论主张，笔者并不全盘赞同，但是，对其核心观点是肯定的。这首先因为他的批判性反思，实际上也促使和帮助笔者对自己以往偏重于接受伽达默尔诠释学及其读者中心论意义观的片面性，进行了一定的反思。毋庸讳言，这一点对笔者本人今后的学术研究也是很重要的。

张江批评本体论诠释学的读者中心论，一针见血地指出"海德格尔、伽达默尔把它推上了巅峰。'解释只是添加意义，而非寻找意义'，由此，对文本的理解永远是漂移的，居无定所"[②]。这样它就把对文本本身所具有的意义（包括作者赋予的意义）的探寻，完全排除在解释和批评的功能之外，理解和解释只剩下读者、批评家的"添加意义"，这显然是违背常识的。在谈到历史理解与当下理解的关系时，张江说，"对文本历史的理解，也就是对文本原生话语的理解，是一切理解的前提。……对文本的当下理解可以对文本原意有所发挥，但是不能歪曲文本的本来含义，把当下批评者的理解强加于文本"。这里张江使用了"文本原生话语""文本原意""文本的本来含义"等概念，来强调在历史语境中产生的文本原生话语及其含义、意义有其独立于读者、批评家的自主性和客观性，其中作者原意的存在也是不可否定的，所以，"不能用今天的理论取代旧日的文本"，取代"作为作者的主导意念（按：此词用得好，笔者以为即指作者原意）而重新定义作品"。[③] 笔者认为，张江批评读者中心论、肯定作者意义的客观存在的观点是站得住脚的。

这一观点，在张江新近的研究中有了重要进展。他发现了不同于

[①] 张江：《强制阐释论》，《文学评论》2014 年第 6 期。
[②] 同上。
[③] 同上。

本体论诠释学的另一脉——贝蒂的认识论、方法论诠释学，表示"我更赞成意大利哲学家贝蒂的观点"，具体说来，就是赞同"文本或者说作品，是作者'精神的客观化物'"，"在贝蒂的立场上，无论其意义如何，文本首先是作者的创造物，也就是作者精神的客观化产物。……正是在这样个性化的产物之中，作者与文本融合炼化，作者赋予文本以思想和精神，文本承载它们而化身为物质的作者。否认作者就否认了文本，文本的存在就是完全不同的另一种意义和价值"。① 这就重新提高了作者创作及其赋予作品原初意义这一不可替代的重要地位，实际上也提出了重估贝蒂的方法论诠释学的历史地位的主张。这一点值得高度重视。

张江借用贝蒂的理论既批评了伽达默尔和接受美学贬低作者意义的读者中心论，同时也批评了结构主义、解构主义的"作者已死"论。他从话语阐释权力的高度深刻批判道，巴特的"'作者之死'只是一种隐喻，是一个问题的提起。在'作者之死'的背后，是解构主义的反主体、反中心、反理性的主张，是解构主义在文艺理论和阐释学领域的强暴扩张"，"问题的核心是关于文本解读的话语权及其标准。从阐释的权力来说，作者死了，读者成为最高阐释者和文本的创造者。……从阐释的标准来说，文本没有了作者，意义不再有源头，阐释就不再受单一意义的支配，各种想象和体验相互对话竞争，任何阐释都是正确的"。张江进而从中找到了"强制阐释"的诠释学根源："正是这种阐释思想和作者理论，使得20世纪中叶以来，西方文论中的'强制阐释'成为潮流。阐释成为各种理论任意发挥和竞争的试验场。"② 这里，他实际上也揭示了读者中心论（无论是本体论诠释学还是解构主义作者已死论）必然跌入相对主义、主观主义的陷阱。

由此可见，当代西方文论中那种过分突出读者创造意义的地位，否定、取消作者意义的倾向，在某种程度上是现象学、存在主义、哲学诠释学思潮中部分学派、理论家的主张与形式主义、结构主义、解

---

① 张江：《作者能不能死》，《哲学研究》2016年第5期。
② 同上。

构主义思潮共同作用的结果，因而逐步上升为当代西方文论的主要趋势和主导理念，也是构成强制阐释盛行的主要根源之一。张江的系列论文打破了国内文艺理论界长期流行的这种忽视或轻视作者意义的主潮，重新引起人们对文学活动中作者意义的关注和重视。这一变化虽然刚刚开始，但是意义重大，从诠释学角度看，是重新建构全面、辩证的文学作品意义观的一个理论转折点。

三

现在我们可以回到文学作品意义来源问题的讨论。在诠释学视域下，总的来说，文学作品的意义既不是单由作者赋予的，也不是完全由读者诠释创造的，而是由作者与读者双向互动、共同创造的，是作者、读者两个主体的"间性"关系，是在作者、作品文本和读者三要素动态流程中不断生成的。在某种意义上可以说，这是一种辩证地综合了本体论与方法论诠释学合理性的生成论的意义观。

在三要素中，作者的创作是赋予作品原初意义的来源。由于长期以来我们受到读者中心论意义观的较大影响，所以有必要首先讨论一下作者意义的重要性。

作者究竟有没有自己写作或者创作的意图（作者意义）？一般都以作家创作时意图不自觉、不明确、不清楚为由，来淡化甚至否定作品中有作者意图的存在。笔者认为这是不科学的。对此，张江曾询问过莫言"写小说时有没有意图？"莫言明确答复"有"，虽然表示在写作时不一定很清晰，而且往往会前后变化较大。张江据此指出，作家"不可能不知道自己写了什么"。①

笔者赞同张江的观点。还可以补充莫言自己谈《红高粱》创作的例子。莫言明确说他笔下的"红高粱"有一种"淳朴、健康、向上的""象征"意义，小说里的"高粱不是一株一株，而是一望无际，那样蓬勃，那样浩荡。我在写的时候，当然能够意识到这样一种写

---

① 张江、哈派姆：《多元阐释须以文本"自在性"为依据——张江与哈派姆关于文艺理论的对话》，《文艺争鸣》2016 年第 2 期。

法,这样一种描写,会使高粱这个物象得到一种提升,让它变成文学上、哲学上的意象。但它究竟能够象征什么,我想作为一个作家是没有必要想得太过清楚。这也是我们在小说创作过程当中经常面临着的一个问题……只有当作家感受到但没有特别想清楚的时候,这样一种混沌的描写,也许才可能产生更为广阔的、深厚的象征意义"。① 莫言这一段话非常真实地描述了作家创作时有意图、有想法,但常常想得不太清楚这种混沌的心理状态,可以作为上述张江论证的脚注。显而易见,作者这种"想得不太清楚"的原意正是文学作品意义的初始来源,读者、批评家绝不能完全无视或者离弃这种作者原意。当然,对作者意义的重视,并不意味着文学批评要重新回到把寻求作者原意作为主要任务的老路上去,而是要克服那种片面强调读者创造意义的决定性作用、随心所欲解读作品的强制阐释倾向。

人们或许会问,那么"一千个观众心中有一千个哈姆雷特"是不是真理?还有没有效?笔者认为,当然有效,但是其真理性是有条件、有限度的。因为这句话中还隐含着另一层常常被人们忽略的含义:固然一千个观众心中可以有一千个哈姆雷特,然而一千个、哪怕一万个哈姆雷特,终究还必定是哈姆雷特,而不是另一个不相干的人物。这里哈姆雷特可以理解为莎士比亚创作的"精神的客观化物",即作品文本。这个文本,就是观众(读者)解释的限度,不可突破的界限。意大利作家、批评家艾柯说得好:"作者向欣赏者提供的是一种待完成的作品:他并不确切地知道他的作品将会以哪种方式完成,但他知道,作品完成后将依然是他的作品,而不是另一部别的作品,在演绎对话结束之后,一种形式将具体化,这一形式是他的形式,尽管这一形式是由别人以一种作者本人并不完全可以预见到的方式组织完成的。"② 艾柯承认读者(欣赏者)有权利在欣赏作品时可以各自不同的方式增加自己的理解,即意义增殖,以完成作家提供的"待完成的"作品;但是,他同时强调"作品完成后将依然是他的作品",作者主导作品意义的权力不应该、也不可能被剥夺。作者意义

---

① 莫言:《下一步小说写什么?挺头疼》,《文汇报》2016年9月21日第11版。
② [意]艾柯:《开放的作品》,刘儒庭译,新星出版社2005年版,第24页。

对读者阅读、接受必定有一定的引导（方向）、规范和制约的作用。

其次，作品文本是文学活动三要素之一，又是活动三环节的第二个环节。它一方面是作家精神的客观化物，必定包含作者的原意；但是文本作为连接作者与读者之间的中介，是文学活动生成的意义链的重要环节。另一方面，文本并不孤立存在，它的真正生命存在于与读者的联系中，存在于读者的阅读、欣赏和对其意义的创造性阐释过程中。然而，对于读者而言，文本是阅读、欣赏、理解的前提和起点，离开了文本及其包含的意义，阅读、欣赏和阐释便无从谈起。所以，文本虽有独立性，但其独立性是相对的，它既不能像结构主义者认为的那样，文本产生后就与作者无关了；它也不能脱离读者孤立存在，那样它就只是一个无生命的语言符号体，其意义就无法得到呈现和实现。在此，文本承担着文学活动联系、连接作者与读者两个主体的中介角色，是文学意义链由作者意义向读者意义增殖过渡的必经环节，它的生命归根结底是由两个主体共同赋予的。

这里需要说明的是，文学文本的意义虽然来源于作者创造赋予的意义，但是，又不等于、而是大于作者意义。因为文学文本在脱离作者之后有其相对独立性，它的意义域必定有拓展，特别是优秀的文学作品为不同时代的读者留下了巨大的阐释空间。原因很多，仅举三点：一是文学作品具有文学语言的修辞性，当读者阅读时必然对作者意义有某种偏离、改变、拓展、增值等情况的出现，不可能完全局限于作者原初意义的范围内。中国古典诗学的"诗无达诂"[①]说表明，诗的文本意义超越、大于诗人想要表达的意义。二是文学作品特别是中国古典诗词，在言、意、象三者关系中，追求言外之意、象外之象。宋代大儒朱熹把《周易》"言不尽意而立象以尽意"解释为诗歌语言应以"活活泼泼""血脉流通"的整体形象来传达诗人之意，达到"不必外来道理言语，却壅滞却诗人活底意思也"。（《朱文公文集》，卷四十《答何叔京》）这里包含有"意""象"大于"言"的意思，特别是有生命的整体形象可包容不尽的言外之意。文学文本通过语言塑造、构建形形色色的文学形象（意象），体现着远远大于语

---

① 董仲舒撰，凌曙注：《春秋繁露·精华第五》，中华书局1975年版，第106页。

言符号所指本身的丰富意蕴,也必定超越了作者特定语境、心境下写作时的意图、意向。三是文学的语言文本构造为读者的意义阐释留下了空间。如现象学美学家英伽登所说,文学作品是由"语音构造层""意义单元层""再现的客体层""图式化方面层"等四个层次组成的有机整体结构,其中"再现的客体层"和"图式化方面层"往往包含着某些意义的"不确定点"和"空白",需要读者阅读时加以填补、确定、具体化、再创造。在此,作品文本作为作者意向性活动的产物,当然包含着作者的意义,是其潜在要素之一;但是,它又是未完成的,不能"自足地"存在,需要通过观赏者的"解释"或者"按它的有效的特性去重建作品"①,作品的意义因而必定大于作者的原意。上述三点,说明文学文本作为作者与读者之间的桥梁,其意义当然首先包含着作者意义,但是又有扩展和辐射;而相对于读者而言,其意义也具有相对的客观自主性,不是读者可以任意摆布的。它是构成文学作品完整意义的不可或缺的主要来源之一。

再次,文学作品第三个意义来源就是读者的阅读、解释和批评。读者、批评家依据各自所处的社会历史语境和个体文学经验,对具有一定客观自在性的文学文本进行创造性的阐释,必定会有意义增值:包括创造、发挥、补充、确定、拓展、修改、调整等,随着时代变化还可能会有更大的偏离、改造、重构等。前文对此已作了较多阐述,此不赘述。

总之,文学作品的意义,应该是由作者与读者双向互动、共同创造的,是在作者、作品文本和读者三要素之间相互作用、动态流程中不断生成的。关于文学作品的意义来源,包含作者意义在内、又向读者再创造意义开放的、生成性的文本意义中心论。

---

① [波兰]罗曼·英伽登:《艺术价值与审美价值》,《英国美学杂志》1964年7月号,第199页。中译文载《文艺理论研究》1985年第5期第98页,译者朱立元。

文学文本的意义之源:作者创作、读者阅读与评者评论*

张政文**

当代西方文论精神危机的重要症候之一是断然否决作者与读者、评者的内在联系,声称"作者死了",从文学生产—消费世界的作者中心到作品中心再到读者中心至今天的理论中心,让理论独自成为文学世界的唯一主角,使文学生产—消费活动成为一场理论的独角戏。对此,张江教授明确指出:"20 世纪中期以来,当代西方文艺理论的总体倾向是否定作者及其意图的存在,否定意图对阐释的意义,对文本作符合论者目的的强制阐释,推动当代阐释学研究走上了相对主义、虚无主义的道路。"① 文学活动的文化场域是作者意图、读者意趣和评者意义构成的文本在场状态。评者自 2000 多年前在文学世界中出场以来,为公众提供文本理解的阐释路径、理性方法和价值领悟,使读者能在文本中确认自我、享受人生、关怀人类并走上启迪社会发展的自由之路,已是不争的事实与信念。因而,当下论述作者创作、读者阅读、评者评论的内在关系,目的在于重申作者文本意图的实在性和读者、评者文本意图的公共性始终在场,作者、读者和评者共同建起的文学经验是文学文本的意义之源。

---

* 本文原刊于《社会科学战线》2017 年第 8 期。
** 作者单位:中国社会科学院大学。
① 张江:《"意图"在不在场》,《社会科学战线》2016 年第 9 期。

文学文本的意义之源：作者创作、读者阅读与评者评论

一 作者创作与对文本的知识解说

作者是文本的初始创造者，作者的社会洞察、生活理解、喜怒哀乐、梦境幻思在创作冲动驱使下，由作者驾驭某种语言，富有个性地按文字规则和审美要求书写成能被公众阅读、欣赏、评论的语符系统便是文学作品。在语符系统中作者对外在世界的理解、对自我生活的经验皆被对象化在文学作品之中并被作品显现，这就是作者的文本意图。

在马克思主义阐释图景中，文学作品是作家创作实践活动的结果，是对作家主观意识的确证。作家创作活动是一种生产，产品即是文学作品。文学作品是文学文本的基础和载体，它在文学阅读、欣赏、评论中成为文学文本。而作为文学本文基础和载体的文学作品也就独立于作者，它在对象化作家的主观世界的同时，成为客观独立的文本，不再为作者所控制和改变。在理论物理学中，低于每秒30万公里运动速度的大尺度宇宙的一切事物都处于惯性物理系统中，封闭性、均匀分布性是惯性物理系统的基本规定性，这种规定性中所有的运动都是单向度、不可逆的。在这一点上，宇宙星空、社会历史、文学文本都是耗散过程，总要出现又逝去，不会按原有的内容和形式停止不动。不过，爱因斯坦相对论告诉我们，在同一坐标系中，具体存在的时间与空间不可分离。当有一个确定的空间点时，必有确定的时间点与之对应，反之亦然。现实的文学作品在创作过程中拥有的作者意图进入文学文本后不再能够回到作者的创作时间过程中，却留存在文学文本的符号空间里。所以作者意图在，是个不容置疑的事实，显然，问题不是作者的文本意图在不在，而是读者如何发现作者的文本意图怎样在、评者如何昭示作者的文本意图为何在。这是读者阅读文本意义的基础，也是评者的评论能够被公众普遍接受的前提。所以张江教授才说："意图的渗透与决定力量，贯穿于文本理解与阐释的全部过程之中，无论你承认还是不承认，接受还是不接受，它始终发生作用，让人无法逃避。"[①]

---

① 张江：《"意图"在不在场》，《社会科学战线》2016年第9期。

第三部分 意义生成研究

明白作者的生活背景、写作情境、书写目的、语言含义是阅读与评论的前提，也是在阐释中将作品转换为拥有超越作者和作品意义的文学文本的基础。在这个意义上，阅读、评论都要找寻、确定作者的文本意图，而文本意图的丰满也是实现正确而有效理解、诠释文学文本的重要途径。康德指出，存在被主体感知建构为认识对象后，主体逻辑能力通过对认识对象的知性判断构成了关于对象的普遍认知，产生了知识。读者对作者文本意图的体会、领悟产生了关于文本的阅读经验，评者对作者文本意图的理性揭示、知性认知形成了关于具体文学作品的知识，而文学史知识体系和文学理论体系正是以这些具体文学作品的知识为基础构成主要资源的。如此，有理由将读者、评者对作者文本意图的理解视为一种辨认文化事实的特殊认识活动，一种形成文学知识的具体过程。而这也要求读者、评者在理解作者文本意图时，尽可能实现准确性、客观性和独立性。

中国文学鉴赏与批评的重要传统就在于聚焦作者的文本意图。先秦的"知人论事说""言不尽意说"，汉代的"言志说""发愤著书说"，魏晋的"文气说""缘情说"，唐代的"寄兴说""意境说"，宋代的"有为而作说""妙悟说"，明代的"童心说""性灵说"，清代的"神韵说""灵性说"，直至近代王国维的"境界说"，可以说孕育于先秦、成形于两汉、发展于唐宋、全盛于明清的中国古代文学阅读与批评的核心标准和主流观念都是关乎作者文本意图之在与如何在的理解。也正是在这种重视作者文本意图之在与如何在的文学阅读与批评的核心标准和主流观念引领下，中国传统文学的鉴赏、批评重在作者、作品人物事迹、行迹、思迹、文迹的考据钩稽，为求证文本意图呕心沥血、竭尽全力，积累了大量的眉批、点评、案牍、典籍、年谱、文物等，在阅读、评论中长期湮没于文本沉默之中的许多文学作品的作者文本意图获得了揭示，为承传中国审美文化，延续中华文明根脉做出重大贡献，并成为最令世人尊重的显学。

不过，读者发现作者的文本意图之在与怎样在只是阅读的基础。评者昭示作者的文本意图之在与怎样在也只是评论能够被公众接受并被认同为文本意义的前提。文本意图只形成了具体文学作品的知识形

文学文本的意义之源：作者创作、读者阅读与评者评论

态，却不是文学文本意义的全部。在《文化科学和自然科学》[①] 一书中，李凯尔特强调人类有文化活动与科学活动两种基本的精神活动。这两种精神活动必须有所区别，否则就会使文化活动与科学活动各自丧失其独立的真理性。本质上说，文学阅读与文学评论是人类的精神文化活动。文学文本不是客观规律所统摄的自然现象，而是由活生生的作者创作的审美文本。与纯客观的自然现象不同，文学文本完全由作者主观审美活动所产生，虽潜具着社会生活的客观性，但归根结底是作者的主观认识的对象化、文字化。就主客体认识关系而言，科学认知的主体与客体都是独立的，主体与客体只在认知层面上构成思维的同一性。认识主体在这种思维的同一性中认知客体，将认知结果织造成自然科学。在科学认识活动中，认识主体虽具有主观意识和能力，但在认知过程中越能避免主观性对认知过程的干涉与影响，就越能达到认知的真理性、准确性，这是人类科学认识活动中主体性的特殊属性。文学文本是作者主观审美意识的对象化、文字化，与作者无法分离，而文学阅读、文学评论又必经读者、评者的认识、体悟、领会、理解，形成对文学文本的阐释。换句话说，文学文本只有被读者感受领悟、评者思考判断，才可能被真实可信地理解、言说，才能被公众普遍认知并融进公众的社会生活中，文学文本也才能在作者文本意图上生出更丰富、更公共化、更具普遍性的文本意义。文学阅读、文学评论与科学认识的对象都是相对独立的、都具有客观性，但在路径与方法层面上，科学认识的基本路径和主要方法是假设、观察、实验、计算，而文学阅读、文学评论则以感受、理解、领悟和文字写作为基本路径和主要方法，在阐释中实现对文学文本的认识。因而读者、评者对文学文本的阐释不可能是不在场、零度化的陈言。可以说，读者、评者对作者意图的解说、阐释必然伴随着对文本意义的表达，表意功能是文学阅读和文学评论的内在规定性。由此看来，读者、评者在昭示文学文本的作者意图之在和怎样在时，还要表达更为丰富多元、宽阔广泛的文本意义。不过，在"作者已死""理论中心""强制阐释"的后现代阅读与批评时代，需要更加强调文学阅

---

① ［德］李凯尔特：《文化科学和自然科学》，涂纪亮译，商务印书馆1986年版。

读、论评对作者意图的发现与昭示，以凸显文学阅读与评论的知识性、公共性和普遍有效性，同时更好地发扬中华民族阅读、评论的传统。相信这一传统一旦进入当下的文学场域中，一定会成为文化的主流。

二 读者阅读与对文本的个体理解

文学作品是作者生产的产品，作品只有与作者分离，进入消费过程，成为公共间性对象，在读者阅读中获得被他者理解的性质时，它才真正成为文学文本。就文学文本不同于文学作品的这一本质特性的意义说，文学文本以文学作品为基础和载体，最终完成于读者阅读中。文学文本积淀了作者的文本意图，更发育、成长、延续在读者的阅读中。因而文学文本意图绝不仅仅是作者的文本意图，读者的阅读意图与评者的评论意图可能是作为公共文化消费品的文学文本意图的主要构成方面。

阅读是极为复杂的精神意识和语言使用活动。在创作生产中，作品与作者是一对一的关系，尽管这一对一的关系也极其复合杂多。而在阅读中，作品与读者则是一与多的关系，对其描述只有统计学意义。所以一个作者只有一个哈姆雷特，一千个读者就有一千个哈姆雷特。就阅读而言，读者精神意识多元开放、运动变化，精神意识的方向、趋势、方式和结构不完全受刺激反应因果必然律的掌控。个体的感受领悟、知识经验、立场价值、能力技巧以其个性方式自由地建构着与文本的理解关系而不同于认识自然世界，也不同于把握社会生活。阅读具有个体心灵选择与心灵赋予的主观自由性。读者的这种主观自由性也使对一个文学作品的每一次阅读都具有独一无二性和不可重复性，甚至可以说同一部文学作品在读者的不同阅读中可能生成多种阐释文本。与现实物理空间不同，读者精神意识的空间是非欧空间，它非均匀、可变化、多向度。精神意识的时间非匀速、可回逆。海德格尔就将时间分为"量的、客观的、可科学度量的时钟时间与质的、人的、忧心的主观时间"两种。"量的时间被理解成一种无尽的、流逝的、不可逆的抽象客观化了的'现在'的流……质的时间

文学文本的意义之源:作者创作、读者阅读与评者评论

或者说存在的时间把时间理解成一种入迷的统一体"。① 当代著名阐释学思想家伽达默尔将人类对时间的经验也分为正常、实用的时间和艺术、节日的时间两类。前者是一种日常的时间感,而后者则是非工具性、与个体生命体验与群体存在认同相联系的时间感。② 可见读者精神意识的时空是自由的,先秦两汉的散文可以在唐代读者的阅读中成为现实的文学范本。而在德国启蒙思想家的阅读中,古希腊的文化生活则被解说为现代性的社会理想。一句话,当读者未与作品相遇时,作品是自在的、封闭的、沉默的。而当读者阅读作品时,其与作品构成了阐释的主体间性关系。作品在读者阅读的主体间性过程中成为灌注了读者意图的文学文本。也就是说,作品经过读者的阅读才能从自在中自觉、从封闭中敞开、才能由沉默转为言说。在阅读中,作者成为与读者同在并相遇的活者,而作品在阅读中由历史的文字变为现实中活生生的文学文本。阅读是读者走进文学文本世界的唯一路径。在文本的语境中,读者对文本进行理解,也将自己的内心生活投进文本,理解与投射的间性融汇产生了关于文本的解说。可见,阅读作品、解说文本的过程充满着读者的主观心灵性。读者的价值立场、思想动机、观念情操、知识经验直接操控着对文学作品的内容理解和意义选择,文学从作者的作品转换为公众的文本,关键就在读者对作品读不读、读什么、怎么读。读者的阅读决定了作者的作品是否能够成为文学文本。在读者那里,被阅读的作品是作者书写的曾经发生的生活,而阅读就是将作者书写的曾经发生的生活阐释为读者现在可以理解的意识。与只和作者相关的作品不同,文本中的一切均通过阅读在读者的心灵意识中以当下形态复活,就像海德格尔讲的那样,文本属于存在者。只有理解存在者的存在方式才可能理解属于存在者的文本。文学阅读所以是一种文本阐释活动而不是一般的认识活动,就在于读者在阅读文本时,作者曾在的生活经历可以被理解为读者当下的生活意义。读者通过对文本的阅读与作者和作者创作的生活之间不仅

---

① 麦吉尔主编:《世界哲学宝库》,中国广播电视出版社 1991 年版,第 963 页。
② [德] 伽达默尔:《真理与方法》,洪汉鼎译,上海译文出版社 1999 年版,第 156—162 页。

达成一种认知的交往，而且实现了一种意义的确认。对文本的阅读也就成为对读者自己的意义发现，对文本的阐释也就变为对读者所居生活的评说。如此，在阅读中，文本是读者经历到的作者生存经验，也是读者感受到的读者自己的生活体验。通过阅读，读者与作者、作品形成了一种文本的对话关系。在这种对话关系中，读者通过阅读，将自己投进文本世界中，发现作者的意图，同时又在对作者意图的阐释中将文本递送到读者当下的文化场域里，使作者在当下的文化场域中复活并发出意义之声，文本也就成为当下文化之现实。这一切都意味着在阅读中，读者使原本有始有终的作者和作品成为当下文化无始无终的展开。

阅读不是六经注我、任意胡为。康德告诫人们，人的认识受到认识对象、认识能力和认识条件的统摄。读者的阅读是受前见控制的。在阅读之前，读者的思想观念、文化知识、感觉经验、语言能力已经存在，它们就是阅读的前见。在阅读文本时，这些前见直接决定了读者读什么、怎么读、读出了什么、读懂了什么。海德格尔说理解受制于前见而不可能绝对主观；伽达默尔也说阐释文本不可能主观任意、独断而为。文本自身规定了读者不能摆脱文本的客观性去解释文本，阐释只能在文本中阐释。一旦读者的阅读任意而为，读者的阐释离开文本，就造成文本的消解、阐释的强制、意义的迷失，我国20世纪全民读《红楼梦》、全民评《水浒传》的现象便是例证。当然误读作者文本意图的现象也经常出现，施莱尔马赫说："哪里有误解，哪里就有解释学。"[①] 其实，读者的前见总与作者意图不同，读者不可能客观地掌握作者的全部意图，误读作者的意图应是必然。换个视角理解误读可以发现，读者的阅读视阈由读者的文化前见和生活语境所决定。同样，作品由作者的文化前见和生活语境所创作。这样，在读者的阐释中，作家与读者发生了对话，作品成为文本，作者与读者在文本中相互向对方敞开，作者视阈与读者视阈相互融合，阅读的前见与文本的此见相互渗透交织。其结果是，当文本敞开被沉默的潜在意义

---

① F. Schleiermacher, *Hermeneutik*, Heidelberg: Heidelberg Universität Drücken, 1959, p.16.

时，读者的生存意义也获得了显现，文本就真正呈现为一种文化的开放状态。在这样一种文化的开放状态中，文本使曾在的作者意图成为读者阐释的当下话语，文本不再是曾经属于作者的作品而成为当下的属于读者的文本。在阅读中作者的叙述变为读者的体验，在阅读中作者与读者共同存在于当下。每一次的阅读既是作者的又一次复活，也是文本的再一次生成，还是读者的再一次超越。历史的作者、作品在现在的阅读中成为读者解说的当代史话题。

三 评者评论与对文本的"公共阐释"①

评者是一种特殊的读者。发现文本中的作者意图，判明读者意图的合理性，进而昭示评者的意图，从而释出文学文本意义在不在、怎样在、为何在，使一个具体的文学作品成为包括曾在、现在和将在全部生活意义与人生价值的文化显现，实现文学文本对现实生活的超越和审美对日常人生的解放，这些都是评者阅读文本、阐释文本的根本目的所在。阅读的引领性、阐释的公共性是对评者的内在规定性，这又使评者不再是一般意义上的读者。

马克思曾评论过许多文学文本，作为评者，他坚持："历史的每一阶段都遇到一定的物质结果，一定的生产力总和，人对自然以及个人之间历史地形成的关系，都遇到前一代传给后一代的大量生产力、资金和环境，尽管一方面这些生产力、资金和环境为新的一代所改变，但另一方面，它们也预先规定新的一代本身的生活条件，使它得到一定的发展和具有特殊的性质。"②所以"历史不外是各个世代的依次交替。每一代都利用以前各代遗留下来的材料、资金和生产力；由于这个缘故，每一代一方面在完全改变了的环境下继续从事所继承

---

① "公共阐释"是张江教授提出的创新性概念，参见张江《公共阐释论纲》，《学术研究》2017年第6期。
② 《马克思恩格斯选集》第1卷，马克思恩格斯列宁斯大林著作编译局编译，人民出版社2012年版，第172页。

的活动,另一方面又通过完全改变了的活动来变更旧的环境"①。马克思在评论文学现象时总将社会存在与社会意识的结构关系作为阐释文学现象的基本视阈,将昭示与阐明文学现象背后的社会力量视为文学评论的宗旨。马克思相信社会存在决定着作为社会意识的文学文本。而社会存在则被社会生产力与社会生产关系的相互关系运动决定、控制。社会生产力与社会生产关系的相互关系运动有其客观规律并在历史文化发展的进程中体现为人民群众实践的客观力量,因而文学文本具有实践性、历史性、规律性,是社会活动合目的性和合规律性的统一。文学文本在哲学的高度上便是一种人类实践的社会文本、自然人化的文化文本、人的本质对象化的历史文本。正因此,马克思在具体的文学评论中总是立足文学文本的实践性,十分敏感于文学文本中的各种社会关系的现实性以及这些现实性对文学文本中的环境、人物、性格的作用与影响。在马克思的文学评论中,人不是西方启蒙思想中观念的人,而是感性现实的人,"是一切社会关系的总和"②。在马克思所处的资本主义时代,现实的人是被物化奴役的个体人,也是推动社会发展的具体人,这正是马克思高度评价 19 世纪英法现实主义小说成就的根本原因。同时马克思还基于社会生产力与社会生产关系的相互关系运动有其客观规律并在历史文化发展的进程中体现为人民群众实践的客观力量的原理,确信文学文本的存在与变化发展根源于社会实践的规律性和社会发展的具体性、多样性、现实性。

  新中国成立以来,我国文学评论在马克思主义批评观念、批评方法和批评标准的指导下,注重文学文本的社会背景、历史情境和文化语境的理性考察,极为关心文学文本与所处历史文化之间的因果联系,将揭示文学文本与所处社会历史之间内在关联的普遍规律视为文学评论的最高追求,出现了一大批优秀的评论成果,中国文学批评事业呈现出繁荣景象。但与此同时,一些批评与理论实践也在一定程度上受到了黑格尔逻辑主义批评观的影响,在文学评论中有意无意地陷

---

① 《马克思恩格斯选集》第 1 卷,马克思恩格斯列宁斯大林著作编译局编译,人民出版社 2012 年版,第 168 页。

② 同上书,第 135 页。

入"强制阐释"的泥淖。

德国古典哲学家黑格尔执着于思维中理性的作用,认为只有在理性的正反合中才能揭示观念的本质,主观的精神文本转换为思想观念的运动时才能被理性把握。在黑格尔的理论中理性既是世界存在的本质又是文学文本的本源。理性在其运动的过程中设定了理性自身、实现了理性自身并确证了理性自身。理性的这种运动过程在历史中显现为从自然到社会再到精神的发展历程。也可以说,自然、社会、精神的发展就是理性自身的运动,自然、社会、精神也必然以理性的对立统一、否定之否定的要求为基本规律。从社会历史存在到文学文本内容,凡出现的一切客观事物、主观意识在对立统一、否定之否定的运动中摒弃了自身不合理性的部分,同时又将合理性的部分保留在更高级的下一阶段,所以包括文学文本在内的一切事物都有存在的必然性,这是其一;其二,黑格尔重视各种存在现象之间的内在关联,将事物相互联系既当成事物的本质规定性又视为认识理解事物本质的基本依据。在黑格尔的认识论中,对事物的本质认识就意味着在思维中找到事物自身的内在关系,发现事物与事物之间的内在关联,使抽象的逻辑再生为具体的现实。马克思说黑格尔的"辩证法不崇拜任何东西,按其本质来说,它是批判的和革命的"[①]。不过,黑格尔用逻辑主宰现实,用理性强暴文本的错误也十分明显,正像马克思批判的那样:"辩证法在黑格尔手中神秘化了……在他那里,辩证法是倒立着的。"[②] 曾几何时,我国评论界不少人将黑格尔辩证法工具理性化,认为每个文学文本中的意义都潜藏着支配一切文本意义的普遍规律,而且这种普遍规律贯穿在历史全过程中。20世纪五六十年代文学评论界用阶级分析观念与方法评论古今中外的文学文本,认为文学是特定阶级的作家对现实生活的形象再现或表现,在本质上,阶级社会以来全部文学文本都是阶级意识文本,都不同程度真实地体现了文本所处时代的阶级斗争状况,所以阶级与阶级斗争是所有文学文本的规

[①] 《马克思恩格斯选集》第2卷,马克思恩格斯列宁斯大林著作编译局编译,人民出版社2012年版,第94页。

[②] 同上。

律,也是文学发展的动力。阶级性、民族性、人民性、真实性、时代性也因之成为文学评论的基本观念和普遍标准,在古代文学评论中就出现了"扬杜抑李"的现象。而20世纪与21世纪之交,我国评论界又盛行以审美意义取代意识形态的批评观念,认为无功利、无目的的审美才是文学艺术的本质规定性,文学的规律就是美的规律,出现了"贬鲁迅,赞周作人"等一系列怪现象,虚无主义大行其道。当社会规律在文学文本中失去具体性并成为无条件的绝对规则时,社会规律就不能得到普遍的文学经验和知识的认同,社会规律也就丧失了对文学文本的文化合理性、社会合法性、客观真理性,这种社会规律也就取消了自己的规律性。其实人类世界中没有支配一切文学文本的规律,文学普遍规定性和意义有效性永远是相对的、有条件的。文学评论中黑格尔式的逻辑主义强势话语遮蔽了文学文本的丰富意义。在这种黑格尔式的逻辑主义强势话语中,文本评论成为社会意识形态的剥离手术。评者把文学文本的作者意图、读者意图的丰富性都剥离之后,剩下的只是评者的立场观念,文学文本意义也就消失了,文学评论就成为社会意识形态的传达和表态。针对此种文学评论现象,苏俄文论家巴赫金指出,当一种文化自我封闭起来并不理睬其他文化时,它会认为自己是绝对的、唯一的、统一的,因此它对自己也是盲目无知的。[①]可见,评者对文学文本意义阐释时要特别警惕鲁迅先生称的"瞒"和"骗"的文化独断论,要防止张江教授所说的"背离文本话语,消解文学指征,以前在立场和模式,对文本和文学作符合论者主观意图和结论的阐释",[②]沦为现实观念的逻辑剪刀和理论糨糊粘贴起来的强制阐释。

综上所述,文学文本的意义是作者创作、读者阅读、评者评论三者共同建构的。文学作品在三者共建中转换为文学文本,而文学文本在阐释的场域里成为当下的社会意义和文化价值。曾经作为历史的作品在当下的阐释中成为现在的文本。由此,民族文学的传承、外国

[①] [法]托多罗夫:《巴赫金、对话理论及其他》,蒋子华、张萍译,百花文艺出版社2001年版,第324—325页。

[②] 张江:《强制阐释论》,《文学评论》2014年第6期。

文学的借鉴不仅是发现、描述、说明，而且是当下文化的增值，现代意义的深化，文学活动将真正引导着人们自主地从现在走向未来，永无终结。

文学作品意义之源
——20 世纪西方文论史视角*

托马斯·帕威尔**

  这里先从对 20 世纪西方文学批评的一些主要趋势的研究开始；然后提出形式主义及其反对者的影响以及在此过程中对文艺美学方面的强调，导致了一种不良后果：放松了对规范文学意义探寻标准的坚持；最后呼吁，我们应对文学作品（包括作者）本身原本旨在告诉读者什么内容和意图，给予全新关注。

  长期以来，人们是根据古代诗学和修辞学的标准来审查和评判文学这门所谓的"技艺"的，如亚里士多德、贺拉斯（Horace）、朗吉努斯（Longinus）和他们后来的门徒所阐明的那样。诗歌、戏剧和史诗的目的就是教导读者和观众，并使他们心情愉悦，使他们感动。西塞罗（Cicero）用拉丁文中的 docere（教导）、delectare（使愉悦）和 movere（使感动），来定义公开演讲的三个主要功能，这些在很长一段时间里被认为是文学活动的真正目的。文学旨在提供一种指导性的娱乐，用一种丰富的、具有风格性的语言来描绘各种各样的感受和行动——有一些是英雄主义的，有一些是人们熟悉的，也有一些是漫画式的——这也是大众教育的一部分。在欧洲相当长的一段时间里，古希腊和拉丁文学被认为是最好的典范，直到 18 世纪后期为止，它们一直被人们阅读和模仿。

---

  * 本文原刊于《中国社会科学》2017 年第 5 期。
  ** 作者单位：芝加哥大学罗曼语言文学系，译者杨琼、刘华初，单位：中国社会科学杂志社。

然而，在 18—19 世纪之交，历史主义的兴起导致文学研究被整合在一个更大的历史背景下来进行。国家的概念被理解为一种同质的、持久的种族共同体，并成为欧洲国家的指导理想。然而，这种理想在历史上很晚——也就是在法国大革命期间——才得到完全的实现，这使它的信徒认为，民族国家是在近几个世纪以来逐渐成长和成熟起来的，直到现代时期才达到完全的统一。法国是第一个宣布自己是一个民族国家的欧洲主要国家，不久德国开始了自己的斗争，以达到这个令人印象深刻的历史阶段。为了更好地理解自己，每个国家都研究和讲授自己的历史——将其解释为一个长期的、不可避免的通向统一的运动，如果不是通向一种至高无上地位的运动的话。用从最古老到最近时代的民族语言写成的文学被认为表达了一个民族的各种智慧、愿望和胜利。至此，对诗歌、戏剧和小说的形式和修辞技艺的兴趣已经让位于对每个时期内的民族传统、历史时段和文学趋势的研究。这些研究的成果是丰硕的。到 20 世纪初，几乎每个欧洲国家都"重新发现"并出版了本国的民间文学、最古老的中世纪文学作品和最近的重要作家的作品。在大学里，各种博识的文学史被写作出来并讲授给学生；更高层次的历史哲学和文化哲学被定期推出，并得到人们的欣赏——其中最有影响力的是黑格尔关于人类精神发展的理论、卡尔·马克思的唯物主义历史观、威廉·狄尔泰对各种强统一文化时期的表述。

然而，在 20 世纪上半叶，有几种文学批评方法又再次强调形式和修辞的重要性。基于对文化史的普遍兴趣，其中一些方法研究形式和其历史意义的相关性。因此，在马克思主义及其历史导向的唯物主义探讨文学生产、经济和阶级冲突之间的联系，并且大多数时候强调文学作品的社会信息的同时，德国唯心主义的历史相对论发展了至少三种不同的方法来研究文学形式，它们根植于黑格尔的信念——即历史体现了世界精神内在的、必然的进程，以及威廉·狄尔泰的信念——每个历史时期的文化是深度一致的。一方面，形式导向的趋势对各艺术和文学时期的主要特征进行研究，强调艺术形态和其时代的世界观之间的密切联系。因此，在 20 世纪早期，海因里希·沃尔夫林（Heinrich Wölfflin）将经典的文艺复兴时期意大利绘画与后来的巴洛克绘画进行对比描述，而奥斯卡·瓦泽尔（Oskar Walzel）将这类研究扩展到文学领域。另一方面，德国阅读和解释旧文本的历史主义传统导致了一种哲学导向的解释学方法，20世纪晚期伽达默尔的研究作品就是这一方法的代表。此外，德国文体学家的方法在许多方面接近于形态学方法，但是，他们不去研究宏大的历史主义世界观和风格，而是侧重于文学意义和过去单个作家使用的具体形式程序之间的联系。其中，最著名的代表是利奥·斯皮策（Leo Spitzer），他的门徒埃里希·奥尔巴赫（Erich Auerbach）尝试将关于具体细节的文体学和对连续历史时期的世界观的关注结合在一起。

第一次世界大战后，"新批评"——美国和英国文学学者发起的一种潮流——将注意力从历史问题上转移出来，转而集中于从形式和内容的角度对文学文本进行细读和仔细研究。其中最著名的推动者是伟大的诗人T. S. 艾略特（T. S. Eliot）、批评家威廉·燕卜逊（William Empson）、约翰·克罗·兰色姆（John Crowe Ransom）、克林斯·布鲁克斯（Cleanth Brooks）、罗伯特·潘·沃伦（Robert Penn Warren）和威廉·维姆萨特（William K. Wimsatt），他们在英语国家的影响很大，一直持续到第二次世界大战结束后很长一段时间。从20世纪30年代开始，芝加哥学派倡导回归亚里士多德诗学，以之作为理解文学技艺的最好、最常识性的方法。R. S. 克兰（R. S. Crane）对小说中的情节和行动的研究长期以来具有相当大的影响力，韦恩·布斯（Wayne Booth）对小说修辞和文学的伦理维度的分析也影响很大。目前这一重要趋势的继承者是由詹姆斯·费兰（James Phelan）领导的俄亥俄州立大学的叙事学派。

相比之下，其他流派认为形式可以、甚至应该作为形式本身、为了形式本身而被研究。这些学派的代表人物批评了旧的历史主义的文学研究方法，声称这些研究没有真正的科学价值，并认为人文和社会科学的研究应该改变方法，以达到精确科学的水平，他们举出的可能模型之一就是结构主义语言学。持这种方法的不太激进的一派将文学作品重新定义为"文本"，认为它们远不是表现人类世界及其各个方面，而只是一种指涉自己的、封闭的自主结构。这种方法最有影响力的分支之一是20世纪20年代和30年代的俄国和中欧的形式主义，其中最知名的学者有弗拉基米尔·普罗普（Vladimir Propp）——其形式主义仍然依赖于德国的形态学概念，罗曼·雅各布森（Roman Jakobson）——结构主义语言学的推动者之一，穆卡洛夫斯基（JanMukařovský）——一位杰出的美学理论家，以及20世纪符号学的创始人之一尤里·洛特曼（Yuri Lotman）。

形式主义—结构主义文学研究的另一个主要分支是在20世纪60年代末和70年代在法国发展起来的。法国结构主义，其中包括罗兰·巴特、格雷马斯（A. J. Greimas）、克劳德·布雷蒙（Claude Bremond）、热拉尔·热奈特（Gérard Genette）、朱莉娅·克里斯蒂娃（Julia Kristeva）和茨维坦·托多洛夫（Tzvetan Todorov）等人，他们旨在给陈旧的文学艺术形态学带来一个新的、科学的转变，将形式从艺术内容中分离出来。这一分支的一些代表，特别是罗兰·巴特和朱莉娅·克里斯蒂娃，在他们的学术生涯的某一阶段强烈地肯定了艺术形式的自主性和文学文本的自我参照性质。

在同一时期，雅克·德里达在对理念性（ideality）的批判中，也认同法国结构主义者对文学指涉现实世界能力的不信任，但他的不信任的方向有所不同，他是对概念充分捕捉意义明确的想法的能力持不信任态度。在高度宣扬拒斥形而上学的德国存在主义哲学家马丁·海德格尔的启发下，德里达认为，哲学所使用的那些抽象概念远远不能正确地表达思想，它们实际上是一些有缺陷的结构；因此，哲学家的主要任务将在于"解构"这些概念。文学评论家，特别是那些从未被结构主义的"科学计划"所说服的人，或者在相信它一段时间后又改变主意的人，都被德里达这种论证所吸引——这既确认了他们新近对于精确科学方法产生的怀疑，又将解构的对象从哲学概念扩大到作为一个整体的诸文学作品。在文学方面，文学解构——有时被称为后结构主义——在美国特别成功，其中对细节的关注延续了由新批评建立的细读的传统。它也符合当时人们对已建立起来的世界观（无论旧的还是新的）抱持怀疑态度这一心照不宣的要求——这曾是第二次世界大战后法国知识界的一个主要特征，它是从20世纪60年代后期开始的，后来又在美国被重新发现，并得到实践。虽然后结构主义在批评文学研究中的教条观点上发挥了重要作用，而且在帮助批评者避免这些教条的方面也发挥了重要作用,但是,它在细读和怀疑的实践之间的协调行为却使得对文学解释的有效性的态度更不严格。由于评论家预先知道,每当研究一个文学作品的时候,他们必须要找到它的内在矛盾,因而,他们的任务似乎也就在于搜索作品中能够确认这样做的、需要这样做的那些元素。有时这种做法忽视了对作品意义进行研究这一重要方面。因此,我们可以说,人文科学中的结构主义思潮对于科学严谨性的承诺,出人意料地鼓励了一种前所未有的、对怀疑主义和无约束的解释的混合。

我们对于欧洲和美国形式主义的主要方向,包括其解构主义的分支,可以通过"三个谬误"来加以认识。这"三个谬误"是由新批评家威廉·维姆萨特和美学家门罗·比尔兹利(Monroe Beardsley)在20世纪40年代中期,以及对法国结构主义和后结构主义都持友好态度的米歇尔·里法泰尔(Michael Riffaterre)在20世纪80年代初分别提出和确定的。它们包括:(1)意图谬误(the intentional fallacy),它包含在这样的一个假定之中,即假设一部文学作品是其作者的意图,特别是与作者相关的、具体的传记性意图的产物;(2)感受谬误(the affective fallacy),即想当然地认为,对一篇文学作品的评价应该注意其读者的情感反应;(3)指涉谬误(the referential fallacy),即假定文学指涉的是现实世界。当这些假设被当作教条时,它们就有问题了,至少是部分不正确的,因为,批评者确实经常被引诱而过度强调文学作品与文学活动的具体背景——存在于作者、读者和世界之间的诸多联系。例如,很长一段时间内,历史主义的文学研究花费了大量的精力来研究一些重要作家生活的方方面面,试图以此帮助解释他们的作品。同样,在诗歌研究中也是一样,例如关于爱情诗歌的研究,有时会过分强调其情感力量。研究者还往往将19世纪的文学现实主义与其具体的、直接的历史背景过于密切地联系起来。虽然如此,但很显然,作者的艺术意图总是与文学作品的分析相关,文学的情感力量是其主要吸引力之一,并且所有的文学类型谈论的都是我们的人类世界。

由于形式主义坚持研究文学作品的内在结构(或内在矛盾),将它与作者、读者和作品所讲述的现实世界分离,在20世纪的最后20

年，这一理论被理解为对文学意义的否定，无论是出于诸如结构主义的那种所谓的科学原因，还是以诸如解构主义的那种怀疑和猜忌的名义而进行的。

从20世纪80年代和90年代开始，在美国，这种理解被一种寻求和促进文学与现实世界之间联系的新意愿所抵制。而且，根据美国的一种现实主义传统，即投入相当的精力来推广社会关注的议题这一传统，这种"内容回归"（return of the content）鼓励了人们依据当前政治问题来解释经典著作以及当代文学作品，这样一种文学学术研究趣向的蓬勃发展。女权主义、种族导向、后殖民主义、同性恋以及女同性恋（"酷儿"）等研究文学的方式——张江教授称它们为"强制阐释"[1]——让评论家和读者将对文学作品的解读尽可能接近当前的各种政治和文化问题。

然而，这种使文学与评论家所处的时代关注的问题相关的努力即便也有其道理，却涉及两个可疑的判断。首先，它扭转了文学最常见的功能之一，即向读者展示生活的某些方面，并告诉他们关于这些方面的一些事情：莎士比亚的《哈姆雷特》中的复仇，《奥赛罗》中的嫉妒，如此等等。但是，"强制阐释"者却不关注文学作品打算呈现给我们的主题，而是以教导的口吻指导文学它应该以什么为目的。张江教授在文章中所举的批评家们的一些例子是雄辩的：他们旨在改变《哈姆雷特》，使之成为一部关于奥菲莉亚的戏剧。其次，坚持文学研究应该有一些直接的用处，这种观点是由评论家预先选择和施加的，它违反了以下一条伦理要求：我们对待人们时应该以使他们自己更好为先，而不是把他们作为手段，用于达到我们自己的各种目的。笔者认为，这一要求也适用于语言行为、艺术与文学作品。当有人对我们说话时，我们首先应该尝试去理解这个人究竟说的是什么意思，而不是急于弄清楚她或他的话语能够如何为我所用。同样，当我们阅读一部文学作品时，应该首先理解作品本身的意思。最近流行的政治化解读帮助评论家去理解需要理解的一些客观存在的因素。当然，这些解读还应该向作品的复杂性敞开，并准备好努力理解文学意义的所

---

[1] 张江：《强制阐释论》，《文学评论》2014年第6期。

有要素。

如果极端形式主义没有忽视文学与世界之间的联系，如果解构不放松文学阐释的准确性，那么，所谓"强制阐释"的浪潮可能不会发生。但是，极端形式主义和解构这两种方法本身带有的可能性——以及更一般地说，形式主义本身的兴起——是源于十八九世纪之交美学的产生，以及随后人们对艺术和文学首先是审美活动这一观点的日益确信。由于美学特别感兴趣的是艺术和文学中提供享受（enjoyment，德语 Genuss）、愉悦和满足感的那些方面，并且因为这种愉悦被假定为非功利性的——它通常是如当我们欣赏几何图形或景色之美时感到的快乐一样——将文学作品作为美学对象的研究，不需要关注该作品中蕴含的事实，也不需要关注读者的认可。从一种美学的角度来看，关注作品令人愉快、显得和谐和美丽的方式，或相反，令人震惊、显得不和谐和崇高的方式似乎就已经足够了。于是，"这部作品要告诉读者什么？"这一问题就让位给了"这部作品是如何吸引我们的？"这一问题。这里的"如何"当然是文学艺术的一个关键方面，并被认为是一种艺术技巧。例如，人们在对《哈姆雷特》的阅读中，重要的是要意识到，主人公多次推迟杀死他的叔叔，从而使公众的注意力始终保持警醒，这增强了公众的愉悦感。但这里的"什么"也同样重要：《哈姆雷特》是一个复仇悲剧，它引导我们反思引人注目的情境、一组生动的激情，以及掌管着人类相互之间的联系——在这部具体的作品中，则是高高在上的统治者相互之间的联系——的道德规范。

作家一直都明白，除了提供美学的愉悦，叙事性作品、戏剧以及诗歌还必须让读者感兴趣才行。如果一般来说，美学的快乐可以是非功利性的，那么文学艺术（文学技巧）就包括了选择和表现真正发人深省的内容的能力。人物、他们的激情、行动和冲突，无论是个人的还是社会的，都会引导读者产生好奇心、沉浸在文学作品的虚构世界，并参与其中自得其乐。这种参与在其发生时当然是间接体验性的，因为观众不能跳上舞台去拯救奥菲莉亚或帮助哈姆雷特；但它还是涉及作家使我们对正在发生什么感兴趣的能力。这一关于"什么"的问题召唤我们去思考和理解演员的目标和决定、他们的行动的利害关系、指导他们行为的准则，以及在每一个阶段，导致下一阶段故事的原因，包括戏剧和故事的最终阶段是如何到终场的。笔者认为，文学意义的来源，正是这个"什么"，即精心挑选和呈现出来的内容。

在对一部文学作品的参与性接受过程中，读者会掌握内容及其所有的情感、道德和社会影响，虽然他们并不总是需要明确地表达出来，因为对他们来说，意识到、产生好奇以及共鸣就足够了。然而，文学研究者必须知道如何识别和解释作者所使用的内容的各个方面（即多重的"什么"）以及艺术性的程序（即多重的"如何"）。关注这个特定的作品中、这个特定的作者的作品中，以及这个特定历史时期和社会文化环境下产生的作品中，作者到底呈现了什么——换句话说，读者要有针对性的关注——这是探寻文学作品意义的起点，这一探寻的主要对象是作品对世界的参照、作者的意图和公众的情感共鸣。

以莎士比亚的另一部悲剧《李尔王》为例，该剧诗意的用词、多重情节的巧妙安排、一些场景的恐怖、令人心碎的结局及其可能触发的痛苦的宣泄，都给读者和观众留下了深刻的印象。但是这些美学特质都是基于该悲剧的人性的内容，即它表现了什么。悲剧的开始是基于一个传统的民间故事的主题：父亲要求他的三个女儿说出她们究竟有多爱他。已经决定将王国分给三个女儿的李尔王就是问了这样一个问题。两位年长的女儿高纳里尔和里根用夸张的方式描述了她们对父亲的爱，而最小的女儿考狄利娅只作了一个非常简单的、实实在在的陈述。父亲给予两个谄媚者以奖励，却为考狄利娅的平淡言语所触怒，从而剥夺了她的继承权。后来发生的事件表明，只有小女儿是真的爱他。民间故事提醒我们——一如莎士比亚在《李尔王》中所赞同的——真正的情感是羞涩、谨慎、低调的；相反，繁复的修辞是危险的伪善的标志。事实上，《李尔王》中最令人沮丧的方面之一是，真诚的感情在自我表白这件事上的无能；甚至更严重的是，在一个败坏的世界中，美德在显示自己的同时会遭遇危险。考狄利娅深深地爱着她的父亲，但是当他几乎在剧末才意识到这一点时，已经太晚了——他很久以前做出的不谨慎的决定已经导致了可怕的后果。第二个情节呈现出类似的冲突：葛罗斯特伯爵有两个儿子：忠心而真诚的年轻人爱德伽和双面阴谋者爱德蒙。爱德蒙用谎言说服伯爵与爱德伽断绝了关系。但是不久，爱德蒙就参与到一个指控葛罗斯特叛国的阴谋之中；作为惩罚，在舞台上老人被挖掉眼睛，扔到荒野之外。是爱德伽一直隐藏身份照顾他那瞎了眼睛的父亲。李尔王的主要情节以及葛罗斯特的次要剧情突出了考狄利娅和爱德伽的美德之谦逊与高纳里尔、里根和爱德蒙张扬的恶的伪善之间的对比。这可能解释了为什么在悲剧的结尾，爱德伽挑战爱德蒙并打败他的时候，善良的兄弟隐藏自己的脸，不宣布自己的身份，直到决斗胜利结束——似乎美德只有在不为人知时才能成功。

在这部剧中，腐败的来源也是双重的：一方面，强大的人——李尔王和葛罗斯特作为国王和伯爵——是傲慢、轻率、自以为是和反复无常的。由于考狄利娅不知道如何表达她那无限的爱，李尔王决定剥夺她的继承权。另一方面，本来没有力量的爱德蒙、高纳里尔和里根受野心驱使，没有任何顾忌：谎言、背信弃义、邪恶的自我放纵支配了他们的生活，并且似乎在一段时间内导致他们的胜利。然而最后，自以为是和邪恶的自我放纵在与天真无邪的战斗中失败，但给善的一方造成了令人难以置信的痛苦损失（考狄利娅死了），而改变信仰者最后变得向善（李尔王，在认识到他的错误之后，抱着考狄利娅的尸体死去）。

该戏剧的意义是呈现价值的冲突：真正的感情与欺骗的冲突，傲慢与诚实的冲突。这些价值观和错误的普遍性完全融入舞台上展现的具体故事之中，当然，莎士比亚以其艺术天才选择了最令人印象深刻的形式特征——诗意的用词、戏剧性的场景、令人难忘的独白，等等。但最重要的元素、戏剧的核心意义，是它表现的"什么"：冲突和指导人物的行动，导致他们冲突的、导致他们结局的价值观。这些是观众和读者留在心中的东西，是他们在表演期间注意到的，也是他们不仅在看完表演的第二天，也在之后很长一段时间内记得的东西。

最后，一旦真正理解了这个"什么"，批评家就会认识到文学意义的来源与作品写作的文化和社会环境之间有着重要的联系。但作品不是从文化和社会环境中自发地出现，就像希腊神话中的雅典娜女神从宙斯的前额中诞生一样；相反，每部文学作品的意义都在某种程度上是对一系列历史、文化或艺术的挑战的回应。《哈姆雷特》回应"以牙还牙"式的正义、关于爱和哀悼的通常观念、关于王朝上层人物结婚的规则。在艺术层面,它延续并挑战早期英国的复仇悲剧、慷慨的英雄的形象,并对人类必将面临死亡的命运进行反思。《李尔王》则回应了不同的历史挑战,首先,它向人们展现,独断的父权制度可能会鼓励下一代的恶,而伤害其中抵制腐败的个体;其次,这个悲剧提醒观众,强大的自我可能被自己的行为毁灭,轻率是自以为是的邪恶的道德特征之一。在艺术层面,它将已经存在于前期的伊丽莎白时代的悲剧——比如克里斯托弗·马洛(Christopher Marlowe)的作品——中的悲剧情感带到了一个新的高度。

　　总而言之,对于每个文学作品来说,只有细心地阅读、识别它讲的是什么,它是如何触发读者的兴趣的,以及它回应什么道德、社会和艺术挑战,才能澄清其意义的来源,如此才能帮助文学研究者捕捉到关于人类世界、其冲突和价值观的丰富信息。

文学研究与研究文学的不同范式[*]

周 宪[**]

张江先生发起的关于"强制阐释"的讨论,[①] 已经持续了相当长一段时间了,这一讨论产生了不小的社会反响,笔者深感这一讨论很有意义,大家在讨论中所提出的许多不同看法和观念,对于我们深入理解这一难题颇有助益。张江先生以西方当代文学理论强制阐释的弊端为切口,直击西方当代文学理论的软肋,指出了这一偏向对文学理论、批评和研究的伤害,可谓切中时弊。

以笔者之见,强制阐释的核心是先入为主理论对特定文学文本的阐释。美国学者伦曲齐亚的说法很是形象,以前笔者曾简短地引用过,此处将其前后文字一并译出再次加以引用:

> 我相信,现在所谓的文学批评乃是某种形式的复印(xeroxing)。让我知道你的理论是什么,我将可以提前告诉你你将会就任何文学作品说些什么,尤其是那些你尚未读过的作品。一切文学都是 x,且只有 x,文学研究不过是 x 的命名(展示)。为 x 就会读出帝国主义、性别歧视、憎恶同性恋等。一切文学史也被说成是 x 的呈现,因为人类史也不过是某种 x 的结构。[②]

---

[*] 本文原刊于《中国文学批评》2015 年第 3 期。
[**] 作者单位:南京大学艺术学院。
[①] 参见张江《当代西方文论若干问题辨识——兼及中国文论重建》,《中国社会科学》2014 年第 5 期;张江《强制阐释论》,《文学评论》2014 年第 6 期;等等。
[②] Frank Lentricchia, "Last Will and Testament of an Ex-Literary Critic", in Alexander Star, ed., *Quick Studies: The Best of Lingua Franca*, New York: Farrar, Straus and Giroux, 2002, p. 31.

这里所说的 x，在笔者看来就是那种可以不断被"复印"的某种理论范式。它预先存在于批评家的心里，就像一副有色眼镜一样，批评家无论看什么文学文本，总是用这样的有色眼镜去审视。于是，阐释的有效性便被强制性或先在性所取代。笔者觉得，伦曲齐亚关于当下文学批评的"复印化"的看法，与张江先生的强制阐释论有异曲同工之妙。这里的一个核心问题是理论先行，即以批评家预先设定的某种理论视角来解析文本，从而印证该理论的阐释有效性。张江先生在一系列论文中有诸多精彩的表述，这里不再赘述。

为什么当代西方文学理论会如此着迷理论先行的方法论？为何文学研究或文学批评会不对着文本说而是自说自话？是不是存在着文学研究和研究文学的两种不同范式？本文将进入 20 世纪文学知识场域，深究一系列可能的复杂原因。

一 打开文本意义阐释的"潘多拉盒子"

要说清这个问题，需要回到 20 世纪 60 年代。几乎就在中国"文化大革命"爆发的同时，欧洲发生"五月风暴"学潮。作为一个重要的时间节点，套用作家沃尔芙的话来说，"1968 年的一天世界彻底变了！"学潮涌动一方面揭橥了社会文化的激变，另一方面也昭示了左派势力的衰退。与萨特一代知识分子相比，后结构主义者已从街头退缩到文档、书斋、课堂和学院，经营和散播奇葩式的"法国理论"。德里达、福柯、德勒兹、拉康、阿尔都塞、巴特、克里斯蒂娃、利奥塔等，一大批激进的思想家登上了历史舞台，他们各有绝招，争奇斗艳，拉开了"法国理论"的大幕。一时间，文学理论和批评遭遇了空前的危机和转型。文学研究场域内所做的工作不是或不只是文学的研究，而是研究文学，即以文学为研究素材来讨论文学以外的诸多文化政治问题。统称为后结构主义的诸多理论其实也是各具特色彼此抵牾，但它们有一点是趋向一致的，那就是期待社会变革，通过研究文学来干预社会，从书斋和课堂的思想实验来介入社会现实。于是，文学知识生产场便开始了一个从文学研究向研究文学的转型，拉开了从审美主导的知识谱系向文化政治知识谱系的转变,文学研究领域成为一个充满政治争议的理论战场。

在这个转变过程中,笔者以为有三种理论对阐释方法论产生了极其深刻的影响,那就是"分延论""文本论"和"话语论",它们异曲同工,颠覆了传统文学理论的诸多原则和方法。分延论以德里达为领军人物,文本论以巴特为代表,话语论则是福柯的专利,这些理论的出场彻底解放了关于文学作品意义解释的传统路径,打开了一个释放意义的"潘多拉盒子"。文本意义的本质主义被反本质主义所取代,意义的确定性被不确定性所取代,绝对主义被相对主义甚至虚无主义所取代,一时间,文学文本意义阐释打开了通向"新世界"的诸多通道。

分延论由德里达首创,他通过颠倒书写与言语孰先孰后和孰重孰轻的关系,发动了一场对西方哲学中"在场的形而上学"的尖锐批判。依照这一传统,书写是一种主体和意识的缺场,较之于直接在场的言语,书写属于次一级的符号系统,它说到底只是某种能指的能指,是对在场言说的次一级的表征。德里达质疑此种形而上学传统,针锋相对地提出了一个复杂的"分延"(或"延异",différance)理论。在他看来,意义是在能指而非所指的区分关系中形成的,也即能指是通过区分产生意义,而区分则总是导致所指不断地被延宕,所谓"分延"就是既区分又延宕的两者合二为一的过程。德里达用"分延"概念彻底颠倒了传统形而上学的观念,即所指比能指更重要,在此基础上他提出了一种独辟蹊径的意义理论。所谓意义指的是在能指区分系统中所指的不断延宕,一个能指"总是已经"成为另一个能指,如此循环往复,以至无穷。"延异是诸差异之非完全的、非简单的、被建构的和差分的本原。因此,'本原'之名对它也不再适合了。""[延异]是比本体论的差异或存在的真理'更古老'。……它可以称为印迹的游戏。……印迹的游戏,或'延异',它没有任何意义和不存在。它不从属,没有任何支持,也没有任何深度,这一无底的棋盘,存在就在其上被推入游戏。"[①] 照此理论,"本原"并不存

---

① [法]雅克·德里达:《延异》,李钧主编《二十世纪西方美学经典文本》第3卷《结构与解放》,复旦大学出版社2001年版,第499、508页。

在,"深度"亦已消失,我们研究文学文本是在一个"无底的棋盘"上的语言游戏。传统上认为所指即意义的观念被抛弃了,所指在区分中被无限地延宕成另一能指,所谓的意义阐释工作,不过是操演能指的某种游戏而已。德里达的分延论对"在场的形而上学"的批判,看起来与陀思妥耶夫斯基在《卡拉马佐夫兄弟》中借人物之口所说的经典陈述很是相似,"当上帝不在时做什么都可以!"

"本原"不在了,"深度"消失了,面对一个"无底的棋盘",意义从在场形而上学的捆束限制中被解放出来,没有什么阐释是不可以的了。

文本论的代表人物是巴特,文本是法国理论的一个核心概念,后结构主义的许多观念和方法都是围绕着文本概念来运作的。巴特从他早期的"作者之死"导致"读者诞生"的理论进一步发展,合乎逻辑地提出了文学研究"从作品到文本"的深刻转变。在巴特看来,作品是一个物质性的实物,它就放在图书馆里的书架上,属于纸质的印刷物。作品受制于现代著作权法,作者不但是作品法律上的权益人,更重要的还是主宰其意义的"本原"。正是因为作者拥有对作品的著作权和解释权的"本原"关系,所以每个文本都有一个确定的可以考订的意义,它就来自巴特所说的"父亲式的、真理—神学式的"作者。基于这样一种作者与作品的宰制关系,对作品意义的阐释也就变成为某种对确凿意义的实证索引分析。随着爱因斯坦相对论的影响,巴特认为文学研究也经历了深刻的观念和方法的变迁,作为物的作品也就逐渐被作为语言活动产物的文本所取代,如果说作品是一个在书架上的物的话,那么,文本则是处在读者和批评家阅读意向性活动中的语言方法论的产物;作品是一个僵固的印刷物,文本则是处于主客关系网络中的活生生的语言活动。基于这个立场,巴特把作者的功能和属性规定为只是"纸面上的作者",而不再是主宰文本意义的"本原"。"作者死了"的判词实际上宣告了"读者诞生",较之于单数的作者,读者总是"复数"的和无限的。于是,一个重要的观念变革出现了,相对于唯一的作者对意义的主宰,无限的复数读者对把握意义的生产则充满了无限的可能性,于是,意义阐释的复数化或多元化就成为可能。不同于作品的统一完整的结构观,巴特虔信文本具有某种复杂的网状结构,因而进入作品的唯一通道就被进入文本的无数通道所取代。巴特反复重申,文本在其拉丁文中原始的意思是"编织"。这么来看,文本与其说是一个已经完成的印刷物,不如说是一个未完成"编织物",它"总是已经"在解读的语言活动中被复数读者不断地"编织",所以,文本具有意义的生产性。抛弃了作品那种完成的、封闭的和不变的印刷物特性,文本变成为待阅读和阐释的未完成和开放式的语言活动,这一转变是巨大的,它从单一作者对文本意义阐释的宰制,转向了无数读者对意义生产的可能性,从作品封闭结构的意义实体,到开放性的网状结构和不确定的相对主义,文本意义从传统作品观的确定和实然意义囚牢中解救出来,解放意义的"潘多拉盒子"又一次被打开了,而这次打开的钥匙是所谓"文本性"(textuality),在巴特看来,文本性就是"可读的文本"借助书写式的阅读来产生多重意义的可能性。

如果说德里达的分延说是通过符号能指游戏而延宕所指来否定传统的意义观,巴特是以文本意义多重生产潜能来颠覆传统的文学作品观的话,那么,福柯则是从话语构成的规则角度来瓦解传统的文学阐释方法。福柯认为,"词与物"的研究"不再把话语看作是(涉及内容或表征的表意因素)几组符号,而是当作系统地形成话语谈论对象的多种实践。当然,话语是由符号构成的,但话语所做的事要比运用符号来指称事物多得多。这多出来的东西是无法还原为语言和言语的。我们必须揭示和描述的正是这'多出来的东西'"[①]。福柯敏锐地发现,话语作为语言实践要比词与物的对应关系复杂得多,话语指称的东西超出了语言和言语,那么,我们不禁要问,这多出来的东西究竟是什么?福柯在讨论作者问题时曾经说过一些令人匪夷所思的话,他写道,在作品中谁在说并不重要,重要的是为何这么说?[②] 换言之,作者在文本中不过是履行了某种"作者—功能",所以对这一功能的讨论远甚于谁在说

[①] Michel Foucault, *The Archaeology of Knowledge*, London: Routledge, 1989, p. 54.

[②] Michel Foucault, "What is an Author?" in James D. Faubion, ed., *Michel Foucault: Aesthetics, Method, and Epistemology*, London: Penguin, 2000, p. 222.

的问题。霍尔的以下一段话精准地概括了福柯的话语论精髓及其方法论意义:

> 话语就是指涉或建构有关某种实践特定话题之知识的方式:一系列(或构型)观念、形象和实践,它提供了人们谈论特定话题、社会活动以及社会中制度层面的方式、知识形式,并关联特定话题、社会活动和制度层面来引导人们。正如人所共知的那样,这些话语结构规定了我们对特定主题和社会活动层面的述说,以及我们与特定主题和社会活动层面有关的实践,什么是合适的,什么是不合适的;规定了在特定语境中什么知识是有用的、相关的和"真实的";哪些类型的人或"主体"具体体现出其特征。"话语的"这个概念已成为一个宽泛的术语,用来指涉意义、表征和文化所由构成的任何路径。①

假如我们顺着福柯这一思路来讨论,文学文本的意义乃是话语构成的实践或表意实践的产物,一些预先存在的话语操演的规则规定了人们如何言说,这就揭示了意义构成中看不见摸不着的深层原因,因此,无论作者是谁,他们都会依照特定的话语构成的规则来表达。福柯在其法兰西公学的就职演讲中,具体分析了话语操演的诸多潜在规则,诸如排斥,包括言谈和词语禁忌、区分和拒斥、真伪对立二分等,再比如,话语控制的内在原则,包括注解、学科或规训,特别是言语惯例、话语圈和信仰团体等。② 在福柯的引领下,对档案、文学或历史等各种文献文本的分析重心发生了巨大偏移,不再追索文本说了什么,而是探究那些比词与物关系更为复杂的"多出来的东西",也就是话语操演运作的那些看不见的规则。所以对文学文本来说,重要的并不是作者说了什么,而是什么规则导致了他如此言

---

① Stuart Hall, ed., *Representation: Cultural Representations and Signifying Practices*, London: Sage, 1997, p. 6.

② Michel Foucault, "The Discourseon Language," in H. Adams and L. Searle, eds., *Critical Theory since 1965*, Tallahassee: Florida State University Press, 1986.

第三部分 意义生成研究

说。更进一步,文学文本并不存在任何恒定不变的意义,也不存在自然而然的意义,所有的意义都是通过权力和知识相互依赖的共生关系而生产出来的。意义乃是这种权力—知识关系的话语实践的产物。通过这样一种分析焦点转移,从传统的意义为何转向了为何意义,此一转移旨在揭橥文本意义的话语形成规则。福柯这种逆向颠倒的方式极大地改变了文学研究的路径,颠覆了文本有其特定的、自然而然的意义的传统观念,意义形成的人为建构性及其与权力—知识共生关系昭然若揭。

德里达的分延论从语言符号构成内的能指—所指复杂关系入手,指出了能指区分而所指延宕的这一隐蔽的规则,进而颠覆了传统"在场的形而上学";巴特则从符号构成物的文本及其文本性入手,废除了作者—文本的"父与子"的因果论和决定论关系,转向了文本—复数读者的不确定关系;福柯则打破了词与物对应关系,把文本分析的重心从说了什么的意义追索,转向了为何这么说的话语构成规则分析。三种理论看似观点、概念与方法迥异,但却从三个不同角度颠覆了传统的文学意义观。可以说,分延论、文本论和话语论是三把打开文本意义阐释"潘多拉盒子"的不同钥匙,但却都撬开了沉重的意义顶盖,为日后各种关于文本意义阐释新的方法和路径的登场奏响了序曲。"潘多拉盒子"被打开后,捆束文本意义的精灵鬼怪被释放出来了,文学文本意义阐释进入了一个全新的"自由期"或"解放期"。当各种各样的意义阐释新观念和新方法接踵而至时,当确定的、明晰的、有本原的文本意义观念遭致深刻疑问时,这不啻于是一次强有力的文学研究场内的巨大"内爆",它彻底改变了文学研究场域内文本意义阐释的地形图。

在笔者看来,或许可以用现代性的两种形态来描述从传统意义观向后结构主义意义观的转变,那就是固体的、沉重的早期现代性,向流体的、轻快的晚期现代性的转变。社会学家鲍曼把这个转变称之为"硬件"现代性向"软件"现代性的转变。他发现,沉重的现代性是将资本和劳动置于一个人人都无法逃脱的牢笼之中,"轻快的现代性却让其中的一个角色脱离牢笼。'固态的'现代性是一个相互承诺的时代。'液态的'现代性却是一个解除承诺、捉摸不定、熟练地逃避和没有希望的追求的时代"①。他以有序和无序的二元对立来描述两种现代性的抵牾,早期(固体的和沉重的)现代性的特征是有序、分类、明晰、确定性,而晚期(流体的和轻快的)现代性则是无序、混乱、去分类、含混、不确定性等,他写道:

> 追求有序的斗争并不是以一种定义反对另一种定义的战斗,也不是清晰地表述实在以反对竞争方案的方式,它是一个以确定性反对含混性的战斗,是语义学精确性反对模棱两可的战斗,是透明性反对晦涩的战斗,是明晰性反对朦胧的战斗。如果不深省整个含混性、无序的随意性,作为一个概念、愿景和目标的有序是很难想象的。有序的他者并不是另一种秩序:无序是其唯一的替代方案。有序的他者就是不确定和不可预见的瘴气。这个他者就是不确定性,它是一切担忧的来源和原型。有序之他者可用如下比喻:不可界定性、不一致性、不协调性、非和谐共处性、非逻辑性、非理性、含混性、分辨不清、未决性、矛盾态度。②

这里,鲍曼以二元对立的方式描述了两种现代性的范式差异,虽然有些刻板,但却点出了两种思维方式截然不同的特点,从有序到无序。传统的意义观就是一种有序思维,它要求有明晰性、确定性和透明性,于是,对文学文本的意义阐释将遵循这些原则,因为它设定了意义是可以确定并明确阐述的。分延论、文本论和话语论的登场,釜底抽薪式地抽空了"有序"所以构成的"底盘"——一切意义之"本原"或"深度"。于是,有序的、明晰的意义结构崩盘了,正像克里斯蒂娃所说的那样:"我们把文本界定为一个超语言学的机制,通过诉诸交流表达,目的是在与其之前或同时的不同

---

① [英]齐格蒙特·鲍曼:《流动的现代性》,欧阳景根译,上海三联书店2002年版,第189页。
② Zygmunt Bauman, *Modernity and Ambivalence*, Cambridge: Polity Press, 1991, p. 7.

表达的关联中直接提出什么,由此这个机制便重新分布了语言的秩序。"① 这个"重新分布了语言的秩序"是对原有秩序的颠覆或瓦解,是一个新的无序结构(即巴特所说的"网状结构"或德里达所说的"无中心的结构")。

说来说去,这里对后结构主义三种理论的背景性分析,无非是要说明,当文本意义阐释的"潘多拉盒子"被打开后,文学研究场域内的风气、观念和游戏规则都改变了,在这样自由宽松式无序语境中,文学理论和批评对文本意义的阐释无奇不有,上帝都不在了,还有何禁忌呢?鲍曼解释晚期现代性的一个说法很是传神,流动的现代性亦即"差异产生差异"。

二 释放意义与文化政治

关于后结构主义的这些奇谈怪论,人们容易从价值判断的角度予以评判,并将其归咎于反理性、反逻辑和反知识一类的学说而予以抛弃。这里,笔者想与其作出一个简单的价值评判,不如暂时把价值评判搁置起来,换个角度来审视它。

晚近"后理论"或"理论之后"或"理论终结"的说法颇为流行,而这里所说的"理论",一般说来就是特指"法国理论"或后结构主义理论。② 黑格尔说过,存在的就是合理的,以此观念来看以上三种学说,大抵也有存在的合理性,只是我们不必夸大其合理性,但应该研究它有限的合理性。如果我们轻描淡写地一笔勾销后结构主义理论的重要性,其实是没有把握它在西方文学理论谱系中的位置和作用。更重要的是,笔者以为西方文学理论中出现的强制阐释趋向及种种相关的表现,其实都和后结构主义思潮有着剪不断理还乱的关联。换言之,后结构主义打开文本意义阐释的"潘多拉盒子",的确为我们重新审视强制阐释问题提供了一个新的窗口。

---

① Roland Barthes, "Theory of the Text", in Robert Young, ed., *Untying the Text: A Post-Structuralist Reader*, London: Routledge, 1981, p. 36.
② 参见周宪《文学理论、理论与后理论》,《文学评论》2008 年第 5 期。

就笔者对后结构主义理论的理解而言，笔者以为这一理论的背后隐含了某种深刻的政治立场和社会关怀，或者说某种政治立场和社会关怀被后结构主义理论进一步激发出来。无论德里达、巴特还是福柯，其理论背后都有一个明确的指向——社会正义与文化公正，它具体体现在对主导的、权威的和压迫性的文化及其意识形态的质疑与批判，对边缘的、被压制的族群及其文化的同情和道义上的声援。这其实和经典的马克思主义的批判传统很接近，马克思对资本主义社会"统治阶级的统治思想"如何形成就作过深刻的剖析和批判。① 正是由于后结构主义提供了有效的思想武器，因此引发了文学理论家和批评家们对各种地方性的小叙事的关注，推助了他们对性别、阶级、族群诉求和表征权益的空前关注。一个典型被质疑和批判的文学"本原"或"深度"，就是"欧洲白人中产阶级男性异性恋"文化观。这里的五个概念均有特别所指：欧洲是一个地域概念，特指西方；白人是一个族裔概念，特指白种人；中产阶级是一个阶级概念，特指富裕的社会中上阶层；男性是一个性别概念，特指在社会文化中占支配地位的男性；最后是一个性取向概念，特指厌恶同性恋的异性恋取向。当这五个概念结合在一起时，实际上就构成了马克思所说的"统治阶级的统治思想"，它在西方社会和文化中占据了主导地位，成为一种支配性的社会思潮和文化观念。以后结构主义的方法论来审视西方文学史，可以清楚地看到这一支配文化如何贯穿在文学经典及其价值和意义的阐释中，那些看起来自然的必然如此的文学意义、价值和经典，经过这样的去魅性分析，就会变得不自然了，现出统治阶级的统治思想是如何有意为之的形成过程。囿于传统的意义观，这些隐含在文学中的政治、社会、历史、文化的不平等，是无法揭露出来的；囿于传统的意义观，阶级、性别和族裔三大问题往往被忽略；囿于传统的意义观，社会和文化中的压制、排斥和不公正很难呈现出来。诚如伊格尔顿明确指出了意识形态的奥秘所在："意识形态通常被感受为自然化的、普遍化的过程。通过设置一套复杂话语手段，意识形态把

---

① 参见周宪《意识形态：从"自然化"到"陌生化"——西方文论的一个问题史考察》，《天津社会科学》2011年第5期。

第三部分　意义生成研究

事实上是党派的、有争议的和特定历史阶段的价值，呈现为任何时代和地点都确乎如此的东西，因而这些价值也就是自然的、不可避免的和不可改变的。"① 至此，我们有理由认为，后结构主义的思想武器就像是一个新的透镜，借助它理论家和批评家们发现了新的文学研究方向，新的意义阐释路径，新的研究问题域和素材。随着20世纪60年代以来西方教育的普及和学术制度的变化，一大批出身于中下阶层和非西方族裔的青年学者进入学术场域，他们的背景在相当程度上决定了文学研究的取向，于是，文学研究成为文化政治的战场，经典被重新阐释，历史被重新描写，作家被重新评价，新的经典被确立起来。

　　虽说教与乐、文学与社会的张力自古就存在，但审美和艺术的自主性其实是一个19世纪的概念，是现代主义运动的产物。进入20世纪，笔者以为有一个文学研究场域中始终存在的紧张：审美自主论和文化政治论之间的博弈。从俄国形式主义、布拉格学派到英美新批评，甚至到法国结构主义，审美的自主性是一个主旋律。后结构主义具有反向逆行的作用，摒弃了审美自主论，转向了文化政治论。这个巨大的转向相当程度上改变了文学研究领域的地形图。如果说审美自主论关心的是文学文本意义及其审美价值的话，那么，文化政治论则把注意力转向了文本的政治解读。政治解读的取向与以下现象有关，即1968年"五月风暴"后西方左派政治运动开始衰退，知识分子退入了书斋和讲堂，这些退入书斋和讲堂的专家却又忘不了社会关怀和政治参与。于是，文学研究成为一种干预现实的思想实验。笔者以为，强制阐释的种种偏向，大约可以视为这种理论取向的具体实践。换言之，在文学的审美自主和文化政治张力之间，后结构主义可以说在相当程度上推助了文学知识场域的重心向文化政治一极倾斜。坚持文本意义及其作者意图的阐释模式变得过时而令人生疑了，批评家和理论家急迫地要从各式文本中读出符合文化政治的意义来，这就加剧了理论先行或理论实验式的文学研究范式的广泛使用。在激进的理论

---

① Terry Eagleton, "Ideology", in Stephen Regan, ed., *The Eagleton Reader*, Oxford: Blackwell, 1998, p. 236.

潮流中，文学的审美文本都被匆匆转换为政治文本，政治关切压倒了审美价值，以至于有人戏称现在的批评家都成了"种族—性别—阶级批评"（"race-gender-classcriticism"）家。①

经过后结构主义的范式转型，对文本意义的研究观念和方法也发生了巨大的转变，除了以上讨论的分延论、文本论和话语论之外，还出现了许多颇有吸引力的新解释范式。比如从阿尔都塞症候分析法发展而来的马歇雷的文本解读法，不再强调新批评那种"纸面词语"后的直接意义，即不再关注文本说了什么，而是关注文本没说什么，不是对意义的在场的挖掘，而是对文本不在场之物的深究，这些不在场的意义乃是文本和作者自己都没有意识到的东西。② 再比如，拉康的后结构主义精神分析的"浮动能指"概念，指出了自我意识及其语言与本我无意识及其语言之间复杂的参照关系，这就推演出了文本（意识）和潜文本（无意识）的阐释关系。两种文本言说的并非同样的意义，其间的差异和分裂是显而易见的，隐而不现的潜文本有时会改变甚至瓦解文本的意义。因此，阐述一个特定文本与其诸多可能的潜文本之间的复杂关联是文本分析的重要内容。③

也许我们有理由认为，正是通过对意义有序结构的颠覆，才有可能实现克里斯蒂娃所说的对"语言的秩序"的"重新分布"。这么来看，文学文本的解读和阐释就不再是一个简单的意义索引实证过程，而是带有更大可能性的文化政治的阐发。用德里达的表述来说："这些文本并不是依照某种解释学或注释学方法来阅读，因为这种方法就是寻求文本表面之下的某个业已完成的所指。阅读乃是转换性的。"④ 笔者想进一步补充说，与其说阅读是"转换性的"，不如说是"生成性的"。这就是说，文本的意义总是对新的文化政治阐释开放的，因

---

① John Ellis, "Critical Theory and Literary Texts: Symbiotic Compatibility or Mutual Exclusivity?" *Pacific Coast Philology*, Vol. 30, No. 1, 1995, p. 117.

② See Pierre Macherey, *A Theory of Literary Production*, London: Routledge & Kegan Paul, 1978.

③ 参见拉康《关于〈被窃的信〉的研讨会》，《拉康选集》，褚孝泉译，上海三联书店 2001 年版。

④ Jacques Derrida, *Positions*, London: Athlone Press, 1981, p. 63.

此文本意义并不是一个未完成的和固定的。比较说来，在有序的意义结构中，意义倾向于稳定化和格式化；而在无序的意义结构中，意义的再生产充满了无限可能性。

如果我们进入西方文学理论当代发展的历史语境，那么就会注意到两个事实：其一是文本分析方法论的转换，从文本意义的阐释转向探究意义如何生成，从关心文本说了什么转向文本没说什么或为何这么说；其二，理论家和批评家越来越明确自己在文学研究场域中的角色扮演，那就是从转译作者或文本说了什么的翻译者角色，转向以我为主的述行表演者角色。因此，新理论武装的文学阐释在"怎么都行"的冲动驱使下，上演了一出又一出强制阐释的戏剧。

三　文学研究与研究文学

说了这么多，似有为强制阐释论作合法化论证之嫌。其实不然，笔者写这篇文章的意图是从更大的历史背景中来审视强制阐释问题，揭示强制阐释所以流行的复杂语境和原因。但是，说来说去我们还没有直面"阐释"这个文学理论和批评的关键词，它在文学研究中究竟意指什么呢？

在现代汉语中，"阐释"的意思简单明了，"阐述并解释"，另一个相关概念是"解释"，亦即"分析阐明"。[①] 在英文中，动词 interpret（阐释或解释）这个概念有点复杂。根据《新牛津英语词典》，阐释就是"解说（信息、词语或行为）的意义"。但值得注意的是，阐释还含有两个稍有差别的意思，一是"口译"，英语中口译员就是 interpreter，所以阐释即"口译另一个说不同语言的人所说的词语"；二是"扮演"或"演奏"，即"以某种特定的方式来扮演一个戏剧角色或演奏一首乐曲，这种方式亦即传达出某人对创作者观念的理解"。[②] 据说名词 interpretation 源于拉丁语 interpretatio，意思既指"详

[①] 《现代汉语词典》，商务印书馆2005年版，第150、701页。
[②] Judy Pearsall, ed., *The New Oxford Dictionary of English*, Oxford: Oxford University Press, 1998, p. 955.

述、解说的行为",又指"翻译、转译"。① 从词源学上说,阐释在西语中本身就包含了翻译和表演②两层不同意涵。

正是由于阐释概念不同的词源学意义,所以在西方,关于阐释的理论从来就有两种不同的理解,而不同理解构成了两种不同的阐释范式。一种可名之为"翻译阐释论",就是理论家和批评家通过细读文本,尽可能忠实地把作者意图和文本意义转译给读者;另一种名之为"述行阐释论(或表演阐释论)",它强调理论家和批评家不是单纯的中介翻译者,而是一个述行者或表演者,就像演员根据自己的理解来扮演某个角色一样,这里便不可避免地掺入述行者自己对原作的理解和看法。比较说来,前者履职的是翻译者的中介角色,其功能就是尽可能准确地传递作者意图和文本意义,自己并不发表什么独到见解;后者则更像是一个表演(述行)者,他是基于自己对原作者脚本的理解来表演(述行),这就不免会将自己的理解和看法融入其中。这两种角色看起来有点像王国维分析的"无我之境"和"有我之境"两种不同的诗歌境界。翻译阐释论者接近"无我之境","以物观物,故不知何者为我,何者为物";述行阐释论者则是"有我之境","以我观物,故物皆著我之色彩"。③ 关于阐释范式的差异,除了以上从阐释词源学角度的两种不同阐释观之外,其实在文学研究中还存在着与此相似的另外两种观念,一种是把文学研究视为科学,因此追求文学理论和批评的客观性与科学性;另一种观念则强调文学理论和批评也属于艺术范畴,迥异于精密科学的研究范式,研究者的个性和主观体验占据相当重要的位置。或许我们可以用文学研究与研究文学来说明两种范式的差异,前者是把文学作为文学来研究,因此自然而然地遵循一些文学自身的特性、原则和方法;后者则有所不同,它只是把文学作为研究素

---

① Steven Mailloux, "Interpretation," in Frank Lentricchia and Thomas MaLaughlin, eds., *Critical Terms for Literary Studies*, Chicago: University of Chicago Press, 1995, p. 121.

② 表演的英文动词 perform 和名词 performance 在汉语翻译中比较复杂,在言语行为理论中,又译作"述行"。

③ 王国维:《人间词话》,傅杰编校《王国维论学集》,中国社会科学出版社 1997 年版,第 319—320 页。

材,因此它并不关注文学自身的问题,而是把注意力放到了非文学的其他问题上去,比如文化政治问题等。

如果我们把这两种彼此对立的研究范式和以上讨论结合起来,就会看到知识谱系学上的某种关联。传统的或早期现代性的意义观比较接近翻译阐释论或科学论,而后结构主义或晚期(后)现代性的意义观则趋向于述行阐释论或艺术论。因此文学研究与研究文学不可简单等同。进一步,如果我们在这样的历史文脉中反观强制阐释论,它的知识谱系学特征显然与后一种范式有关联。

这里,笔者想讨论的问题还不是强制阐释是否合理合法,因为关于文学研究的阐释原本就有翻译阐释论和述行阐释论两种不同立场,如果说只有翻译阐释论合理合法而述行阐释论不合理也不合法,这并不符合当代西方文学理论的历史与现状。但笔者要提出的是另一个问题,强制阐释的确是一个我们需要警醒的问题,指出强制阐释的种种问题或局限,并不是重新回到早期现代性的传统意义观上去。道理很简单,从传统意义观到后结构主义意义观,文学理论的发展的确提出了许多新的观念和方法,范式的转换是文学理论发展的内在逻辑。后结构主义尽管有许多问题值得反思和批评,但是当它打开了文本意义阐释的"潘多拉盒子"时,我们不可能重新关上它再回到原来的出发点。对强制阐释的思考应该在后-后结构主义实践的新语境中展开,用黑格尔古典哲学的术语来说,也就是经历了"正""反"之后,我们要努力实现一个螺旋上升的"合"。

晚近西方文学理论涌动着一个"审美回归"的潮流。一些虔信早期现代性意义观和审美观的学者,痛斥了后结构主义给文学研究带来的颠覆性破坏。比如亲历布拉格学派和英美新批评的韦勒克,指名道姓地批评了德里达、卡勒等人的极端批评方法,他特别指出了这一思潮的几个致命弱点,其一是错误地假定人不是生活在现实中,而是生活在与现实无关的语言牢笼之中,于是,在新理论中没有研究对象只有批评家的思维活动和语言游戏;其二是破除文本的权威性,把文学理论对文本真实意义的阐释排除在外,为各种误读大唱赞歌,以相对主义取而代之;其三是放弃了文学理论和批评的评价标准,把伟大的经典与平庸之作混为一谈。他慨叹道:

我仍赞许文学理论所潜藏的那种基本冲动，有必要对原理和方法加以分类，有必要对文学研究的理论基础加以澄清。然而，极端怀疑论甚至是虚无主义的晚近发展将会摧毁这一理想，正如那些人所言，这些发展会"解构"一切文学研究，中断传统，毁坏由几代学者们的努力建成的宏伟大厦。①

韦勒克亲眼目睹了后结构主义对现代性的文学研究知识系统毁灭性的破坏，但遗憾的是他未能看到后结构主义某些积极的方面，而是一味强调回复到布拉格学派和英美新批评的立场上去，笔者以为这条路既不现实亦无可能。

按照笔者的想法，经过后结构主义的全面颠覆，审美回归并不是重回早期现代性的意义观的原点，而是依据正—反—合的逻辑达致新的整合与提升。后结构主义无论有多少问题和局限，有一点是我们必须肯定的，那就是对"在场形而上学"的批判，撬开了文本意义阐释的"潘多拉盒子"，把文学理论和批评对意义的阐释看作是一个复杂的、动态的、不断生成的、关系性的系统。当巴特用网状结构取代有机统一结构概念时，当德里达提出以非中心化的结构取代中心化结构概念时，当福柯以话语构成和作者功能来取代文本意义与作者意图时，我想都是打开了对文本意义阐释新的可能的通道，把我们对意义问题的思考引向了更为复杂的开放性和不确定性。经过这样的规训，文学理论家和批评家对文本意义的追索，就不再局限于文本本然意义或作者意图这样传统的单因论阐释，而是倾向于用更加复杂的多因关系论来思考，以复杂性模式来解释文本意义。这样，我们就在一个新的语境中反思强制阐释问题，它至少包含以下三个方面的发展。

首先，意义是语言活动复杂结构在动态生产的产物。即是说，

---

① Rene Wellek, "Destroying Literary Studies", in Daphne Patai and Will H. Corral, eds., *Theory's Empire: An Anthology of Dissent*, New York: Columbia University Press, 2005, pp. 50 - 51. 相似的观点和批判还可以在克里格等人的一系列论文中看到。

第三部分 意义生成研究

文本意义不是像一个实物似的存在于书面词语的后面，意义说到底乃是一个与人相关的理解和阐释的东西，是读者、批评家或理论家语言活动过程中主体介入文本的互动关系的产物，所以它是生成性的和生产性的。巴特关于作品和文本区别的理论非常重要，它揭橥了一个语言产生意义的动态性和关系性（相对性）。正像有批评家所提出的一个看似简单实则非常复杂的问题那样："《蒙娜丽莎》在卢浮宫，《哈姆雷特》在哪里？"语言产生意义，但意义不是实在物，而是主客体间以语言符号为载体的意向性交际过程的产物，哈姆雷特只有在读者意识介入了文本字里行间时才呈现出来。也正是在这个意义上，美学对艺术分类的规定，把文学归诸想象的艺术。后结构主义在这方面提供了许多有效的理论资源，传统意义观中那种把意义简单归诸某个作者意图或文本词语意义的做法，在后结构主义的"棒喝"之后就值得疑问了。不管是英美新批评的那种意义即在"纸面词语"后面，还是赫什解释学所力主的作者意图论，现在看来都不是理想的阐释路径。换言之，当我们引入后结构主义的诸多观念时，就会把文本视为一个多重因素的关系性产物，它既不是自在自为的，也不是自生自灭的，用现象学的观点来说，它是一个意向性对象，具有某种"召唤结构"，呼请主体意向性的介入并生成意义。所以，笔者倾向于把意义看作是一个诸多复杂要素相互关系的产物，这一关系至少包含了以下三个方面的关系，其一是主体与对象的意向性关系，其二是主体与主体的交互主体性关系，其三是对象与对象的互文性关系。在这三种关系内外的彼此对话协商过程中，意义才会生产。至此，笔者想说，从对文本意义的阐释到复杂性结构的多重因素的互动关系，意义从来不是自明的，也不可能是自在的，更不是固定不变的，毋宁说，意义是一个动态性的生成物，是对话性协商的产物。如果这么来看文本意义的阐释，那么，就可以在方法论观念上避免单因论和独断论，以一种更具复杂性的观念来看待文本阐释。

其次，差异性观念。前面引用的鲍曼对晚期现代性社会特征的描述，"差异产生差异"。利奥塔在描述后现代特征时也明确指出，人们已经为总体性的追求付出了沉重的代价，"让我们确证不可表征之物,让我们激活差异并保留对差异这个称谓的尊严"①。关于现代性的特征,鲍曼以"有序"来规定,利奥塔用"总体性"来描述,但都表达了同样的看法,即现代性是以某种大一统规范要求来建构社会和文化,因此导致了对差异的忽略和压制。后结构主义及其后现代思潮一个重要的遗产就是对差异的尊重,这种尊重是以对差异的敏感和宽容为前提的。这一遗产用于文学文本意义阐释问题是有重要意义的,从差异论视角来看,任何文学文本都不可能只有一种唯一正确的解读,其实这个观念早在后结构主义登场之前就存在了,比如 T. S. 艾略特就曾指出,如果一首诗只有一种解释那是危险的,"一首诗的意义也就是这首诗对不同的有良好悟性的读者所表明的东西"②。需要注意的是,后结构主义把差异进一步系统化与合法化了,其好处是打开了意义阐释的"潘多拉盒子",使得各种意义的解说都被自由地释放出来;其危险则在于为相对主义甚至虚无主义开了方便之门。差异的合法化实际上也就是德里达"在场的形而上学"批判的产物,它彻底改变了一个文本只有一个唯一正确意义阐释的观念,这是文学理论和批评方法论的一次深刻变革。如果用鲍曼"差异产生差异"的理论来解说,理论家和批评家本身就是有差异的,因此他们对作品的理解必然也是有差异的。但是,紧接着笔者认为要做两个补充,第一,这些差异性的阐释本身是理性的、严谨的和有根据的;第二,这些差异性阐释又是可交流和可理解的,决不是个人密语或无法理解的阐说。符合这两点的阐释就会在阐释共同体内得到回应和评价,而那些完全背离这两个要求的阐释就必然会落入强制阐释的窠臼。笔者深信阐释的差异性是文学理论作为人文学科的特点之一,对文学理论和批评来说,差异性非但不是一个缺陷,而是它的特性和魅力所在。正是在这个意义上,伊瑟尔把文学理论的人文学科特点概括为"软理论",而把具有一致性和统一性的自然科学理论概括为"硬理论"。③

---

① Jean-Francois Lyotard, "Answer to the Question: What is the Postmodern", in Michael Drolet, ed., *The Postmodernism Reader: Foundational Texts*, London: Routledge, 2004, p. 237.
② T. S. Elliot, *On Poetry and Poets*, New York: The Noonday Press, 1961, p. 126.
③ [德]沃尔夫冈·伊瑟尔:《怎样做理论》,朱刚等译,南京大学出版社 2008 年版,第 5—9 页。

如果我们以差异论的观念来重审强制阐释，就会有一些更具弹性和柔性的界定和批评，这对于维护文学理论和批评的多元化和丰富性是极为重要的。试想一下，如果一部作品只有一个正确的阐述，那么文学史就无法持续了，后来的理论家和批评家也就没事可干了。因为前人关于某个文本的意义的唯一正确阐释工作早已完成，后来者做新探索的必要性也就一笔勾销了。这显然是不符合文学理论和批评以及文学史自身发展逻辑的。

最后，由以上结论必然引申出一个进一步的结论，即文本的意义是一个开放性的系统，其阐释工作也是一个不断发展变化的历史过程，这就是文本的开放性和生产性问题。后结构主义对此有很多富有启发性的表述，这里不再赘述。笔者关心的问题是：文本的开放性和生产性与强制阐释有何关联？假如说文本开放性是无限的，其意义的生产性是无限的，那么任何阐释都是有可能的，这是否意味着强制阐释是一个伪命题呢？假如说任何阐释都是合理合法的，那就不存在什么强制阐释的问题了。张江先生以批评伦理和阐释边界来加以规定，前者强调理论家和批评家对文本本然意义和作者意图的尊重，后者以文本意义有限性和原初语境等为条件，不啻是解决这一问题的一种尝试。这一尝试是想为文学理论和批评划定一些底线，越出底线就进入了强制阐释。然而，要真正从逻辑上清晰区划出强制与恰适阐释的边界并非易事，即使划出这样的边界，它是否符合文学理论和批评的实际情况？是否具有可操作性？能否得到文学理论界和批评界的认可？这些都还是问题。韦勒克曾经尖锐批评了德里达对黑格尔的解读，认为他的阐发充满了谬误。假如我们从另一个角度来看，也许可以说德里达其实并不关心黑格尔说了什么，而是尝试着某种对黑格尔理解的新视角和新路径。因此，他努力避免前人已经产生的关于黑格尔的种种陈见，作了另辟蹊径的阐述。前面提到关于阐释历来存在着翻译阐释论和述行阐释论两种截然不同的看法，从翻译阐释论的立场来看，述行阐释论当然是不合逻辑的。但如果倒过来看，即从述行阐释论本身来看，德里达的真实用心并不在于把黑格尔说了什么"翻译"出来，他极力避免做黑格尔话语的"翻译者"，他要做一个有自己独特见地的"述行者"。

这么来看，德里达的阐释也许自有其合理性和合法性。换言之，从翻译阐释论的角度看，德里达关于黑格尔的言论当然是强制阐释；如从述行阐释论角度说，那也许就另当别论了。

第四部分

"强制阐释"与"过度阐释"

强制阐释与过度诠释*

毕素珍**

"强制阐释"是张江基于多年潜心研究,重新审视当代西方文论,概括和提炼其基本特征和根本缺陷,于2014年6月16日接受《中国社会科学报》访谈时首次正式提出的概念。"强制阐释是指,背离文本话语,消解文学指征,以前在立场和模式,对文本和文学作符合论者主观意图和结论的阐释。"① 其基本特征有四:场外征用,主观预设,非逻辑证明,混乱的认识路径。强制阐释从根本上抹煞了文学阐释的本体特征,强制裁定文本的意义和价值,强行阐释或重构文本,做出符合论者目的的结论,背离了文本的原意,导致文学理论和批评对文学自身的偏离。强制阐释理论的提出,旨在对当代西方文论的正当性提出有力质疑,展开有效的辨识和批判,为当代文论的建构和发展提供一个新的视角。

"过度诠释"是意大利著名学者安贝托·艾柯1990年在剑桥大学主持丹纳讲座的演讲中,针对文本解读中出现的种种问题,尤其是解读中的相对主义和多元主义造成的过分越界及读者诠释权力的过分夸大提出的一个概念。对于何为过度诠释,艾柯并没有做出明确的界定,而是提出"我们可以借用波普尔的证伪原则来说明这一点:如果没有什么规则可以帮助我们断定哪些诠释是'好'的诠释,至少还

---

* 本文原刊于《学术研究》2016年第8期。
** 作者单位:中华女子学院外语系。
① 张江:《强制阐释论》,《文学评论》2014年第6期。

第四部分 "强制阐释"与"过度阐释"

有某个规则可以帮助我们断定什么诠释是'不好'的诠释"①。艾柯尝试着在理论上把某些诠释界定为过度的诠释,探求对诠释的范围进行必要限制的路径。

在文学阐释活动中,表面看来,强制阐释和过度诠释都是对文学作品的不当解读,二者似乎大同小异,相差无几,然而事实上,通过分析即可发现二者存在本质差异。本文拟就强制阐释的定义及四个基本特征所涉及的阐释与实践的关系、与文本话语的关系,强制阐释是否具有文学指征与文学价值,以及阐释的动机、性质和目的对二者进行比较,旨在厘清二者之间的本质差异。

一 阐释与实践的关系

按照马克思主义哲学中关于存在与意识相互关系的理论,文学活动是一种人的主体对于客体的认识和反映。"不是意识决定生活,而是生活决定意识。"② 毛泽东说:"作为观念形态的文艺作品,都是一定的社会生活在人类头脑中的反映的产物。……人民生活中本来存在着文学艺术原料的矿藏……它们是一切文学艺术的取之不尽、用之不竭的唯一的源泉。"③ 文学归根结底来源于生活,是对客观世界和现实生活的反映,文学理论是从文学活动的实践中总结、提炼出来的,由此造就了文学理论应当具有的实践性品格。此外,实践是检验真理的标准,文学理论的实践性品格,还在于它必须经得起文学活动的实践的检验。

"西方文论的生成和展开,不是从实践到理论,而是从理论到实践,不是通过实践总结概括理论,而是用理论阉割、碎化实践,这是

---

① [意]安贝托·艾柯等:《诠释与过度诠释》,[英]斯特凡·柯里尼编,王宇根译,生活·读书·新知三联书店1997年版,第54页。
② [德]马克思、恩格斯:《德意志意识形态》,《马克思恩格斯选集》第1卷,马克思恩格斯列宁斯大林著作编译局编译,人民出版社1995年版,第73页。
③ 毛泽东:《在延安文艺座谈会上的讲话》,《毛泽东选集》第3卷,人民出版社1991年版,第860页。

'强制阐释'的认识论根源。"① 强制阐释不是从实践出发,从文本的具体分析出的发,而是从既定理论出发,从主观结论出发,直接从文学以外其他学科截取和征用现成理论阐释文学文本,解释文学经验。为了能够达到主观目的,论者不惜违背作品解读的基本原则,从作品的片言只语里、边边角角中,通过精挑细选,拼接剪裁,甚至无中生有,对文学作品做出符合主观意图的阐释,并将之推广为普遍的文学规则,颠倒了认识和实践的关系。理论的来源不是文学实践,在许多情况下,文学文本只是这些理论阐述自身的例证,研究对象也偏离了文学本身。"主观预设是强制阐释的核心因素和方法。……主观预设的批评,是从现成理论出发的批评,前定模式,前定结论,文本以至文学的实践沦为证明理论的材料,批评变成对文本和文学作符合理论目的的注脚。"② 这种从理论到实践,甚至是从理论到理论的批评方法,脱离文学实践与经验,违反文学理论生成的本来过程,无法做出有文学效能的解读,提出科学的审美标准,无益于文学理论生成和丰富的方向,更无法指导文学的创作和生产。不同的文学批评,都会对具体的文学作品进行褒贬是非、抑扬臧否的分析和评价,体现了文学批评的倾向性,这也就是为什么各种各样的红学家会在一部《红楼梦》中看到不同内容的原因。文学阐释有倾向、有立场是正常的,然而问题的关键在于,立场、路径、结论等只有产生于无立场的合理解读之中和之后才是合理的,文本与结论、理论与实践的关系绝不可倒置。只有这样,文本经过阅读、鉴赏、批评,才能变成有血有肉的活的生命体,才能变成审美对象。与强制阐释从理论到实践的反序认识路径不同,过度诠释是从文本出发,从文学活动实践出发,不预设批评的立场、模式、路径,在与文本的对话中逐渐得出结论,从认识路径上说,遵循的是一种由实践到理论的正序认识路径。

简而言之,强制阐释脱离文学实践,颠倒了理论与实践的关系,以前在立场和模式对文本做符合阐释者主观意图的阐释,从现成理论

---

① 毛莉:《当代文论重建路径:由"强制阐释"到"本体阐释"——访中国社科院副院长张江教授》,《中国社会科学报》2014年6月16日第4版。
② 张江:《强制阐释论》,《文学评论》2014年第6期。

出发，从主观结论出发，是一种反序认识路径。过度诠释以文学实践为基础，从对文本的具体分析出发，不预设立场，通过分析得出结论，尽管在分析之路走得过远，遵循的依然是一种正序认识路径。

二 阐释与文本话语的关系

伊瑟尔认为："文学作品有两极，我们可以称之为艺术极和审美极。艺术极是作者写出来的文本，而审美极则是读者对文本的实现。"[①] 在文学创造和接受过程中，文本始终处于中心地位。文学作品是一个复杂的结构，文学丰富内涵和感染力的存在，使得文学阐释可以各式各样，因人而异，但这并不意味着对文本可以随心所欲，任意解读，"一定存在着某种对诠释进行限定的标准"[②]。阐释的界限——文本——就在那里，对作品的阐述和引申可以走到任何地方，但文本最终会将其拉回来。在文学解读过程中，我们应该尊重作品的先在制约性。面对同一文本，见仁见智的解读之所以可以被认识和理解，就是因为我们是在阅读同一文本的基础上进行阐述交流。无论是对前人发现的深化、推进和修正，还是提出全新的见解，有一点必须遵守的，就是不能离开文本话语。在尊重文本的基础上，阐释者把对作品的感受、体验、理解、判断一并结合起来对作品进行解析，力图达到"博学之，审问之，慎思之，明辨之"的程度，才有可能实现对文本的正确阐释，千古一理，概莫能外。文学创造是一种个体性很强的精神活动，文学作品是一种非常具体的个别存在，因此文学批评的对象也常常是具体的作品和作家的个体性创造。艾柯"文本意图"的提出，使我们仿佛听到了胡塞尔"回到事物本身"的一种回响，文本意图要求回到文学文本自身，考察其语义策略和文本意图。因此无论是高屋建瓴还是微观注视，文学阐释都要求对作品进行梳理、选

---

① 郭宏安、章国锋、王逢振：《二十世纪西方文论研究》，中国社会科学出版社1997年版，第329页。

② ［意］安贝托·艾柯等：《诠释与过度诠释》，［英］斯特凡·柯里尼编，王宇根译，生活·读书·新知三联书店1997年版，第42页。

择、集中以及概括。文学阐释与文学作品密切相关,决不能疏离作品,任何诠释必须是立足于文本及文本意图,文本意义产生于作者、文本和读者的互动过程中。而强制阐释听从最不受节制的主观意图的唆使,将一部文学作品任意玩弄于股掌之间,随意摆布,是一种主观预设的批评,具体表现为前置立场、前置模式和前置结论。阐释者在批评之前就已经预设明确的立场,根据立场选定标准和批评文本,其目的不在阐述文本,而是表达和证明立场。阐释者在介入文本之前,就已选好批评理论的模板和式样,并用它来强制框定文本,根本无视文本自在含义的表达。阐释者的批评结论同样产生于文本解读之前,批评的目的也是证明其前置结论的正确性。这种阐释看似和文本相关,但在实质上已无关联了。强制阐释这种从现成理论出发,远离、无视甚至背离文本含义,依据主观需要解读文本,剪裁文本,选择文本的做法,必然会使论者不把注意力放在文本上,在阐释过程中缺乏诚意,把主观意志凌驾于作品与作者之上,背离了文本话语,使文本沦为主观需要的奴隶。这种强制性在实践上彻底违背文学阐释的基本原则,丧失了阐释的合法性。

过度诠释是阐释者自觉或不自觉地对文学作品进行穿凿附会的认知和评价,曲解了文本话语,违背了文本的连贯性及原初意义生成系统,阐释者在文本中所发现的东西不是文本所要表达的东西。阐释者由于过度好奇,过度自负、自信,将一些偶然的东西视为至关重要的东西,呈现一种过度倾向。这同读者反应理论和解构理论过分推崇读者的能动作用、任意诠释和游戏文本的主张相关。以罗塞蒂对但丁的解读为例,罗塞蒂试图在但丁的文本和共济会—罗塞克卢的象征符号之间寻找某种相似性,结果没有发现多少相似性,把某种相似当做本质的相似,从而在过度诠释的路上越走越远。过度诠释研究作品的构成因素、运行机制及其相互关系,其研究焦点放在文化、道德和心理等方面,而非重点关注文本的审美和结构等因素,尽管如此,它仍然是基于文本题材、形象、语言、结构、风格等作品构成中问题的解读,其出发点和归宿都是文学文本,它曲解了文本,却未背离文本,其阐释虽不合理,却也合法,虽与作者的创作本意有所抵牾,但不排除作品本身客观上显示了其阐释的内涵的可能性,正如我国古代文论所言,"无寄托则指事类情,仁者见仁,智者见智"①,"作者之用心未必然,而读者之用心何必不然"②。历史对各种文学解读的大浪淘沙,终将证实某些过度诠释是否具有一定的合理意义。

三 强制阐释是否具有文学指征与文学价值

各个学科都有不同的特定研究对象、理论和方法,可以相互影响、彼此渗透,但其研究理论和方法并不具有普适性,跨学科的运用需要依据特定的研究对象进行相应的变通和调适。而强制阐释通过对概念的堆砌搬弄、理论的生吞活剥,直接从其他学科截取和征用现成理论,脱离文本和文学本身,消解文学指征,对文本做非文学的阐释,无法给出具有文学价值的理论探讨。红学大师俞平伯逝世前对自己毕生研究的红楼梦只说了一句,"《红楼梦》说到天边还不是一部小说",其中所包含的就是对《红楼梦》研究中某些消解文学指征缺乏文学价值的强制阐释行为的拒绝。

强制阐释挪用、转用或借用种种文学场外的理论如传统人文科学特别是哲学理论、政治、社会、文化理论以及自然科学领域的理论和方法对文学作品进行阐释,生搬硬套,盲目移植,使阐释背离了文学的特质。强制阐释运用话语置换、硬性镶嵌、词语贴附以及溯及既往这四种策略,把非文学的理论转化成文学的理论对文本进行阐释。这样的做法,或将文本的原生话语锁定于场外理论的话语框架之内,或打碎分割文本,镶嵌到场外理论的模式之中,或将场外术语注入文本,使作品获取疏离文本的意义,或以后生场外理论来检视前生的历史文本,并不能恰当地解释文本,对文学、对理论,有百害而无一利,不具备任何文学意义或价值。

文本可能存在多种诠释的可能,过度诠释问题产生的关键在于它

---

① 周济:《介存斋论词杂著》,见顾学颉校点《介存斋论词杂著·复堂词话·蒿庵词话》,人民文学出版社1959年版,第4页。
② 谭献:《复堂词录序》,见顾学颉校点《介存斋论词杂著·复堂词话·蒿庵词话》,人民文学出版社1959年版,第19页。

越过了合理诠释的连贯性标准、简洁经济标准、互文性标准、相似性标准等内部标准和外部标准,导致文本的意义发生增殖,造成过度诠释。虽然对文本的诠释超出了文本意图的界限和范围,但过度诠释是对文本内容进行诠释,就文本所未曾说出的东西提出问题,依然是对文本做文学场内的阐释,因而还是可能有文学价值的。例如,从严谨规范的学术立场来看,于丹对《论语》的解读多有断章取义和过度诠释之嫌,但并不对其解释的有效性构成障碍,这是因为她的解读是基于文本的解读,具备明显的文学指征与文学价值。卡勒认为,过度诠释"将其思维的触角伸向尽可能远的地方","有可能揭示出那些温和而稳健的诠释所无法注意到或无法揭示出来的意义内容"。① 一些过度诠释的目的是力图将作品文本与叙事、修辞、意识形态等一般机制联系起来,目的不是去重建文本意义,而更多地想去探讨作品文本赖以起作用的机制或者结构以及文学、叙事、修辞语言、主题等更一般性的问题。这种试图去理解文学文本运行机制的努力是一种合理的学术追求。有些诠释走得太远,诠释得太多,在解读中实现意义的增殖,是不正常、不合适的。而有些则可能产生新的发现,发现新的意义,或更为有趣的见解,至少对文本阅读和诠释现象产生某种惊醒和导引的作用。对文本的合理阐释只能根据一个读者群或一个文化体系约定俗成的整体回应来判断,而群体共识的形成是一个需要不断得到修正的长期过程。借助文化达尔文主义,在历史选择和文化发展过程中,不排除有些文学解读的新内涵、文本意义的新发掘产生于这种"偏激的深刻"。在文学解释活动中,这种现象是客观存在的,对文学作品价值的实现也是有一定意义的。古今中外,一些文学作品正是通过这种解读方式,实现了对于人类社会的意义。

四 阐释的动机、性质和目的

文学作品鼓励诠释上的自由,阐释者的积极作用就是对文本意图

---

① [意]安贝托·艾柯等:《诠释与过度诠释》,[英]斯特凡·柯里尼编,王宇根译,生活·读书·新知三联书店1997年版,第136页。

第四部分 "强制阐释"与"过度阐释"

进行推测和寻觅。这种推测和诠释,不是一个无奇不有自由联想的过程,而是必须服从文本自身的指导,文本的存在使诠释有所归依和限制。"你可以从文本中推出它没有明确写出来的东西……但你不能让文本说出与它本来说的相反的东西。"① "阅读文学作品是一种培养忠实和尊敬的练习历程,我们心中必须受到某种深刻敬意的感动,被我以前说过的'文本意图'所生出的敬意所感动。"② 文本的开放性和意义的无限性绝非毫无限制的无限性,它针对的仅仅是文本语境中的无限性。无论是强制阐释还是过度诠释,阐释者都没有处理好阐释者的权利和文本语境要求之间的辩证关系,都过分强调阐释者的权利,阐释行为都发生了越界,不过,同是越界,同为非正当阐释,二者的动机、性质和目的却大相径庭。

文学作品一旦完成,就具有了相对独立性,作为社会文本有了属于自己的命运和意义。文本的结构方式本身就包含了两种解读的可能性:"批评思维能够与它的处理的模糊现实建立一种令人赞叹的默契关系;而在另外一种情况中,它会导致最全面的分裂。"③ 强制阐释显然属于后者,阐释与文本、与文学在本质上彻底分裂。强制阐释是对理论做符合主观目的的滥用,征用文学领域以外其他学科的理论强制移植于文论场内,生拉硬扯解释文本,"为达到想象的理论目标,批评者无视常识,僭越规则",把文本捶打成符合自己目的的形状,"所得结论失去逻辑依据"④,是对文学作品的损伤和粗暴践踏。文学阐释活动本应是一个阐释者与文本互动的双向回流过程,其目的是阐述、挖掘、探索文本含义。文学阐释的要素如立场、路径、结论等只有产生于无立场的合理解读之中和之后才是合理的,而强制阐释有既定的理论标准,并用这个标准来衡量、选择、剪裁文本,是脱离文本

---

① [意]安贝托·艾柯:《悠游小说林》,俞冰夏译,生活·读书·新知三联书店 2005 年版,第 97 页。
② [意]安伯托·艾可:《艾可谈文学》,翁得明译,皇冠文化出版有限公司 2008 年版,第 11 页。
③ [比利时]乔治·布莱:《批评意识》,郭宏安译,广西师范大学出版社 2002 年版,第 249 页。
④ 张江:《强制阐释论》,《文学评论》2014 年第 6 期。

内容和含义而存在的主观意向的表达。阐释者无视由文本的连贯性、上下文语境及结构的稳固性所决定的文本的自主性、持久性和整体性，意欲把从作品局部得到印证的结论上升为对整个文本的阐释以及对理论的论证，甚至力图将其他阐释主体对作品的理解和阐释也包括在他的阐释和理论之中，其阐释实质上已与文本丧失关联。对于文学作品来说，这样的阐释没有任何有效性，只会带来阐释的混乱，其根本目的不是为了解释文本，而是论证主观结论，进而证实其所持理论的正确性和普适性。

过度诠释是对文本的误读，诠释者以对一些偶然巧合重要性的过高估计或倒果为因的思维方式，以过于丰富的想象与联想对文本的诠释理解过了度，其诠释不符合文本的连贯性整体原则，对文本某一部分的诠释不能为同一文本的其他部分所证实。过度诠释问题的产生与西方神秘主义密切相关，神秘主义者认为诠释的使命就是去搜寻作品一字一句后面隐藏的神秘意义和未曾言说的内涵，以及或许并不存在的终极答案。此外，代码理论的系统结构使人们对文本的各种预设和推论成为可能，而有效的文本理解一般来自于对相关系统结构的有效控制和运用，不好的诠释或过度诠释则往往是错误地运用系统结构所致。过度诠释问题也与误读理论的倡导有关。过度诠释行为的动力表明，其出发点是源于诠释者解析作品本身的善良愿望，其目的是为了实现对文学作品更加完整深入细致的多元理解。比如鲁迅塑造阿Q形象的本意是描绘出麻木沉默的国民灵魂，让世人清醒头脑，但也曾有人怀疑作者在泄私愤，是在借阿Q影射自己或另外的某个人，以至于鲁迅如此慨叹："我只能悲愤，自恨不能使人看得我不至于如此下劣。"① 诸如此类的解读，是脱离作品实际的，是对作品的误读，但也在某种程度上体现了诠释者对作品含义挖掘的努力和愿望。

总之，过度诠释与强制阐释二者之间巨大的本质差异在于，过度诠释是对文学作品合法而不合理的解读，而强制阐释则是对文学作品既不合理又不合法的解读。过度诠释远离了文学作品，强制阐释背离

---

① 鲁迅：《〈阿Q正传〉的成因》，《鲁迅全集》第3卷，人民文学出版社2005年版，第397页。

了文学作品。不同于一般文学鉴赏的接受层次，对于批评家来说，文学阐释是对作品的理性检测和衡定，它要求阐释者在感受、理解作品的基础上作出尽可能恰当的客观评价，更具科学研究意味，更着眼于实现包括作品审美价值、文学自身发展价值等在内的广泛的社会价值。就此而言，强制阐释和过度诠释皆非对文学作品的正当阐释。作为文学活动的一个重要组成部分，一种动力性、引导性和建设性因素，文学阐释既推动文学创造，影响文学思想和文学理论的发展，又推动文学的传播与接受，具有深刻的作用和广泛的影响。从这个意义上说，过度诠释尚在文学场内言说，尚有一定的意义可言，而强制阐释根本抹煞了文学理论及批评的本体特征，除了带来文学批评和文学理论的混乱，对文学活动不会产生丝毫贡献与意义。

强制阐释论与西方文论话语
——与"强制阐释"相关的三组概念辨析*

刘 剑 赵 勇**

近一年多来，随着张江先生"强制阐释论"的提出，相关的讨论已渐次展开并逐步走向深入。从某种意义上看，我们认为张江先生对当代西方文论的批评与西方古典人文主义批评的价值指向是殊途同归的。概而言之，古典人文主义批评秉持文化保守主义观点，承认作者权力，提倡文本细读，重视文学趣味。像 F. R. 利维斯、莱昂纳尔·特里林、格奥尔格·卢卡奇、艾伦·布卢姆、哈罗德·布鲁姆和乔治·斯坦纳等人，无论他们的国籍、学术出身和政治立场有多么不同，其文学批评观却非常接近。即他们都从古典人文主义的立场反对各种先锋理论和激进阐释，主张回归文本细读。这与张江先生提出的以文本为核心的"本体阐释"①不谋而合。与此同时，我们也认为"强制阐释论"在全面反思当代西方文论的时候，也吸取了西方阐释学中"过度诠释""阐释有效性""反对阐释"等理论成果。作者曾坦承强制阐释论与阐释学之间的内在关联："从 1964 年桑塔格提出'反对阐释'，到 1967 年赫施提出的'解释的有效性'，再到 1990 年艾柯提出'过度阐释'，西方的理论家业已开始反思文学阐释中存在的种种问题，'强制阐释'是这个理论链条上的一个新节点，是在对

---

* 本文原刊于《文艺争鸣》2015 年第 10 期。
** 作者单位：刘剑，北京邮电大学数字媒体与设计艺术学院；赵勇，北京师范大学文艺学研究中心。
① 毛莉：《当代文论重建路径：由"强制阐释"到"本体阐释"——访中国社会科学院副院长张江教授》，《中国社会科学报》2014 年 6 月 16 日。

第四部分 "强制阐释"与"过度阐释"

过去理论资源的总结基础上的一个推进。"① 鉴于这种话语关联，本文拟从三组概念的辨析出发，试图清理"强制阐释论"与西方相近阐释理论之间的联系与区别，以期在比较分析中对该理论有更深入的理解。

一 强制阐释与过度诠释

种种迹象表明，"强制阐释"论深受艾柯"过度诠释"说的影响。艾柯认为，过度诠释（over-interpretation）是对诠释限度的无限突破和对诠释者权力的无限夸大。解构主义者在诠释过程中滥用了"无限衍义"（unlimited semiosis）这一观念，因此他将某些解构式诠释打入"武断的诠释"之另册。② 从字面意义上看，"武断的诠释"和"强制阐释"的提法比较接近，两者都意味着阐释者在主观上是侵犯文本、任意闯入文本的。武断/强制地在文本中植入"先在理念"（主观预设），产生的解读后果，就是"过度诠释"。从语义色彩上说，"强制"的感情色彩比"武断"要更强烈一些，因为"武断"阐释有可能因个性鲁莽而起，而"强制"则明显是来自强硬的主体意志。相比较而言，"强制阐释"论针对的批评对象是西方文论整体，主要是在理论的层面，高屋建瓴地指出当代西方文论存在的总体缺陷；而"过度诠释"只是一个基于后果的描述，其表达也更温和一些。"过度"有可能是无心或无知造成，只是诠释结果不被很多人接受而已。同时，"过度诠释"也主要是在文本操作的层面，希望依此判定某些文本诠释是无效的。尽管存在着如此细微差别，但二者的相通之处却很明显。

第一，他们都强调"文本权力"。艾柯认为开放性阅读必须从文本出发，因此它会受到文本的制约。诠释者应该研究"文本权

---

① 李明彦：《反思与重构："强制阐释论"理论研讨会综述》，《文艺争鸣》2015年第8期。
② ［意］安贝托·艾柯等：《诠释与过度诠释》，［英］斯特凡·柯里尼编，王宇根译，生活·读书·新知三联书店1997年版，第17页。

力"和"读者权力"之间的辩证关系。读者的积极作用就在于对文本意图进行推测。文本不只是文字物质形式放在那里的文本本身,而是在阐释循环过程中按其合法性逐渐确立起来的一个客体。在他看来,"不确立边界,就不可能存在城邦"。布鲁姆的误读理论只是证明了文学阐释并不存在唯一正确的解释,而并不能证明一味任意阐释是没有限度的。"我接受文本可以有许多不同的诠释这样的观点,但我反对那种认为文本可以具有你想要它具有的任何意义的观点"①。他认为在清醒而合理的解释和妄想狂式的解释之间,还是有着巨大区别的。我们必须尊重作品文本,而不是生活中的作者本人。为强调"文本权力",艾柯提出"作品意图"(intentiooperis)这个概念,"作品意图"既不同于"意图谬误"中的先于文本的作者意图,也不同于"感受谬误"中读者的自由发挥,而是内在于文本本身的结构之中。"作品意图"可以通过作品的连贯性整体加以检验。艾柯的"作品意图"是动态的,就像接受美学中文本的"召唤结构"。

张江先生指出:"强制阐释是指,背离文本话语,消解文学指征,以前在立场和模式,对文本和文学做符合论者主观意图和结论的阐释。"② 接下来,在重建本土阐释话语的"本体阐释"部分,他提出应该以文本的自在性为阐释依据,以文本为出发点和落脚点,分三个层面进行主张:第一层核心阐释是对原生话语(文本确切含义、作者传达给我们的全部信息)的阐释;第二层本源阐释是对次生话语(作者创作动机、文本社会背景)的阐释;第三层效应阐释是对衍生话语(文本传播过程中受众和社会的反应)的阐释。与新批评狭隘的"文本中心主义"的文本观不同,他强调"文本阐释是文学理论建构的核心,但不是全部;在文本细读中归纳概括出的结论,需要有本源阐释和效应阐释的丰富和修正"③。他认为文学阐释是有边界的,

---

① [意]安贝托·艾柯等:《诠释与过度诠释》,[英]斯特凡·柯里尼编,王宇根译,生活·读书·新知三联书店1997年版,第172页。
② 张江:《强制阐释论》,《文学评论》2014年第6期。
③ 毛莉:《当代文论重建路径:由"强制阐释"到"本体阐释"——访中国社会科学院副院长张江教授》,《中国社会科学报》2014年6月16日。

这个边界围绕文本的原生话语展开,但也不排斥次生话语和衍生话语,这就使得他的文本阐释观更富有某种弹性了。

第二,他们都重视"经验作者"。艾柯认为自己作为《玫瑰之名》的"经验作者"(the Empirical Author),在阐释这部作品时是享有某种特权的。他的"在场"无疑为更好地理解作品的创造过程(比如理解文本是由哪些偶然的选择构成、是由哪些无意识驱动等等)和文本的隐含策略提供了帮助。他认为作者所代表的"前文本的意图"(pre-textual intension)确实不能成为阐释有效性的标准,但是"经验作者"确实对其作品的"合法阐释"有更多的发言权。张江也认为,文学创作是作家独立的主观精神活动,作者的思想和情感支配着文本。"对一个文本展开批评的首要一点,也必须是对文本存在的本体认知。其二,作者意欲表达什么,其表达是否与文本的呈现一致。其三,文本的实际效应是什么,读者的理解和反映是否与作品表现及作者意图一致。这是正确认识、评价文本的最基本准则。"[①] 在这里,"作品表现"和"作者意图"同时起作用,因此不至于陷入"新批评"所言的"意图谬误"的泥淖,"作品表现"近似艾柯所说的"作品意图",它和"作者意图"共同规定了文本的"标准读者"。

第三,他们都谈到"诠释"文本与"使用"文本不同。张江认为,场外理论的挪用、转用和借用,都是一种对文本的"利用",而非从文本出发的"理解"。文本的文学阐释是有边界的,文本的自在含义有限,不能对文本的有限意义做无限阐释。"把批评者的意图无端强加给文本,对文本做自在含义以外的非文学阐释,超越文学阐释的边界。以文本为原点,使用或利用文本做挥发式言论,不是文学和文本的阐释,可定义为'再生阐释',再生阐释的话语是'再生话语'。'再生话语'可以产生强大的社会影响和号召力。但再生话语已非文学话语。"[②] 艾柯也主张在"诠释文本"和"使用文本"之间做出区分。他认为理查德·罗蒂对《玫瑰之名》的阅读就有断章取

---

① 张江:《强制阐释论》,《文学评论》2014年第6期。
② 毛莉:《当代文论重建路径:由"强制阐释"到"本体阐释"——访中国社会科学院副院长张江教授》,《中国社会科学报》2014年6月16日。

义之嫌,"因为他关心的只是小说的某个方面,而有意忽视了其他的方面。他出于自己哲学观点的需要——或,如他自己所示,出于其自身修辞策略的需要——部分地'使用'了我的小说。他仅仅关注的是我小说解构性的一面(即反阐释的一面)"①。美国文学理论家乔纳森·卡勒也认为,只去问文本的"使用",不关心文本意义形成的诸多"问题",是成问题的。尽管他不完全同意艾柯所说的"作品意图"之类的概念,担心这些概念会阻碍意义的敞开从而变成"意义专制"的绳索。在他看来,意义确实必须受制于"语境",而这个"语境"却是无法事先确定的;②并且随着时间的推移,语境自身会变得越来越开放。但是卡勒仍然希望文本意义理论"问题"得到重视。对"文本的运作机制以及诠释问题"应该保持应有的好奇心,并进行不倦的探索。

伽达默尔对"诠释"和"使用"的论述则同样具有启发性,他认为我们说"使用"一个文本与"使用"一把锤子是不同的。在精神科学里,应该承认应用是一切理解的一个不可或缺的组成要素,比如在法律条文、神学布道条文里文本被用于某个具体使用时刻,已经先在地包含了理解。"理解在这里总已经是一种应用"③。因此,他反对将"理解"文本和"使用"文本做二元对立的区分。

第四,他们都存在理论只能证伪的问题。"强制阐释"论面临的现实困难是:"谁"可以断定"别人的"阐释是"强制阐释"?读者的趣味各有偏好,价值观和"先见"又往往不同。有人喜欢黑格尔的体大思精,包罗万象,有人喜欢克尔凯郭尔的游戏笔墨、碎片反讽;有人觉得百花齐放、百家争鸣是"自由繁荣",有人认为各言其道、莫衷一是是"动荡混乱";有人认为追求确定的意义是坐享其成,有人认为一味追新逐异是走火入魔;有人最害怕出现意义的独裁者,有人最担心阐释的无政府状态。也就是说,在面对具体文本时,

---

① [意]安贝托·艾柯等:《诠释与过度诠释》,[英]斯特凡·柯里尼编,王宇根译,生活·读书·新知三联书店1997年版,第173页。
② [美]乔纳森·卡勒:《文学理论》,李平译,辽宁教育出版社1998年版,第71页。
③ [德]伽达默尔:《真理与方法》上,洪汉鼎译,上海译文出版社1999年版,第314页。

第四部分 "强制阐释"与"过度阐释"

判定"强制阐释"这个标准很难把握,也很难操作。张江先生在《强制阐释论》中所举的例子尽管都很典型,但也并非所有例子会被所有人认定是"强制阐释"。

比如海德格尔关于农妇鞋的解读。那双鞋到底是农妇鞋还是凡·高自己的鞋,在诠释中有时并不被看重,阐释的"准确性"和阐释的"启发性"是两个不同的值,二者不可兼得时,有人甚至还会选择后者。人们更愿意从这种对"物"的凝视、对天命的聆听中,展开大地与世界的冲突,感受人与自然的冥合,诗与思的交融,并且推而广之用这种现象学的方式解读现代生活中各种日常物件。本土批评家汪民安对家用电器、对宋庄艺术家生活方式充满想象力的解读,就是一个很好的例证。当然也可以用海德格尔这种方式解读中国古代诗歌。既然诗的本意是以有限的语言,表达不可言说之奥秘,我们便可以经由海德格尔对"诗与思"的思考,体悟我们民族特有的生存方式。例如《诗经·豳风·七月》中那个饱经风霜的老农,聆听着四时的节奏,感受着天道不变、四季如期。以"天行健,君子以自强不息"的进取精神,一年到头日日辛劳,周而复始,安守着与土地的友情,接受着生活微薄的馈赠,没有怨艾,没有反抗,这是对自身命运另一种"恭顺的聆听"。张祥龙先生曾经著述分析海德格尔思想与中国天道之间的关系,所以这种对《七月》的现象学解读,可能也就只能算"多元"解读中的"一元",而海德格尔的对凡·高鞋的"强制阐释",并无太大危害,有时还能被看作有意义的"误读"。

艾柯的"过度诠释"论也曾面临相似的困境。他自己坦言,并不强调有某种固定的理论,可以帮助人们界定"过度诠释"。但是他认为自己的提议是"类波普尔式"可以证伪的,他的题中应有之意足以使人认识到,并非任何阐释都是可行的。因为存在着文化意义系统,也存在着文本的内在运行机制。对于解读者来说,"要理解文本的运行机制意味着去断定为了得到一个连贯的诠释,他的众多特征中哪些是相关的,哪些是不相关、不能支持连贯性解读的"[①]。这使诠

[①] [意]安贝托·艾柯等:《诠释与过度诠释》,[英]斯特凡·柯里尼编,王宇根译,生活·读书·新知三联书店1997年版,第182页。

释的可接受性存在着不同的等级。再者，因为"过度诠释"是一个事后效果判断，而非一个主观价值判定，所以艾柯试图求助于某种"文化达尔文主义"的策略，把"历史"选择看作是一个大浪淘沙的过程。尽管群体的共识形成，是一个需要不断得到修正的长期过程，但是经过了时间淘汰，某些解释自能脱颖而出，获得比其他解释更大的读者群认同。

二 本体阐释与本体论阐释学

如果说"强制阐释"是"破"，破除对西方理论话语轻信盲从的迷障，那么"本体阐释"就是"立"，意在重建中国本土的阐释话语。可以说，"强制阐释"对艾柯的"过度诠释"基本上采取了向心的借鉴方式，而"本体阐释"对伽达默尔的"本体论阐释学"则采取了完全离心的借鉴方式。毋宁说"本体阐释"的理论旨归更接近赫施对伽达默尔的批评。

第一，二者所强调的"本体"含义不同。"本体阐释"中的"本体"强调的是"文学本体"，是把文学文本看成阐释过程中第一性的东西；而"本体论阐释学"意义上的"本体"，是"人与神"共在的"世界"，是"生存本体"。相对于传统的方法论阐释学，本体论阐释学的阐释焦点发生了位移，由过去重视通过阐释（这种方法）追究作者原意，到通过阐释（这种本体存在方式）加入对世界的理解。"本体论阐释学"的焦点是理解活动和理解事件本身。它把每一次理解都看成是和人的存在有关，认为理解活动中发生的真理，不是指科学真理的主客观相符，而是"意义的发生和持存的方式"。因此真理在艺术经验中发生的样式是涌现，是绽开，永远在过程之中。有别于狄尔泰等人将"共通的人性"看作解释的前提，伽达默尔强调了"传统"，也就是我们（作者和读者）共同处身的世界本身，在这样的存在中，"我"总是带着"先见"而来，总是与他人"共在"，因而意义总是"共享"和"交谈"。"传统"在这里不是封闭的，而是向未来开放。

第二，二者理论侧重点不同。"本体阐释"强调阐释的相对确定性和有效性。张江指出，文学阐释不能超越文本的自在性边界和作者的有限主观意图，做无限发挥。这和赫施的主张很是相近——重视文本含义和作者原意。赫施在批评伽达默尔时曾经谈到，文本有"意思"（meaning）和"意义"（significance）之别，作者"意思"相对确定，而文本"意义"有待于后来者的补充理解。这样，"意思"和"意义"便虚实结合，既有实体部分，也有相对的开放性。"本体阐释"重视理论的先在完整性，比如综合内部研究和外部研究，三个阐释圈层之间是辐射与反射的关系，并且分层综合考虑了文本、作者、社会语境、读者理解等在阐释过程中"变"和"不变"的因素，解释的有效性有赖于和文本意图、作者"意思"的重合程度。

而"本体论阐释学"强调阐释的有限性和历史性，重视具体阐释展开过程中的"问答—对话"逻辑。在伽达默尔看来，"我"并不能完全把我"植入"别人的体验，完成狄尔泰意义上的"移情"，"我"总是被抛入历史，带着"先入之见"。"理解"的意义总是来自"我"对文本的意义期待与文本的"召唤结构"之间形成的"视域融合"。在这里，"文本"不是一个纯客体，而是一个准主体，它用自己的存在向我们提问，并回答我们提出的问题。"问答逻辑"使他把理解过程看作读者与文本之间的平等对话。理解一个文本，就是要恰如其分、如其所问地重构文本提出的问题，并去文本中进一步寻求答案。我们并不能任意地自说自话，而是受文本"期待视域"的限制。我们边阅读边提问，而文本一面被阅读，一面对我们的问题进行回答或者修正。因此，我们不妨把伽达默尔的"问答逻辑"看作一种试探逻辑，同时它也是"视域融合"具体展开的动态过程。

第三，二者理论形态不同。"本体阐释"是一个同心圆的阐释结构，文学文本是核心阐释的主要内容，本源阐释和效应阐释都是围绕这个核心阐释辐射生发的，分别属于第二圈层和第三圈层，一圈一圈向周围扩散开去，文本的原生话语作为阐释核心是相对确实的，而外围越来越虚化，以便在历史进程中保持阐释的开放性；"本体论阐释学"则重视阐释发生过程，读者加入对意义的理解更像是跳进一条流动的河流，你只能汇入河流而无法穷尽这条河流的模样。阐释的意义不是追求回到最初，而是加入流变的历史。伽达默尔认为："理解不只是一种复制的行为,而始终是一种创造性的行为。"① 意义不是先于阅读、先于读者理解的"自在之物",而是在阅读过程中的"生成物"。理解是一场"效果历史"事件,总是与文本的接受史不可分离。可见,"本体阐释"是一个宏观的文本阐释理论建构,具有整全、实用、清晰的特点;而"本体论阐释学"是一个微观的阐释过程发生学分析,以流动、细腻和精微见长。

第四,二者阐释路向不同。"本体阐释"更倾向于是一种"恢复性"阐释,重视回到作者原意,这和赫施对伽达默尔的批评意趣相通;而"本体论阐释学"更倾向于"生发性"阐释,关心个体如何加入历史的合唱,在理解过程中产生新意。在伽达默尔看来,方法论解释学所代表的独断型阐释是一种本质主义的思维方式,认为文本的意义是客观的、固定的,它就是作者的意图,"理解"所做的就是把确定无疑的真理用于个别案例;而本体论解释学所代表的探究型阐释则是一种历史主义的思维方式,认为作品的意义是构成物,是在历史的长久时间里不断建构、沉淀、累积而形成的,探讨字句在全文中传达的具体意义,会随具体时代具体人而有所不同。伽达默尔认为:"这不是打开任意解释的大门,而是揭示一直在发生的事情。"② 应该看到,作为一种"恢复性"阐释,"强制阐释论"关心意义的相对确定性确有其道理,尤其是在文学教学和文化公共传承中,这种意义的相对确定性就显得尤为重要;而伽达默尔的"生发性阐释",则更适合描述私人读者每一次个体阅读的展开过程。

三 反思阐释与反对阐释

在其精神气质上,张江先生对"强制阐释"的反思和桑塔格的"反对阐释"论也有很多相通之处。首先,他们都在一定程度上表现了对西方主流理论话语的反感。张江反思当代各种西方文论主流话语对文学文本的"强制阐释",桑塔格也曾经在20世纪60年代

---

① [德] 伽达默尔:《真理与方法》上,洪汉鼎译,第383页。
② 同上书,第485页。

反对精神分析、马克思主义等非文学理论任意阉割文学文本,他们都表现出对当代理论话语过剩、过于强势的不满。张江希望找到文学阐释的边界,捍卫文学的审美自主性和独立性;而桑塔格则希望恢复艺术中的"新感受力",捍卫艺术的自主性。在这里,艺术不仅包括诗歌、小说等文学样式,也包括绘画、电影等艺术样式。

其次,他们都代表了一种从边缘出发、抵抗中心的声音。桑塔格抵抗的是以特里林夫妇为首的纽约高雅文化圈,她要用大众文化和艺术的新感性抵抗平庸保守的中产阶级趣味,向主流文化圈挑战;她是流浪的街头艺人、为中产阶级所不齿的波西米亚生活方式、贫穷而富有激情的艺术的代言人;她以"反对阐释"的声音宣告同主流社会高级文化的格格不入。张江也表达了全球化语境中的弱势民族对西方主流话语的批判和反思,以"强制阐释"论质疑西方权威理论的合理性,希望国内同道在引进西方话语时充分考虑文化差异、伦理差异和语言差异,试图重建具有独创性和本土特色的文学理论话语。

但二者也存在明显不同之处。首先,理论的出发点不同。张江在申明西方文论"强制阐释"的整体缺陷之后,提出了"本体阐释"的一系列主张,他的反思路径是从理论回到文本批评,但他并非不要批评的理性,而是力求对借鉴西方文论有更理性的批判和认识,建立本土文学批评的理性话语。而桑塔格认为,正是因为艺术批评中理性过剩,才导致了"阐释是智力对艺术的报复"①,她期待一种像罗兰·巴特那样的贴近艺术文本的感性批评。因此,她"反对阐释"的出发点是希望从理性回归到批评的感性,或曰新感性。

再次,话语风格不同。张江的"强制阐释论"呼唤中国文化的主体意识,他多次引用马克思、恩格斯的理论话语,希望重建具有社会主义现实主义特色的当代中国文论。同时,他也响应大数据时代的召唤,主张建立一种文本统计学。这种整全缜密的理论风格,以及最后的理论归宿,都指向了科学理性主义。从《人民日报》"观象"专栏

---

① [美]苏珊·桑塔格:《反对阐释》,程巍译,上海译文出版社2003年版,第9页。

题目可知①,张江致力于弘扬一种主流的、健康的、正能量的批评。在追求秩序、和谐,旨在提升文化这一点上,可以说他与桑塔格的潜在论争对手、具有古典现实主义美学倾向的特里林遥相呼应。而桑塔格却主张破除智力"过度诠释"之弊,让批评回到艺术、回到生命,回到审美和感觉,为新感性(马尔库塞)的解放鸣锣开道,其主导精神是唯美—浪漫主义的。她的写作风格灵动多变,善于呈现断片式思想,不求精深,但求灼见。她号召对各种新艺术门类和大众文化进行"形式"研究,反对经由文本的"内容"分析导向陈腐的中产阶级道德说教。在马尔库塞和桑塔格身上,充分体现了美国20世纪60年代的"反文化"精神。其理论话语风格具有另类的先锋性和艺术性。

通过以上辨析,我们发现张江先生的"强制阐释论"与他所反思的西方文论存在着千丝万缕的联系。这至少说明,在"反对阐释""过度诠释""阐释有效性"等环节,张江先生一方面与西方阐释学家拥有着同一个话语谱系;另一方面,他又想打破这一谱系中已成某种定论的话语格局,在其"阐释链"上增加一环。这种思路和做法是启人深思的,因为在今天这样一个全球化的时代,各民族的文化往往处于"共享"状态。这也意味着,经过改革开放三十多年来的大量"引进",西方文论已在很大程度上融入我们的血液之中,成为我们理论肌体或思想武库中的有机组成部分。但另一方面,越是民族的就越是世界的,这又意味着我们必须扬西方之长避西方之短,而不能跟在西方文论家后面亦步亦趋。于是发出我们自己的声音,建构出属于我们自己的文论话语便显得至关重要。如何解决这一矛盾,很可能是摆在中国文论界面前的一项长期、艰巨并且复杂的任务。在此期间,甚至会引发全球化与地方化(或本土化)、西方文化霸权与东方主义之间的抵牾或冲突。冲突不可怕,因为冲突之处是疼痛之处,也是反思之处;是理论创新的起点,也是建构中国当代文论话语的生长点。

---

① 许徐:《"强制"之后,如何"阐释"——〈人民日报·文学观象〉之观象》,《文艺争鸣》2015年第6期。

从文本中心到理论中心

——反对阐释、过度阐释与强制阐释的意义危机和范式转换[*]

韩模永[**]

阐释学在西方是一门极为成熟的学科,中国古代的典籍中也散布着十分丰富的阐释学思想,但并不系统,当前国内也有不少学者不断掀起呼求建立中国阐释学的热潮。尤其在文学研究领域中,文学的阐释可以说是其中最核心的命题,离开了阐释,文学的意义便无从谈起。但是阐释什么、如何阐释则成了中外理论家争执不下的焦点问题,各种理论和学派层出不穷,在实际的阅读中,也出现了各式各样的解读倾向和批评方法。从一种高度简化的模式来看,文学阐释在本质上就是"言""意"的关系问题,即用语言文字去揭示文本意义的过程。在文学活动的整个系统中,"文学都是一种以语言的方式来表现意义的活动,都是一种在语言中进行的意义交往和阐释活动"[①]。在中国古代传统的阐释思想中,把意义推向一种绝对本体的高度,而语言则是一种并不重要的工具,阐释就是工具论语言和本体论意义的关系问题,因此,文本的阐释就是对意义的索取和诠释,把意义放在第一位。庄子所言的"得意忘言"正是一种工具论的语言观,意义在文本中是最重要的,文本的意义获得之后,语言形式便不再重要。甚至可以舍弃。阐释忽略了形式的体验和感受,充满着强烈的实用主

---

[*] 本文原刊于《华南师范大学学报》(社会科学版)2018年第1期。
[**] 作者单位:东北财经大学新闻传播学院。
[①] 李建盛:《理解事件与文本意义:文学诠释学》,上海译文出版社2002年版,第59页。

义色彩。而在西方，尤其在20世纪60年代"语言学转向"之后，这种对待语言的态度发生了变化，语言上升到了本体的地位，而文本的意义则遭遇怀疑和解构，意义走向危机，阐释变成了一种语言游戏、形式游戏和文本的感性愉悦，甚至阐释可以脱离文本，独立成为另一种关联不大的文本形式。在这种思想语境下，阐释出现了种种极端情况，语言—意义这种高度简化的阐释模式也出现了不能和谐对应和共存的面貌。其中最具代表性、影响最大的便是三种阐释观念，即反对阐释、过度阐释和强制阐释。

应该说，反对阐释、过度阐释和强制阐释均背离了传统阐释学语言与意义和谐对应的阐释模式，语言无法恰当地表达和揭示意义。三者在深层机制、逻辑支点、批评策略等方面虽各有不同，但其出现的根本原因和内在模式却有一致性，即阐释的意义出现了危机。具体来说，反对阐释是否定意义；过度阐释是无限衍义；而强制阐释则是预设意义。

它们在对待文本的意义上，或否定逃避、或玩世不恭式的随意、或理论先行的预设，文本意义的合理性和合法性被取消。同时，这种阐释意义的危机也有共同的指向，即对作者意图的否定和抗拒，在这个层面上说，把它们共同归于卡勒所说的"怀疑解释学"似乎是合理的。卡勒在《文学理论入门》一书中提出"恢复解释学"和"怀疑解释学"两种情况，认为"前者力图重新建构产生作品的原始语境，而后者则力图揭示文本可能会依赖的、尚未经过验证的假设"[①]。所谓"原始语境"指的是作者所处的时代语境和作者原意等原始信息，它要求读者在这种语境下来解读文本；而"假设"则指向更为宽泛的大语境，包括各种与作者境遇、作者意图关联度不强的各种文化语境，在这种语境下解读文本，作者的权威性和意义的确定性消失，最终必然走向意义的危机。此外，这种意义的危机虽在一定层面上有相似之处，但是他们对待意义的不同姿态在深层结构上也折射了不同的批评策略和理论范式。具体看来，反对阐释否定意义，是文本中心论，阐释沦为形式的暴力；过度阐释无限衍义，是读者中心论，

---

① [美] 乔纳森·卡勒：《文学理论入门》，李平译，译林出版社2008年版，第71页。

阐释变成"意味"的暴力；而强制阐释则预设意义，是理论中心论，阐释最终走向理论的暴力。

一 反对阐释：否定意义与文本中心论

反对阐释是美国著名批评家苏珊·桑塔格在20世纪60年代提出来的。表面上看，她的姿态非常极端和激进，而事实上她所提出的反对阐释倒不是不可以对文本进行阐释，而是不必阐释，正可谓"诗有可解、不可解、不必解，若水月镜花，勿泥其迹可也"[①]，反对阐释是"不必解"，而非"不可解"，因为文本的意义变得不再重要，阐释应该寻找其他的维度。因此，桑塔格的反对阐释本质上并不是反对阐释本身，而是对一元论阐释规则的反对，反对阐释也是一种阐释方式。其根源在于文本的意义和内容出现了问题和危机，故而否定意义，这种否定主要源于两个内在的原因。首先是意义的"直率性"。桑塔格反对阐释从内容/意义出发，力图瓦解内容与形式之间的不平等关系，形式不再是附庸，而就是内容本身。她认为一种反对阐释的情况是有些作品没有内容，没有内容，就无所谓阐释，现代绘画就是通过创造无内容的作品来逃避阐释。另一种反对阐释则是以一种相反方式达到的，即作品虽有意义，但使用了"如此明显、如此'本来就是这样的'内容"[②]，作品的意义一目了然、直截了当，阐释者失去了阐释的欲望，解释已属多余。她认为，电影作为一种大众艺术，就是这种文本的最好代表，电影在内容上通常具有一种"直率性"，从而避免了观众的阐释。对于那些想分析和阐释电影的人来说，更重要的是把握内容之外的东西，形式分析变得更为重要。显然，桑塔格这种意义的"直率性"并不是否认意义的存在，而是对文本意义的价值提出质疑和反思，文本解释不在于考察其"讲述什么"，而是要挖掘其"如何讲述"，只是桑塔格最终将这种"如何讲述"引向了形

[①] （明）谢榛：《四溟诗话》，人民文学出版社1961年版，第3页。
[②] ［美］苏珊·桑塔格：《反对阐释》，程巍译，上海译文出版社2003年版，第12—13页。

式主义。其次，桑塔格否定意义还源于"微乎其微，内容"这一文本观念。这与意义的"直率性"本质上是一脉相承的，只不过，"直率性"侧重于意义的特征，而"微乎其微，内容"则更侧重于意义的价值。桑塔格在书中引道："内容是对某物之一瞥，如刹那间之一遇。它微乎其微——微乎其微，内容。"① 这是反对阐释的主要原因和理论基础。内容已变得毫不重要、微乎其微，甚至内容变成了一种妨碍、累赘或庸论，阐释并不能充实和丰富文本的意义，只能让艺术变得顺从可控，阐释成为一种多余的言说。因此，阐释并不是这些文本的真正价值所在，其价值体现在内容/意义之外的其他层面。在桑塔格看来，"发现""榨取"作品大量的、更多的内容已不再是阐释的主要任务，阐释的任务在于尽可能地削弱内容，从而让读者看到"作品本身"，这种"作品本身"正是作品的形式美学和感性体验。

应该说，桑塔格对意义、内容的否定是其反对阐释的主要原因，但是反对阐释并非是沉默不言，而是如何阐释，正如她自己所言："我并没有说艺术作品不可言说，不能被描述或诠释。它们可以被描述或诠释。问题是怎样来描述或诠释。"② 这就走向了她所倡导的反对阐释之后的阐释策略，即强调一种"新感受力"的形式分析和感性体验，"最好的批评，而且是不落常套的批评，便是这一类把对内容的关注转化为对形式的关注的批评"③。她甚至提出了"艺术色情学"这一美学概念来取代"艺术阐释学"，"艺术阐释学"关注作品的意义和内容，而"艺术色情学"则注重形式和感性体验，进而发现作品本身。当然，桑塔格反对阐释的主张也是在特定的时代背景下展开的，有反叛当时的时代境遇而刻意为之的一面。在20世纪60年代，被社会等级制所支配的美国，文化也建立在种种二元对立的价值评判标准之上，如高级与低级、精英与大众、崇高与庸俗等等。作为反文化激进派的桑塔格自然反对这种等级制度，但她所采取的策略并不是逆转这种二元对立，而是反对阐释，搁置一切价值判断，保持

---

① [美] 苏珊·桑塔格：《反对阐释》，程巍译，上海译文出版社2003年版，第3页。
② 同上书，第14页。
③ 同上书，第15页。

"价值中立",从取消内容与形式的二元对立关系开始,着力颠覆和瓦解这种等级制度。因此,她的反对阐释,强调对形式与感性的重视,表现出否定、抗拒文本意义的姿态,倒不是真正地解构、摧毁意义,完全置内容于不顾,而是为了达到颠覆、反叛的目的而有刻意为之的一面。本质上说,她对文本内容的重要性还是有所保留的。这也就不难理解为什么桑塔格在后期逐渐改变自己的立场和观点,开始重申阐释的价值和意义,这并非是简单的自我矛盾的做法,而与她所处的时代、着力颠覆的文化等级秩序是紧密相联的,"她曾力主关注形式,主张'艺术色情学',而近一二十年来她却开始重申'意义'和'真理',直率地反对虚无主义"①。所以,桑塔格的反对阐释在表面上虽然呈现了一种极端和激进的色彩,而事实上与传统阐释还保持着千丝万缕的联系,与解构主义也存在着本质的差别。

总之,反对阐释并不是反对一切阐释,更不是反对阐释本身,而是反对注重内容的释义和诠释,主张提升形式的本体地位,注重文本的感性愉悦和体验,这种主张本质上正与形式主义、新批评、结构主义等所代表的文本中心论一脉相通,即作品阐释的立足点是客观化的文本,而文本分析的中心又是语言、结构等形式要素。从这个意义上说,反对阐释还远远没有达到解构主义消解意义的随意和极端,其与文本中心论的理论研究范式正不谋而合。从文学活动的整个系统过程来看,阐释变成了一场注重文本形式的运动和游戏,并最终走向一种忽略作者、读者、世界等内容要素的单一模式,阐释沦为形式的暴力。

二 过度阐释:无限衍义与读者中心论

过度阐释是意大利著名学者艾柯于1990年在丹纳讲座上提出来的,这是他所极力反对的。虽然艾柯在1962年出版的《开放的作品》中,认为作品是开放性的、意义丰富的、允许多重解读的,主张阐释

---

① [美] 苏珊·桑塔格:《沉默的美学:苏珊·桑塔格文选》译序,黄梅等译,南海出版公司2006年版。

的无限开放性，倡导读者在意义生成过程中的重要作用。但到了20世纪90年代，当他发现一些极端随意解读作品的做法之后，便改变了自己原有的阐释观念，反对这种无限的开放性阐释。艾柯尤其反对那种所谓的"解构主义者"的批评家们的所作所为，如保罗·德曼、希利斯·米勒等人著作中所体现出来的批评方法，他认为"这种批评方法无异于给予读者无拘无束、天马行空地'阅读'文本的权利……这是对'无限衍义'这一观念拙劣而荒谬的挪用"①。过度阐释就是一种无限衍义的阐释方法，艾柯拒绝这种对作品的随意解读，所以在否定意义和无限衍义之间走了一条中间道路：适度阐释。为此，他提出了"文本意图"和"标准读者"两个概念来为阐释寻找一个边界，"在无法企及的作者意图与众说纷纭、争执难下的读者意图之间，显然还有个第三者即'文本意图'的存在，它使一些毫无根据的诠释立即露出马脚，不攻而自破"②。显然，艾柯认为作者意图与读者意图都无法规定阐释的界限，只有文本意图才能对阐释的边界进行限定，符合文本意图的阐释才是合法阐释。那么，什么是文本意图呢？艾柯认为文本意图是隐藏在文本背后的，并不能从文本的表面直接看出来，而是读者站在自己的位置上推测出来的，读者的积极作用正在于对文本意图的正确推测。而能进行这种正确推测的主体便是"标准读者"，也就是"那种按照文本的要求、文本应该被阅读的方式去阅读文本"的读者③。虽然，这种文本意图和标准读者在实际的阐释中也难以操作和确定，但是艾柯确实注意到了阐释的限度和有效性问题，为阐释提供了一个崭新的维度。不过，这种观点也遭遇了一些理论家的反驳，如乔纳森·卡勒在《为"过度诠释"一辩》一文中便提出了强烈的反对意见，并列举了诸多理由为"过度阐释"辩护。首先，他认为"诠释只有走向极端才有趣……一种批评要么什么也别说，要么必须使作者暴跳如雷"；其次，这种"过度诠释"的

---

① [意]安贝托·艾柯等：《诠释与过度诠释》，[英]斯特凡·柯里尼编，王宇根译，生活·读书·新知三联书店1997年版，第9页。
② 同上书，第84页。
③ 同上书，第11页。

第四部分 "强制阐释"与"过度阐释"

方法就是一种"发现"的方法：对文本、符号以及实际动作机制的发现，在卡勒看来，这正是关于"文学"自身的知识；最后，卡勒也认为意义的阐释离不开语境，而语境本身是无限生成的，文本的语境永远是不断更新和变化的，因此，我们无法对文本的阐释设立确定的界限，阐释永无止境①。这就为无限衍义的过度诠释提供了理论支撑。

可以看出，过度阐释无限衍义的根本原因在于读者权力的无限放大，读者无视作者意图和文本意图，背离了标准读者的立场和限度，这正是读者中心论的理论研究范式在具体批评实践中的极端表现。这也是艾柯反对过度阐释的根本原因，他"讽刺那些最激进的读者中心的诠释理论和'神秘主义'一样，把'真正的读者'看成是那些懂得本文的秘密就是'无'的人：'为了能从本文中打捞出什么东西……读者必须具有这种怀疑精神：本文的一字一句都隐藏着另一个秘密的意义……只要有人声称发现了本文预设的意义，我们就敢肯定说，这并不是其真正的意义；真正的意义是更深一层更深一层更深一层的意义'"②。但这种读者中心论的过度阐释仍然以文本为中心，坚守作品"文学性"的挖掘。正如卡勒所言，"过度诠释"的方法就是一种"发现"文本的方法，正是关于"文学"自身的知识。其根本缺陷在于阐释过于随意，读者无拘无束、天马行空地"阅读"文本，把读者的权力推向极致，阐释从赫施所言的"意义"走向"意味"。在赫施看来，文本存在着变与不变两个层面的内涵，变的是不同时代、不同文化、不同境遇中的不同读者对文本的不同理解；而不变的则是作者在文本中表达的原有意图，也就是作家的创作原意。"前者是相对于不断变化着的读者的一种关系，亦即文本对读者的意味（significance），后者则是恒定不变的文本自身的意义（meaning），它源自作者创作文本时的明确意图。"③ 过度阐释即是读者对文本"意

---

① ［意］安贝托·艾柯等：《诠释与过度诠释》，［英］斯特凡·柯里尼编，王宇根译，生活·读书·新知三联书店1997年版，第118—132页。
② 岑亚霞：《论安贝托·艾柯的诠释限度》，《学术交流》2016年第4期。
③ 周宪：《关于解释与过度解释》，《文学评论》2011年第4期。

味"的一种无限度的解释和创造,这种阐释在可能创造出多种"意味"的同时,最终也将演变成一种"意味"的暴力,这种"暴力"正是"过度"的表现,也正是艾柯反对过度阐释的深层原因。但需要注意的是,艾柯最后走向强调文本意图,这并不意味着他最终转向了文本中心论,或者说这并不表明从过度阐释到反对过度阐释是从读者中心论向文本中心论的转变,艾柯的文本意图更多的是注意到了文学活动中作者、作品、读者等多重主体辩证统一的复杂关系,这种复杂关系正是适度阐释所要面临的终极问题。

三 强制阐释:预设意义与理论中心论

强制阐释是张江提出的一个颇具理论价值的学术问题,是当下文艺理论研究中最引人注目的"理论事件"。张江的《强制阐释论》一文对这一概念作出了清晰深刻的界定,强制阐释即指"背离文本话语,消解文学指征,以前在立场和模式,对文本和文学作符合论者主观意图和结论的阐释"①。他还进一步分析了强制阐释所具备的四个基本特征,即场外征用、主观预设、非逻辑证明和混乱的认识路径,认为强制阐释广泛征用文学之外的学科理论,前置立场在先,违背基本逻辑规则,理论构建和批评仅从理论出发,颠倒认识与实践的关系。显然,张江是大力反对这种阐释立场和做法的。

从言意关系的阐释模式来看,在对待意义这一环节上,强制阐释本质上正是预设意义。与反对阐释的否定意义、过度阐释的无限衍义相比,表面上,反对阐释和过度阐释的姿态似乎更加激进和极端,而事实上强制阐释的"预设"则更有迷惑性和危害性。首先,意义的预设往往有一定的理论征用,这些理论虽然多为非文学的场外征用,但运用的手段相当巧妙,最终把"把场外理论无缝隙、无痕迹地运用于文论场中"②。张江分析了几种高超的理论和艺术追索,如话语置换、硬性镶嵌、词语贴附和溯及既往等。因此,这种阐释的意义极具

---

① 张江:《强制阐释论》,《文学批评》2014年第6期。
② 同上。

第四部分 "强制阐释"与"过度阐释"

自身的逻辑性和迷惑性,容易使读者信以为真,这也是强制阐释在当下大行其道的一个重要原因;其次,预设意义极具危害性,"主观预设的批评,是从现成理论出发的批评,前定模式,前定结论,文本以至文学的实践沦为证明理论的材料,批评变成对文本和文学作符合理论目的的注脚"[①]。文学的阐释变成了对场外理论的一种图解,文本的意义阐释变成了理论表达和印证,此时的"意义"被迫成为"理论"的代名词,作品的"文学性"被消解,文学理论变成了"没有文学的文学理论"。在这一点上,强制阐释与反对阐释、过度阐释都有着本质的差别,反对阐释、过度阐释无论是文本中心还是读者中心都坚持以文本为出发点和立足点,坚守作品的"文学性"。只不过,反对阐释过分强调文本的形式,而读者中心论则倡导在文本的基础上允许读者的随意阐发。或者说,反对阐释、过度阐释固然存在着不同的阐释问题,但仍然是"有关文学的文学理论";而强制阐释则与此不同,"它的目的不是阐释文本,而是要阐释理论。这个理论是阐释者先前持有的,他要借文本来说明和证明理论"[②]。其立足点和出发点都是理论,理论阐释文本的目的是为了证明理论自身的正确性,这显然颠倒了理论与实践的关系,从理论到理论,阐释脱离了文学文本,变成了理论的自说自话,文本阐释被理论所取代,阐释的合理性和科学性被取消。在这个层面上说,强制阐释的预设意义变成了一种场外理论的言说,阐释无关文学,阐释为理论服务。

在深层机制上,这种强制阐释的观念和实践,与20世纪60年代日渐兴起的文学理论"向外转"有着紧密的联系,或者说强制阐释正是在这种"向外转"的大潮中产生的一种阐释倾向。20世纪60年代文学理论从20世纪初建立的立足文本的形式主义潮流走向关注文化的后现代理论,文学研究由文本走向文化,出现了诸多具有世界性影响的理论大家,文学实现了"向外转"。"如果说当年形式主义文论的勃兴是朝着语言、形式、文本'向内转'的话,那么在经过七

---

① 张江:《强制阐释论》,《文学批评》2014年第6期。
② 张江:《关于"强制阐释"的概念解说——致朱立元、王宁、周宪先生》,《文艺研究》2015年第1期。

八十年'与世隔绝'的状态以后,文学理论又折返回来,朝着社会、历史、现实'向外转'了"①,诞生了诸多形态各异、风靡一时的新潮理论,如后现代主义、文化研究、媒介研究等。这种转向导致文学研究从"文学理论"走向"理论","理论"消弥了学科差异,取消了文学的独立性,统治了文学研究。这种理论帝国的统治,詹姆逊在20世纪80年代就作过描述,他认为在上一代还存在着哲学话语、政治话语、文学理论等不同学科话语的差别,今天,这种差别消失了,"理论"出场,统摄一切,"我们日渐拥有一种简单地称为'理论'的写作,它同时既是上述所有话语,又绝非上述任何一种话语"②。甚至有理论家认为大约从20世纪60年代到90年代就可以称为"理论时期"或"理论转向时期"。在这一时期,"理论"被大写,文学理论的边界被打破,不再是小写的"文学理论","并以读本、导读和入门手册之类的名目不断地、大量地出现在教学大纲中,这种泛滥充分表明它受到尊崇的程度"③。显而易见,在这种统摄一切的"理论"支配之下,文学阐释变成了"理论"言说,"理论性"替代了"文学性",文学的阐释只是为理论的合法性提供证明,强制阐释应运而生。张江用"理论中心论"精确地概括了这一转向,而强制阐释正是"理论中心论"的必然表现。他认为"以后现代主义特别是解构主义的兴起为标志,当代西方文论总体放弃了以作者——文本——读者为中心的追索,走上了一条理论为王、理论至上的道路,进入了以理论为中心的特殊时代"④。与此相应,"文本成为理论自己的文本,其阐释办法只能是强制的、暴力的"⑤,阐释走向一种理论的暴力。

---

① 姚文放:《从形式主义到历史主义:晚近文学理论"向外转"的大趋势》,《山东社会科学》2016年第1期。

② 程朝翔:《理论之后,哲学登场:西方文学理论发展新趋势》,《外国文学评论》2014年第4期。

③ [英]拉曼·塞尔登等:《当代文学理论导读》,刘象愚译,北京大学出版社2006年版,第3页。

④ 张江:《理论中心论——从没有文学的"文学理论"说起》,《文学评论》2016年第5期。

⑤ 同上。

第四部分 "强制阐释"与"过度阐释"

进入21世纪之后,西方文论界对这种理论中心和理论暴力也展开了深刻的反思。以伊格尔顿、卡宁汉、拉巴尔特等为代表的理论家,认为理论的时代已经结束,消失的不仅仅是理论的大写字头,还有一系列紧密相联的一群学术明星的名字,一个"后理论"转向的时代开始了①。从文学阐释学的角度来看,"后理论"的一个重要表征就是要求回到文学,"克雷格形象地把这种转变称之为审美对意识形态的'复仇',他写道:'审美通过展示出某种复杂化力量,因而获得了它对意识形态的复仇'"②。周宪认为,这一"复仇"并非语言学或形式主义理论范式的简单重复,而是经过理论规训及"终结"之后的审美回归,是一种新审美主义趋向。段吉方则提出,"后理论"的问题"并非意味着理论已经走向末路,而是理论在一种新的文化生态中展现出新的价值诉求",对于"理论之后""反理论"的整体反思,"最终应该落实到文学阐释实践的正当性与有效性上来"。③ 这与张江在反对强制阐释之后着力建构的本体阐释有着内在的关联,本体阐释强调文学阐释以文本为核心,以文本为出发点和落脚点,并在整个文学活动系统中考察文本,最终让文学理论回归文学,这正与"后理论"的新审美和新反思不谋而合。简而言之,强制阐释诞生在"理论中心论"的范式之中,表现为一种理论的暴力,而本体阐释则是"后理论"时代对文学阐释的深刻反思和构建,呼吁着文学本体和审美的回归。

---

① [英]拉曼·塞尔登等:《当代文学理论导读》,刘象愚译,北京大学出版社2006年版,第326页。
② 周宪:《文学理论、理论与后理论》,《文学评论》2008年第5期。
③ 段吉方:《理论的终结?——"后理论时代"的文学理论形态及其历史走向》,《文学评论》2011年第5期。

"过度阐释"与"强制阐释"的机理辨析*

李啸闻**

"过度阐释"源于意大利小说家、文学批评家安贝托·艾柯于1990年在剑桥大学与理查德·罗蒂、乔纳森·卡勒等人就阐释之边界展开的辩论。这场讨论有效地唤醒了人们对散落的文学本质、文本意义的追寻，使文学批评从信马由缰的失控状态回归到作者和文本规定的限度，关注阐释的可能性、有限性等问题。时隔二十余年，学者张江提出"强制阐释"的概念，直观看来它处于阐释学与批判理论的交叉口，既是阐释学链条的延伸，也是对中国现当代文学发展的反思，具有较为特殊的位置坐标。然而从各家学者对"强制阐释"的讨论来看，未尝不将"强制阐释"归依到理路更为人熟知、声名更显赫的"过度阐释"中去。如陈定家《文本意图与阐释限度》[①]无论从题目还是文章，更偏向于从阐释的"程度"上论述，赖大仁《反向性强制阐释与"文学性"的消解》一文中引用的关于列车时刻表、诗歌《便条》等文本作为案例所解释的问题也似乎与"过度阐释"有近缘……"过度阐释"和"强制阐释"并不因为共享了"阐释"这个中心语，便可断定它们出自相同的阐释学谱系；也并不因为它们同样不满于文学阐释的某些现象，便可划拨为同一种批判精神。二者无论从产生的文化传统、历史时期，还是关注焦点、理论建构

---

* 本文原刊于《文艺争鸣》2015年第10期。
** 作者单位：山东大学。
① 参见陈定家《文本意图与阐释界限》，《文艺争鸣》2015年第3期。

第四部分 "强制阐释"与"过度阐释"

上都有明显区别,有必要将二者进行比较,以求对强制阐释的认识更为明晰。

一 以理论为中心的研究范式

艾布拉姆斯将文学世界分为了作家、作品、读者三个部分,这三者之间的关系互动所构成的文学场域,基本上可以概括文学活动的要素。文学研究对三者兴趣次第转移,也构成为文学阐释学、文学理论、文学批评发展的不同时期断代的依据。多年来鲜有人能够超出三种划分讨论文学的问题,更少有学者注意到文学世界出现了"第四者"。

艾柯提出"作者意图""阐释者意图"和"本文意图"一组概念展开自己对"过度诠释"现象的批判,实际也是指出了阐释学的三种范式。艾柯反对的是在神秘主义、实用批评、新批评等文学批评流派的推波助澜下,"读者"被赋予无拘无束地解读权力,因而主张以"文本"和"作者"这两个在意义生成过程中起着重要作用的角色,对这种脱缰状态予以限制。可见艾柯的文学理论是在传统的文学视域中展开的。不仅艾柯如此,历来的文学理论家都借用了作家、作品、读者组织架构自己的理论逻辑。按照伊格尔顿的观点,现代文学理论大致可以分为三个阶段:"全神贯注于作者阶段(浪漫主义和十九世纪);绝对关心作品阶段(新批评);以及近年来注意力显著转向读者阶段。"[①] 赫鲁勃用这三个元素概括文学批评之中存在的转向,即"从作家—作品到文本—读者这种普遍的转向"[②]。周宪用"重心转移"来梳理 20 世纪文学活动的发展脉络,认为自浪漫主义开始考察,文学理论从作者中心范式到作品中心范式,是现代文学理论范式建成的标志,形成了以作者意图和字面词语为根据的意义解释模式。20世纪 60 年代从作品中心范式转向读者中心范式,则明显呈现出后现

[①] [英]伊格尔顿:《二十世纪西方文学理论》,伍晓明译,北京大学出版社 2005 年版,第 83 页。
[②] [美]罗勃·C. 赫鲁伯:《接受美学理论》,董之林译,台湾骆驼出版社 1994 年版,第 2 页。

代理论范式的基本特征。南帆研究20世纪文学批评的转折时，也是以三者为视点，梳理从作家为中心转移到作品为中心，再到读者为中心的发展脉络。

作家、作品和读者本应该是文学理论、文学批评所关注的对象，历史上的文学研究围绕着这三个主题展开，也在各自捍卫的主题下交锋争论，但似乎还没有哪一家派别注意到当代文学世界的生态出现的"第四者"：即文学理论、文学批评本身。而这恰恰是张江的"强制阐释论"所关注的问题，强制阐释"背离文本话语，消解文学指征，以前在立场和模式，对文本和文学做符合论者主观意图和结论的阐释"。在意义生成的参与要素之中，彼此间存在着相互制衡的文学阐释权之争，但强制阐释发觉到，作者、作品、读者的相互关系已经被悬置，目前更为迫切的问题是，文学要面对一场捍卫自身实践与场外理论对文学第一性的争夺。

截止到接受美学理论，文学的意义依然是在作者、作品和读者这三者作用的平衡与制约中逐渐形成使合乎限度的阐释，但当代西方文论打破了三者关系，添加了"前在的立场和模式"这个新要素，实质上是将一切与文学相关的要素遮蔽在某种既定理论之后。强制阐释发现了文学研究中一经出现便生息繁衍的新形态，以文学理论为中心的研究范式。作者中心范式，可以追溯到文艺复兴以来对人性的发现，诗人被尊崇为神一般的英雄。浪漫主义文学思潮，强调艺术的情感表现力，宣扬感性与想象的喷张，而启蒙运动中以理性促进感性的提升，进一步巩固了诗人的地位，雪莱慷慨陈述道："诗人是世间未经公认的立法者。"20世纪以来，作者在文学活动中的地位逐渐削弱，对作者意图的追寻也不再被文学批评所关注。形式主义文论、新批评、结构主义等文学批评流派，渐渐形成了一股以文本为中心的势力，致力于将文学研究的重心从作者的主观精神转向文本自身的表达，重视修辞策略、着迷于文字间抽象的结构单元。20世纪下半叶，接受美学、读者反应批评、解构主义等文论派别，为读者在文学历史上的地位积极张目，意在以多元化的个体主动参与，来取代传统意义上集权化的作者权威的存在。数百年来的文学理论，关心文学作品的意义究竟由谁来确认，作者是意义的来源，文本是意义的载体，读者却是意义最终实现者……哪一种观点都曾对文学的发展起到了积极的作用,意义也必然在三者的制衡中继续丰富。"过度阐释"不妨视为对读者权力倾轧作者权力和文本权力的担忧,但终归是文学世界的内部争论。目前更为致命的是一支"理论"部队异军突起,攻破了文学地域的城池,把文学的创造性思维改写为理论的抽象思维。

二 以理论为起始的阐释路径

"过度阐释"的核心观点大约可以表述为,文学作品基于自身的特质,必然会为阐释的合理性、有效性设立一定的范围和边界。然而面对当代西方文论指导和运用于中国文学实践的现状,任何讨论阐释限度、疆界的问题都是未能直击本质的。强制阐释切中肯綮的地方在于揭示文本与理论谁指向谁,谁落脚于谁,谁是根本,谁是第一性的问题。这也是强制阐释与过度阐释的根本区别——换句话说,过度诠释关心的是"半径"的问题,即以文本为圆心,阐释的半径可以画到多大;而强制阐释关心的是"圆心"的问题,在文学阐释过程中,是以文本为圆心,还是以理论为圆心。过度阐释从文本的圆心散逸开去,无法收拢回文本,阐释结论无法被文本整体和史实所回证。强制阐释以理论为中心的阐释模式,决定了强制阐释走的是一条被预设理论的中心所牵制,无论从作者、作品抑或读者、文化现象入手,都始终无法脱离理论的牵引,画出一条以理论为圆心的闭合曲线。

美籍华人周蕾用英语写作的《妇女与中国现代性——西方与东方之间的阅读政治》在海外汉学研究领域颇具盛名,1991年斩获首届芝加哥女性出版奖,此后翻译为中文与读者见面。周蕾谙熟西方理论,例如,在本书第四章中西方精神分析学说的各种主张陆续登场,以中国现代文学中的文本予以佐证。从经典的弗洛伊德到不甚出名的拉普朗虚(Jean Laplanche),从大名鼎鼎的德勒兹到鲜为人知的卡佳·斯尔沃曼,西方精神分析批评史中的重要篇章悉数亮相,理论的摆位是关键,作者对证明理论的文本选取则剑走偏锋,像萧红的《手》、巴金的《最初的回忆》、冰心的《第一次宴会》等很少进入文学史视线的文章入列,因为这些文本的共同点是较多地涉及了对母亲的情感，符合论者通过标志性女性，印证弗洛伊德精神分析中对恋母、性等问题的论述。① 第四章题目为"爱（人的）女人：受虐、幻想与母亲的理想化"，这样一组概念的陈列已经令中国的读者感到陌生而富有冲击力，论述的结构清晰的表明了作者的逻辑思路：提出精神分析文论观点——提供文本论据——证明精神分析中观点的正确。被选取的文本只是被选择为论证材料，离析出这几位作家所处的中国现代文学具体的历史语境，剥离开活生生的文学经验，沦为弗洛伊德弟子们的工具。冰心描写了瑛刚刚出嫁，对病中的母亲难分难舍的感情，放置到拉普朗虚受虐理论的框架下则被解读为"去爱身为她者的母亲，便是将她者的痛苦向内投射进自我形构之中"②，进而讨论女性主体生成的问题，行文中不免缀满西式术语与句法表达，"返求回到主体自身的自我之上的施虐"令人费解，"潜藏文本的阴性叙事"用词奇崛，"施虐的优位性"概念生猛。如果把这篇解读还原到几位作家具有标志性的写作风格中，还原到 20 世纪 30 年代的中国文学观念经验之中，这篇解读则很难在事实中印证。

在强制阐释中，不可否认让我们认识了新的概念、熟悉了西方的理论条目，并且被阐释的文章可以在某个片段上挥发出夺人眼球的魅力，但强制阐释是自我闭合曲线中的自我圆满，无法被事实与史实所印证。

美国学者 Sam Crane 在用中国古典文化支持自己的婚姻观、同性婚姻观时，就存有"强制阐释"的嫌疑。所著《道家的生命、自由与追求：当代美国生活中的中国古代思想》一书，在第五章"婚姻与家庭"开篇提及中国儒家和道家如何看待同性婚姻。以他的解读，儒家伦理是接受同性婚姻的，因为儒家更多关注婚姻构成的稳定关系而不是关注性。两个人公开承诺然后在日常生活里履行承诺，完全满足儒家的家庭功能，符合建构社会稳定结构的理念。至于道家原本就不关心婚姻家庭，又以其对自然的尊重态度，根本不会在乎婚姻中的性别。甚

---

① ［美］周蕾：《妇女与中国现代性：西方与东方之间的阅读政治》，蔡青松译，上海三联书店 2008 年版，第 212 页。

② 同上书，第 245 页。

第四部分 "强制阐释"与"过度阐释"

至阴阳观念也是为同性婚姻放行的依据，因为阴阳并不必须要用单一性别来呈现，每个人自身都包含有阴阳两种元素①。对儒家婚姻观的文本依据是《礼记·昏义》："昏礼者，将合二姓之好，上以事宗庙，而下以继后世也。故君子重之。"在美国学者的解读中，婚姻中的二人为"两姓"，而非异性，只是要求两个独立的个体结合，对宗族和社会履行责任，就符合君子道义。这段对儒家婚姻观的阐释，只要稍有中国古典文化常识的人都能够判断其正误，但这番误读是过度阐释，还是强制阐释呢？如果该文的作者是以解读儒家典籍为目的，以分析儒家的婚姻观为核心任务，但是由于文化背景差异等原因，错误地引申了原文中"两姓"的意义，那么当属过度阐释。然而本书此节的标题及下文内容看，作者的目的在于论述同性婚姻的合法性，以此为前置立场，在中国的伦理经典著作中摘取章句支持他的论断，这便是对《礼记》的强制阐释了。并且这种阐释完全不能经受文本整体的检验，《礼记》下文有言"男女有别而后夫妇有义，夫妇有义而后父子有亲……故曰：昏礼者，礼之本也"②。婚姻强调男女有别，提到"两姓"更多的是通过姓氏控制宗亲内姻亲关系的建立，为证明预先设定的"同性观"而强制解读儒家古代的"两姓"说，可指认为强制阐释。

当代西方文论新方法、新概念、新名词层出不穷，每种新生理论都迫切需要文本来证明自己存在的价值。有学者在一篇介绍"幽灵理论"的文章中，半篇对"幽灵批评"的说明之后不乏自嘲精神地写道："我们总算隐隐约约知道什么是幽灵批评了，那么，我们似乎可以手持'幽灵批评'的手术刀去解剖和分析那些具体的文学文本了。"③可以推想，当代西方文论以肢解文本、碎化文本的方式，强行将文学材料填充在自己的理论框架之中，这个过程很多批评者是有感性经历的。"强制阐释"适时将零散的批评经验聚拢起来，将解文的"手术刀"现象提炼出支点性的概念。

---

① Sam Crane, *Life, Liberty, and the Pursuit of Dao: Ancient Chinese Thought in Modern American Life*, New York: John Wiley & Sons, Ltd., 2013.
② 出自《礼记》第四十四篇《昏义》。
③ 曾艳兵：《"幽灵批评"与批评的"幽灵"》，《中国图书评论》2013年第3期。

三 以理论为目标的定向思维

张江在《强制阐释论》一文中,对强制阐释的过程与机制做了描述,他在文学批评活动的整个过程中,截取了起点、路数模式、结论三个节点,剖析了当代西方文论强制阐释文学文本时所采取的反序思维路径。具体来说即文学批评活动的起点不是从文本出发,而是从批评者的前置立场出发;批评过程中所依据的不是文本内容,而是批评者预先选取的理论模板;批评结论不是经过句读分析和逻辑推演得到的,而是在批评之前就已经确定。并以女性主义文学批评家对莎士比亚经典剧目《哈姆雷特》的颠覆性解读为例,展示了前置意向、前置模式、前置结论对文本阉割、冲轧、框定的演练方式。

文学阐释是一种发散性、创造性思维,它的发散圆点是文学文本。过度阐释是在发散的过程中产生了过于奔逸的联想,超过了文本所接受的范围。强制阐释则一切都是被框定的,一切都是理论打造好的标准动作。仍以《哈姆雷特》中有的一段为例,文中叙述到哈姆雷特刚回到丹麦,看到几个掘墓人,把挖出来的骨头往外扔,其中有一个是头骨,并说这是原来宫廷小丑尤利克的头。哈姆雷特想起婴儿时这个小丑曾与自己十分亲昵,而此刻化为骸骨,不禁令人恶心生厌。掘墓人挖的正是奥菲利亚的墓穴,这是哈姆雷特所不知道的。随后他道白了一通议论,大意是感叹人的生命有限,在死亡面前荣华富贵概为乌有,王侯将相终归抔土……孤立地看这一幕这段独白,有人将其阐释为莎士比亚借哈姆雷特之口表达的生死观,有人认为这暗示了哈姆雷特直觉到这是奥菲利亚的墓穴已经疯癫……这些论述总有差强人意之感,便不免产生"过度阐释"的嫌疑。但是张隆溪对这段的解读,证明了发散性、创造性思维在阐释中的意义。他认为如果对西方绘画传统有所了解,特别是熟悉中世纪末期所谓"memento moti"主题的表现风格时,就会对这个桥段理解更深一步。拉丁语直译为"记住你只是一个凡人,记住你终有一死",是一种与死亡相关的艺术表现风格,这一时期绘画形成了一种传统,一种与宗教和死亡挂钩的艺术风格,在描绘基督教的圣徒时,手中都会持有一个骷髅头,使

第四部分 "强制阐释"与"过度阐释"

人勿忘生命有限。① 哈姆雷特拿着尤利克的头骨,是戏剧艺术对这一思想和绘画传统的回应,也可能暗示着莎士比亚对基督圣徒的某种评论。以发散性的思维把这一段场景的设置放到整个西方中世纪后期到文艺复兴的大背景下去理解,获得的意义则能够更深刻。

强制阐释的思维是定向思维。固然文学文本中存在着空白和隐喻,存在着歧义和矛盾,这些都是需要由批评家的创造性思维进行阐发从而揭示出来的。既然允许批评家的创造性存在,文本的意义就是开放的,对意义的追寻便成为一场没有终极的旅途,但文本的开放性绝不是允许理论强行改造文本,决不允许理论对意义做定向的塑造。

被誉为"美国 20 世纪下半叶最重要的小说家"的雷蒙德·卡佛,被冠以"简约主义"大师的头衔,写有《当我们谈论爱情时,我们在谈论什么》《大教堂》《我打电话的地方》等作品,文字简约、干脆、精炼,甚至有些冰冷、凌厉、严酷,灌注着一种对爱隐忍的渴望。极简的文风也使得卡佛获得了与海明威几乎齐名的盛誉。但是,当卡佛去世之后,他的小说《新手》于 2015 年出版,这部小说实际是他的成名作《当我们谈论爱情时,我们在谈论什么》(以下简称《当》)的原版。小说《当》的本尊被披露的同时,被暴露的是这部作品产生的真相:"极简主义"的标签规定了文本的面貌,《当》一书是被大刀阔斧砍截过的《新手》,为了满足"极简主义"的写作要求,为了迎合当时美国中产阶级读者的期待,原作中拖沓而温暖、延宕而细腻的地方基本被阉割殆尽,仅保留了故事结构和文风的冷酷。与此有相似遭遇的还有英国作家安东尼·伯吉斯的《发条橙》,作者本来书写的是一个冷漠堕落的青年回归于平静善良的故事,但作品来到美国,被预先设置了表达功能:表现"酷"的生活状态,发泄对社会意识形态的不满,于是作品在拍成同名电影时被大肆改写。在原著中最后一章,堕落的地痞青年从监狱里出来,成了一个有孩子的父亲,过上了平凡普通的生活。这种结尾非常不符合美国观众对暴力美学和性美学的追求,作品要按照预先构想好的解读方案,变成一部一酷到底,彻底暴露社会暴力的文本,这样一来文本的最后一节被删

---

① 参见张隆溪《阐释学与跨文化研究》,生活·读书·新知三联书店 2014 年版。

减，伯吉斯的作品在美国电影导演的解读下，确实获得了新的意义，充满了暴力、堕落和绝望。

不得不承认的是，无论是卡佛被改写的《新手》，还是伯吉斯被重释的《发条橙》，纵然被重写的新文本获得了世界级的关注和声誉，其所达到的艺术造诣，确实不乏超越原著之处。但是这样的改写，是预先设定目标的阐释，已经与原著无关，而且与原著的文学性无关，阐释的目的指向的是预先前置的观念，它解读的不是文本，而是用游戏文本的方式，达到商业的、社会的利益，无论它们最后收到了怎样的效果，都不能逃脱对文学"强制阐释"的指控。

四 以理论为归旨的价值判断

文学理论成为文学批评的主导性参与要素，导致文学批评的价值取向改变，从文学的解说者，变成了理论的仆役。文学批评的意义首先是为了阐明文字中的含义，剖析文学所特有的形式意味，厘清作品内在的复杂结构，展示艺术的审美生命力；其次是挖掘作品的时代蕴含，总结读者鲜活的阅读经验，将作品的思想当下所需的社会价值取向相比照，从中鉴赏文品，承担社会风尚、民族精神的建构；再次是为文学理论自身的发展提供实践的给养，通过探索具体的真实的文学活动，发现文学批评的新方法、新理论……总之，文学批评的价值绝不应该是用作品验证理论有效性，特别是非本土、非文学理论的有效性。一个娴熟掌握各家理论的学者，借助既定的模式、方法来操演文学分析不乏新见，细致入微，但真挚的创作经验、真实阅读感受是文学史、文化史更扎实的根基。

前文所述的批评家周蕾站在对通俗文学赞赏有加的立场上，希望通过西方文化生产理论，为新文化运动后的鸳鸯蝴蝶派小说拨擢地位。她选取了张恨水的《平沪通车》，这是一部读者相对陌生的作品，而且在鸳蝴派和张恨水本人的创作中，都不具代表性。在进入文本之前，批评者预设了本雅明的机械复制时代的艺术理论，批评的目的已经不是分析小说的艺术和内涵，而是解构"五四"新文学观念，为鸳蝴派小说翻案。作品展开批评的过程，也按照设定好的理论模式

第四部分 "强制阐释"与"过度阐释"

进行：本雅明的《机器复制时代的艺术作品》中有一套现成的理论话语，对《平沪通车》的评论选取的是描述艺术与感受之间关系变化的氛围理论，认为这趟"代表了被新世界所摧毁的人无法回到旧世界的困境"的旅程，"松动了传统认定的权力二元对立关系，而不只是肯定这种二元对立关系"①。北平这座城市是"旧"的隐喻，上海则是"新"的代表，南下的列车上扑朔迷离的叙事，暗含了"现代世界的晦涩不明"，男性为女色所迷导致人财两空的结局，则揭示了"只能够以自己方式来阅读它者的人，输给了以它者阅读方式来进行阅读、并且将它者阅读方式运用于自身的人"的意义。心机叵测又风情万种的女人也被贴附上了"被贬抑为窃贼、娼妓"的"异国者"形象。这篇文学批评的结论与前置的理论、前置的批评模式是绑定的，她的立场是在《平沪通车》这部旧文人小说中，挤榨出解构性的现代意义，提升鸳蝴派小说在中国现代文学史上的地位，用这种方式重新书写"五四"经典文学史，这也就无怪乎这部充斥着缠绵香艳的小说，在本雅明的理论解读下，成了预示着"传统脉络的永久性崩解"②的战斗篇章。

用了过多的西方理论，又要在一篇容量有限的文本里塞下这些异域引进光怪陆离的理论，必然牵强附会罔顾作品原意，必然经不起文学史实的联系和考证，必然产生强制阐释。这部长篇通俗小说讲的是银行家胡子兴，携带十几万元巨款从北平乘直达上海的火车。途中邂逅一位年轻貌美的女子，攀谈之中知道她叫柳絮春，未能买到卧铺票。女人极尽娇嗔，胡子兴见色起念，盛情邀请到他的包厢歇息，二人度过了风流一夜。第二天两人重戏鸳鸯，然而胡子兴一觉春梦醒时，列车已快进上海站，身边皮箱里的巨款不翼而飞，此时柳絮春也早已在苏州站下车……张恨水展开纯熟的笔法，将一个包厢里的一个昼夜写得惊险与柔情跌宕，空间与时光纵横，令人宛若置身于20世纪30年代的列车上。小说集情欲、肉欲、金钱、地位、阴谋诸多彼

---

① [美]周蕾：《妇女与中国现代性：西方与东方之间的阅读政治》，蔡青松译，上海三联书店2008年版，第126页。
② 同上书，第127页。

时流行元素，初登于20世纪30年代的流行刊物《旅行杂志》上，特别适合用于消磨漫长无聊的旅途时光。如果因为通俗文学更能够被西方的理论所阐释，更适合做证明文学理论有效的材料，借此可以判断它在文学史上的地位，那么鲁迅的杂文大抵不如张爱玲的小说投合女性主义文学批评的口味，茅盾的小说也不比新月派诗歌更经得住"细读法"对意象的挑拣。但是，如果让西方当代文论为中国现代文学史投票，用风月缠绵的通俗小说代替救亡图存的战斗檄文，用朦胧雨巷代替烈焰红烛，那20世纪70年代末开启的西方文化引进之风，几十年的借鉴学习，无疑是最可悲的开门揖盗。

文学批评的价值取向应该如何呢？张江这样表述过对诗学使命的看法："说到底，诗之兴衰，在根本上取决于它在人类精神生态中的位置！换言之，能不能以文学特有的方式有效地与现实对话，汇入到时代发展的滚滚洪流中去，回应大众的精神关切，满足大众的精神需求，这是诗歌的存亡之道！"① 文学的价值在于它所创造的精神高度，在于它如何回应现实的需要。强制阐释主导下的文学批评，改变了文学作品的价值体系，最后影响的是人们的精神生态。

文学批评来源于文学阅读，是把阅读经验中的所思所感加以整理和提炼，形成一种相对系统的见解，是合法的、必要的动作。可一旦抽象的文学批评不再依据于具体的文学实践，而是依据于抽象的理论，批评就不再是文学阅读的后续环节，不再是文学实践的组成部分，而是站在了文学活动的对立面，成为各路理论在文学场域中沽名钓誉争权夺利的帮凶。文学批评不再是通过阅读、理解和阐释，对语言意义的追寻活动，而是以理论为图纸对文学进行加工，对理论意义的生产活动。它凸现的不是主体的创造性，而是理论的制造性；它不是自觉引领人们的审美趣味，而是对理论的风向趋之若鹜。

2005年有学者发文指出："文学批评也成为当代方法论的实验场，不断翻新的批评方法丰富了人们对世界的认识，像多棱镜一样展示出文学中所蕴含的人类社会的各个层面，引导公众对其存在方式的

---

① 张江：《当代诗歌的"断裂"与成长：从顾工到顾城》，《文艺研究》2013年第7期。

思考，从而对人类认识史做出贡献。"① 几年前在文学批评研究者们看来，理论的发展和繁荣增添了人们看待世界的多重视角，刷新了人们对文学艺术的认识，因为新的批评标准确立而发现了文学史上曾经被忽略的作品，打破了许多文学惯例并重新确立了新的问题关系……但是十年后，理论的实验场不加反思地发展下去，愈演愈烈下去，即将变成文学的屠宰场。

对于过度阐释现象来说，需要忠告的是：对意义的理解多元状态事实存在，但理解的多元并不是一种没有规律、毫无章法、任意而为的多元，它的分散和分布是指向某个核心的。而强制阐释的提醒是：对一部文学作品的理解是多元的，但为了证明某个前置的、既定的理论并不在文学的多元阐释之列。为了达到理论的意图，一切意义的生发都不属于文学实践，即使某段阐释耦合了作品本身的意义，但从阐释的动机、过程和价值看，它是为理论服务的。

---

① 胡亚敏：《论当今文学批评的功能》，《社会科学辑刊》2005 年第 6 期，第 172—177 页。

论"阐释""过度阐释"与"强制阐释"
——与张江先生商榷*

马 草**

由张江先生《强制阐释论》一文所引发的讨论,在当前学界引发了热烈的回响。在诸位参与者严谨认真的交流中,一系列相关问题得到了细致的探讨,达成的共识也越来越多。从涉及的广度和深度而言,这场讨论所取得的成果值得重视与肯定。这场讨论所引发的思考,不仅是对文学批评当前存在与未来发展的关切与反思,也是对文学理论及其与实践关系的总结与反思。它不仅成为中国反思西方理论误区的重要契机与成果,也代表了当前文学批评自觉与反省的程度。对相关概念的重视与反复辩驳,是此探讨显著的特征之一。这种探讨深化了对相关问题的认知,对于推动当前的讨论至关重要。本文将从此次讨论所涉及的三个基本概念的辨析入手,期望能有所裨益。

一 阐释的界定

阐释、诠释源于"Hermeneutics",二者并无区别,是由翻译造成的术语差异。何为阐释?一般意义上,阐释指对对象的理解与解读。二者前后相连,具有时间的先后、程度的深浅与价值高低的关系。理解是对对象的顺向认识,是初步的、基础性的认知,以忠于对象为原则;解读则是对对象的深层认知,是在理解之上的进一步探究与发

---

* 本文原刊于《江汉论坛》2017年第1期。
** 作者单位:南开大学哲学院。

第四部分 "强制阐释"与"过度阐释"

挥，会带有主体的个体特征与差异。文学阐释是指以作品（文本）为中心的理解与解读行为。文学阐释的目的是获得意义，它可理解为意义的寻找与赋予过程。换言之，阐释是意义的生成，意义生成于阐释之中，二者是一体的。文本并非意义，也不拥有意义，它只是拥有潜在意义的载体。阐释是文本潜在意义的现实化。

从现实构成来看，阐释包括读者与文本。阐释的主体是读者，文本是其对象。二者并非主客关系，而是主体间性关系。阐释是一种对话行为，是读者与文本的对话。在对话中，读者由文本获得认知，生成意义，得以建构、确证自我。文本因读者的阐释得以现实化（不再是物质化对象），获得相应的价值与地位。在阐释中，主体与文本相互生成，相互建构。读者的阐释行为是以文本为对象进行的，若无文本，阐释便无法进行。文本不仅是阐释的对象，还是意义的来源与载体。整个阐释活动是以文本为中心进行的，读者围绕它进行活动并确立了其中心地位。因此，文学阐释的中心是文本。

阐释的目的是获得意义。就阐释的构成而言，似乎意义的生成只与文本和读者有关。实际上，涉及阐释与意义生成的因素远不止二者。艾布拉姆斯提出文学的四要素：作家、作品、读者、世界[①]。我们发现，它们均会对阐释产生影响。

所谓一千个读者眼中有一千个哈姆雷特，便是指文学阐释中意义的相对性。文学阐释从来就不具有唯一性与绝对性，阐释及其意义从来只是相对的。它可能无限逼近绝对，但并不存在绝对。从结果来看，合理的阐释所生成的意义是相近似的，形成了一个意义的集合。换言之，文学阐释是一组意义的集合，或者说文学阐释生成的意义是相近似的集合。此处的阐释不单指某一次行为，而指全部的阐释行为。究其本质特征，文学阐释生成的意义是家族相似性的存在。阐释活动所生成的意义构成了一个意义圈或意义场域，这一场域存在着边界。任何进入此场域的阐释都是合理的、有效的，反之，则是不合理的、无效的。所谓的权威解读在此意义场域中才称得上有效。权威解

---

① ［美］艾布拉姆斯：《镜与灯——浪漫主义文论及批评传统》，郦稚牛等译，北京大学出版社1989年版，第5—6页。

读的权威性不在于解读者或角度，而是在于其接近绝对的无限性中。那种标榜唯一的权威解读的实质是一种霸权或欺凌行为，其生成的意义虽具有合理性，却不具备合法性。因为它阻碍了其他合理阐释与意义的生成，与阐释的本质相违背。

那么什么才是合理的阐释？或阐释的合理性存在于哪里？在文学四要素中，作品是核心，由它把其他三要素勾连起来。文学阐释的中心是文本，它是意义的来源与载体。文本一旦完成便具有了固定的要素与结构，保持不变。意义便产生于对此要素与结构的阐释中。这些要素与结构所产生的意义虽不确定，但却有着基本的指向性。换言之，任何文本都会传达一个相对集中且清晰的意义，这是文本存在的主要目标与任务。在此，我们将此意义称为基础意义。基础意义是恒定不变的，它构成了文本意义的第一层与底层。阐释中的理解便是对此层面的把握，而解读则是在此之上的深入探究与阐发。如《哈姆雷特》的基本情节是哈姆雷特复仇，它传达的基础意义便是哈姆雷特实施复仇的过程及在此中表现出的人生困境。这一层面构成了剧作意义的基础层，是绝大部分读者公认的和容易把握的。基础意义既包含主要的因素与意义，也包含次要的因素与意义。如《哈姆雷特》的基础意义既包含哈姆雷特向叔父复仇及其表现出的生存困境，也包含次要人物、情节及其意义等。如奥菲莉亚与哈姆雷特的爱情悲剧，及由此体现的女性的悲剧命运。合理的阐释首先必须准确地把握作品的基础意义，这是最基本的要求。只有做到此，才能顺利进入下一步的解读环节。如果连基础意义层面都把握不住，其阐释就难以言及合理、有效。基础意义的关键不仅在于准确理解各要素，还在于能准确把握各要素的关系及其在文本中应有的地位与价值。例如针对奥菲莉亚的阐释不能颠覆《哈姆雷特》是表现哈姆雷特复仇及其生存困境这一核心层面，否则就难言合理。

基础意义并非阐释的全部，它只是阐释的初级层面。基础意义本身存在着许多未待精细、深入的空间，需要读者进一步的深入解读。解读所获得的意义是在基础意义上进行申发的，因此可称之为延伸意义。文本意义便由基础意义和延伸意义构成。以阐释的两个方面来对应，理解获得的主要是基础意义，解读所对应的主要是延伸意义。延伸意义是在基础意义上建立的,是对后者的进一步阐发。阐释是主体的阐释,它并非对文本的机械解读,而是主动的建构。换言之,阐释总是主体的自我建构,它在建构中必然带有个体特征。加之时代、读者不同,及文本的话语蕴藉属性,就会使得对文本进行深入解读时产生诸多差异,这便形成了阐释的不确定性,即意义的相对性。所谓的意义相对性指的是延伸意义,而非基础意义。基础意义是相对恒定的,延伸意义则是多元的。因此,延伸意义是一个相近似的集合。合理阐释包含基础意义与延伸意义两个方面,一是基础意义把握准确,二是延伸意义不能与基础意义相违背。这两方面构成了判定阐释有效与否的标准。

二 过度阐释与强制阐释的区分

一般而言,阐释没有对错之分,只有合理与否。所谓的合理与否,关键在于是否准确把握了基础意义,延伸意义与基础意义是否相违背。能准确掌握基础意义,延伸意义与基础意义不相冲突,便是合理的阐释,反之则是不合理的。二者亦可以正读与误读代之。误读的种类有很多,最为常见的为过度阐释与强制阐释。从主体角度而言,过度阐释与强制阐释都带有强烈的主观意图,具有明显的主观指向性。从涉及的意义层面而言,二者都扭曲了基础意义与延伸意义的正常关系。不过二者的关系与边界是什么?学界似乎并没有对此作出明晰的区分。在"强制阐释"诞生之前,学界对过度阐释的理解包含强制阐释这一层面。随着"强制阐释"作为一个特定概念的提出,我们有必要对二者进行区分,以获得更为深入的理解和认识。

在张江先生提出"强制阐释"之前,学界更为熟悉的是"过度阐释"一词。过度阐释是意大利学者艾柯在20世纪90年代提出的概念。艾柯认为当前的文学解读过度强调阐释者意图,超越了文本的既定视域,从而使阐释陷入了无止境的任意阐发。

他倡导对文学的解读要以文本为基础,以文本意图为边界。"在最近几十年文学研究发展进程中,诠释者的权利被强调得有点过火了。对于文学作品的开放性阅读,必须从作品文本出发,因此,它会受到文本的制约。"① 不过艾柯并未对过度阐释进行明确的界定。依艾柯的思维，过度阐释是指阐释者肆意发挥主观意图，超越文本的既定视域而任意阐发的行为。在此，本文对过度阐释的理解不再依据艾柯，而是按照自己的逻辑进行界定。我们把文本意图理解为基础意义，把读者的肆意阐发理解为延伸意义。从涉及的意义层面而言，过度阐释指文学阐释中延伸意义超越了基础意义，从而导致了过度解读的行为。如果对过度阐释的构成条件进行划分，大致可归纳为以下条件。条件1：立足于文本之内，基础意义理解准确；条件2：延伸意义超出了基础意义所容纳的范围；后果：对理解文本产生了消极后果，但不严重。由此可以看出，过度阐释涉及基础意义与延伸意义两个层面，其内涵主要是指延伸意义。过度阐释在基础意义层面并未出现问题，它准确把握住了文本的基础意义，但在延伸意义及二者关系上出现了问题。在过度阐释中，延伸意义虽立足于基础意义之上，但其最终超出了基础意义的范围，发生了属性的变化。换言之，过度阐释的延伸意义的属性发生了质变，脱离了基础意义，逸出了合理阐释的场域。过度阐释是阐释中经常出现的现象，较难判定。它时常让人不自觉地信服，也往往成为阐释活动变革的起点。在文学阐释中，常允许一定程度的过度阐释的存在。过度阐释虽具有一定的合理性，却不具备合法性。

过度阐释产生的原因很多，例如读者个体的差异，这包括解读能力、知识范围、文化水平等；再如时代背景或文化语境的差异，都可能会形成过度阐释。此二者是产生过度阐释的重要原因，我们以例为证。在当代生态批评与研究中，挖掘古代文本中蕴含的生态思想，以获得历史支撑与资源，这是一种比较普遍的倾向。在这些解读中，普遍认为古人寓有生态思想，这种阐释可归为过度阐释。古代的山水文本确实涉及了大量的自然描写，从中可以看出古人对人与自然关系的认知。但这只是古人对人与自然关系的朴素性认识，并非现代性的生态学意义上的认知。这些文本涉及了生态思想所关注的人与自然关

---

① [意]安贝托·艾柯等：《诠释与过度诠释》，[英]斯特凡·柯里尼编，王宇根译，生活·读书·新知三联书店2005年版，第24页。

系，这是其基础意义。但这是一种前生态观念，将其误认为现代性的生态观，便属于过度阐释。

以相同的方法来探究当前所讨论的强制阐释，那么其构成因素可归结如下。条件1：阐释之前预先设定阐释目标与结论；条件2：生成的意义遮蔽、扭曲了文本的基础意义；后果：对理解文本意义产生了严重的消极后果。由此可见，强制阐释与过度阐释在三个构成因素上均有所不同。强制阐释在一开始的条件1上形成了偏差，它在基础意义层面上便出现问题，更何况其延伸意义。过度阐释是在条件2才出现问题，其对文本基础意义的理解是准确的，问题主要出现在后面的环节，即延伸意义脱离了基础意义，发生了属性的变化。强制阐释一开始就脱离了文本，主观预先设置了阐释的目标与结论，之后的阐释只是对这一目标的具体推演与论证。在此过程中，文本的基础意义被遮蔽与扭曲，其延伸意义更是逸出了合理阐释的意义场域。不过在强制阐释中，其基础意义与延伸意义虽不属于合理的意义场域，但二者并非对抗性关系。强制阐释意义的生成不依赖于文本，而是依赖于主体。主体在阐释之前早已预先设定了意义，阐释无非是把前置结论置入文本中进行证实的过程。换言之，强制阐释是一个自动过程，其意义产生于过程之前，而不是过程之中与之后。强制阐释具有强烈的主体自我建构性。就其生成意义而言，其基础意义与延伸意义的区分已无实际价值。在强制阐释中，所有意义都是一种纯粹的自我建构意义，与文本并无关联。进一步而言，在强制阐释中，文本并非其中心，只是其验证工具与手段。如果文本不能顺利地验证前置结论，其后果不是强行验证，就是将文本抛弃。对强制阐释的中心进行分析，我们便会发现主体（读者）代替文本成为中心，结果（前置结论）代替过程成为中心。强制阐释是对文本的逆向认知，其生成的意义是文本之外的，而非文本之内的。强制阐释背离了文本的基础意义，完全脱离了合理阐释的范围。它所生成的意义不仅与文本没有关系，还对文本进行肆意肢解或强迫性解读。它与阐释的本质属性相违背，是一种赤裸裸的霸权行为。与过度阐释相比，强制阐释的消极后果是十分严重的。强制阐释对人们理解文本产生了强烈的干扰，甚至剥夺了文本的真实存在。正是由于强制阐释具有严重的消极后果，故而文学阐释需要极力避免它的发生。张江先生在文章中所列举的肖瓦尔特对《哈姆雷特》进行的女性主义解读便属于典型的强制阐释。① 至于强制阐释的其他事例，诸位先生所举甚多，在此不再另行列举。

　　过度阐释和强制阐释具有一定的积极意义，例如，它们深入挖掘了文本所具有的各种可能性，有时会引领未来的阐释重心，或者成为阐释活动变革的转折点。但从整体而言，其消极意义大于积极意义。从阐释的意向性来看，过度阐释与强制阐释都是主体性泛滥的结果，但区别亦是非常明显。从阐释的中心而言，过度阐释仍然以文本为中心，其主体依然受到了文本的制约。强制阐释则完全以主体为中心，主体不受文本的制约。从意义的生成方式和属性而言，过度阐释不提前设置结论，其意义生成于文本之中。它对文本基础意义的掌握是准确的，但在延伸意义环节出现了问题。强制阐释则提前设置结论，文本只是验证结论的工具。它在基础意义层面便出现了问题，其生成的意义是文本之外的，而非文本之中的。在阐释的后果上，过度阐释虽对理解文本有消极影响，但并不严重；而强制阐释则扭曲、遮蔽了文本的真实状况，对理解文本产生了非常严重的消极后果。通过这几个方面的对比，我们可以较为清晰地将过度阐释和强制阐释区分开来，便于对二者进行更深入的研究分析。

三　理论的强制阐释

　　人类对事物的认知依赖于既有的知识经验，它是人类认知得以进行的必要前提。即若无知识经验，认识便无法完成。在认知活动中，既有的知识经验与对象交流融合，其自身得以丰富和发展。认知的过程便是不断生成获得新经验，并转化为既有的知识经验的过程，文学阐释亦是如此。阐释者持有既定的知识结构与立场，这是阐释得以发生的必要前提。在关于强制阐释问题的讨论中，这一知识结构和立场被称为前见。关于当前讨论前见与立场的区分，实无必要。任何知识经验都会形成特定的视角与立场，这是其特性。以自觉程度区分前见

---

① 张江：《强制阐释论》，《文学评论》2014年第6期。

第四部分 "强制阐释"与"过度阐释"

与立场，只存在程度的差别，而非本质性区别。正如朱立元先生所指出的那样：从一般的语义学角度来理解立场的话，它与前见解、一般见解、观点没有根本性区别。① 既然强制阐释是一个普遍存在的问题，那么对其涉及的基本概念应采用普遍意义，方不至于产生误解。阐释即是前见与对象对话的过程，双方相互交流，最终生成一个融合性、交往性的话语形态或意义空间。前见并不可怕，它是人类认知活动得以展开的前提。可怕的是前见始终固执，不与对象进行交流，把对象当作验证自我的工具，甚至超越对象而存在。这是强制阐释的典型特征之一。

依据前见的系统程度，大致可区分为经验与理论两类。经验源自于人类的感官，是人类的感性认识。理论则是指人类的理性认识，是经验的系统化与体系化。依据前见的层次，文学阐释可以分为经验阐释与理论阐释。所谓经验阐释是指阐释者依据实际的文本阅读经验，对文本进行理解、解读的活动。经验阐释中的经验既包含以往的阅读经验，也包含正在进行的阅读经验。中国古代的批评形态主要是经验阐释，西方的印象主义批评也可归属此类。理论阐释是指阐释者以某种理论作为阐释的立场与视角，切入文本，阐发与此相关的意义层面的行为。西方现代文论史上的诸多流派大致可以归入理论阐释。经验阐释与理论阐释均可能会导致强制阐释，但也未必一定会造成强制阐释。二者与强制阐释的关系在于其是否符合强制阐释的条件。经验阐释与理论阐释只是依据阐释起点进行的区分，并不涉及对阐释过程与结果的优劣判定。二者互有优缺点，并无优劣之分，且一方的优点正可弥补另一方的缺点。至于文学阐释到底是以经验阐释为主，还是以理论阐释为主，这并非截然的对立。任何一种阐释都要结合文本，结合具体的阅读经验。理论阐释只要与文本相结合，与文本形成有效的对话，亦有其存在的必要性。朱立元先生认为阐释的最佳状态是二者的结合，确有其道理。② 经验阐释与理论阐释更像是两种不同的阐释

---

① 朱立元：《也说前见和立场》，《学术月刊》2015年第5期。
② 朱立元：《从文学批评性质、功能的定位说开去》，《北京师范大学学报》（社会科学版）2015年第4期。

路径，其本身的出发点决定了各自的特征，倒不必纠结于此问题。

  细究张江先生的文章，其强制阐释主要指理论的强制阐释。与经验阐释相比，理论阐释确实比较容易走向强制阐释，这是由理论的特性决定的。理论一旦形成，便具有某种程度的自觉的自足性，这是维持理论存在的边界。理论亦有着开放性，表现为其在实践中不断修正发展自我，这是维持理论发展的必要条件。理论都具有一定程度的强制性，之所以如此是因其自足性。理论的存在以维持自身为前提，这就决定了理论在实践验证时倾向于维持自身的存在。即理论的实践总是带有某种程度的指向性，这主要表现为对自我的验证，而非对对象的验证。理论的强制性便是指其自我验证性，它是先天存在的。一般来说，合理有效的理论总会在实践中对此强制性进行克服，以修正理论的不足或偏见。但在某些时候，这种强制性一旦占据了主导地位，就会导致理论的强制性的产生。张江先生所言的强制阐释便是指此。在《强制阐释论》等一系列文章中，张江先生对强制阐释进行了界定："强制阐释是指，背离文本话语，消解文学指征，以前在立场和模式，对文本和文学作符合论者主观意图和结论的阐释。"[①] 他指出了强制阐释的四个基本特征：场外征用、主观预设、非逻辑证明与混乱的认知路径。这一定义分析入微，切中肯綮，击中了相当多阐释行为的要害。

  理论阐释合理与否的关键在于理论与对象能否形成有效的交流对话，从而在二者间找到结合点与平衡点。理论是对某一问题的集中、强化表达，具有在此方面的聚焦作用。以理论来研究对象，其涉及的此方面会得到集中体现，可以更好地了解此方面在对象中的呈现，更为清晰地认识对象。但这种集中体现并不是以此来确定对象的属性，也不是要阻挡对对象所涉及其他方面的研究，更不是以此来证明理论的绝对性。以理论研究对象并非提前设置结论，其结论是在研究过程中与之后自然呈现的。前置结论会导致在研究过程中为了证明结论而不顾对象的实际情况而强行论证的现象。前置结论是以理论为中心，而非对象为中心。它是一种单向对话，而非双向交流。前置结论颠倒

[①] 张江：《强制阐释论》，《文学评论》2014年第6期。

第四部分 "强制阐释"与"过度阐释"

了正确的研究路径,是一种错误的研究方法。对象是否具有理论所阐发的属性,这需要结合对象的具体情况来确定。不能因涉及此方面,便强行认定对象具备这一属性。强制阐释恰恰在这一点上本末倒置。张江先生揭示的强制阐释的几个特征——前置结论、非逻辑证明与混乱的认知路径,确实极为精彩。

在此,我们把场外征用排除在外,对其纳入强制阐释持有保留意见。原因在于场外征用是否一定导致强制阐释的发生?在张先生那里,场外征用指理论的场外征用,它构成了强制阐释的核心特征之一。张先生指出场外征用有三个明显特征:强制、解构、重制。透过这一描述,我们可以看出,张先生所说的场外征用带有明显的指向性,是指"理论第一、文本第二,用理论裁剪实践","文本必须符合理论的需要,符合论者的前在意图"[①]。如果理解没有偏差,此处的场外征用是指征用非文学的场外理论阐释文学时,出现的以理论为本,以理论强制文本,用文本验证理论的行为。由此可见,张先生所言的场外征用是一种极端情况,并非普遍意义上的内涵。剔除这种极端性,放在一般意义上审视场外征用,我们便会发现,它并不一定具备以上的特征,也未必会产生强制阐释。换言之,场外征用并非强制阐释的充要条件。理论作为一种思想方法与指导原则,虽源于对特定对象的研究,但其应用对象却不是固定的。理论具有开放性,它不规定其适用对象。理论提供方法的启示与视角的赋予,并不规定某一特定结论,亦不前置结论。以理论研究某一对象,目的是揭示其所涉及的因素在对象中的构成状况,及对对象的影响、价值与地位。至于对象的属性是否就是由理论所涉及因素决定,这需要结合文本本身的基础意义才能做出判定。场外征用是当前理论应用时的普遍情况,其能成行就在于理论的开放性。场外征用恰当与否的关键在于能否与对象相吻合,形成有效的交流对话。

从当前的学科发展而言,场外征用已经成为常态。尤其是在跨学科、跨领域交流融合的背景下,场外征用对于拓展学科视野、开辟新

---

① 张江:《关于场外征用的概念解释——致王宁、周宪、朱立元先生》,《清华大学学报》(哲学社会科学版)2015年第2期。

的发展方向与空间，有着极为重要的作用。强制阐释不单针对理论阐释，经验阐释也会导致强制阐释。即使涉及场外征用，强制阐释的问题不在于场外征用的理论本身，而在于是否合理使用场外征用。场外征用使用合理，便不会造成强制阐释。即使是非场外征用，如新批评、俄国形式主义等专门的文学批评理论，如果使用时仍以理论为中心，那么它们也会形成强制阐释。如果场外征用时以理论为中心，以理论强制文本，便会产生强制阐释现象，便自然产生前置结论、非逻辑证明与混乱的认知路径等问题。从普遍意义上而言，场外征用并非强制阐释产生的普遍条件，它只构成了理论的强制阐释的源头。从逻辑上而言，场外征用不一定会造成强制阐释，它不构成强制阐释的充要条件。张江先生所言的场外征用是在特殊意义上的界定，并非其普遍内涵；场外征用并非强制阐释的充要条件。因此，将其归为强制阐释的种类，而非普遍特征，更能彰显其合理性。